JN066018

2024年度版

技術士第二次試験
「建設部門」必須科目
論文対策
キーワード

杉内正弘［著］

日刊工業新聞社

は じ め に

　2019年度に技術士第二次試験方法が改正されてから5カ年が経過しました。筆記試験の必須科目では、問題の種類が『「技術部門」全般にわたる専門知識、応用能力、問題解決能力及び課題遂行能力』を問うものになりましたが、これまでの出題内容によって問題形式や出題テーマ等がどのようなものなのかが、概ねわかるようになりました。それにより受験対策はしやすくなったと言えますが、これは他の受験者も同様のことであり、多くの解答論文のレベルが経過年数とともに高くなるということに繋がります。合格のためには、過去の合格者の解答論文以上の内容が必要になるということを念頭に置いて、これからの対策を進めることが必要です。

　2019年度の試験制度改正は、平成28年12月に文部科学省　科学技術・学術審議会　技術士分科会によって取りまとめられた報告書「今後の技術士制度の在り方について」に基づき、IEA（国際エンジニアリング連合）のPC（専門職として身に付けるべき知識・能力）を踏まえて策定した「技術士に求められる資質能力（コンピテンシー）」を念頭に置いて見直されたものです。技術士資格の国際通用性の確保という点では、まさに時宜を得た試験制度の改正と言えます。

　そして必須科目の試験問題は、「評価項目」としている「専門的学識」、「問題解決」、「評価」、「技術者倫理」、「コミュニケーション」の5つの資質能力に基づいた出題内容になりました。さらに、問題に示されている4つの『問い』は、すべての技術部門において類似した出題形式になりました。試験制度の改正によって、このように大きな変化が見られる一方で、建設部門における出題テーマは2007年度から2012年度までに出題された『必須科目』試験の問題や2013年度から2018年度までの『選択科目』試験の『課題解決問題』の主なテーマと比べて、大きな違いは見られません。

　「必須科目」は部門全般にわたる内容であり、特に建設部門では、社会資本整備や環境、防災・減災さらには品質向上、生産性の向上といったテーマの問題が多く、「選択科目」で対象としている科目ごとの専門技術とは、やや性格

i

を異にした幅広い出題内容です。このような出題内容に対して、合格点を得るためには「出題テーマごとに設問で要求していることを書けるだけの知識を身につけること」が必要になります。しかも「すべての解決策を実行しても新たに生じうるリスクとそれへの対応策」あるいは「すべての解決策を実行して生じる波及効果と専門技術を踏まえた懸念事項への対応策」といった『問い』に対しては、1つの課題に対して1つの解決策といった通り一遍の知識だけでは解答に行き詰まってしまいます。そのため、たくさんの知識の引き出しを作っておくとともに、解答に必要な組み合わせをいかに整理できるようにしておくかが合否を分けることになります。このような「必須科目」の出題に対して、行政の立場で業務を行っている建設技術者の場合は比較的容易に受験対策を進めることはできますが、建設会社や建設コンサルタントあるいは研究機関等で計画・設計・施工、あるいは研究業務などに携わっている建設技術者にとっては、どうしても準備を後回しにしがちな試験科目です。

　前述したように必須科目における問題の種類は、『「技術部門」全般にわたる専門知識、応用能力、問題解決能力及び課題遂行能力』としていますが、その中の『問題解決能力及び課題遂行能力』の概念は、「社会的なニーズや技術の進歩に伴い、社会や技術における様々な状況から、複合的な問題や課題を把握し、社会的利益や技術的優位性などの多様な視点からの調査・分析を経て、問題解決のための課題とその遂行について論理的かつ合理的に説明できる能力」と定義されています。技術士第二次試験の筆記試験は、このような能力を有しているかどうかを判定することを目的として行うものですが、その一方で技術士試験における解答論文は「技術論文」であるということを忘れないようにしなければいけません。そして「技術論文」は、論述のすべてが事実に基づいていることが原則です。つまり、事実が明確に認識されていなかったり、事実に基づかないような課題設定や、実現性に乏しい解決策になっている場合には『課題遂行能力』が不十分という評価をされてしまいます。すなわち、合格のためには、受験日までに事実や現状を『知識』として身につけておかなければならないということです。しっかりした知識があってこそ、問題解決能力や課題遂行能力を示すことができるのです。

　建設部門の受験者が「必須科目」の受験対策を行おうとする場合、多くの受験参考書では、『「国土交通白書」あるいは「土木学会誌」などをもとに最近の話題や建設部門が抱えている課題、最近改正された法令などを整理しておくべ

きだ』と、その方向を示してくれてはいますが、「国土交通白書」によって国の施策の方向性や新しい統計データを知ることはできても、具体的な施策内容を十分に理解することはできません。さらに、試験に関係しているところかどうかもわからずに、やみくもに白書全体や過去数年分の学会誌などを理解しようとすることは、成果が得られにくいばかりか、限られた時間の中での受験勉強の大きな負担になってしまいます。

　本書は、このような状況を踏まえて技術士第二次試験における建設部門の「必須科目」の対策を主な目的として、論文をまとめる際に必要になる事実や現状を『知識』としてキーワードを通して理解できるようにしたものです。また、国土交通行政に係る計画や政策に関しては、第2章においてテーマ別に【計画や政策】として、論文をまとめる際に直接参考になる箇所を、原文のまま示しています。その内容を確認することにより、行政として『どのような課題』に対して『どのような対策（課題解決策)』を進めようとしているのかがわかるとともに、解答論文として述べるべきことがまとめられるようになります。

　あれもこれもといった複数の資料を探し出して、それを覚えるという作業は思いのほか時間がかかるものです。本書を利用して必要な『知識』を、効果的かつ効率的に学習していただき『技術士第二次試験合格』の栄冠を確実に勝ち取っていただくことを願っております。

　2024年1月

　　　　　　　　　　　　　　　　　　　　　　杉内　正弘

目　　次

iv

第1章

技術士第二次試験の必須科目試験

　2019年度に技術士第二次試験の方法が改正されてから、これまでに5回の試験が行われた。筆記試験については2018年度まで択一式で行われていた「必須科目」が、2019年度からはすべて記述式（論文）によって行われるようになった。また、「必須科目」の問題の種類についても、それまでの『「技術部門」全般にわたる専門知識』を問うものから『「技術部門」全般にわたる専門知識、応用能力、問題解決能力及び課題遂行能力』を問うという内容に変わっている。

　「必須科目」については、過去にも記述式によって試験が行われている時期があった。択一式のみで試験が行われるようになったのは2013年度から2018年度の6年間だけであり、2007年度から2012年度までは記述式、2001年度から2006年度までは択一式と記述式の両方によって試験が行われていた。

2001年度からの「必須科目」試験の変遷

	試験実施年	2001年度〜2006年度		2007年度〜2012年度	2013年度〜2018年度	2019年度〜
必須科目	問題の種類	「技術部門」全般にわたる一般的専門知識		「技術部門」全般にわたる論理的考察力と課題解決能力	「技術部門」全般にわたる専門知識	「技術部門」全般にわたる専門知識、応用能力、問題解決能力及び課題遂行能力
	試験方法	択一式 20問出題 15問解答	記述式 600字詰用紙 3枚以内	記述式 600字詰用紙 3枚以内	択一式 20問出題 15問解答	記述式 600字詰用紙 3枚以内
	試験時間	「選択科目」の『「選択科目」に関する一般的専門知識』（記述式600字詰用紙3枚以内）と合せて4時間		2時間30分	1時間30分	2時間
	配点	15点	15点	50点	30点	40点

　2007年度に択一式試験が廃止されたのは、「技術部門全般にわたる一般的専門知識に関する事項を問う現行の五肢択一式については、記述式の試験により一般的専門知識等の確認が可能であり、また第一次試験との重複を避ける観点からも、筆記試験から廃止する。」（2006年1月30日　科学技術・学術審議会技術士分科会）という理由からであった。

　一方、2016年12月の科学技術・学術審議会　技術士分科会の報告書「今後の技術士制度の在り方について」では、「必須科目について、試験の目的を考慮して現行の択一式を変更し、記述式の出題とし、技術部門全般にわたる専門知識、応用能力及び問題解決能力・課題遂行能力を問うものとする。」として

おり、その別紙5「今後の第二次試験の在り方について」には、試験の目的として「複合的なエンジニアリング問題を技術的に解決することが求められる技術者が、問題の本質を明確にし調査・分析することによってその解決策を導出し遂行できる能力を確認することを目的とする。」と記載されている。このことから、2019年度からの必須科目における択一試験の廃止は、2007年度における廃止とは全く異なる理由であることがわかる。また、同様の理由から2019年度からの必須科目試験の問題の種類は、前述した『「技術部門」全般にわたる専門知識、応用能力、問題解決能力及び課題遂行能力』になっている。

「選択科目」試験は、技術者が日常の業務で行っている専門技術に関する出題内容を対象としているので、課題に対する解決方策や留意点などは、これまでに蓄積した知識や経験をもとにした具体的な考えを示すことで対応できる。しかしながら「必須科目」試験は、「技術部門全般にわたる内容」が出題対象であることから、論文で述べるべき『知識』は新たに得る必要がある。特に建設部門における「必須科目」の出題内容は、社会資本整備のあり方や建設事業等に対する課題とその解決のための意見を求めるものが多く、行政に携わっている技術者は別にしても、一般企業に勤務している建設技術者にとって合格点をクリアするのが難しいと感じるのは当然のことである。そのため受験対策を進める際に「必須科目」を後回しにしてしまい、結果として苦い経験を積んでしまうということが少なくない。

技術士第二次試験は、筆記試験と口頭試験の2段階によって行われるが合格するためには、とにかく筆記試験に合格しなければならない。「選択科目」と「必須科目」の筆記試験がすべて記述式試験になっている今、「必須科目」の重要性を認識して確実な合格に向けた対応が必要になる。前述したように「必須科目」の問題の種類は、「技術部門」全般にわたる『専門知識』、『応用能力』、『問題解決能力及び課題遂行能力』とされているが、これらの能力を論文で示すためには、現状や背景とともにそれらをもとにした課題点、さらには国土交通行政が行っている施策といった『基礎知識』をもっていることが前提となる。論文を採点する立場から見ても、解答論文として論旨展開をする上で、必要な知識を示さずに自分の意見だけを述べているような場合には合格点を与えることができない。「必須科目」試験における合格点をクリアするためには、『必須科目の設問に解答する上でベースになる知識を確実にしておく』ということが基本になる、ということを忘れないようにしていただきたい。

1.1　技術士第二次試験

　技術士は、『豊富な実務経験を有し、技術的専門知識及び高度の応用能力がある者』として、国が認定する優れた技術者のことである。そのため、技術士は、科学技術の応用面に携わる技術者にとって、最も権威ある国家資格とされている。技術士としての能力を判定するために技術士法第6条では、技術士第二次試験の目的を「第二次試験は、技術士となるのに必要な技術部門についての専門的学識及び高等の専門的応用能力を有するかどうかを判定することをもってその目的とする」としている。一方、技術士試験における専門的応用能力は、自然科学を基礎とした幅広い知識と高等な専門技術の豊富な経験による総合的な判断能力と言い換えることができる。加えて2019年度からは、「技術士に求められる資質能力」を判定するようになった。技術士第二次試験は、これらの能力の有無を判定しようとするものである。

　前述したように技術士第二次試験は、筆記試験と口頭試験の2つの段階によって行われる。口頭試験は筆記試験の合格者に対してのみ行われる。すなわち、筆記試験に合格しなければ口頭試験を受験することはできない。

1.2 筆記試験の概要

筆記試験は、あらかじめ選択する1技術部門に対応する「必須科目」と、各技術部門に設定された「選択科目」の中から、あらかじめ選択する「選択科目」の2つの科目について行われる。なお、2019年度試験から選択科目の適正化により、それまですべての部門を合わせて96あった選択科目の数は69に見直されている。ただし、建設部門では選択科目の変更は行われていない。

【Ⅰ必須科目】

『Ⅰ必須科目』の試験は、当該技術部門（建設部門）の技術士として必要な、「技術部門」全般にわたる専門知識、応用能力、問題解決能力及び課題遂行能力に関するものについて問う内容である。2問題の出題の中から1問選択し600字詰用紙3枚以内の字数で解答する。解答時間は2時間で40点の配点となっている。

【Ⅱ選択科目】

『Ⅱ選択科目』の試験は、受験申込書に記入した「選択科目」について、専門知識に関するものと応用能力に関するものを、それぞれ問う内容である。専門知識に関するものは4問題の出題の中から1問選択し600字詰用紙1枚以内で解答し、応用能力に関するものは2問題の出題の中から1問選択し600字詰用紙2枚以内の字数で解答する。30点の配点で、解答時間は次に挙げる「Ⅲ選択科目」と合わせて3時間30分である。

【Ⅲ選択科目】

『Ⅲ選択科目』の試験は、受験申込書に記入した「選択科目」について、問題解決能力及び課題遂行能力について問うものである。2問題の出題から1問題を選択し600字詰用紙3枚以内の字数で解答する。30点の配点で、解答時間は「Ⅱ選択科目」と合わせて3時間30分である。

（筆記試験日程）

　技術士第二次試験の筆記試験は、毎年7月第3月曜日の祝日「海の日」に行われるが、2021年度だけは東京五輪の開閉会式に合わせて「海の日」の祝日移動があったことから、7月中旬の日曜日に行われている。試験時間は、午前10時～12時に「必須科目」の試験が、午後1時～4時30分に「選択科目」の試験がそれぞれ行われる。

（合否決定基準）

　技術士試験の合否決定基準は、毎年1月頃に文部科学省から公表されている。2023年度の第二次試験の筆記試験の合否決定基準は「必須科目の得点が60％以上、かつ選択科目の合計得点が60％以上」とされている。2024年度試験においても、この合否決定基準は変わらないものと思われる。

1.3　2019年度の試験制度改正と 試験の目的・試験の程度

　2019年度の試験制度改正は、2016年12月に文部科学省　科学技術・学術審議会　技術士分科会によって取りまとめられた報告書「今後の技術士制度の在り方について」に基づいて行われたものである。この報告書では、第二次試験の具体的な改善方策として『技術士資格が国際的通用性を確保するとともに、IEAが定めている「エンジニア」に相当する技術者を目指す者が取得するにふさわしい資格にするため、IEA（International Engineering Alliance：国際エンジニアリング連合）のPC（Professional Competencies：専門職として身に付けるべき知識・能力）を踏まえて策定した「技術士に求められる資質能力（コンピテンシー）」を念頭に置きながら第二次試験のあり方を見直すことが適当』としている。

　本章の前段においても「今後の技術士制度の在り方について」の別紙5に記載されている第二次試験の目的を示したが、改めて今後の第二次試験の目的を試験の程度と併せて示しておく。試験問題に対する解答論文を作成する際に、ここに挙げている目的と程度を念頭に置いておくことは重要である。

【試験の目的】
　複合的なエンジニアリング問題を技術的に解決することが求められる技術者が、問題の本質を明確にし調査・分析することによってその解決策を導出し遂行できる能力を確認することを目的とする。

【試験の程度】
　複合的なエンジニアリング問題や課題の把握から、調査・分析を経て、解決策の導出までの過程において、多様な視点から、論理的かつ合理的に考察できることを確認することを程度とする。

1.4 必須科目試験における問題の種類と 2019年度からの試験問題の特徴

　必須科目試験は、前節で挙げた試験の目的を考慮して、問題の種類を「技術部門全般にわたる専門知識、応用能力、問題解決能力及び課題遂行能力に関するもの」としている。この内容は、『選択科目』試験における「専門知識に関するもの（Ⅱ－1）」、「応用能力に関するもの（Ⅱ－2）」、「問題解決能力及び課題遂行能力に関するもの（Ⅲ）」の3つの種類をすべてとり入れた形である。ある意味「技術部門」全般にわたることならば、何でも問うと言っているようなものである。

　ここで改めて『必須科目』試験における、問題の種類の概念と出題内容、評価項目を見てみよう。

『必須科目』試験問題の概念と出題内容、評価項目

概　念	**専門知識** 専門の技術分野の業務に必要で幅広く適用される原理等に関わる汎用的な専門知識
	応用能力 これまでに習得した知識や経験に基づき、与えられた条件に合わせて、問題や課題を正しく認識し、必要な分析を行い、業務遂行手順や業務上留意すべき点、工夫を要する点等について説明できる能力
	問題解決能力及び課題遂行能力 社会的なニーズや技術の進歩に伴い、社会や技術における様々な状況から、複合的な問題や課題を把握し、社会的利益や技術的優位性などの多様な視点からの調査・分析を経て、問題解決のための課題とその遂行について論理的かつ合理的に説明できる能力
出題内容	現代社会が抱えている様々な問題について、「技術部門」全般に関わる基礎的なエンジニアリング問題としての観点から、多面的に課題を抽出して、その解決方法を提示し遂行していくための提案を問う。
評価項目	技術士に求められる資質能力（コンピテンシー）のうち、専門的学識、問題解決、評価、技術者倫理、コミュニケーションの各項目

　2018 年度までの試験では『選択科目試験』において「専門知識」、「応用能力」、「課題解決能力」について、それぞれ「概念」と「内容」が示されていたが、2019 年度試験からは新たに「評価項目」が付け加えられるようになった。これは、試験制度改正の基本的な考え方としている『IEA の PC を踏まえて策定した「技術士に求められる資質能力（コンピテンシー）」を評価する』ということを明らかにしたものといえる。

　一方、次に示す表は、2001 年度からの『必須科目』における問題の種類の変遷を再整理したものである。

『必須科目』における問題の種類の変遷

	出題年度	出題内容	解答方法
必須科目	2001 年度〜2006 年度	「技術部門」全般にわたる一般的専門知識	記述式と択一式
	2007 年度〜2012 年度	「技術部門」全般にわたる論理的考察力と課題解決能力	記述式
	2013 年度〜2018 年度	「技術部門」全般にわたる専門知識	択一式
	2019 年度〜	「技術部門」全般にわたる専門知識、応用能力、問題解決能力及び課題遂行能力	記述式

　この『必須科目』における「問題の種類」とともに「出題内容」や「評価項目」を念頭に置いて、2019 年度から 2023 年度までに出題された建設部門における『必須科目』の試験問題の特徴を確認してみよう。

2019 年度建設部門『必須科目』試験問題

　Ⅰ　次の2問題（Ⅰ−1、Ⅰ−2）のうち1問題を選び解答せよ。（**解答問題番号**を明記し、答案用紙**3枚以内**にまとめよ。）

　Ⅰ−1　我が国の人口は 2010 年頃をピークに減少に転じており、今後もその傾向の継続により働き手の減少が続くことが予想される中で、その減少を上回る生産性の向上等により、我が国の成長力を高めるとともに、新たな需要を掘り起こし、経済成長を続けていくことが求められている。

　　こうした状況下で、社会資本整備における一連のプロセスを担う建設分野においても生産性の向上が必要不可欠となっていることを踏まえて、以下の問いに答えよ。

(1) 建設分野における生産性の向上に関して、技術者としての立場で多面的な観点から課題を抽出し分析せよ。

(2) (1) で抽出した課題のうち最も重要と考える課題を1つ挙げ、その課題に対する複数の解決策を示せ。

(3) (2) で提示した解決策に共通して新たに生じうるリスクとそれへの対策について述べよ。

(4) (1) ～ (3) を業務として遂行するに当たり必要となる要件を、技術者としての倫理、社会の持続可能性の観点から述べよ。

Ⅰ-2　我が国は、暴風、豪雨、豪雪、洪水、高潮、地震、津波、噴火その他の異常な自然現象に起因する自然災害に繰り返しさいなまれてきた。自然災害への対策については、南海トラフ地震、首都直下地震等が遠くない将来に発生する可能性が高まっていることや、気候変動の影響等により水災害、土砂災害が多発していることから、その重要性がますます高まっている。

　　こうした状況下で、「強さ」と「しなやかさ」を持った安全・安心な国土・地域・経済社会の構築に向けた「国土強靱化」（ナショナル・レジリエンス）を推進していく必要があることを踏まえて、以下の問いに答えよ。

(1) ハード整備の想定を超える大規模な自然災害に対して安全・安心な国土・地域・経済社会を構築するために、技術者としての立場で多面的な観点から課題を抽出し分析せよ。

(2) (1) で抽出した課題のうち最も重要と考える課題を1つ挙げ、その課題に対する複数の解決策を示せ。

(3) (2) で提示した解決策に共通して新たに生じうるリスクとそれへの対策について述べよ。

(4) (1) ～ (3) を業務として遂行するに当たり必要となる要件を、技術者としての倫理、社会の持続可能性の観点から述べよ。

2020 年度建設部門『必須科目』試験問題

I　次の2問題（I−1、I−2）のうち1問題を選び解答せよ。（答案用紙
　　に解答問題番号を明記し、答案用紙3枚を用いてまとめよ。）

　I−1　我が国の総人口は、戦後増加を続けていたが、2010 年頃をピー
　　　クに減少に転じ、国立社会保障・人口問題研究所の将来推計（出生中
　　　位・死亡中位推計）によると、2065 年には 8,808 万人に減少すること
　　　が予測されている。私たちの暮らしと経済を支えるインフラ整備の担
　　　い手であり、地域の安全・安心を支える地域の守り手でもある建設産
　　　業においても、課題の1つとしてその担い手確保が挙げられる。
　　(1)　それぞれの地域において、地域の中小建設業が今後もその使命を
　　　　果たすべく担い手を確保していく上で、技術者としての立場で多面
　　　　的な観点から課題を抽出し、その内容を観点とともに示せ。
　　(2)　抽出した課題のうち最も重要と考える課題を1つ挙げ、その課題
　　　　に対する複数の解決策を示せ。
　　(3)　すべての解決策を実行した上で生じる波及効果と、新たな懸案事
　　　　項への対応策を示せ。
　　(4)　上記事項を業務として遂行するに当たり、技術者としての倫理、
　　　　社会の持続性の観点から必要となる要件・留意点を述べよ。

　I−2　我が国の社会インフラは高度経済成長期に集中的に整備され、
　　　建設後 50 年以上経過する施設の割合が今後加速度的に高くなる見込
　　　みであり、急速な老朽化に伴う不具合の顕在化が懸念されている。ま
　　　た、高度経済成長期と比べて、我が国の社会・経済情勢も大きく変化
　　　している。
　　　　こうした状況下で、社会インフラの整備によってもたらされる恩恵
　　　を次世代へも確実に継承するためには、戦略的なメンテナンスが必要
　　　不可欠であることを踏まえ、以下の問いに答えよ。
　　(1)　社会・経済情勢が変化する中、老朽化する社会インフラの戦略的
　　　　なメンテナンスを推進するに当たり、技術者としての立場で多面的
　　　　な観点から課題を抽出し、その内容を観点とともに示せ。
　　(2)　(1)で抽出した課題のうち最も重要と考える課題を1つ挙げ、そ
　　　　の課題に対する複数の解決策を示せ。

　　（3）（2）で示した解決策に共通して新たに生じうるリスクとそれへの
　　　　対策について述べよ。
　　（4）（1）～（3）を業務として遂行するに当たり必要となる要件を、
　　　　技術者としての倫理、社会の持続可能性の観点から述べよ。

2021年度建設部門『必須科目』試験問題

Ⅰ　次の2問題（Ⅰ－1、Ⅰ－2）のうち1問題を選び解答せよ。（解答問題
　番号を明記し、答案用紙3枚を用いてまとめよ。）

　Ⅰ－1　近年、地球環境問題がより深刻化してきており、社会の持続可
　　能性を実現するために「低炭素社会」、「循環型社会」、「自然共生社会」
　　の構築はすべての分野で重要な課題となっている。社会資本の整備や
　　次世代への継承を担う建設分野においても、インフラ・設備・建築物
　　のライフサイクルの中で、廃棄物に関する問題解決に向けた取組をよ
　　り一層進め、「循環型社会」を構築していくことは、地球環境問題の
　　克服と持続可能な社会基盤整備を実現するために必要不可欠なことで
　　ある。このような状況を踏まえて以下の問いに答えよ。
　　（1）建設分野において廃棄物に関する問題に対して循環型社会の構築
　　　　を実現するために、技術者としての立場で多面的な観点から3つ課
　　　　題を抽出し、それぞれの観点を明記したうえで、課題の内容を示せ。
　　（2）前問（1）で抽出した課題のうち最も重要と考える課題を1つ挙げ、
　　　　その課題に対する複数の解決策を示せ。
　　（3）前問（2）で示したすべての解決策を実行して生じる波及効果と
　　　　専門技術を踏まえた懸念事項への対応策を示せ。
　　（4）前問（1）～（3）の業務遂行に当たり、技術者としての倫理、社
　　　　会の持続可能性の観点から必要となる要件、留意点を述べよ。

　Ⅰ－2　近年、災害が激甚化・頻発化し、特に、梅雨や台風時期の風水
　　害（降雨、強風、高潮・波浪による災害）が毎年のように発生してお
　　り、全国各地の陸海域で、土木施設、交通施設や住民の生活基盤に甚
　　大な被害をもたらしている。こうした状況の下、国民の命と暮らし、

経済活動を守るためには、これまで以上に、新たな取組を加えた幅広い対策を行うことが急務となっている。

(1) 災害が激甚化・頻発化する中で、風水害による被害を、新たな取組を加えた幅広い対策により防止又は軽減するために、技術者としての立場で多面的な観点から3つ課題を抽出し、それぞれの観点を明記したうえで、課題の内容を示せ。

(2) 前問 (1) で抽出した課題のうち最も重要と考える課題を1つ挙げ、その課題に対する複数の解決策を示せ。

(3) 前問 (2) で示したすべての解決策を実行しても新たに生じうるリスクとそれへの対応策について、専門技術を踏まえた考えを示せ。

(4) 前問 (1) ～ (3) を業務として遂行するに当たり、技術者としての倫理、社会の持続性の観点から必要となる要件・留意点を述べよ。

2022年度建設部門『必須科目』試験問題

Ⅰ　次の2問題（Ⅰ－1、Ⅰ－2）のうち1問題を選び解答せよ。（解答問題番号を明記し、答案用紙3枚を用いてまとめよ。）

Ⅰ－1　我が国では、技術革新や「新たな日常」の実現など社会経済情勢の激しい変化に対応し、業務そのものや組織、プロセス、組織文化・風土を変革し、競争上の優位性を確立するデジタル・トランスフォーメーション（DX）の推進を図ることが焦眉の急を要する問題となっており、これはインフラ分野においても当てはまるものである。

加えて、インフラ分野ではデジタル社会到来以前に形成された既存の制度・運用が存在する中で、デジタル社会の新たなニーズに的確に対応した施策を一層進めていくことが求められている。

このような状況下、インフラへの国民理解を促進しつつ安全・安心で豊かな生活を実現するため、以下の問いに答えよ。

(1) 社会資本の効率的な整備、維持管理及び利活用に向けてデジタル・トランスフォーメーション（DX）を推進するに当たり、技術者としての立場で多面的な観点から3つ課題を抽出し、それぞれの観点を明記したうえで、課題の内容を示せ。

(2) 前問（1）で抽出した課題のうち、最も重要と考える課題を1つ挙げ、その課題に対する複数の解決策を示せ。

(3) 前問（2）で示したすべての解決策を実行して生じる波及効果と専門技術を踏まえた懸念事項への対応策を示せ。

(4) 前問（1）～（3）を業務として遂行するに当たり、技術者としての倫理、社会の持続性の観点から必要となる要点・留意点を述べよ。

Ⅰ－2　世界の地球温暖化対策目標であるパリ協定の目標を達成するため、日本政府は令和2年10月に、2050年カーボンニュートラルを目指すことを宣言し、新たな削減目標を達成する道筋として、令和3年10月に地球温暖化対策計画を改訂した。また、国土交通省においては、グリーン社会の実現に向けた「国土交通グリーンチャレンジ」を公表するとともに、「国土交通省環境行動計画」を令和3年12月に改定した。
　　このように、2050年カーボンニュートラル実現のための取組が加速化している状況を踏まえ、以下の問いに答えよ。

(1) 建設分野におけるCO_2排出量削減及びCO_2吸収量増加のための取組を実施するに当たり、技術者としての立場で多面的な観点から3つの課題を抽出し、それぞれの観点を明記したうえで、課題の内容を示せ。

(2) 前問（1）で抽出した課題のうち、最も重要と考える課題を1つ挙げ、その課題に対する複数の解決策を示せ。

(3) 前問（2）で示したすべての解決策を実行しても新たに生じうるリスクとそれへの対応策について述べよ。

(4) 前問（1）～（3）を業務として遂行するに当たり、技術者としての倫理、社会の持続性の観点から必要となる要点・留意点を述べよ。

2023年度建設部門『必須科目』試験問題

Ⅰ　次の2問題（Ⅰ－1、Ⅰ－2）のうち1問題を選び解答せよ。（解答問題番号を明記し、答案用紙3枚を用いてまとめよ。）

Ⅰ－1　今年は1923（大正12）年の関東大震災から100年が経ち、我が国では、その間にも兵庫県南部地震、東北地方太平洋沖地震、熊本地

震など巨大地震を多く経験している。これらの災害時には地震による揺れや津波等により、人的被害のみでなく、建築物や社会資本にも大きな被害が生じ復興に多くの時間と費用を要している。そのため、将来発生が想定されている南海トラフ巨大地震、首都直下地震及び日本海溝・千島海溝周辺海溝型地震の被害を最小化するために、国、地方公共団体等ではそれらへの対策計画を立てている。一方で、我が国では少子高齢化が進展する中で限りある建設技術者や対策に要することができる資金の制約があるのが現状である。

　このような状況において、これらの巨大地震に対して地震災害に屈しない強靭な社会の構築を実現するための方策について、以下の問いに答えよ。

(1) 将来発生しうる巨大地震を想定して建築物、社会資本の整備事業及び都市の防災対策を進めるに当たり、技術者としての立場で多面的な観点から3つ課題を抽出し、それぞれの観点を明記したうえで、課題の内容を示せ。

(2) 前問 (1) で抽出した課題のうち、最も重要と考える課題を1つ挙げ、その課題に対する複数の解決策を示せ。

(3) 前問 (2) で示したすべての解決策を実行しても新たに生じうるリスクとそれへの対策について、専門技術を踏まえた考えを示せ。

(4) 前問 (1) ～ (3) を業務として遂行するに当たり、技術者としての倫理、社会の持続性の観点から必要となる要点・留意点を述べよ。

I－2　我が国の社会資本は多くが高度経済成長期以降に整備され、今後建設から50年以上経過する施設の割合は加速度的に増加する。このような状況を踏まえ、2013（平成25）年に「社会資本の維持管理・更新に関する当面講ずべき措置」が国土交通省から示され、同年が「社会資本メンテナンス元年」と位置づけられた。これ以降これまでの10年間に安心・安全のための社会資本の適正な管理に関する様々な取組が行われ、施設の現況把握や予防保全の重要性が明らかになるなどの成果が得られている。しかし、現状は直ちに措置が必要な施設や事後保全段階の施設が多数存在するものの、人員や予算の不足をはじめとした様々な背景から修繕に着手できていないものがあるなど、予防保全の観点も踏まえた社会資本の管理は未だ道半ばの状態にある。

(1) これからの社会資本を支える施設のメンテナンスを、上記のよう

　なこれまで10年の取組を踏まえて「第2フェーズ」として位置づけ
取組・推進するに当たり、技術者としての立場で多面的な観点から
3つ課題を抽出し、それぞれの観点を明記したうえで、課題の内容
を示せ。
(2)　前問（1）で抽出した課題のうち、最も重要と考える課題を1つ
挙げ、その課題に対する複数の解決策を示せ。
(3)　前問（2）で示したすべての解決策を実行しても新たに生じうる
リスクとそれへの対策について、専門技術を踏まえた考えを示せ。
(4)　前問（1）～（3）を業務として遂行するに当たり、技術者として
の倫理、社会の持続性の観点から必要となる要点・留意点を述べよ。

　2019年度から2023年度の必須科目試験問題に共通する主な特徴は、次の4つ
に集約できる。
(1)　『技術士に求められる資質能力』に基づいた出題内容
(2)　2018年度以前の問題には見られなかった「問い（4）」の設問
(3)　出題形式の定型化
(4)　変化が見られない建設部門の出題テーマ

1.4.1　『技術士に求められる資質能力』に基づいた出題内容

　2019年度からの試験問題の大きな特徴は、『技術士に求められる資質能力
（コンピテンシー）』に基づいた出題内容になっていることである。この資質能
力は、試験の「評価項目」としている「専門的学識」、「問題解決」、「評価」、
「技術者倫理」、「コミュニケーション」の5つである。次ページに、文部科学
省　科学技術・学術審議会　技術士分科会資料で挙げている『試験科目別確認
項目』の必須科目Ⅰに係る項目を抜き出したものを示す。

　「問題解決」としての資質能力は2つの項目に分けられており、1つ目の「課
題抽出」は『業務遂行上直面する複合的な問題に対して、これらの内容を明確
にし、調査し、必要に応じてデータ・情報技術を活用して定義し、これらの
背景に潜在する問題発生要因や制約要因を抽出し分析すること』としている。
2021年度からの問題では、問い（1）において、設問テーマや目的を示した後

試験科目別確認項目

（※混乱を避けるため「技術士に求められる資質能力」は令和 5 年に改訂された内容を挙げている）

技術士に求められる資質能力		筆記試験
		必須科目 I
専門的学識	技術士が専門とする技術分野（技術部門）の業務に必要な、技術部門全般にわたる専門知識及び選択科目に関する専門知識を理解し応用すること。	基本知識理解
問題解決	業務遂行上直面する複合的な問題に対して、これらの内容を明確にし、調査し、必要に応じてデータ・情報技術を活用して定義し、これらの背景に潜在する問題発生要因や制約要因を抽出し分析すること。	課題抽出
	複合的な問題に関して、多角的な視点を考慮し、ステークホルダーの意見を取り入れながら、相反する要求事項（必要性、機能性、技術的実現性、安全性、経済性等）、それらによって及ぼされる影響の重要度を考慮した上、複数の選択肢を提起し、これらを踏まえた解決策を合理的に提案し、又は改善すること。	方策提起
評価	業務遂行上の各段階における結果、最終的に得られる成果やその波及効果を評価し、次段階や別の業務の改善に資すること。	新たなリスク
技術者倫理	業務遂行にあたり、公衆の安全、健康及び福利を最優先に考慮した上で、社会、経済及び環境に対する影響を予測し、地球環境の保全等、次世代に渡る社会の持続可能な成果の達成を目指し、技術士としての使命、社会的地位及び職責を自覚し、倫理的に行動すること。	社会的認識
コミュニケーション	・業務履行上、情報技術を活用し、口頭や文書等の方法を通じて、雇用者、上司や同僚、クライアントやユーザー等多様な関係者との間で、明確かつ包摂的な意思疎通を図り、協働すること。 ・海外における業務に携わる際は、一定の語学力による業務上必要な意思疎通に加え、現地の社会的文化的多様性を理解し関係者との間で可能な限り協調すること。	的確表現

に「……、技術者としての立場で多面的な観点から3つ（の）課題を抽出し、それぞれの観点を明記したうえで、課題の内容を示せ。」と表現している。

　「課題」は、解決すべき問題の対応方針と言い換えることができることから、「複合的な問題に対して、これらの背景に潜在する問題発生要因や制約要因を抽出し分析する」という資質能力を『多面的な観点から3つ（の）課題を抽出し、それぞれの観点を明記したうえで、課題の内容を示せ。』という表現で求めようとしていることが理解できる。なお2019年度から2021年度までは、問い（1）の出題表現が少しずつ変わっている。2020年度の表現が変わったのは、もとも

と求められる資質能力が『課題を分析すること』ではなく、『問題発生要因や制約要因を抽出し分析すること』であり、それによって多面的な観点からの課題を示すことにあるため、その設問趣旨を明確にするとともに『多面的な観点』がどのような観点からなのかを、受験者に明示してもらうようにするために見直されたと推測される。そして2021年度からは、課題の数を『3つ』に限定するとともに、求める内容を『抽出した課題の内容を示せ』というように明確な表現に修正したものと思われる。

　2つ目の「方策提起」の資質能力は、『複合的な問題に関して、多角的な視点を考慮し、ステークホルダーの意見を取り入れながら、相反する要求事項（必要性、機能性、技術的実現性、安全性、経済性等）、それらによって及ぼされる影響の重要度を考慮した上、複数の選択肢を提起し、これらを踏まえた解決策を合理的に提案し、又は改善すること』としている。これに対して、いずれの年度の問題も問い（2）において、「｛（1）で｝あるいは｛前問（1）で｝抽出した課題のうち最も重要と考える課題を1つ挙げ、その課題に対する複数の解決策を示せ。」としている。『最も重要と考える課題を1つ挙げる』ためには、「相反する要求事項によって及ぼされる影響の重要度を考慮」した上で挙げる必要があること、さらに『課題に対する複数の解決策を示すこと』は、資質能力としている「複数の選択肢を提起し、これらを踏まえた解決策を合理的に提案し、又は改善すること」を求めようとしていることがわかる。

　3つ目の「評価」の資質能力は、『業務遂行上の各段階における結果、最終的に得られる成果やその波及効果を評価し、次段階や別の業務の改善に資すること』としており、これを筆記試験においては「新たなリスク」と表現している。これまで出題年度や問題テーマによって、問い（3）の表現は少しずつ変化しているが、2021年度からは、「すべての解決策を実行して生じる波及効果と専門技術を踏まえた懸念事項への対応策を示せ。」と「すべての解決策を実行しても新たに生じうるリスクとそれへの対応策について、専門技術を踏まえた考えを示せ。」あるいは「すべての解決策を実行しても新たに生じうるリスクとそれへの対応策について述べよ。」としている。

　2018年度までの選択科目試験においても「その技術的提案を実行する際のリスクや課題について論述せよ」あるいは「解決策について、その効果と想定されるリスクやデメリットをそれぞれ記述せよ」といった表現で課題遂行能力を評価していたが、2019年度からの試験問題では『波及効果を評価すること』

や『懸念事項』への対応策、あるいは「次段階や別の業務の改善に資する」という観点で『新たに生じうるリスク』への対策を求めるようになった。なお、2020 年度から 2022 年度の問題Ⅰ－1 では、2019 年度と 2023 年度で 2 問とも同じ『リスクとそれへの対策』ではなく、『波及効果と新たな懸念（懸案）事項への対応策』を求めている。これは、建設部門における 2020 年度の問題Ⅰ－1 が「担い手の確保」、2021 年度の問題Ⅰ－1 が「循環型社会の構築」、2022 年度の問題Ⅰ－1 が「デジタル・トランスフォーメーション（DX）の推進」というテーマであり、いずれも課題解決策として挙げられるであろうという内容が、直接『リスク』に繋がりにくいと推測されるため『リスク』という言葉を使わずに、求められる資質能力に記されている『波及効果を評価し、次段階の改善に資すること』を、そのまま問いの表現に用いたものと考えられる。2020 年度からの建設部門以外の問い（3）の問題を俯瞰してみると、建設部門と同様に『リスクとリスク対策』と『波及効果と懸念事項への対応策』を 1 問ずつ求めている部門がある一方、2 問とも『リスクとリスク対策』としている部門や、2 問とも『波及効果と懸念事項への対応策』としている部門が見られる。いずれの部門も問題のテーマや出題内容によって、それぞれ問いの仕方を使い分けているようである。

　「技術者倫理」の資質能力は、『業務遂行にあたり、公衆の安全、健康及び福利を最優先に考慮した上で、社会、経済及び環境に対する影響を予見し、地球環境の保全等、次世代に渡る社会の持続可能な成果の達成を目指し、技術士としての使命、社会的地位及び職責を自覚し、倫理的に行動すること』である。2019 年度の問い（4）では「（1）～（3）を業務として遂行するに当たり必要となる要件を、技術者としての倫理、社会の持続可能性の観点から述べよ。」と表現している。また 2020 年度では『要件』を求める問題と『要件と留意点』を求める問題になり、2021 年度からは 2 問とも『要件（要点）と留意点』を求める問題に変化している。『技術者としての倫理の観点』とは、まさに資質能力で示している「公衆の安全、健康及び福利を最優先に考慮しているかどうか」を確認するものであり、『社会の持続可能性の観点』とは、資質能力の「社会、経済及び環境に対する影響を予見し、地球環境の保全等、次世代に渡る社会の持続可能な成果の達成を目指すこと」を評価しようとしている。なお、「要件・留意点を述べよ」という問いに対しては、「要件」と「留意点」の両方を述べる必要があるということを忘れないようにしなければならない。なお、2022 年

度からの問題では「要件」ではなく「要点」という設問表現になっているが、建設部門以外ではすべてが「要件」としていることから、求めていることが変わったということではなく「留意点」という表現に合わせて「点」という表現に整合させたものと判断される。

　技術士に求められる資質能力のうち「専門的学識」については、問題のテーマに応じて多面的な観点から課題を抽出する際に、問題発生要因や制約要因を示す必要が生じる。そこには自ずと『技術部門全般にわたる専門知識』が必要になってくる。また2021年度からの問い（3）では「専門技術を踏まえた」という表現が加えられるようになった。これらのことから、専門知識を求める設問を設けなくても、解答論文からその資質能力の有無を判断することは可能である。同様に、「コミュニケーション」についても解答論文を通じて『明確かつ包摂的な意思疎通』といった能力を判断することができる。そのため「専門的学識」と「コミュニケーション」の2つの資質能力についての『問い』は、設けられていない。

　これらのことから2019年度からの試験問題は、いずれも『技術士に求められる資質能力』に基づいた出題内容になっている、ということがご理解いただけたのではないだろうか。

1.4.2　2018年度以前の試験問題には見られなかった「問い（4）」の設問

　問い（4）の内容は、問い（1）〜問い（3）を業務として遂行するに当たり、「技術者としての倫理、社会の持続可能性（持続性）の観点」から『必要となる要件（要点）と留意点』を求めるものである。

　これは、前項で述べたように「技術者倫理」の資質能力としている『業務遂行にあたり、公衆の安全、健康及び福利を最優先に考慮した上で、社会、経済及び環境に対する影響を予見し、地球環境の保全等、次世代に渡る社会の持続可能な成果の達成を目指し、技術士としての使命、社会的地位及び職責を自覚し、倫理的に行動すること』を評価するための設問である。2018年度までの建設部門における技術士第二次試験の筆記試験問題には、「技術者としての倫理、社会の持続可能性（持続性）の観点」という表現が使われたことはなく、これは2019年度からの試験制度改正の特徴と言えよう。

1. 4. 3　出題形式の定型化

　建設部門における 2019 年度からの問題は、いずれも設問のテーマや現状についての説明文とともに、(1) ～ (4) の 4 つの『問い』から構成されている。

　説明文の後に 2 つあるいは 3 つの『問い』という出題形式は、2018 年度までの選択科目試験においても使われていたが、『問い』の数が 4 つというのは 2018 年度以前には見られなかったケースである。しかも建設部門に限らず、すべての技術部門において 4 つの問いという形式の出題になっている。前述したように問題のテーマによっては、問い (3) で『リスクとリスク対策』あるいは『波及効果と新たな懸念事項への対応策』に分けたり、問い (4) で求める内容が『要件』あるいは『要件と留意点』というような違いがあったりはするが、これらは建設部門に限らず他の部門でも同じである。

　各部門ともに共通の出題形式に統一されるようになったのは、1. 4. 1 項で述べたように 2019 年度からの試験問題が、『技術士に求められる資質能力』に基づく出題内容にするという方針によるものである。これにより、部門間における難易度の解消という効果も併せて期待できるのかもしれない。

1.4.4　変化が見られない建設部門の出題テーマ

建設部門における2019年度から2023年度までの出題テーマは、次の表のとおりである。

建設部門における出題テーマ

出題年度	問題番号	出題テーマ
2019	Ⅰ－1	建設分野における生産性の向上
	Ⅰ－2	大規模な自然災害に対する安全・安心な国土・地域・経済社会の構築に向けた「国土強靱化」の推進
2020	Ⅰ－1	それぞれの地域の中小建設業の担い手確保
	Ⅰ－2	老朽化する社会インフラの戦略的なメンテナンスの推進
2021	Ⅰ－1	廃棄物に関する問題に対する循環型社会の構築
	Ⅰ－2	風水害による被害に対しての新たな取組を加えた幅広い対策による防止又は軽減
2022	Ⅰ－1	社会資本の効率的な整備、維持管理及び利活用に向けたデジタル・トランスフォーメーション（DX）の推進
	Ⅰ－2	建設分野におけるCO_2排出量削減及びCO_2吸収量増加のための取組
2023	Ⅰ－1	巨大地震に対する建築物、社会資本の整備事業及び都市の防災対策
	Ⅰ－2	施設のメンテナンスを「第2フェーズ」として位置づけた取組の推進

ここに挙げた8つの出題テーマは、いずれも2007年度から2012年度までに出題された『必須科目』試験の問題、ならびに2013年度から2018年度までの『選択科目』試験の『課題解決問題』の主なテーマと比べて、大きな違いは見られない。

2019年度からの試験問題が、『技術士に求められる資質能力』に基づいた出題になったところで、社会や技術における様々な状況からの、建設部門に関わるエンジニアリング問題に変化が生じるわけはないと考えれば当たり前のことではあるが、出題テーマに変化が見られないことは、これからの試験対策に向けた重要な特徴の1つである。

1.5　2024年度試験に向けた建設部門の 必須科目試験対策

　本節では、前節で示した2019年度から2023年度までの試験問題の特徴を踏まえて、2024年度に向けた必須科目試験対策について述べる。建設部門における出題テーマは次節で述べることとし、ここでは必須科目試験問題の4つの『問い』に対して、どのような考え方で解答をまとめていく必要があるのかを述べる。

　2019年度からの建設部門の設問表現を整理したものが、次の表である。

2019年度からの建設部門必須科目試験の設問表現

出題年度	問題番号	問い（1）	問い（2）	問い（3）	問い（4）
2019	Ⅰ－1	技術者としての立場で多面的な観点から課題を抽出し分析せよ。		解決策に共通して新たに生じうるリスクとそれへの対策について述べよ。	必要となる要件を、技術者としての倫理、社会の持続可能性の観点から述べよ。
	Ⅰ－2				
2020	Ⅰ－1	技術者としての立場で多面的な観点から課題を抽出し、その内容を観点とともに示せ。		すべての解決策を実行した上で生じうる波及効果と、新たな懸案事項への対応策を示せ。	技術者としての倫理、社会の持続性の観点から必要となる要件・留意点を述べよ。
	Ⅰ－2			解決策に共通して新たに生じうるリスクとそれへの対策について述べよ。	必要となる要件を、技術者としての倫理、社会の持続可能性の観点から述べよ。
2021	Ⅰ－1		最も重要と考える課題を1つ挙げ、その課題に対する複数の解決策を示せ。	すべての解決策を実行して生じる波及効果と専門技術を踏まえた懸念事項への対応策を示せ。	技術者としての倫理、社会の持続可能性の観点から必要となる要件、留意点を述べよ。
	Ⅰ－2			すべての解決策を実行しても新たに生じうるリスクとそれへの対応策について、専門技術を踏まえた考えを示せ。	技術者としての倫理、社会の持続性の観点から必要となる要件・留意点を述べよ。
2022	Ⅰ－1	技術者としての立場で多面的な観点から3つ（の）課題を抽出し、それぞれの観点を明記したうえで、課題の内容を示せ。		すべての解決策を実行して生じる波及効果と専門技術を踏まえた懸念事項への対応策を示せ。	技術者としての倫理、社会の持続性の観点から必要となる要点・留意点を述べよ。
	Ⅰ－2			すべての解決策を実行しても新たに生じうるリスクとそれへの対応策について述べよ。	
2023	Ⅰ－1			すべての解決策を実行しても新たに生じうるリスクとそれへの対策について、専門技術を踏まえた考えを示せ。	
	Ⅰ－2				

1.5.1　問い（1）への対策

　2019 年度問題の問い（1）で求めていることは「技術者としての立場で多面的な観点から課題を抽出し分析すること」である。一方、2020 年度問題の問い（1）では「技術者としての立場で多面的な観点から課題を抽出し、その内容を観点とともに示すこと」というように一部の表現が変わっている。そして 2021 年度からは「技術者としての立場で多面的な観点から 3 つ（の）課題を抽出し、それぞれの観点を明記したうえで、課題の内容を示すこと」になり、課題の数を 3 つに指定した内容に変わっている。

　このような問い（1）で求めている内容は、いずれも必須科目試験の出題内容としている『「技術部門」全般に関わる基礎的なエンジニアリング問題としての観点から、多面的に課題を抽出して、』という箇所に対応している。2020 年度に問い（1）の表現が変わった理由は 1.4.1 項でも述べたように、試験で求められる資質能力が『課題を分析すること』ではなく、『問題発生要因や制約要因を抽出し分析すること』によって『問題解決のための課題を論理的に説明できること』であることから、解答にあたって誤解が生じないように配慮したものと思われる。また、受験者が『多面的な観点』として抽出した課題が、はたしてどのような観点から抽出したのかを、自ら明らかにしてもらうために『観点とともに示せ』という表現に変えたものと推測される。さらに 2019 年度や 2020 年度試験の解答論文では、3 つの課題を挙げていた受験者が多かったものの、『多面的』という表現のため 2 つあるいは 4 つ以上の課題を挙げた受験者も散見されたため、2021 年度からは課題の数を 3 つに指定するようになったようである。

　この問いでの「技術者の立場で」という表現は、出題内容の『「技術部門（建設部門）」全般にわたる基礎的なエンジニアリング問題としての観点から』という言葉を、簡潔に示したものと言える。そのため、例えば「防災・減災」をテーマにした設問に対して課題を抽出する際の問題点を挙げるような場合は「一般論」や「行政上の視点」からではなく、「建設技術という視点」からの内容を示す必要がある。具体例を示すと「水害情報が住民に十分理解されていない」というような一般論的な表現ではなく、「住民の利便性を意識した水害ハザードマップの作成が不十分」といった技術面からの表現にする必要がある。このような表現にすると、同じような問題点であっても「建設技術という視点」になり得るし、その後の課題や課題解決策を示す場合にも建設技術という面か

らのアプローチが容易になる。

　次に、「多面的な観点から」という表現について確認しておかなければならない。ここでは『必須科目』試験の「問題解決能力及び課題遂行能力」の概念に示されていることを理解しておく必要がある。そこには、「複合的な問題や課題を把握し、社会的利益や技術的優位性などの多様な視点からの調査・分析を経て、問題解決のための課題とその遂行について論理的かつ合理的に説明できる能力」と記されている。この文だけを見ると「問題解決のための課題とその遂行」のための「多様な視点」に見えるが、1.3 節で示した「試験の程度」には「複合的なエンジニアリング問題や課題の把握から、調査・分析を経て、解決策の導出までの過程において、多様な視点から、論理的かつ合理的に考察できることを確認する」と述べており、これらを重ね合わせると課題を把握・抽出する過程においても『社会的利益や技術的優位性などの多様な視点』を必要としていることがわかる。「多面的な観点」と言われても漠然としていてわかりにくいが、これを「社会的利益や技術的優位性といった幅広い見方からの観点」という表現に言い換えると解答しやすくなる。具体的には、経済性や安全性といった社会的利益の面からの問題点や、機能性や効率性、品質面といった技術的優位性の面からの問題点などの複数の問題点を分析した結果をもとに、課題を抽出することが必要になる。問い（1）の解答にあたっては、こういった点を念頭に入れて「観点」を明記することが求められている。

　解答論文をまとめるにあたっては、問題のテーマに応じて、多様な視点からの問題点を示さなければならないが、その際に必要になるのが『現状』や『事実』としての知識である。この知識がなければ、論文の書き出しと言える問い（1）の内容をまとめることができない。問題のテーマごとに必要なキーワードを理解して覚えておくとともに、それを設問の趣旨に合わせて組み立てなおした上で、自分の言葉として論文展開できるようにすることが必要になる。

1.5.2　問い（2）への対策

　問い（2）で求めていることは「（1）で抽出した課題のうち最も重要と考える課題を1つ挙げること」と「課題に対する複数の解決策を示すこと」の2つである。建設部門における問い（2）の表現は、2019 年度から 2022 年度までいずれも同じである。

　問い（2）の設問内容は、技術士に求められる資質能力の『問題解決』の内

容に基づいている。1.4.1項に示した「試験科目別確認項目」の『問題解決』
には、方策提起として「複合的な問題に関して、多角的な視点を考慮し、ス
テークホルダーの意見を取り入れながら、相反する要求事項（必要性、機能性、
技術的実現性、安全性、経済性等）、それらによって及ぼされる影響の重要度
を考慮した上、複数の選択肢を提起し、これらを踏まえた解決策を合理的に提
案し、又は改善すること。」と記されている。

　問い（2）で求めている1つ目の「最も重要と考える課題を1つ挙げること」
は、この資質能力の文のうち『相反する要求事項（必要性、機能性、技術的実
現性、安全性、経済性等）、それらによって及ぼされる影響の重要度』を考慮
できるのかを確認することが目的である。したがって、（1）で抽出した課題の
中から『「必要性」、「機能性」、「技術的実現性」、「安全性」、「経済性」といっ
た相反する要求事項によって及ぼされる影響』をもとに、最も重要と考える課
題を1つ挙げるようにしなければならない。何の理由も示さずに課題を1つ挙げ
たのでは、十分な評価点が得られにくいということがわかる。これは、解答に
あたって留意しておきたい点の1つである。

　2つ目の「課題に対する複数の解決策を示すこと」は、資質能力のうち『複
数の選択肢を提起し、これらを踏まえた解決策を合理的に提案し、又は改善す
る』という能力を評価することが目的である。最も重要と考えた1つの課題に
対して、複数の解決策を示さなければならない。過去の試験問題のように『複
数の課題と、それぞれの課題の解決策』という1：1の対応ではなくなったこと
から、これまで以上に幅広い知識をもっていないと解答に行き詰まってしまう。
しかも、問い（3）では「すべての解決策を実行して生じる波及効果と専門技術
を踏まえた懸念事項への対応策」や「すべての解決策を実行しても新たに生じ
うるリスクとそれへの対応策」を述べなければならないので、波及効果や懸念
事項あるいは新たに生じうるリスクを挙げられるのかどうかを踏まえながら、
複数の解決策を示すようにしなければならない。問い（3）を解答するときに、
行き詰まってしまわないようにするためには、論文を書き出す前の構想段階で、
全体のストーリーを整理しておくことが不可欠と言えよう。

1.5.3　問い（3）への対策

　2021年度からの問い（3）は、問題のテーマに応じて「すべての解決策を実
行しても新たに生じうるリスクとそれへの対応策」あるいは、「すべての解決

策を実行して生じる波及効果と懸念事項への対応策」のいずれかを問うものである。

　問い（3）の設問内容は、技術士に求められる資質能力の『評価』の内容に基づいている。「試験科目別確認項目」の『評価』には、新たなリスクとして「業務遂行上の各段階における結果、最終的に得られる成果やその波及効果を評価し、次段階や別の業務の改善に資すること。」と記されている。

　「すべての解決策を実行しても新たに生じうるリスク」は、『業務遂行上の各段階における結果、最終的に得られる成果やその波及効果を評価』することに対応し、「リスクへの対策」は『次段階や別の業務の改善』のための対策である。2019 年度と 2020 年度の問題は『「解決策に共通して」新たに生じうるリスク』としていたため、解決策としてハード対策とソフト対策をそれぞれ挙げたような場合には、「解決策に共通するリスク」を示すことが困難になるということが生じた。そのため 2021 年度からは「すべての解決策を実行しても新たに生じうるリスク」というように見直され、問い（2）で示した複数の解決策を行ったとしても「最も重要と考えた課題」に残る（専門技術からの）リスクを示すことで、設問の要求事項を満たせるようになった。新たに生じうるリスクは、「品質」や「コスト」、「工期」といった『経済面』の視点、あるいは『安全面』や『環境面』といった視点で整理すると、考えがまとまりやすくなる。なお、2023 年度の問題では「リスクとそれへの対策」と表現しているが、他の年度においては「リスクとそれへの対応策」という表現が見られる。建設部門以外の部門においても「対策」と「対応策」という表現が、同じように混在して使われている。リスクは本来、マネジメントすべき対象であるとともに、技術士に求められる資質能力として「改善に資するための対策」が求められている。そのため、ここで解答すべき内容は、生じる影響を小さくする、あるいは発生する確率を下げるなどの『リスクへの対策』の考えを示すことが必要になる。

　一方、「すべての解決策を実行して生じる波及効果」も、資質能力としている『業務遂行上の各段階における結果、最終的に得られる成果やその波及効果を評価』することに対応したものである。『波及効果』とは、だんだんと広い範囲に影響を及ぼすことであり、解決策による直接的な成果を述べることとは意味が違うということを理解しておきたい。また『懸念事項』は、ある物事に対して気がかりな事柄や未だ起こっていないことに不安な事柄のことを言う。『懸念事項』を述べる場合には、「ある物事を実行する際に、危険といった悪い影響

が生じる可能性」をいう『リスク』とは異なる内容になる、という点に留意が
必要である。

1.5.4　問い（4）への対策

　問い（4）の内容は、問い（1）〜問い（3）を業務として遂行するにあたり、
「技術者としての倫理の観点」と「社会の持続可能性（持続性）の観点」から
『必要となる要件』を述べるというものである。また2021年度からは、すべて
の問題について『要件（要点）』とともに『留意点』も求めるようになった。

　この問いの内容は、技術士に求められる資質能力の『技術者倫理』の内容に
基づいている。「試験科目別確認項目」の『技術者倫理』には、社会的認識と
して「業務遂行にあたり、公衆の安全、健康及び福利を最優先に考慮した上で、
社会、経済及び環境に対する影響を予見し、地球環境の保全等、次世代に渡る
社会の持続可能な成果の達成を目指し、技術士としての使命、社会的地位及び
職責を自覚し、倫理的に行動すること。」と記されている。

　要件とは、欠くことのできない条件（あるいは機能や性能）のことである。
したがって、ここでは『課題解決策や新たに生じうるリスクへの対策（懸念事
項の対応策）を業務として行う際に、公衆の安全・健康及び福利を最優先に考
えた場合、どのような欠くことのできない条件があるのか』、また『課題解決
策や新たに生じうるリスクへの対策（懸念事項の対応策）を業務として行う際
に、地球環境の保全等から、どのような欠くことのできない条件があるのか』
ということを述べなければならない。そして、取り上げた要件を満たすために、
業務遂行上、どのような点に留意（特に気をつけること）が必要なのかを述べ
ることが求められている。なお、前述したように2022年度からの「要点」とい
う表現は、「要件」と読み替えて解答していく必要がある。

　問い（4）に対しては、資料を調べれば何らかの解答が書けるようになる、
というものではない。そのため必要な要件や留意点については、自身で複数の
解答内容を事前に整理しておく必要がある。

1.5.5　建設部門の必須科目試験対策

前項まで2019年度から2023年度に出題された試験問題をもとに、問い（1）から問い（4）に対して、それぞれ出題の趣旨と解答すべき内容について述べてきた。問いごとに、解答する際の視点を再整理したものが次の表である。

問いに対する解答の視点

問い	問いの要求項目	解答する際の視点
問い(1)	技術者としての立場で課題を抽出	「一般論」や「行政上の視点」からではなく「建設技術全般」に関する課題を抽出する 「事実」や「問題点」といった知識（現状）に基づいた課題設定をする
	多面的な観点から3つの課題を抽出	経済性や安全性といった社会的利益の面、機能性や効率性、品質面といった技術的優位性の面からの問題点をもとに、課題を3つ抽出する
	観点を明記	どういう観点（多面的であること）からの課題なのかを明示する
問い(2)	最も重要と考える課題1つ	『「必要性」、「機能性」、「技術的実現性」、「安全性」、「経済性」などの相反する要求事項によって及ぼされる影響の重要度』をもとに重要と考える理由を示す
	課題に対する複数の解決策	挙げた課題に対して、実際に解決可能な具体的解決策を3つ程度示す
問い(3)	すべての解決策を実行して生じる波及効果	すべての解決策を行うことによって、だんだんと広い範囲に影響を及ぼす内容（良い効果）を示す
	専門技術を踏まえた懸念事項への対応策	すべての解決策を行った際の気がかりな事柄について、建設技術者としての対応策を示す
	すべての解決策を実行しても新たに生じうるリスク	取り上げた解決策だけでは防ぎきれない、新たなリスク（可能性のある悪い影響）を示す
	リスクへの対応策	影響を小さくする、あるいは発生可能性を下げるための建設技術者としての対策を示す
問い(4)	技術者としての倫理の観点から必要となる要件・留意点	課題解決策やリスク対策において、公衆の安全・健康及び福利を最優先に考えた場合に欠くことのできない条件を述べる その条件を満たすために特に気をつけなければならない点を述べる
	社会の持続可能性の観点から必要となる要件・留意点	課題解決策やリスク対策において、地球環境の保全等を考えた場合、欠くことのできない条件を述べる その条件を満たすために特に気をつけなければならない点を述べる

　2018年度以前における選択科目試験の問題Ⅲ、ならびに2007年度から2012年度の建設部門における必須科目試験の問題は、いずれも「課題」とともに課題解決に向けた「方策」や「取組み」についての意見を求めていた。また、2006年度以前の問題は、与えられた条件の下での社会資本整備などの「あり方についての意見」を求める内容であった。これらの問題に対しては、国土交通行政に係る課題やその対応策を知ってさえいれば、合格点が得られる解答論文をまとめることができた。

　ところが、ここまで述べたように2019年度からの試験では、『多面的な観点からの課題抽出』や『課題に対する複数の解決策』、『すべての解決策を実行しても新たに生じるリスクとそれへの対策』や『波及効果と懸念事項への対応策』といった内容を求めるようになったことから、10人の受験者がいれば10通りの解答論文が出来上がるという状況に変わってきた。しかも問い（2）と問い（3）との関連や、問い（3）と問い（4）といった論文の一貫性やまとまりを、これまで以上に考慮しなければならなくなった。すなわち受験者一人ひとりの『論理性』が、これまで以上に問われるようになったと言える。

　さらに一方では、「課題」を挙げるためには課題設定に至るプロセスとしての『現状』や『問題点を含んだ事実』が、これまでどおり必要になる。そして課題解決策を述べる場合も、社会資本整備に係るような建設部門の出題テーマに対しては、受験者の勝手な考えだけでは適切な評価は得られない。そのため、それぞれの問題テーマに応じて『社会的背景』や『国土交通行政の考え』等を知識としてもっておく必要がある。国土交通行政については「国土交通白書」が参考になるが、白書だけでは取り上げた課題の解決策を示そうとするには不十分である。それぞれの出題テーマに対する、国土交通行政上の【計画や政策】を理解するとともに、それを自分の言葉として論文展開できるようにすることが合格点を確実にするためには必要になる。

　技術士試験の論文は作文ではなく、あくまでも技術論文である。そして合格できる論文をまとめるにあたっては、事実と意見（あるいは判断）を明確に区分することが、最も重要なポイントになるということを認識しておかなければならない。すなわち、技術論文は論述のすべてが事実に基づいていなければならないということである。事実が明確に示されていなかったり、事実に基づかないような課題設定をしているような場合には『論理性』が不十分という評価になり、結果として不合格になりかねない。「事実や現状」と「意見や判断」は、

それぞれを明確に区分して論理的な文章展開をすることが、合格論文にするためには重要である。

　このように見ていくと合格するための解答論文には、いかに事実を明確に示すかが大切だということがおわかりいただけたのではないかと思う。この事実というのは『知識』として覚えておくべきもので、試験会場で考えて出てくるものではないのである。特に論文の中で大きな説得力を持つ「数値」は、正確に覚えておかなければどうにもならない。次章からのキーワード解説文は、そのための知識と課題解決のための考えをまとめるうえで大きな武器になりうるものである。

　なお、他人が作った解答論文例を参考にする受験者が多いが、これまでの筆者の受験指導経験から言わせてもらうと、これは避けるべき受験対策である。それは、解答例として挙げられている解答論文が、必ずしも良いものでないことが多いからである。解答論文例の中には、合格点に至らないと推定されるものも多々見られ、それを目指して準備を進めてしまうと、いつまでたってもその論文以上のものがまとめられなくなってしまう。これでは、合格という目標を永久に棚上げにしてしまうことになりかねない。これを避けるためには、想定問題に対して必要な情報（キーワード）を整理して、それをもとに自ら『問題点を分析し課題を抽出』すること、そして『課題解決策』を整理して『新たに生じうるリスク』や『リスクへの対策』、ならびに『技術者倫理と社会の持続可能性（持続性）からの要件と留意点』等を組み立てるという対策が必要になる。これは迂遠な方法に思えるかもしれないが、合格に向けた最も賢い対策である。どうしても解答論文例を参考にしたいというならば、まずは自分で論文をまとめ上げてから、他人が作った解答論文の不具合を指摘してやろうという気持ちで見るようにしていただきたい。自ら解答論文を作成する前に解答論文例を見るようなことは、くれぐれも避けるようにしたい。

1.6　建設部門における必須科目試験の
出題テーマ

　建設部門における必須科目試験の対策としては、これまでに出題されている問題をもとに問題のテーマを設定し、テーマごとに想定問題の準備とその論文作成によって進めていくことが必要になる。

　問題のテーマについては、2007年度から2012年度に出題された『必須科目』の問題と2019年度以降の『必須科目』の問題、さらに2013年から2018年の選択科目における『課題解決問題』の一部の問題が参考になる。

2007年度から2012年度に出題された『必須科目』の問題概要

出題年度	番号	問題文
2007年度 （平成19年度）	1	人口減少傾向にある地域における社会資本整備の課題及び厳しい財政の制約の下で、地域の活性化を図っていくための社会資本整備のあり方
	2	経験豊富な技術者の大量退職が、社会資本を整備するための技術に与える影響と課題及び今後技術を維持継承するための方策
2008年度 （平成20年度）	1	社会資本の維持管理に関する現状と課題、アセットマネジメントの必要性及びその実用化に向けた方策
	2	縮小傾向にある公共事業の状況が建設分野における技術力の維持及び向上に与える影響とその課題。今後とるべき方策
2009年度 （平成21年度）	1	地球温暖化を緩和するための低炭素社会 （1）低炭素社会の実現に向け貢献できると考えられる社会資本整備の取り組み3つとそれぞれの概説 （2）1つを取り上げその推進にあたっての課題と解決策
	2	技術者として解析・設計や数値シミュレーション等の成果の合理性を総合的に判断できる技術力を維持するための課題。今後とるべき方策
2010年度 （平成22年度）	1	建設部門に携わる技術者として社会的状況の変化に対応して防災あるいは減災対策を行う上での課題3つとその内容。国民の安全や生活を守る観点からの取り組み
	2	建設部門に携わる技術者の視点から海外での社会資本整備に取り組む上での課題3つとその内容。今後とるべき方策
2011年度 （平成23年度）	1	建設部門に携わる技術者として我が国の社会資本と経済社会の現状を踏まえ、今後の社会資本整備における課題3つとその内容。課題に対する取り組み
	2	建設産業の課題3つとその内容。建設産業の活力を回復させるため課題に対する取り組み
2012年度 （平成24年度）	1	建設部門に携わる技術者として我が国の防災・減災に向けた社会基盤の整備における課題3つとその内容。課題に対し社会基盤の整備を具体的にどのように進めていくべきかの意見
	2	地球環境問題に対し、（1）低炭素社会の実現、（2）自然共生社会の実現・生物多様性の保全、（3）循環型社会の形成、の3つの視点から、建設分野として取り組むべき課題とその内容。課題解決に向けた意見

　2007年度から2012年度に出題された『必須科目』の問題をテーマ別に分類すると、次の8つの項目に分けられる。

　(1)　地域の活性化

　(2)　技術の維持継承・技術力の維持と向上

　(3)　社会資本の維持管理

　(4)　低炭素社会を含めた地球環境問題

　(5)　防災・減災対策

　(6)　海外での社会資本整備の取組み

　(7)　社会資本と経済社会の現状を踏まえた今後の社会資本整備

　(8)　建設産業の活力回復

　一方、2013年度から2018年度に出題された『選択科目における課題解決問題』のうち、建設部門全体に係る問題をテーマ別に分類すると、次の10項目に分けられる。なお、日本におけるDXは、2018年に経済産業省が「デジタルトランスフォーメーション（DX）を推進するためのガイドライン」を取りまとめたことを契機に広がり始めた事項である。なおこのガイドラインは2022年9月に「デジタルガバナンス・コード」と統合して「デジタルガバナンス・コード2.0」に改訂されている。そして建設部門におけるDXは、生産性の向上に係るICTの活用を含めたi−Constructionとも密接に関連する内容であることから、ここではDXを（4）の「働き手の確保と生産性の向上」に分類している。

　(1)　社会資本整備

　(2)　社会資本の維持管理・更新

　(3)　国土強靱化を含めた自然災害に対する防災・減災

　(4)　働き手の確保と生産性の向上（DX）

　(5)　持続可能で活力ある国土・地域づくり

　(6)　品質向上・品質確保

　(7)　低炭素社会・環境保全

　(8)　インフラの海外展開

　(9)　技術の継承

　(10)　事業評価

　これらの10項目を、前述した2007年度から2012年度に出題された『必須科目』の問題テーマ、ならびに2019年度からの必須科目問題のテーマと重ね合わせると、事業評価を除く9つの項目と概ね整合する。

　さらに、この（1）〜（9）の9項目の出題テーマと2019年度からの必須科目試験問題を対比すると、次の表のようになる。

建設部門におけるテーマ別「必須科目問題」の出題履歴

番号	建設部門の出題テーマ	2019年度	2020年度	2021年度	2022年度	2023年度
1	社会資本整備					
2	社会資本の維持管理・更新		○			○
3	国土強靱化を含めた自然災害に対する防災・減災	○		○		○
4	働き手の確保と生産性の向上（DX）	○	○		○	
5	持続可能で活力ある国土・地域づくり					
6	品質向上・品質確保					
7	低炭素社会・環境保全			○	○	
8	インフラの海外展開					
9	技術の継承					

　2019年度からの出題内容が「社会資本整備のあり方」といった漠然としたテーマ設定はなくなり具体的な事項に的を絞るようになったことや、品質面や技術継承については分野別すなわち選択科目試験として扱うことが多くなったこと等を考慮すると、これからの必須科目試験で想定される出題テーマは、さらに次の5項目に絞り込むことができる。

（1）社会資本の維持管理・更新

（2）国土強靱化を含めた自然災害に対する防災・減災

（3）働き手の確保と生産性の向上（DX）

（4）持続可能で活力ある国土・地域づくり

（5）低炭素社会・環境保全

　したがって『必須科目』の出題テーマを考慮する際には、これら5つの項目に重点を置いて準備を進めることが肝要である。

1.7　出題テーマ別の想定問題

　2019年度からの必須科目試験問題は、建設部門を含めたすべての部門において4つの『問い』からなる出題形式に統一されるようになった。また、2020年度からの問い（3）の設問は、リスクが挙げにくい問題テーマや内容については波及効果と懸念事項への対応策を求める設問に見直されている。さらに、各問いの表現についても毎年、修正を重ねてきている。

　このような経緯を踏まえ、前節で重点項目とした5つの出題テーマについて、最近の国土交通行政の動向を参考に、想定問題を用意した。2024年度の必須科目試験対策に役立てていただきたい。

（テーマ1：社会資本の維持管理・更新）

　インフラ施設の必要な機能や性能を維持し、国民からの信頼を確保し続けることは、安全・安心かつ豊かな暮らしを実現する上で必要不可欠な要素である。これからの社会資本の維持管理においては、新たな取組として、複数・広域・多分野のインフラを「群」として捉え、総合的かつ多角的な視点から戦略的に地域のインフラをマネジメントする「地域インフラ群再生戦略マネジメント」を進めていく必要がある。このような状況を踏まえて以下の問いに答えよ。

(1)　「地域インフラ群再生戦略マネジメント」の考え方に基づき、今後のインフラメンテナンスの取組を具体的に進めていく当たり、技術者としての立場で多面的な観点から3つ課題を抽出し、それぞれの観点を明記したうえで、課題の内容を示せ。

(2)　前問（1）で抽出した課題のうち最も重要と考える課題を1つ挙げ、その課題に対する複数の解決策を示せ。

(3)　前問（2）で示したすべての解決策を実行して生じる波及効果と専門技術を踏まえた懸念事項への対応策を示せ。

(4)　前問（1）～（3）を業務として遂行するに当たり、技術者としての倫

　　理、社会の持続性の観点から必要となる要件・留意点を述べよ。

（テーマ2：国土強靱化を含めた自然災害に対する防災・減災）

　　気候変動に伴う水災害の激甚化・頻発化や切迫する巨大地震など災害リ
　スクの高まりが懸念される中、まちづくり・地域づくりに防災・減災の観
　点を主流化していくことが求められている。さらに災害ハザードエリアに
　おいては、人口減少等を踏まえた安全・安心な国土利用・管理の観点から
　の取組を一層推進する必要がある。このような状況を踏まえて以下の問い
　に答えよ。

　(1)　まちづくり・地域づくりにおける防災・減災や、安全・安心な国土利
　　　用・管理に向けた取組みを推進するに当たり、技術者としての立場で多
　　　面的な観点から3つ課題を抽出し、それぞれの観点を明記したうえで、
　　　課題の内容を示せ。

　(2)　前問（1）で抽出した課題のうち最も重要と考える課題を1つ挙げ、
　　　その課題に対する複数の解決策を示せ。

　(3)　前問（2）で示したすべての解決策を実行しても新たに生じるリスク
　　　とそれへの対策について、専門技術を踏まえた考えを示せ。

　(4)　前問（1）～（3）を業務として遂行するに当たり、技術者としての倫
　　　理、社会の持続性の観点から必要となる要件・留意点を述べよ。

（テーマ3：働き手の確保と生産性の向上／DX）

　　社会経済状況の激しい変化に対応し、インフラ分野においてもデータと
　デジタル技術を活用して、国民のニーズを基に社会資本や公共サービスを
　変革するとともに、業務そのものや、組織、プロセス、文化・風土や働き
　方を変革する「インフラ分野のデジタル・トランスフォーメーション（DX）」
　の取組が進められている。今後は、分野網羅的、組織横断的な取組により
　DXを更に加速化させることが求められている。このような状況を踏まえて
　以下の問いに答えよ。

　(1)　分野網羅的、組織横断的な取組により、インフラ分野のDXを更に加
　　　速化させるに当たり、技術者としての立場で多面的な観点から3つ課題
　　　を抽出し、それぞれの観点を明記したうえで、課題の内容を示せ。

　(2)　前問（1）で抽出した課題のうち最も重要と考える課題を1つ挙げ、

その課題に対する複数の解決策を示せ。

(3) 前問 (2) で示したすべての解決策を実行しても新たに生じうるリスクとそれへの対策について、専門技術を踏まえた考えを示せ。

(4) 前問 (1) ～ (3) を業務として遂行するに当たり、技術者としての倫理、社会の持続性の観点から必要となる要件・留意点を述べよ。

(テーマ4：持続可能で活力ある国土・地域づくり)

　人口減少、少子高齢化が加速する地方部において、人々が安心して暮らし続けていけるよう、地域の文化的・自然的一体性を踏まえつつ、生活・経済の実態に即した魅力的な地域をつくることが求められる。このためには、デジタル技術が不可欠であり、デジタル技術を活用した生活サービスの効率化・自動化等の取組みを加速化することが重要である。このような状況を踏まえて以下の問いに答えよ。

(1) デジタル技術を活用した魅力的な地域づくりを進めるに当たり、技術者としての立場で多面的な観点から3つ課題を抽出し、それぞれの観点を明記したうえで、課題の内容を示せ。

(2) 前問 (1) で抽出した課題のうち最も重要と考える課題を1つ挙げ、その課題に対する複数の解決策を示せ。

(3) 前問 (2) で示したすべての解決策を実行しても新たに生じうるリスクとそれへの対策について、専門技術を踏まえた考えを示せ。

(4) 前問 (1) ～ (3) を業務として遂行するに当たり、技術者としての倫理、社会の持続性の観点から必要となる要件・留意点を述べよ。

(テーマ5：低炭素社会・環境保全)

　自然環境が有する多様な機能を活用し、持続可能で魅力ある国土・都市・地域づくりを進める取組であるグリーンインフラの概念が定着しつつある。このような中、ネイチャーポジティブやカーボンニュートラル、ネットゼロなど、グリーンインフラに関連する社会情勢に大きな変化が生じている。こうした社会情勢の変化を受け、環境に関する様々な社会課題の解決に寄与するグリーンインフラを一層普及させるとともに、あらゆる場面で実装 (ビルトイン) させていくという、新たなフェーズへの移行が求められている。このような状況を踏まえて以下の問いに答えよ。

(1) グリーンインフラで目指す姿「自然と共生する社会」の実現に向けて、グリーンインフラの一層の普及促進、本格的なビルトインを図っていくに当たり、技術者としての立場で多面的な観点から3つ課題を抽出し、それぞれの観点を明記したうえで、課題の内容を示せ。

(2) 前問（1）で抽出した課題のうち、最も重要と考える課題を1つ挙げ、その課題に対する複数の解決策を示せ。

(3) 前問（2）で示したすべての解決策を実行して生じる波及効果と専門技術を踏まえた懸念事項への対応策を示せ。

(4) 前問（1）〜（3）を業務として遂行するに当たり、技術者としての倫理、社会の持続性の観点から必要となる要件、留意点を述べよ。

第2章

キーワード解説

　第1章で述べたように技術士試験の対策においては、必要な情報（キーワード）を知識として覚えて、それをもとに自分で『課題の抽出と分析』、『課題解決策』、『新たに生じうるリスク』と『リスクへの対策』、『生じる波及効果』と『新たな懸念事項への対応策』、そして『技術者倫理と社会の持続性からの要件や留意点』といった一連のストーリーをまとめられるようにすることが重要になる。とりわけ必須科目試験問題に対しては、できるだけたくさんの『知識の引き出し』を用意しておき、さまざまな組み合わせができるようにしておく必要がある。

　本章では、第1章において想定問題として示した5つの出題テーマとともに、必須科目問題の出題履歴として抽出した4つのテーマを加えた9つのテーマを取り上げている。いずれの出題テーマも、単独に存在するものではなく相互に関連することが多いからである。

　なお「技術の継承」に関しては、建設業就業者の高齢化や働き手の不足など「働き手の確保と生産性の向上」のテーマと、その現状や背景について重複することが多いことや、デジタルトランスフォーメーション（DX）が生産性の向上に係るICTの活用を含めたi-Constructionとも密接に関連していること等から、本章では「働き手の確保と生産性の向上」と「DX」、「技術の継承」は1つの項目にまとめて「働き手の確保と生産性の向上／DX／技術の継承」という括りにしている。

　それぞれのテーマについて【現状や背景】と【計画や政策】に分けて、前者は『具体的な対策のベースになっている状況や関連用語など』を示すとともに、後者は想定される出題内容について、主に国土交通行政として『どのような考え方や問題の捉え方をしているのか、さらにはそれに対してどのような方策（政策）を進めようとしているのか』という内容を、複数の資料から抽出して示している。また、国土交通行政に係る計画や政策については、単にそれらの概要を解説するだけではなく、建設部門における解答論文をまとめる際に参考になる文章を、原文のまま掲載している。

　本章の【計画や政策】の内容を確認することにより、行政として『どのような課題』に対して『どのような対策（課題解決策）』を進めようとしているのかがわかる。それらの内容の中から問題のテーマに合った事項を、課題あるいは解決策として自らの意見として示すことが、適切な解答論文となる。ここに挙げたキーワードは、いずれも建設部門の必須科目の解答論文をまとめるうえ

で重要なものである。想定問題に対して、解答論文をまとめる際に参考にする
とともに、そこで覚えたキーワードをもとに、試験当日に出題される問題の解
答に役立てていただきたい。

2.1　社会資本整備

　「社会資本整備」全体をテーマにした問題に対しては、我が国における社会経済の動向や建設部門における技術者の減少といった、社会資本に係る課題を挙げるための現状や背景を整理しておく必要がある。そして、課題解決策としての内容を述べる際には『社会資本整備重点計画』に示されている内容を理解しておくことは必須である。一方、交通政策については『交通政策基本法』に基づく『交通政策基本計画』を理解しておく必要がある。

　なお、『第5次社会資本整備重点計画』の内容は、2.2節以降で取り上げているすべての出題テーマにも深く関わっているので、「社会資本整備の推進」という視点だけではなく建設部門全体に係る重要な参考資料という位置づけで、その内容を確認しておくようにしたい。本節では、それぞれの計画や政策に係る資料の中で「社会資本整備」全般に関する事項を抜粋して示している。「社会資本整備」全般をテーマとした解答論文をまとめる際に、参考にしていただきたい。

【社会資本整備に係る現状や背景】
　(1) MaaS（Mobility as a Service）
　(2) PFI
　(3) PPP
　(4) ウォーターPPP
　(5) コンセッション方式によるPFI事業
　(6) 社会インフラのフロー効果／ストック効果
　(7) 我が国の財政状況
　(8) 我が国の社会資本整備状況
　(9) 我が国の人口構造の変化
【社会資本整備に係る計画や政策】
　(1) PPP／PFI推進アクションプラン

(2) インフラみらいマップ

(3) 経済財政運営と改革の基本方針

(4) 交通政策基本計画

(5) 国土形成計画（全国計画）

(6) 国土のグランドデザイン2050

(7) 「国土の長期展望」最終とりまとめ

(8) 第5次社会資本整備重点計画

(9) 地方ブロックにおける社会資本整備重点計画

【社会資本整備に係る現状や背景】

(1) MaaS（Mobility as a Service）

MaaS（Mobility as a Service：マース）は、スマートフォンやPC等で利用可能なアプリケーション等により、地域住民や旅行者一人一人のトリップ単位での移動ニーズに対応して、複数の公共交通やそれ以外の移動サービスを最適に組み合わせて、検索・予約・決済等を一括で行うサービスである。

MaaSの実現により、交通手段の選択肢拡大や、出発地から目的地までのワンストップでシームレスなサービス提供を通じた、移動時の利便性向上等により、地域や観光地の移動手段の確保・充実にくわえ、高齢者等の移動困難者に係る移動手段の確保や交通安全の向上、外出機会の創出等に資することが期待される。さらに、小売・飲食等の商業、観光のほか、医療、福祉、教育、一般行政サービス等との連携により、移動自体の高付加価値化が図られるとともに、地域交通における需要を喚起することが期待されている。

MaaSが実現することで、駅から離れたところに住んでいても、自宅の前に自動運転車を呼んで駅まで行き、電車に乗り、駅から病院まではタクシーでたどり着くこともでき、高齢者をはじめとする交通弱者の外出が便利になる。気候が穏やかで外出が快適な時期には、あえて徒歩やバイクシェアを選ぶこともできるなど、場面に応じてユーザーが最も望む交通手段をより手軽に使えるようになることも期待される。

また、MaaSによって、移動の効率性向上だけではなく波及的な効果も考えられる。膨大なデータが蓄積され、オープン化されることにより、輸送サービスを提供する事業社間の競争を促したり、マーケティングに活用されることに

よって個人の傾向や好みに合わせたサービス提供が可能になったりすることも期待できる。さらに、バスの停留所などをより効率的に再配置したり、鉄道の不採算路線を見直すことで公共交通の運営が効率化されたり、路線跡をオンデマンドの自動運転車専用レーンにして公共交通に組み込むなど、都市計画にも大きな変化が起こる可能性がある。MaaSによって実現されるシームレスな交通を目指す動きは、2015年の国連サミットで採択されたSDGs（持続可能な開発目標）を実現しようとする世界的な潮流とも合致している。

　MaaSの実現及び提供には、スマートフォンやデジタルインフラの整備・普及のほか、鉄道やバスの運行情報、タクシーの位置情報、道路の交通情報などの移動・交通に関する大規模なデータをオープン化し、整備・連携することが必要となる。国土交通省では、MaaSに関連するデータの連携が円滑に行われることを目的として、2020年3月に「MaaS関連データの連携に関するガイドライン」を策定した。そして2021年4月に、変化の早いデジタル分野のサービスであるため、定期的なガイドラインの改訂が必要であるという認識の下、「MaaS関連データの連携に関するガイドライン Ver. 2.0」として改訂された。さらに2023年3月には、MaaSの取組みが全国で進む中、そのサービス高度化のためには、参画する事業者間においてデータを連携し利活用することが益々重要になっていることを踏まえ、データ連携の高度化の意義や具体的方法等を明らかにするべく、「MaaS関連データの連携に関するガイドライン」のVer. 3.0への改訂が行われている。

（2）PFI

　PFI（Private Finance Initiative：プライベートファイナンスイニシアティブ）は、公共施設等の建設、維持管理、運営等を民間の資金、経営能力及び技術的能力を活用することにより、効率的かつ効果的に社会インフラを整備・運営する手法である。PFIの導入により、国や地方公共団体の事業コストの削減、より質の高い公共サービスの提供を目指すことができるため、我が国における新しい社会資本整備手法として注目されている。

　PFIは、1980年代後半のイギリスにおいて、民間資金やノウハウ等を活用して公共施設の整備や、公共サービスの提供のために導入された手法で、有料橋や鉄道、病院、学校などの公共施設等の整備や再開発などの分野で成果を収めている。

　我が国においては平成11年7月に「民間資金等の活用による公共施設等の整備等の促進に関する法律」（PFI法）が制定され、平成23年には公共施設等運営権制度（コンセッション）や民間事業者によるPFI事業の提案制度等の導入等の改正が実施され、平成25年には（株）民間資金等活用事業推進機構（官民連携インフラファンド）の創設等の改正が実施されている。

　PFIを導入するメリットとしては、次のようなものがある。

　　1）国や地方公共団体の事業コスト、運営コストの削減

　　2）質の高い公共サービスの提供

　　3）官民の適切な役割分担に基づく新たな官民パートナーシップの形成

　　4）財政支出の平準化による自治体財政の弾力化

　　5）民間の事業機会の創出による経済構造改革の推進

PFIの基本理念や期待される成果を実現するためにPFI事業には、①公共性原則、②民間経営資源活用原則、③効率性原則、④公平性原則、⑤透明性原則、⑥客観主義、⑦契約主義、⑧独立主義、などの性格を持つことが求められる。

PFI法第2条では、PFIの対象となる公共施設を次のものとしている。

　1. 道路、鉄道、港湾、空港、河川、公園、水道、下水道、工業用水道等の公共施設

　2. 庁舎、宿舎等の公用施設

　3. 賃貸住宅及び教育文化施設、廃棄物処理施設、医療施設、社会福祉施設、更生保護施設、駐車場、地下街等の公益的施設

　4. 情報通信施設、熱供給施設、新エネルギー施設、リサイクル施設（廃棄物処理施設を除く。）、観光施設及び研究施設

　5. 船舶、航空機等の輸送施設及び人工衛星（これらの施設の運行に必要な施設を含む。）

　6. 前各号に掲げる施設に準ずる施設として政令で定めるもの

（3）PPP

　少子高齢化・人口減少等を背景に今後税収の大幅な伸びが見込めず、社会保障関係費等の増大も懸念される中、必要な社会資本整備や既存施設の維持管理・更新を確実かつ効率的に進めることが求められており、従来、行政が担っていた公共サービスをできるだけ民間に開放しようという考え方が広まっている。

　PPP（Public Private Partnership：パブリックプライベートパートナーシッ
プ）は、官と民が連携・協力しながら公共サービスを効率的かつ効果的に提供
する事業化手法のことをいう。PPPの主要な手法としては、PFI方式、指定管
理者制度、包括的民間委託等がある。

PPPの主要な手法

手法	概要	根拠法令	施設所有	資金調達	導入分野の例
PFI方式	公共施設等の建設、維持管理、運営等を民間の資金、経営能力及び技術的能力を活用して行う方式。	PFI法（1999年）	行政／民間	民間	公営住宅庁舎等
コンセッション方式	利用料金の徴収を行う公共施設について、公共施設の所有権を公共主体が有したまま、施設の運営権を民間事業者に設定する方式。	PFI法改正（2011年）	行政	民間	空港、道路下水道等（予定）
指定管理者制度	公の施設の管理・運営を指定管理者（地方公共団体が指定する法人）が代行する制度。法改正により、公の施設の管理主体が民間事業者、NPO法人等に広く開放された。	地方自治法改正（2003年）	行政	行政	公園、港湾等
包括的民間委託	公共施設等の管理運営業務について、詳細な業務運営を定めず、性能発注方式によって一連の業務を民間企業に委ねることで、民間の創意工夫を活かした効率的なサービス提供を行う。	—	行政	行政	下水道等

資料）国土交通省

表の出典：国土交通白書 2020

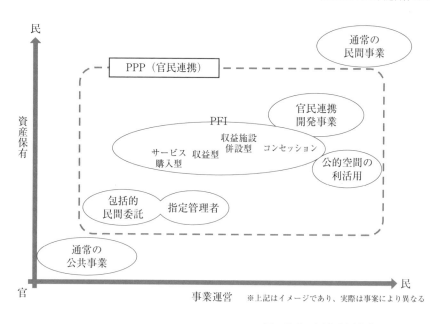

図の出典：国土交通白書 2020

　民間資金を活用した社会資本整備のPFI（Private Finance Initiative）とPPPの違いは、PFIは国や地方自治体が基本的な事業計画をつくり、資金やノウハウを提供する民間事業者を入札などで募る方法であるのに対して、PPPは事業の企画段階から民間事業者が参加するなど、より幅広い範囲を民間に任せる手法である。

　平成22年5月に策定された、国土交通省成長戦略においては『厳しい財政状況の中で民間資金の活用を拡大し、真に必要な社会資本の新規投資及び維持管理を着実に行っていくため、従来のPFI制度に基づく事業を拡大するとともに、新たなPPP／PFI制度の構築を図る必要がある。』と述べ、PPP／PFIを推進するための制度面の改善としてコンセッション方式（民間事業者に施設の所有権を移転せず、インフラの事業運営に関する権利（事業権）を長期間にわたって付与する事業の方式）を新たに導入することや官民人材交流の円滑化を含めて、PPP／PFIに係る共通制度の改善を図るとともに、公物管理制度についても個別プロジェクトに対応した見直しを行った。そして平成25年6月には、民間資金等活用事業推進会議によって「PPP／PFIの抜本改革に向けたアクションプラン」が決定されている。また、国土交通省ではPPP／PFI市場の拡大に向け、具体的な案件形成を推進するため、地方公共団体等への助成を実施するとともに、ノウハウの共有・習得、関係者間の連携強化のため、産官学金の協議の場（地域プラットフォーム）の形成を促進している。

（4）ウォーターPPP

　水道、下水道、工業用水道などの水分野においては、老朽化施設の増大や使用料収入減少、職員の不足等の課題があり、このような状況への解決策の1つとして、民間企業のノウハウや創意工夫を活用した官民連携（PPP／PFI手法）の活用が挙げられる。

　ウォーターPPPは、管路を含むことを前提とした水分野におけるPPPのことで、コンセッション方式だけでなく、コンセッション方式に段階的に移行するための「管理・更新一体マネジメント方式」も併せたもののことである。ウォーターPPPは、主にPPP／PFI未実施の自治体を対象として、導入後にコンセッション方式へ段階的に移行を促すことを目的としている。

(5) コンセッション方式によるPFI事業

　コンセッション方式は、事業者が免許や契約によって独占的な営業権を与えられたうえで行われる事業の方式をいい、コンセッション方式によるPFI事業とは、施設の所有権を移転せずに、民間事業者にインフラの事業運営に関する権利を長期間にわたって付与する方式といえる。平成23年5月に改正された「民間資金等の活用による公共施設等の整備等の促進に関する法律」(PFI法)では『公共施設等運営権』として規定され、これによってインフラ施設にもコンセッション方式が採用できるようになった。

　国土交通白書2016では、コンセッション方式(公共施設等運営権制度)について「施設利用者からの料金収入にて資金回収を行う独立採算型の事業で、公的主体が所有権を有することで、一定の公共性を保ちながら、民間による安定的で自由度の高い運営を可能とし、利用者ニーズを反映した質の高いサービスを提供することができる。主に、空港、下水道、有料道路にて導入が進められている。」としている。

(6) 社会インフラのフロー効果／ストック効果

　公共投資が社会にもたらす効果は、大きく2つに分類することができる。1つは、社会インフラ整備のための事業の実施自体が、原材料の購入や使用機械等の需要を波及させたり、雇用の誘発等により消費を拡大させていく乗数効果や生産誘発効果などの、短期的な経済効果としての「フロー効果」である。そしてもう1つは、整備された社会資本施設が機能して、安全性や利便性、効率性といった生産性等が向上するという、継続的に中長期的にわたり得られる直接効果としての「ストック効果」である。

　さらにストック効果には、耐震性の向上や水害リスクの低減といった「安全・安心効果」や、生活環境の改善やアメニティの向上といった「生活の質の向上効果」のほか、移動時間の短縮等による「生産性向上効果」といった社会のベースの生産性を高める効果がある。ストック効果は、施設の利用などにより何らかの経済活動に効用を及ぼすものとして貨幣価値に換算して計測できるものと、快適性や景観面、環境の向上などのような、主に生活環境や人間の意識に影響を及ぼすものとして貨幣価値への換算が困難なものがある。

　公共事業は、これらの効果によって投資額以上の付加価値が発生し、経済を活性化させる効果を持つといわれている。主にストック効果については、社会

的便益を総投資コストと比較して、その事業の妥当性を評価する費用便益分析が行われているが、フロー効果についてはその地域特性等から定量的に予測することはあまり行われていなかった。今後はフロー効果の定量的な予測を行い、その結果を事業推進のための材料の一つとして位置付けることが重要となっている。

　国土交通省では、発現した多様なストック効果を積極的に幅広く把握し、「見える化」していくとともに、ピンポイントの渋滞対策やダム再生による既存施設の有効活用、ハード・ソフトを総動員した防災・減災対策等の取組みの推進など「賢く投資・賢く使う」を徹底することにより、さらなるストック効果の最大化を目指していくとしている。

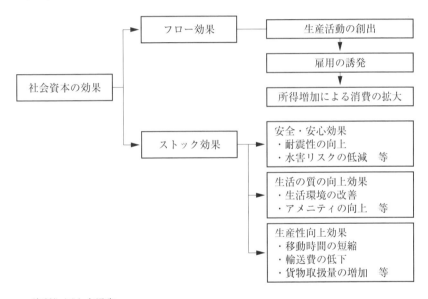

資料）国土交通省

図の出典：国土交通白書 2018

社会資本の効果

（7）我が国の財政状況

　我が国の財政は歳出が歳入（税収）を上回る状況が続いている。令和5年度の一般会計予算における歳入のうち税収は約69兆円を見込んでいるが、令和5年度予算では歳出全体の約3分の2しか賄えていない。この結果、残りの約

3分の1を公債金すなわち借金に依存している。

　また、我が国の普通国債残高（国の公債残高）は、累増の一途をたどっており、令和5年度末には1,068兆円に上ると見込まれており、将来世代に大きな負担を残すことになる。債務残高の対GDP比を見ると、我が国は他のG7諸国のみならず、その他の諸外国と比べても突出した水準となっている（データ出典：日本の財政関係資料　財務省（令和5年4月））。

（8）我が国の社会資本整備状況

【道路の整備水準】

　高規格幹線道路・地域高規格道路を始めとする幹線道路ネットワークは、南北に細長く、山脈や海峡により地域間の交流が阻害されている我が国にとって重要な社会資本であり、安全・安心な国土形成のため幹線道路ネットワーク機能を確保することが重要である。我が国の令和5年度末における高規格幹線道路の供用延長は12,262 kmであり、1987年に策定された高規格幹線道路網約14,000 kmに向けて着実に整備が進められている。一方で、全国においては未だ高速道路等の幹線道路ネットワークが繋がっていない地域があることから、計画的に整備を推進していくとしている（データ出典：道路データブック2023）。

【人口1人当たりの都市公園面積】

　令和3年度末現在における、1人当たり都市公園等面積は約10.8 m^2／人となっており、諸外国の都市と比較するとまだ低い水準にある（データ出典：国土交通白書2023）。

【下水道普及率】

　下水道は、汚水処理や浸水対策によって都市の健全な発展に不可欠な社会基盤であり、近年は、低炭素・循環型社会の形成や健全な水循環の形成等の新たな役割が求められている。

　汚水処理施設の普及率は令和3年度末において、全国で92.6％（下水道の普及率は80.6％）となった（東日本大震災の影響により、調査対象外とした福島県の一部市町村を除いた集計データ）ものの、地域別には大きな格差がある。特に人口5万人未満の中小市町村における汚水処理施設の普及率は82.7％（下水道の普及率は53.7％）と低い水準にとどまっている（データ出典：国土交通白書2023）。

【無電柱化率】

　良好な景観の形成や観光振興、安全で快適な通行空間の確保、道路の防災性の向上等の観点から、新設電柱の抑制、低コスト手法の普及、事業期間の短縮などにより、無電柱化推進計画に基づき無電柱化が推進されている。

　我が国の2019年度末の道路延長ベースとした無電柱化率は、東京23区で8％、大阪市で6％となっている（データ出典：令和5年版　国土交通白書）。

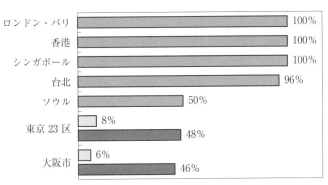

※1　ロンドンはUKPN資料「UKPN SI1 tables 2018-19」による2018年の状況（ケーブル延長ベース）
※2　パリは海外電力調査会調べによる2004年の状況（ケーブル延長ベース）
※3　香港は国際建設技術協会調べによる2004年の状況（ケーブル延長ベース）
※4　シンガポールは『POWER QUALITY INITIATIVES IN SINGAPORE, CIRED2001, Singapore, 2001』による2001年の状況（ケーブル延長ベース）
※5　台北は台北市道路管線情報センター資料による台北市区の2015年の状況（ケーブル延長ベース）
※6　ソウルは韓国電力統計2019による2018年の状況（ケーブル延長ベース）
※7　日本（上段）は、国土交通省調べによる令和元年度末の状況（道路延長ベース）
　　　日本（下段）は、電気事業連合会調べによる平成30年度末の状況（ケーブル延長ベース）
　　　〈参考〉東京23区：53％、大阪市48％　NTT調べによる平成30年度末の状況（ケーブル延長ベース）

図の出典：令和5年版　国土交通白書

欧米やアジアの主要都市と日本の無電柱化の現状

【公共交通機関のバリアフリー化率】

　公共交通機関のバリアフリー化は、「高齢者、障害者等の移動等の円滑化の促進に関する法律（バリアフリー法）」に基づいて公共交通事業者等に対して、旅客施設の新設・大規模な改良及び車両等の新規導入の際に「移動等円滑化基準」に適合させることを義務付け、既存施設については同基準への適合努力義務が課されているとともに、その職員に対し、バリアフリー化を図るために必要な教育訓練を行うよう努力義務が定められている。

　令和4年3月末時点における移動等円滑化基準に適合している旅客施設の割合は、鉄軌道駅が93.6％、バスターミナルが92.9％という数値になっているが、

移動等円滑化基準に適合している車両等の割合は、鉄軌道車両が52.4%、ノンステップバス（適用除外認定車両を除く）が65.5%、リフト付きバス（適用除外認定車両）が6.0%と低い数値にとどまっている（データ出典：令和5年版国土交通白書）。

（9）我が国の人口構造の変化

【人口の推移】

　令和5年版高齢社会白書によると、令和4年10月1日現在の我が国の総人口は1億2,495万人となっている。我が国の人口の推移を見ると、2008年の1億2,808万人をピークに減少に転じており、平成27年国勢調査を受けて、国立社会保障・人口問題研究所が令和5年4月に公表した「日本の将来推計人口」によると、出生中位・死亡中位推計を想定した場合、令和38年には1億人を割って9,965万人となり、令和52年には8,700万人になるものと推計されている。

　2022（令和4）年10月における65歳以上の高齢者人口は3,624万人となり、総人口に占める割合（高齢化率）は29.0%となった。「日本の将来推計人口」によると、総人口が減少する中で65歳以上の者が増加することにより高齢化率は上昇を続け、令和19年に33.3%で3人に1人となり、令和52年には38.7%、すなわち国民の2.6人に1人が65歳以上の者となる社会が到来すると推計されている。また、生産年齢人口（15〜64歳）は、1995（平成7）年にピークを迎えた後減少に転じ、令和4年には7,421万人と、総人口の59.4%となった。

　人口の推移をより長期的に見ると、明治時代後半の1900年頃から100年をかけて増えてきた我が国の人口が、今後100年のうちに再び同じ水準に戻ることが見込まれ、我が国はこれから、これまでの歴史を振り返っても類を見ない水準の人口減少を経験することになるとされている。

【少子化】

　我が国の出生数は減少を続け、令和52年には50万人になると推計されている。この減少により、年少人口（0〜14歳）は令和35年に1,000万人を割り、令和52年には797万人と、令和4年の約55%になると推計されている。

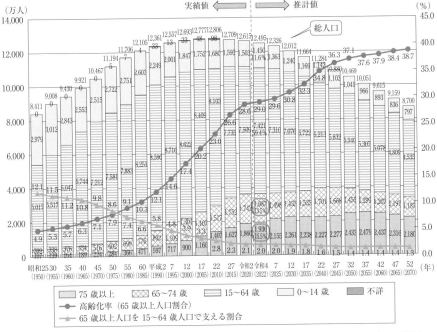

資料：棒グラフと実線の高齢化率については、2020年までは総務省「国勢調査」（2015年及び2020年は不詳補完値による。）、2022年は総務省「人口推計」（令和4年10月1日現在（確定値））、2025年以降は国立社会保障・人口問題研究所「日本の将来推計人口（令和5年推計）」の出生中位・死亡中位仮定による推計結果。

(注1) 2015年及び2020年の年齢階級別人口は不詳補完値によるため、年齢不詳は存在しない。2022年の年齢階級別人口は、総務省統計局「令和2年国勢調査」（不詳補完値）人口に基づいて算出されていることから、年齢不詳は存在しない。2025年以降の年齢階級別人口は、総務省統計局「令和2年国勢調査　参考表：不詳補完結果」による年齢不詳をあん分した人口に基づいて算出されていることから、年齢不詳は存在しない。なお、1950年～2010年の高齢化率の算出には分母から年齢不詳を除いている。ただし、1950年及び1955年において割合を算出する際には、（注2）における沖縄県の一部の人口を不詳には含めないものとする。

(注2) 沖縄県の昭和25年70歳以上の外国人136人（男55人、女81人）及び昭和30年70歳以上23,328人（男8,090人、女15,238人）は65～74歳、75歳以上の人口から除き、不詳に含めている。

(注3) 将来人口推計とは、基準時点までに得られた人口学的データに基づき、それまでの傾向、趨勢を将来に向けて投影するものである。基準時点以降の構造的な変化等により、推計以降に得られる実績や新たな将来推計との間には乖離が生じうるものであり、将来推計人口はこのような実績等を踏まえて定期的に見直すこととしている。

(注4) 四捨五入の関係で、足し合わせても100％にならない場合がある。

図の出典：令和5年版　高齢社会白書

高齢化の推移と将来推計

【社会資本整備に係る計画や政策】

（1）PPP／PFI推進アクションプラン

　「PPP／PFI推進アクションプラン」は、内閣府の民間資金等活用事業推進室（PPP／PFI推進室）において、平成28年5月18日に決定されたアクションプランである。このアクションプランでは、様々な分野の公共施設等の整備・運営に、多様なPPP／PFI、とりわけ民間の経営原理を導入するコンセッション事業を活用することが重要という観点から、新たな事業規模目標の設定、コンセッション事業等の重点分野の追加、具体的施策とPDCAサイクル等が定められた。その後、毎年、改訂版として見直しが行われている。

　令和5年6月2日に決定された「PPP／PFI推進アクションプラン（令和5年改定版）」では、令和4年に定めた「10年間で30兆円」の事業規模目標の達成に向け、（1）事業件数10年ターゲットの設定、（2）新分野の開拓、（3）ローカルPFIの推進、の三本柱に沿って改定を行いPPP／PFIを質と量の両面から更に充実させることとしている。

　ここでは、令和5年改定版の第1章「PPP／PFI推進に当たっての考え方」第（1）節「基本的な考え方」の内容を示す。

【第1章「PPP/PFI推進に当たっての考え方」より】

　（1）基本的な考え方

　PPP／PFIは、公共施設等の整備・運営に民間の資金や創意工夫を活用することにより、効率的かつ効果的で良好な公共サービスを実現する手法である。その効果は財政負担の軽減のみならず、以下のように、社会課題の解決と経済成長を同時に実現し、成長と分配の好循環の実現を生み出すことに貢献するものであることから、新しい資本主義の中核となる新たな官民連携の柱としてPPP／PFIを推進していく必要がある。

ⅰ）財政健全化とインフラや公共サービスの維持向上の両立

　国及び地方公共団体の財政状況が厳しさを増すとともに人口減少に伴い職員の減少が見込まれる中で、老朽化が進むインフラを維持していくことが求められている。事業や施設の規模の大小にかかわらず、PPP／PFIの推進によって、公共施設等の建設、維持管理等に係る財政、人員等の行政の効率化が図られることにより、財政健全化とインフラの確保の両立をはじめ、多様な政策ニーズに的確に対応し、適切かつ効果的な賢い支出による経済・財政一体改革に貢献することが期待される。

ⅱ）新たな雇用や投資を伴うビジネス機会の拡大

　PPP／PFIは、新たな雇用や投資を伴う民間のビジネス機会を拡大するものである。収益施設の併設等の民間の収益事業が展開されることで、その効果は一層拡大する。さらに、PPP／PFIの促進を通じ潤沢な民間資金の流れを作ることで、金融機関によるプロジェクトファイナンスの活性化や資金提供主体としてのインフラファンドの育成、投資家から資金の調達を行うインフラ投資市場の整備が促進される。

ⅲ）地域課題の解決と持続可能で活力ある地域経済社会の実現

　PPP／PFIによる良好な公共サービスの提供や民間の収益事業の展開は、地域の賑わいの創出や、地域課題の解決に資する取組を実現するとともに、官民のパートナーシップ形成を通じ、持続可能で活力ある地域経済社会の実現に向けた取組を促進する。PPP／PFIの推進による魅力的で活力ある地域の実現は、デジタル田園都市国家構想などの推進に貢献することが期待される。

ⅳ）カーボンニュートラル等の政策課題に対する取組への貢献

　官民の適切な役割分担の下、民間の創意工夫を活用するPPP／PFI手法は、2050年カーボンニュートラルの実現に向けた脱炭素化、デジタル技術の社会実装など、新たな政策課題への取組においても有効であり、SDGs（持続可能な開発目標）の達成にも寄与すると考えられる。

(2) インフラみらいマップ

　インフラみらいマップは、地方ブロックにおける社会資本整備重点計画（令和3年8月策定）に掲載された事業について、完成時期等の情報を見える化したツールである。見える化することで、インフラ整備の将来の見通しをよりわかりやすく提示し、民間投資の誘発等を通じた社会資本のストック効果の更なる発現を期待するものである。また、「防災・減災、国土強靱化のための3か年緊急対策」、「防災・減災、国土強靱化のための5か年加速化対策」における効果発揮事例を掲載しており、国土強靱化の取組内容や施工箇所などを見える化することで、国土強靱化の効果をわかりやすく確認することができる。

（3）経済財政運営と改革の基本方針

「経済財政運営と改革の基本方針」は、自民党政権下で政府がまとめた税財政や経済政策に関する基本運営方針（2001～2006年は「経済財政運営と構造改革に関する基本方針」、2007～2009年は「経済財政改革の基本方針」としていた）であり、「骨太の方針」と呼ばれている。「経済財政運営と改革の基本方針」は、内閣総理大臣が経済財政諮問会議に諮問し、同会議における審議・答申を経て、閣議決定している。

令和5年6月に閣議決定された「経済財政運営と改革の基本方針2023」は、『加速する新しい資本主義　～未来への投資の拡大と構造的賃上げの実現～』というサブタイトルを付け、『第1章　マクロ経済運営の基本的考え方』、『第2章　新しい資本主義の加速』、『第3章　我が国を取り巻く環境変化への対応』、『第4章　中長期の経済財政運営』、『第5章　当面の経済財政運営と令和6年度予算編成に向けた考え方』の5つの章立てになっている。

ここでは社会資本整備に係る事項として、第3章「我が国を取り巻く環境変化への対応」第2節「防災・減災、国土強靱化、東日本大震災等からの復興」の（防災・減災、国土強靱化）と第4章「中長期の経済財政運営」の第3節「生産性を高め経済社会を支える社会資本整備」の内容を示す。

【第3章第2節「防災・減災、国土強靱化、東日本大震災等からの復興」より】
（防災・減災、国土強靱化）

激甚化・頻発化する自然災害、インフラ老朽化等の国家の危機から国民の生命・財産・暮らしを守り、国家・社会の重要な機能を維持するため、「国土強靱化基本計画」に基づき、現下の資材価格の高騰等も踏まえ、必要・十分な予算を確保し、自助・共助・公助を適切に組み合わせ、女性・こども等の視点も踏まえ、ハード・ソフト一体となった取組を強力に推進する。5か年加速化対策等の取組を推進し、災害に屈しない国土づくりを進める。

これまでの着実な取組によって大規模な被害が抑制されているところ、中長期的かつ明確な見通しの下、継続的・安定的に国土強靱化の取組を進めていくことが重要であり、5か年加速化対策後の国土強靱化の着実な推進に向け、改正法に基づき、必要な検討を行う。

今夏を目途に策定する新たな「国土強靱化基本計画」について、デジタル田園都市国家構想や新たな「国土形成計画」と一体として取組を一層強化する。将来の気候変動の影響を踏まえた流域治水、インフラ老朽化対策の加速

化、TEC-FORCE等の防災体制・機能の拡充・強化等の「国民の生命と財産を守る防災インフラの整備・管理」、ミッシングリンクの解消等による災害に強い交通ネットワークの構築等の「経済発展の基盤となる交通・通信・エネルギーなどライフラインの強靱化」、サプライチェーンの強靱化や、船舶活用医療の推進、医療コンテナの活用等による医療の継続性確保等の「災害時における事業継続性確保をはじめとした官民連携強化」に加え、次期静止気象衛星等の活用による防災気象情報等の高度化や消防防災分野のDX、防災デジタルプラットフォームの構築、住民支援のためのアプリ開発促進等の防災DX、防災科学技術の推進による「デジタル等新技術の活用による国土強靱化施策の高度化」、災害ケースマネジメントの促進、災害中間支援組織を含む被災者支援の担い手確保・育成、地域の貴重な文化財を守る防災対策、気象防災アドバイザーや地域防災マネージャーの全国拡充によるタイムライン防災の充実強化、消防団への幅広い住民の入団促進等による消防防災力の拡充・強化等、多様性・公平性・包摂性を意識した「地域における防災力の一層の強化」を新たな施策の柱とし、国土強靱化にデジタルと地域力を最大限いかす。

火山災害対策を一層強化するため、改正法に基づき、火山調査研究推進本部の体制整備、専門的な知識や技術を有する人材の育成と継続的な確保等を行う。

【第4章第3節「生産性を高め経済社会を支える社会資本整備」より】
中小建設企業等におけるICT施工やBIM／CIMの普及拡大等によるi-Constructionの推進、ドローン・センサネットワーク等による管理の高度化、国土交通データプラットフォーム等によるインフラデータのオープン化・連携拡充、行政手続のオンライン化の徹底等により、生産性を高めるインフラDXを加速する。

広域的・戦略的なインフラマネジメントの実施、新技術・デジタルの活用促進等により、予防保全型メンテナンスへの本格転換や高度化・効率化、公的ストック適正化を推進する。各地域において広域的・戦略的なインフラマネジメントの取組が進むよう、具体的な手法の検討を進める。既存の国有財産についても有効に活用する。また、受益者負担や適切な維持管理の観点から、財源対策等について検討を行う。我が国の重要かつ基幹的な道路である高速道路について、改正法等により更新事業等を確実に実施する。

　空き家対策について、災害対策上の重要性も踏まえ、改正法等により、空き家の発生抑制や利活用、適切な管理、除却等の総合的な取組を進める。基本方針等に基づき、地籍調査や法務局地図作成等を含む所有者不明土地等対策を進めるとともに、空き家対策と所有者不明土地等対策を一体的・総合的に推進する。また、マンションの長寿命化と再生の円滑化を推進する。

　健全な水循環の維持・回復により、安定的な水供給の確保を図る。あわせて、水道整備・管理行政について、改正法に基づき、上下水道一体で取り組む体制を構築し、機能強化を図るなど、総合的な水行政を推進する。

　国内投資の拡大、生産性向上、災害対応力の強化等に資するよう、費用便益分析の客観性・透明性の向上を図りつつ、ストック効果の高い事業への重点化を図る。

　公共事業の効率化等を図るとともに、民間事業者が安心して設備投資や人材育成を行うことができるよう、中長期的な見通しの下、安定的・持続的な公共投資を推進しつつ、戦略的・計画的な取組を進める。その際、現下の資材価格の高騰の状況等を注視しながら適切な価格転嫁が進むよう促した上で今後も必要な事業量を確保しつつ、実効性のあるPDCAサイクルを回しながら、社会資本整備を着実に進める。

　持続可能な建設業の実現に向け、建設資材価格の変動への対応、建設キャリアアップシステムも活用した処遇改善、現場技能者への賃金支払の適正化、建設工事における安全管理の徹底等により、建設産業の賃上げ及び担い手の確保・育成を図る。

　公共サービスを効率的かつ効果的に提供するPPP／PFIについて、改定アクションプランに基づき、各重点分野における事業件数目標の達成と上積みを視野に、取組を推進する。空港、スタジアム・アリーナ、文化施設等の重点分野への公共施設等運営事業等の事業化支援を継続しつつ、GXに貢献する再生可能エネルギー分野を始めとする新領域の開拓と案件形成を図る。上下水道の所管の一元化を見据えたウォーターPPPや、スモールコンセッション、LABV等のスキームを確立し、導入拡大を図る。地域社会・経済に貢献するローカルPFIの確立と普及に向け、PFI推進機構の機能も活用しつつ、地域プラットフォームの拡充に取り組む。

（4）交通政策基本計画

　交通政策基本計画は、交通政策基本法が提示する交通政策の長期的な方向性を踏まえつつ、政府が今後講ずべき交通に関する施策について定めたものである。人口減少の進展や新型コロナウイルス感染症の影響、デジタル革命の加速、自然災害の激甚化・頻発化、グリーン社会の実現に向けた動きなど、社会情勢が大きく変化する中で、令和3年度から令和7年度までを計画期間とする「第2次交通政策基本計画」が令和3年5月に閣議決定された。

　ここでは、交通政策基本計画に挙げられている3つの基本的方針について、第3章「今後の交通政策の基本的な方針、新たに取り組む政策」の基本的方針の内容、ならびに第4章「目標と講ずべき施策」の基本的方針に対するそれぞれの目標とその趣旨を示す。

【第3章「今後の交通政策の基本的な方針、新たに取り組む政策」より】
基本的方針A．誰もが、より快適で容易に移動できる、生活に必要不可欠な
　　　　　　　交通の維持・確保

　市町村域を超える幹線（地域鉄道、乗合バス等）と市町村内路線（乗合バス、コミュニティバス、タクシー、軌道等）により成り立つ地域公共交通は、人口減少や新型コロナウイルス感染症の影響等により厳しい環境に置かれている。国、地方公共団体、交通事業者、地域住民等の関係者が連携・協働して、地域の実情に応じた創意工夫や努力を重ねることにより、あらゆる人の日常生活に必要な外出・移動を支える輸送サービスを維持・確保する。

　また、まちづくりと十分に連携して交通政策を進めることにより、公共交通や自転車等の利用を促進し、環境に優しく魅力的な都市の形成を目指す。

　さらに、新型コロナウイルス感染症の影響により生活様式が変化する中、MaaSやビジネスジェットなど積極的な移動ニーズを喚起する、快適で質の高いモビリティサービスの提供を進める。

　併せて、交通インフラ等のバリアフリー化や訪日外国人旅行者向けの移動環境整備等を推進し、年齢や障害の有無、国籍等に関わらず、誰もが、楽しく、快適に移動できる環境を整える。

基本的方針B．我が国の経済成長を支える、高機能で生産性の高い交通ネッ
　　　　　　　トワーク・システムへの強化

　我が国の国際競争力を強化し、持続的な経済成長を促進するため、陸海空の基幹的な高速交通網など、人・モノの流動の基盤となる国際・地域間の広

域的な旅客交通・物流ネットワークの構築を進める。

　また、国際経済の中での「稼ぐ力」の維持向上とSociety 5.0の実現に向けて、交通分野におけるデジタル化、新技術の開発・実用や生産性向上の取組、インフラシステムの海外展開等を強力に推進し、交通産業を強化する。

　さらに、電子商取引（EC）市場の増加や労働力不足の顕在化、大規模災害の激甚化・頻発化など、物流を取り巻く厳しい環境を踏まえ、物流DXの実現によるサプライチェーン全体の徹底した最適化や、労働環境の改善など構造改革の推進、物流ネットワークの強靱化を推進する。

基本的方針C．災害や疫病、事故など異常時にこそ、安全・安心が徹底的に確保された、持続可能でグリーンな交通の実現

　交通サービスは、国民の生命や暮らしを守り、社会・経済活動を維持するための基礎的なインフラであり、平時はもとより、災害や事故、パンデミックなど異常事態の発生時にこそ真価が問われる。このため、異常時において適切に機能を発揮できるよう、ハード・ソフトの両面より、平素から万全の構えを講じる。

　あわせて、持続可能で安心・安全な旅客サービスを共有できるよう、人材確保策を含め、健全な事業体制の確保に努める。

　また、地球温暖化対策に関する世界的関心が高まる中、2050年のカーボンニュートラル、脱炭素社会の実現に向けて、運輸部門における脱炭素化を加速させる。

【第4章「目標と講ずべき施策」より】

基本的方針A．誰もが、より快適で容易に移動できる、生活に必要不可欠な交通の維持・確保

目標①　地域が自らデザインする、持続可能で、多様かつ質の高いモビリティの実現

（趣旨）

　地域において、地方公共団体が中心となり、多様な関係者が連携しつつ、暮らしと産業を支える移動手段を確保するとともに、利便性、快適性、効率性を兼ね備えた交通サービスの提供を実現する。

目標②　まちづくりと連携した地域構造のコンパクト・プラス・ネットワーク化の推進

（趣旨）

　まちづくりと連携した地域公共交通ネットワークの再編を行うことにより、地域の活力維持や、生活機能の確保に資する。

目標③　交通インフラ等のバリアフリー化、ユニバーサルデザイン化の推進

（趣旨）

　高齢者、障害者等、誰もが、いつでもどこへでも、安全・安心かつ円滑に移動することができる社会の実現に資する。

目標④　観光やビジネスの交流拡大に向けた環境整備

（趣旨）

　観光地等における交通手段の利便性の向上と充実を図り、観光客等の日本各地への来訪促進に資する。

基本的方針Ｂ．我が国の経済成長を支える、高機能で生産性の高い交通ネットワーク・システムへの強化

目標①　人・モノの流動の拡大に必要な交通インフラ・サービスの拡充・強化

（趣旨）

　我が国の成長に不可欠の前提条件として、航空交通・海上交通・陸上交通のインフラやサービスを強化する。

目標②　交通分野のデジタル化の推進と産業力の強化

（趣旨）

　交通分野におけるデジタル化や先進技術の実装・活用を推進し、さらには海外展開を図ることで、我が国の経済発展や交通産業の成長に寄与する。

目標③　サプライチェーン全体の徹底した最適化等による物流機能の確保

（趣旨）

　サプライチェーンの最適化等により、物流の機能を十分に発揮させ、経済の持続的な成長と安定的な国民生活の維持に資する。

基本的方針Ｃ．災害や疫病、事故など異常時にこそ、安全・安心が徹底的に確保された、持続可能でグリーンな交通の実現

目標①　災害リスクの高まりや、インフラ老朽化に対応した交通基盤の構築

（趣旨）

　切迫する巨大地震や激甚化する気象災害、インフラの老朽化等に適切に対応することにより交通機能を維持し、もって国民の生命財産を保護する。

目標②　輸送の安全確保と交通関連事業を支える担い手の維持・確保

（趣旨）

新型コロナウイルス感染症等の防疫対策や、交通関連事業の安全で安定的な運行等の確保、働き方改革等の推進による多様な人材の確保・育成を進める。

目標③　運輸部門における脱炭素化等の加速

（趣旨）

我が国の運輸部門のCO_2排出量は、全体の約2割を占めることから、その大幅な削減により2050年カーボンニュートラル、脱炭素社会の実現に寄与する。

(5) 国土形成計画（全国計画）

国土形成計画（全国計画）は、「国土形成計画法」に基づいて、概ね10カ年間における国土づくりの方向性を示す計画として、平成20年7月4日に閣議決定されたものである。その後、平成27年8月に「第二次国土形成計画（全国計画）」の変更の閣議決定がなされ、さらに令和5年7月に第三次となる国土形成計画（全国計画）の変更の閣議決定がなされた。

「第三次国土形成計画（全国計画）」は、「時代の重大な岐路に立つ国土」として、人口減少等の加速による地方の危機や、巨大災害リスクの切迫、気候危機、国際情勢を始めとした直面する課題に対する危機感を共有し、こうした難局を乗り越えるため、総合的かつ長期的な国土づくりの方向性を定めたものである。本計画では、目指す国土の姿として「新時代に地域力をつなぐ国土」を掲げ、その実現に向けた国土構造の基本構想として「シームレスな拠点連結型国土」の構築を図ることとしている。

ここでは、第三次国土形成計画（全国計画）における第1部「新たな国土の将来ビジョン」第2章「目指す国土の姿」第2節「国土構造の基本構想」の第1項「シームレスな拠点連結型国土」と第2項「重層的な国土構造における地域整備の方向性」、ならびに第4章「横断的な重点テーマ」第1節「地域の安全・安心、暮らしや経済を支える国土基盤の高質化」第1項「国土基盤の機能・役割の最大限の発揮（機能・役割に応じた国土基盤の充実・強化）」の「(2) 地域における生活の質を向上する」と「(3) 経済活動を下支えし、生産性を高める」の内容の一部を示す。

【第1部第2章第2節「国土構造の基本構想」より】

1．シームレスな拠点連結型国土

　「新時代に地域力をつなぐ国土」の形成に向け、国土全体にわたる人口や諸機能の配置のあり方等に関する国土構造の基本構想として、東京一極集中の是正を図り、国土全体にわたって、広域レベルでは人口や諸機能が分散的に配置される国土構造を目指す。その上で、人口減少下において地域の持続性を高めるためには、広域レベルの高次の都市機能から、生活に身近な地域のコミュニティ機能まで、重層的な生活・経済圏域の形成を通じて、持続可能な形で機能や役割が発揮されることが求められる。このため、高次の機能から日常生活の機能まで、各地域の生活・経済圏の階層ごとに、可能な限り諸機能を多様な地域の拠点に集約し、各地域の補完・連携関係を強化し、結びつけていく必要がある。

　加えて、新時代を切り拓く国土づくりに向けては、国土空間において、デジタルとリアルの融合により、暮らしや経済活動の実態に即して、行政界を越えて、サービスや活動が継ぎ目なく展開されるシームレスな国土づくりが求められる。そのためには、社会経済における各種のDXを一層加速することで、従来は場所や時間の制約で実現できなかったサービスや活動について、条件が厳しい地域も含めて、国土全体にわたってその恩恵を享受できるよう、デジタルを徹底的に活用して場所や時間の制約を克服した国土構造へと転換していくことが不可欠である。

　こうした観点から、多様な地域の拠点への諸機能の集約化を図りつつ、周辺との水平的、階層間の垂直的、デジタルを活用した場所や時間の制約を克服する多面的なネットワーク化により、人と人、人と地域、地域と地域が、質の高い交通やデジタルのネットワークで様々な制約を乗り越えてシームレスにつながり合う拠点連結型国土の形成を通じて、全国どこでも誰もが便利で快適に暮らせる社会の実現につなげる。

　すなわち、全国各地で多様な地域の拠点の機能性を高め、これらを核とした重層的な生活・経済圏域の自立的・内発的な発展を図るとともに、こうした地域がシームレスにつながり合うことにより、国土全体にわたって、人々の多様な暮らし方・働き方の選択肢が広がり、個人や社会全体のWell-beingの向上、国土全体の持続的な発展につなげていく必要がある。

　本計画におけるこれからの国土構造の基本構想として、前計画が掲げた「対流促進」や「コンパクト＋ネットワーク」を更に深化・発展させ、「シー

ムレスな拠点連結型国土」の構築を目指す。

　こうした国土構造の基本構想に即して国土づくりを進めることにより、国土の多様性（ダイバーシティ）、包摂性（インクルージョン）、持続性（サステナビリティ）、強靱性（レジリエンス）の向上を図る。

２．重層的な国土構造における地域整備の方向性

　「新時代に地域力をつなぐ国土」の形成に向け、「シームレスな拠点連結型国土」の構築を図ることにより、広域レベルの高次の都市機能から、生活に身近な地域のコミュニティ機能まで、重層的な生活・経済圏域の形成を通じて、持続可能な形で機能や役割が発揮される国土構造の実現を目指す。

　特に、四方を海に囲まれ、北海道・本州・四国・九州・沖縄本島の主要五島と多数の島々から成る南北に細長い日本列島の上で、津々浦々に人々の暮らしが営まれている国土において、人口減少が加速する中にあっても、人々が生き生きと安心して暮らし続けていける、持続可能で多様性に富む強靱な国土の形成を図っていく必要がある。このためには、時間距離の短縮や多重性・代替性の確保等を図る質の高い交通やデジタルのネットワーク強化を通じ、国土全体におけるシームレスな連結を強化して、日本海側と太平洋側の二面を効果的に活用しつつ、内陸部を含めた連結を図る「全国的な回廊ネットワーク」の形成を図り、活発にヒト・モノが流動し、イノベーションが促進されるとともに、災害時のリダンダンシーを確保することが重要である。

　こうした観点も含め、国土全体にわたって、広域レベルでは人口や諸機能が分散的に配置されることを目指しつつ、各地域において重層的に各種サービス機能の集約拠点の形成とそのネットワーク化を図る必要がある。

　広域レベルにおいては、広域的な機能の分散と連結強化の観点から、①中枢中核都市等を核とした広域圏の自立的発展、日本海側・太平洋側二面活用等の広域圏内・広域圏間の連結強化を図る「全国的な回廊ネットワーク」の形成を図るとともに、②三大都市圏を結ぶ「日本中央回廊」の形成を通じて地方活性化、国際競争力強化を図る。

　また、日常的な生活のレベルにおいては、持続可能な生活圏を再構築する観点から、③小さな拠点を核とした集落生活圏の形成、都市コミュニティの再生を通じて生活に身近な地域コミュニティを再生するとともに、④地方の中心都市を核とした市町村界にとらわれない新たな発想からの地域生活圏の形成を図る。

　「新時代に地域力をつなぐ国土」の形成に向けた「シームレスな拠点連結型国土」の構築により、広域的な機能の分散と連結強化を図るとともに、持

続可能な生活圏の再構築を図ることを通じて、重層的な国土構造、地域構造を形づくることで、各地域の固有の自然、文化、産業等の独自の個性を活かした、デジタルとリアルが融合するこれからの時代にふさわしい「国土の均衡ある発展」を実現することにつながっていく。

こうした重層的な国土構造を通じて、国境離島を含め、全国津々浦々において地域社会を維持することにより、安全保障の観点を含めた国土の適切な保全・管理を図る。

なお、北方領土については、国土全体の一環として開発、整備が進められるよう計画されなければならないが、現在、特殊な条件の下におかれているため、条件が整った後、地域整備の基本的方向を示すこととする。

【第1部第4章第1節第1項「国土基盤の機能・役割の最大限の発揮（機能・役割に応じた国土基盤の充実・強化)」より】

(2) 地域における生活の質を向上する

人口減少下においても地方において人々が生き生きと安心して暮らし続けていくことができるよう、地域生活圏の形成に向けた取組とも連動し、生活者の視点を重視して、デジタルの徹底活用を図りつつリアルの地域空間の質的向上を図る。

こうした観点から、主に、病院、社会福祉施設、学校、社会教育施設、公営住宅、上下水道、公園等の生活インフラの充実・強化等に取り組む。具体的には、特に以下のような取組を推進する。

（生活インフラ）

水と緑豊かで魅力ある良好な都市環境の形成や、まちなかの賑わいを創出し、多世代が交流するコミュニティ空間の創出等による魅力的なコンパクトシティの形成を図る。また、賑わいの創出など、多様化する公共的空間へのニーズに対応するため、「歩行者利便増進道路（ほこみち）制度」等を通じた道路空間の利活用や、河川空間、公園空間の利活用等と併せて、民間によるオープンスペースの提供など、官民一体となって、「居心地が良く歩きたくなる」空間の形成を図る。さらに、交通施設を含めた地域空間のバリアフリー化を推進する。

安全・安心な道路空間の創出や、安全で快適な自転車等の利用環境の向上等により移動・生活空間の質を向上させる。

（3）経済活動を下支えし、生産性を高める

　持続的な経済成長を実現するため、生産性の向上に資する移動時間の短縮や定時性の向上、生産活動の効率化や高度化等により民間投資を誘発し、様々な経済活動を下支えする。例えば、成長産業の国内立地等の企業の立地戦略に即した取組や、インバウンド需要の回復・再拡大に向けた観光産業、農林水産物・食品の輸出促進に向けた農林水産業等の地域産業の稼ぐ力の向上を図る取組を機動的に下支えする。

　こうした観点から、主に、道路、港湾、空港、鉄道等の交通インフラ、光ファイバ、5G、データセンター等のデジタルインフラ、送配電網、電力系統等のエネルギーインフラの充実・強化等に取り組む。具体的には、特に以下のような取組を推進する。

（交通インフラ）

　「シームレスな拠点連結型国土」の構築に向け、陸海空のシームレスな総合交通ネットワークの機能強化を通じて、日本海側と太平洋側の二面を効果的に活用しつつ、内陸部を含めた連結を図る「全国的な回廊ネットワーク」の形成を図り、国土全体の連結、世界との結びつきの強化を図る。

　このため、三大都市圏環状道路、地方都市の環状道路等の高規格道路整備により物流ネットワークを強化し、広域物流の効率化を実現するとともに、高規格道路ネットワークのミッシングリンクの解消や、暫定2車線区間の4車線化の推進により、我が国の経済社会を支える東西大動脈の代替輸送ルートの確保や日本海側と太平洋側との連携を強化することなどにより、国土の骨格に関わる多重性・代替性を確保する。

　三大都市圏を結ぶ「日本中央回廊」の形成につながり、災害時に代替輸送ルートとしても機能するリニア中央新幹線や整備新幹線等の整備を進める。また、基本計画路線及び幹線鉄道ネットワーク等の高機能化等の地域の実情に応じた今後の方向性について調査検討を行う。さらに、都市鉄道ネットワークの整備推進、地域鉄道の維持・活性化や鉄道貨物に対する新たな社会的要請の高まりを踏まえた貨物鉄道ネットワークの強化と最大限の活用を図る。

　国際コンテナ戦略港湾、国際バルク戦略港湾を核とした国際物流ネットワークを強化するとともに、地域の基幹産業の競争力強化に資する港湾の機能強化を通じた物流ネットワークの充実を図る。また、内航フェリー・RORO船のターミナルにおいて必要となる港湾整備及び情報通信技術や自動技術を用いた荷役効率化等の取組により、国内複合一貫輸送網の機能強化を

図る。さらに、クルーズ船受け入れのための環境整備による観光振興を図る。

　主要国際空港や主要地方空港等の機能強化を通じ、国際及び国内の航空市場並びにそれらが融合した多様な航空ネットワークを構築する。

　人流・物流両面を活性化する空港・港湾へのアクセス強化等の道路・鉄道ネットワークを整備するなどの取組を進める。

（6）国土のグランドデザイン2050

「国土のグランドデザイン2050～対流促進型国土の形成～」は、急速に進む人口減少や巨大災害の切迫等、国土形成計画策定後の国土を巡る大きな状況の変化や危機感を共有しつつ、2050年を見据えた国土づくりの理念や考え方を示すものとして、平成26年7月に国土交通省によって公表されたものである。「国土のグランドデザイン2050」では、（1）はじめに、（2）時代の潮流と課題、（3）基本的考え方、（4）基本戦略、（5）目指すべき国土の姿、（6）グランドデザイン実現のための国民運動、といった6つの章構成でまとめているとともに、別添として11項目の具体的推進方策例が示されている。

　以下に、第4章「基本戦略」の第（9）節「インフラを賢く使う」、第（10）節「民間活力や技術革新を取り込む社会」、ならびに「別添　具体的推進方策例」の（8）「インフラを賢く使う」に示されている内容を示す。

【第4章「基本戦略」（9）「インフラを賢く使う」より】

　インフラの整備に加え、技術革新の進展等を踏まえて使い方を工夫することで、既存ストックを最大限に活用する。具体的には、様々な人・モノ・情報の流れを活発化する「対流基盤」としてのインフラの高度化を図るとともに、先進技術を積極的に活用し、より頭脳化された「スマート・インフラ」への進化を促進する

　2050年までには、首都圏の3環状やリニア中央新幹線、整備新幹線等が着実に整備されるほか、基幹的な交通インフラの整備が大きく進展することが見込まれる。インフラの整備に加え、今後は、ネットワークの機能を高めること等を通じて国全体の生産性を向上させるよう、インフラを賢く使うこと

が重要となる。

　コンパクト＋ネットワークによる国土づくりの基盤を支えるのはインフラ、特に交通インフラである。コンパクト＋ネットワークが、よりダイナミックに対流を生み出していくためには、人・モノ・情報がよどみなく流れていけるようにしていかなければならず、それを支えていく交通インフラも、対流を促進する基盤とならなければならない。例えば、渋滞をなくし、定時性を高めるなど、ロスをできるだけ少なくしていくことに加え、拠点間やマルチモーダル間の連結（例えば、高速道路ICと物流施設の直結や、異なる鉄道会社間の相互乗り入れ等）をスムーズにすること等により、ノードとリンクというネットワークの機能を十分に高めていくことが重要である。

　さらに、このような対流の促進だけでなく、巨大災害等様々なリスクに機動的に対応していくためにも、また、日本の国際競争力を維持していくためにも、これからのインフラは、単に既存の技術やシステムを前提としているだけでは不十分であり、先進技術やシステムを積極的に活用し、より頭脳化された「スマート・インフラ」へと進化させていかなければならない。

　道路については、既存ネットワークの使い方を工夫することで、円滑かつ安全な交通サービスを実現する。ITS技術を用いて収集したビッグデータを活用して、交通量を精緻にコントロールし渋滞の発生を抑制するなど、きめ細かな対策を講じることで、高密度で安定的な交通流を実現し、既存ネットワークの最適利用を図る。一般道路と比べて死傷事故率が10分の1、二酸化炭素排出量が3分の2である高速道路を賢く使い分担率を上げることで、一般道路も含めて安全でクリーンな道路交通を実現する。

　ダムについては、既存ダムの再開発の推進と併せ、降雨予測や流出予測の精度を向上させ、ダムの操作の確実性を高めつつ、ダムの洪水調節や貯水池の運用をより効率的に行う等ダム運用の高度化等を図ることで、下流の洪水リスクの軽減と、渇水、被災等の際に必要な水の確保を図る。

　空港については、空港アクセスを改善するとともに、LCCの参入促進等を通じて、地方空港の利活用促進を図る。また、航空交通管制の分野においても、管制空域の再編による既存ストックを最大限に活用するとともに、出発から到着までの軌道を最適化する軌道ベース運用等を実現する新技術の積極的な導入を図ることにより、航空交通量の増大等に対応した航空交通の将来システムを構築する。

　港湾については、ITの活用等によるコンテナ物流情報の関係者間での共有、埠頭周辺における渋滞対策等により、物流の効率化を促進する。また、コン

テナターミナルの効率的な運用を図るため、荷役機械の遠隔操作化等のコンテナターミナル荷役システムの高度化に向けた取組を推進する。さらに、港湾施設の更新にあわせ、社会情勢の変化等を踏まえた機能向上（埠頭再編、岸壁の増深、耐震強化等）により、港湾施設のサービス水準の維持・向上を図る。

　また、インフラの管理レベルを考慮し、効率的・効果的な維持管理を行いつつ、インフラの特性や利用状況等を踏まえ、必要に応じ、更新等を行うほか、機能連携、用途変更、統廃合等を実施していく。その際には、人が住み続ける以上、道路等は必要であり、また国土を適切に管理するためには最低限のインフラは必要であるということを踏まえる必要がある。

　このようにインフラを賢く使うこと等を通じ、インフラ整備をフロー効果のみで見るのではなく、本来の機能であるストックで評価していくことが重要である。世界と遜色のない、世界の公共財として機能するインフラシステムを構築する。

【第4章「基本戦略」(10)「民間活力や技術革新を取り込む社会」より】

　ICTの劇的な進化などの技術革新や、民間の活力を最大限に活用したイノベーションにあふれる活力ある国土をつくり上げる

　民間の資金、技術、ノウハウを活用して、従来公共部門が担ってきたインフラの整備・運営にPPP／PFIを活用する。その際、民間事業者が創意工夫を発揮できるコンセッション方式の対象拡大など多様な手法の活用により、2023年までに政府全体の取組で12兆円規模に事業規模を拡大し、さらに活用を図っていく。

　技術革新は社会発展の礎であり、国を挙げての技術開発体制を構築することが必要である。社会的ニーズ及び技術シーズを見据え、新たな技術開発を含めた技術施策を推進していく。

　技術革新の成果を最大限に活かすためには、制度と技術を一体的につくりあげることが必要である。

　実物空間と知識・情報空間が融合したCPS（サイバーフィジカルシステム）によるイノベーションを実現し、これにより、世界で最も高密度なストレスフリー社会の形成を目指す。このため、準天頂衛星を活用し、先進の屋内測

位環境を備えた世界を先導する高精度測位社会を実現するとともに、自動運転、遠隔医療等最先端のICTの積極活用を図る。

　また、厳しい自然・社会条件の中で、我が国が築き上げてきたインフラシステムの輸出の促進を図る。国内のインフラ整備やメンテナンスに際しても、その技術、システムが輸出促進につながるものとなるよう、常に意識してデザインする。

　このような取組を進めていく上で、国家戦略特区制度等との連携を行う。

【別添　具体的推進方策例（8）「インフラを賢く使う」より】
・個別事業ごとに、事業効果、ライフサイクルコスト等を吟味した上で、必要なインフラの整備を推進する
・交通需要の偏在や歩行者・自転車乗車中の事故が多いといった課題を効率的に克服するため、必要なネットワークの整備とあわせ、今ある道路を賢く使う取組を推進する
・具体的には、道路の実容量の不揃いをなくして交通流動の最適化を図るほか、利用者が高速道路のルートを賢く選択することが可能となるETC 2.0の導入、道路の通行止め時間や車線規制時間の最短化、交通需要への働きかけなど、時間損失を減少させる取組を推進する
・安全性の高い高速道路への交通の転換による機能分化を図るとともに、生活道路における通過交通の排除や車両速度の抑制など、交通事故を減少させる取組を推進する
・高速道路に隣接する主要施設へ出入口を極力直結させるなど、地域活力の維持・向上を図る取組を推進する
・人口減少社会に対応し、より少ない資源で大きな効果を生み出す観点から、既存インフラの機能連携・転換、用途変更、統廃合等による有効活用を進める。その際、インフラの特性に留意するとともに、管理レベルを考慮し、適切な維持管理を行いつつ継続使用する、管理水準を見直す、統合・廃止等の選択を行う
・民間の既存住宅・建築物等の資産の適切な管理と長寿命化、有効活用を進める
・インフラの維持管理においては、メンテナンスサイクルを確定し、しっかり回すための仕組みの構築が必要であり、各管理者の責任の下、インフラ

の戦略的な維持管理・更新等を推進する
・厳しい自然・社会条件の中、我が国が築き上げてきたインフラシステム輸
　出を促進する
・次世代インフラマネジメントを構築し、今後日本と同様に構造物インフラ
　の上で経済を発展させる必要のある諸外国にも貢献する
・建設生産性の飛躍的向上と事故0を実現するために、3次元モデルを活用し
　た建設現場の工場化や建設機械の自動制御により高精度な施工を実現する
　情報化施工など、設計、施工そして管理に至る一連の建設生産工程におけ
　る技術革新を進める

(7)「国土の長期展望」最終とりまとめ

　『「国土の長期展望」最終とりまとめ』は、国土審議会計画推進部会　国土の
長期展望専門委員会において、2050年を見据えた今後の国土づくりの方向性と
して、令和3年6月にとりまとめられたものである。コロナ禍も契機としたデジ
タル世界の到来は、地理的条件の不利に制約されてきた地方にとっては再生の
好機となる。創意工夫によりデジタルとリアルを融合し地域に実装することで、
地球環境問題等にも対応しながら、人口減少下であっても安心して暮らし続け
られる多彩な地域・国土の構築を目指すとしている。

　『「国土の長期展望」最終とりまとめ』では、国土づくりの目標を『「真の豊か
さ」を実感できる国土』とし、目標実現に向けた基本的方針として、(1) ロー
カルの視点：多彩な地域生活圏の形成、(2) グローバルの視点：「稼ぐ力」の
維持・向上、(3) ネットワークの視点：情報・交通や人と土地・自然・社会と
のつながり、の3つの視点が重要としている。

　　ここでは、第2章「具体の取組みの方向性」第3節「情報・交通ネットワーク
や人と土地・自然・社会とのつながりの充実」第2項『リアル世界の交流の基
盤である「交通ネットワーク」の充実』の「○ローカル、グローバルの各段階
における交通ネットワークの充実」の（ローカルの観点）、ならびに「○環境、
防災、老朽化等への対応」を示す。

【第2章第3節第2項『リアル世界の交流の基盤である「交通ネットワーク」の充実』より】

○ローカル、グローバルの各段階における交通ネットワークの充実

（ローカルの観点）

　地域生活圏で安心して暮らし続けるためには、買い物や診療等といった住民等による都市的機能の利用を支える圏域内での移動手段の確保が不可欠である。しかしながら、地方部を中心に鉄道や路線バスの輸送人員は長期的に減少傾向にあり、約7割の事業者が赤字という厳しい経営状況に置かれるとともに、路線の廃止も続いており、コロナ禍の影響で更に深刻化することも懸念される。一方で、大都市部では通勤時を中心に依然として著しい交通混雑が発生するなど、時間帯によっても利用者の偏在が見られる。

　こうした中、地域公共交通の維持やサービスの向上を図るためには、移動に係る様々なデータやデジタル技術を活用しながら、弾力的な料金や柔軟なルートの設定、オンデマンド型の交通手段の普及、移動と他分野のサービス間の連携などに取り組み、きめ細かなニーズへの対応や新たな需要の喚起、事業者における運行の効率化を図っていくことが求められる。このような取組は交通事業者のみで実施することは難しく、関係自治体や住民も協力しながら、地域全体で住民の足を支えていくという姿勢が極めて重要である。なお、将来的に完全な自動運転等の新技術が実装された場合、今は自動車等を運転できなければ移動手段がないような地域でも、新たなモビリティとしての空飛ぶクルマや、ドローンの活用を含めた物流も確保されるなど、交通が不便な地域ほどそのメリットを最大限活用できる可能性がある。今後の地域づくりにおいては、このような中長期的な交通の構造転換の動向も見据えて検討を行うべきである。

　情報通信ネットワークの活用は出張回数の削減など既に交流のある人等との間でリアルな移動を代替しうる可能性がある一方で、情報通信ネットワークを介した新たな出会い・交流範囲の拡大が端緒となって新たなリアルの交流の増加をもたらすことも想定される。地域生活圏を維持・強化していく上で、地域生活圏間の連携や大都市が有する高次の都市的機能へのアクセス、二地域居住や関係人口、観光やビジネスなどでの国内外との往来への対応、災害時等でも安定した物流の確保などの観点から、地域間を結ぶ交通は今後も重要となる。そのため、高規格道路における未開通区間（ミッシングリンク）や暫定2車線区間の解消、リニア中央新幹線や整備新幹線などの整備、地方空港の活用を図る必要がある。

【第2章第3節第2項『リアル世界の交流の基盤である「交通ネットワーク」
　の充実』より】
○環境、防災、老朽化等への対応
（環境への対応）
　我が国の二酸化炭素排出量のうち、運輸部門からの排出量は全体の2割弱
であり、そのうち自動車が8割以上を占めている。世界的な脱炭素化の流れ
に対応していくためには、各交通モードにおけるカーボンニュートラル施策
を推進し、このような状況を改善していく必要がある。特に自動車は、輸送
量あたりの二酸化炭素の排出量が他の交通機関に比べて高く、トラック業界
におけるドライバーの高齢化や他産業に比べて労働力不足が深刻な運輸業の
状況等も鑑みると、関係主体間で連携して、大量輸送機関である鉄道・船舶
輸送への転換（モーダルシフト）等も進めていく必要がある。また、物流拠
点であり産業拠点でもある港湾において、我が国のカーボンニュートラルの
実現に必要となる水素・燃料アンモニア等の大量かつ安定・安価な輸入を可
能とする受入環境の整備や、デジタル物流システムの構築、停泊中船舶への
陸上電力供給や自立型水素等電源の導入、荷役機械や大型車両等の燃料電池
化等の環境に配慮した港湾機能の高度化等を通じたカーボンニュートラル
ポート（CNP）の形成を進めていく必要がある。加えて、航空分野でのカー
ボンニュートラルによる航空産業の競争力強化に向けて、航空機や空港から
のCO_2排出を削減する取組を推進するとともに、空港を再エネ拠点化する方
策を検討・始動し、官民連携の取組を推進する必要がある。
（防災等への対応）
　激甚化・頻発化する風水害など自然災害の発生に伴い、道路、鉄道、港湾、
空港等でも寸断等により機能を損なう被害が生じている。南海トラフ地震等
の大規模災害の発生も切迫する中、災害時でも可能な限り交通ネットワーク
を維持し、活用できることが被害の軽減や早期の復旧につながる。そのため、
道路、鉄道、港湾、空港等の各施設における耐震対策など耐災性の向上を図
るとともに、複線的なルートの構築や日本海側と太平洋側の連携強化等によ
るリダンダンシーの確保に取り組むことも重要である。また、コロナ禍で実
感した感染症等に対する水際対策の重要性も踏まえ、CIQ（税関、出入国管
理、検疫所）の強化や保安対策の推進を図るなど、交通の安全・安心の確保
も進めていく必要がある。
（老朽化への対応）

　高度経済成長期以降に整備され、建設後50年以上経過する交通インフラが加速度的に増加しており、将来にわたって十分な機能や性能を維持することできるか危惧されている。そのため、時代の変化に応じて既存インフラを引き続き維持・更新すべきもの、集約・再編すべきものに区分した上で、インフラ経営の視点を取り入れながら予防保全型のメンテナンスを強化するとともに、AIや自動化技術等によりインフラ分野のデジタル・トランスフォーメーション（DX）を進め機能の高度化を図ることで、ストック効果を最大化していく必要がある。また、効率性の観点では、交通インフラと情報通信やエネルギーなど他分野のインフラを一体的に更新することも有効であると考えられる。

　さらに、インフラの維持管理等に携わる建設系技術者は高齢化が進み、不足する傾向にあることが課題となっており、大規模災害が発生した際の対応も見据え、地域住民のいのちと暮らしを守るエッセンシャルワーカーとして、自治体や地域の建設業等における人材の確保・育成、技術の継承を図る。また、それらを補完する新技術の導入等も進めていく必要がある。

　以上の点も踏まえつつ、人口減少等の状況や時代の変化を踏まえた上でも引き続き必要と判断される交通ネットワーク基盤を、持続可能な形で維持・更新・充実していく仕組みについても検討を進める必要がある。

(8) 第5次社会資本整備重点計画

　社会資本整備重点計画は、平成15年3月、第156回通常国会で成立した社会資本整備重点計画法に基づき、同年10月10日に閣議決定された計画で、国土交通省が所管する9つの事業分野別計画（道路、交通安全施設、空港、港湾、都市公園、下水道、治水、急傾斜地、海岸）を1本化し、国民から見た成果目標を明示するとともに、社会資本整備の改革の方針を決定するなど、社会資本整備事業を重点的、効果的かつ効率的に推進することを目的として策定されたものである。計画の対象は道路、交通安全施設、鉄道、空港、港湾、航路標識、公園・緑地、下水道、河川、砂防、地すべり、急傾斜地及び海岸並びにこれら事業と一体となってその効果を増大させるため実施される事務又は事業とされている。

　社会資本整備重点計画はこれまで、第1次計画から第5次計画までの5回策定されている。「第5次社会資本整備重点計画」は、令和3年度（2021年度）から

第1章：第4次計画からの社会情勢の変化

○ ①激甚化・頻発化する自然災害、②人口減少等による地域社会の変化、③国内外の経済状況の変化、④加速化するインフラの老朽化、⑤デジタル革命の加速、⑥グリーン社会の実現に向けた動き（2050年カーボンニュートラル等）、ライフスタイルや価値観の多様化

○ 新型コロナウイルス感染症による変化（デジタル化の必要性、地方移住への関心の高まりや東京一極集中リスクの認識拡大等）

第2章：社会資本整備の取組の方向性

【社会資本整備の中長期的な目的】

○ 国民が「真の豊かさ」を実感できる社会を構築する。
○ そのため「安全・安心の確保」、「持続可能な地域社会の形成」、「経済成長の実現」の3つの中長期的目的を設定。
○ 3つの中長期的目的及び社会情勢の変化を踏まえ、5年後を目途に6つの短期的目標を設定。

【5年後の短期的目標及びその達成に向けた取組の方向性】

○ 特に「新たな日常」や2050年カーボンニュートラルの実現を支えるための基盤整備が必要。
○ インフラ分野のデジタル・トランスフォーメーションやインフラの脱炭素化、サプライチェーンの強靭化、新たな人の流れを支える社会資本整備等に取り組む必要。
○ 社会資本整備の最適化・社会資本整備のストック効果を最大限発揮させるには「総力」、「インフラ経営」の視点を取り入れ、「正のスパイラル」を生み出すことが必要不可欠。

3つの中長期目的

6つの短期的目標

社会資本整備のストック効果を発揮するための取組の方向性

「真の豊かさ」を実感できる社会を構築する

安全・安心の確保	持続可能な地域社会の形成	経済成長の実現

③持続可能で暮らしやすい地域社会の実現

④経済の好循環を支える社会資本整備

①防災・減災が主流となる社会の実現

②持続可能なインフラメンテナンス

⑤インフラ分野のデジタル・トランスフォーメーション（DX）

⑥インフラ分野の脱炭素化・インフラ空間の多面的な利活用による生活の質の向上

「正のスパイラル」によるストック効果のさらなる拡大

新規インフラの整備

既存インフラの管理・利活用
新規インフラの管理・利活用

持続可能で質の高い社会資本整備を下支え

持続可能な社会資本整備のための安定的・持続的な公共投資の確保

○ 社会資本整備を支える建設産業の担い手の確保、育成や生産性向上
○ 社会資本整備を支える建設産業の担い手の確保、育成や生産性向上、長時間労働の是正、週休2日の実現、i-Constructionの推進、建設キャリアアップシステムの普及等
（適切な資金水準の確保、長時間労働の是正、週休2日の実現、i-Constructionの推進、建設キャリアアップシステムの普及等）

✓ 総力 「3つの総力（主体・手段・時間軸）」を挙げ、社会資本整備を深化
✓ インフラ経営 インフラを国民が持続可能な資産として捉え、その潜在力を引き出すとともに、新たな価値を創造
○ 「インフラ経営」の視点を追加

戦略的・計画的な社会資本整備のためのストック効果を発揮するための取組の方向性

図の出典：国土交通白書2022

第5次社会資本整備重点計画の概要

資料）国土交通省

令和7年度（2025年度）を計画期間として令和3年5月28日に閣議決定された。

　第5次社会資本整備重点計画では、従前の4つの重点目標（「社会資本の戦略的な維持管理・更新を行う」、「災害特性や地域の脆弱性に応じて災害等のリスクを低減する」、「人口減少・高齢化等に対応した持続可能な地域社会を形成する」、「民間投資を誘発し、経済成長を支える基盤を強化する」）に加え、昨今の社会情勢の変化を踏まえて、「インフラ分野のデジタル・トランスフォーメーション」と「脱炭素化」に関する2つの目標を新たに追加している。さらに、厳しい財政制約や人口減少の下、社会資本整備のストック効果を最大化させるため、①3つの総力（主体の総力、手段の総力、時間軸の総力）を挙げた社会資本整備の深化、②「インフラ経営（インフラを国民が持つ資産として捉え、整備・維持管理・利活用の各段階において、工夫を凝らした新たな取組を実施すること）により、インフラの潜在力を引き出すとともに、新たな価値を創造する」という視点を追加している。そして、加速化するインフラの老朽化に対応するため、持続可能なインフラメンテナンスに向けた施策の1つとして、「集約・再編等によるインフラストックの適正化」を位置付けた。

　ここでは、第1章「社会資本整備を取り巻く社会経済情勢」第3節「新たな潮流」の「デジタル革命の加速」と第2章「今後の社会資本整備の方向性」第1節「概ね10年から20年先を見据えた社会資本整備の中長期的な目的」の「社会資本整備の中長期的な目的及び取組の方向性」、第3節「計画期間内（5年）の社会資本整備の目標を達成するための取組の方向性」の「(2)「インフラ経営」により、その潜在力を引き出すとともに、新たな価値を創造する」、第4節「持続可能で質の高い社会資本整備を下支えするための取組」における「(2) 社会資本整備を支える建設産業の担い手の確保及び育成、生産性向上」の「建設産業の役割及び目指すべき姿」、第3章「計画期間における重点目標、事業の概要」第2節「個別の重点目標及び事業の概要について」の第5項「重点目標5：インフラ分野のデジタル・トランスフォーメーション（DX）」における「目指すべき姿」・「現状と課題」・「政策パッケージ」、そして第4章「計画の実効性を確保する方策」から第4節「社会資本整備への多様な主体の参画と透明性・公平性の確保」と第5節「社会資本整備に関するデータ連携基盤の強化」を示す。

【第1章第3節「新たな潮流」より】

（デジタル革命の加速）

　20世紀末以降、世界的にICT機器の普及が進み、AI、5G、クラウド等に至る革新的な技術の開発・社会実装が進むなど、デジタル技術が社会のあらゆる場面に広がり、人々の生活や経済活動のあり方が抜本的に変化してきた。今後、デジタル技術やデータのさらなる活用により、あらゆる分野・セクターにおいて生産性向上や新たなサービスの創出が進み、社会課題の解決やイノベーションが進むことが期待される。

　我が国では、「第5期科学技術基本計画」において、ICTを最大限に活用し、サイバー空間とフィジカル空間（現実世界）とを融合させた取組により、人々に豊かさをもたらす「超スマート社会」を未来社会の姿として共有し、その実現に向けた一連の取組を更に深化させつつ「Society 5.0」として強力に推進することとしている。また、「第6期科学技術・イノベーション基本計画」においても、Society 5.0を「持続可能性と強靱性を備え、国民の安全と安心を確保するとともに、一人ひとりが多様な幸せ（well−being）を実現できる社会」と位置付け、国内外の情勢を踏まえて実現させていく必要があるとしている。

　フィジカル空間の代表ともいえる社会資本整備分野においても、整備や維持管理に新技術を活用することでその高度化・効率化を図るとともに、インフラ自体に新技術を実装することでインフラのさらなる価値を発揮させることが求められる。

【第2章第1節「概ね10年から20年先を見据えた社会資本整備の中長期的な目的」より】

（社会資本整備の中長期的な目的及び取組の方向性）

　このような「真の豊かさ」の実現に、社会資本整備はどのような役割を果たすことができるか。

　社会資本整備の役割として、短期的に経済全体を拡大させ景気を下支えするというフロー効果もあるが、その本来の役割は、ストック効果の発現を通じ、国民の安全・安心、持続可能な地域社会、持続可能な経済成長の基盤を提供することである。第4次重点計画においても、「安全安心インフラ」、「生

活インフラ」、「成長インフラ」との考えを提示したところであるが、第4次重点計画策定以降、激甚化・頻発化する自然災害や新型コロナウイルス感染症により、インフラが本来の役割を果たすことの重要性は一層高まっている。

　社会資本整備がこのような本来の役割を果たすことこそが、「真の豊かさ」の実現の基盤となるとの考えに立ち、本重点計画においても、社会資本整備の中長期的な目的を、インフラが「国民の安全・安心の確保」、「持続可能な地域社会の形成」、「経済成長の実現」という3つの役割を果たすことと位置付ける。すなわち、国民の安全・安心を確保することにより、命や暮らしに対する不安やリスクが軽減される。また、持続可能な地域社会を形成することにより、生活に必要なサービスを受けられ、時間・空間・生活ともにゆとりのある豊かな暮らしが実現できる。さらに、経済成長の実現に向けた基盤を構築することにより、経済が成長し、雇用や所得が安定的かつ持続的に確保されることにつながる。

　なお、これらの目的の実現に向けては、ストック効果を最大限発揮できるよう、選択と集中の徹底を図りつつ、重点的に整備を行うことが必要である。

【第2章第3節の「(2)「インフラ経営」により、その潜在力を引き出すとともに、新たな価値を創造する」より】

　第4次重点計画においては、「機能性・生産性を高める戦略的インフラマネジメントの構築」や「予防保全を基軸とするメンテナンスサイクルの構築・実行」、「既存施設を賢く使う取組」などを提唱したところである。その後5年間において、デジタル技術がさらに進歩するとともに、ライフスタイルや価値観の多様化、さらには新型コロナウイルス感染症の拡大により、地域社会や暮らしの在り方、働き方、住まい方が変化してきている。

　こうした社会情勢の変化に加え、今後、人口減少がさらに進み、厳しい財政制約が課される中で、国民の生活に必要不可欠なインフラの持続可能性を高めるためには、インフラを国民が保有する「資産」として捉え、インフラを「経営」する発想が必要となってくる。特に、地方部においては、人口減少が進む中で、このような発想に転換することは必要不可欠である。

　ここで言う「経営」とは、いわゆる企業における経営のことを指すのではない。インフラを「経営」するとは、「インフラを、国民が持つ『資産』として捉え、インフラのストック効果をいかに最大化させるかという観点から、整備・維持管理・利活用の各段階において、工夫を凝らした新たな取組を実

施することにより、インフラの潜在力を引き出すとともに、インフラによる新たな価値を創造し、持続可能性を高めること」を意味する。また、ここでいうインフラとは、個別のインフラについてのみ考えるのではなく、1つの地域、市区町村、都道府県、国という広域的な単位で見た場合の総称的な意味でのインフラも含む。また、その「経営」主体は、インフラの設置者や管理者だけにとどまらず、住民一人一人が、インフラを「我が物」として捉え、その維持管理に主体的に参画することや、積極的に利活用することも含む。

　具体的には、既存のインフラの維持管理段階においては、新技術の活用や予防保全への本格転換、集約・再編等により、インフラの効率的な維持管理や、総量・コストの全体の最適化を図り、整備が必要なものの財政制約から整備が進んでいなかった箇所への投資余力や10年・20年といった将来の社会資本整備の投資余力を確保する。また、既存のインフラの利活用の段階においては、自然災害時に避難場所や遊水地等として活用するなどの取組を進めるとともに、民間のノウハウや創意工夫を取り入れ、例えば、道路空間をオープンカフェのように複合的に利活用することや、インフラを観光資源として活用することで、インフラの新たな価値を発現し、地域振興や交流の創出に繋げる。その際、インフラ空間の活用を通じて収益を得る取組も進めていく必要がある。そして、新規インフラの整備段階においては、これまで述べたような維持管理・利活用も見据えた整備を実施しつつ、経営的な観点から使用料金の設定も積極的に検討する。

　こうした一連の流れにより、将来を見据えた整備がなされ、それを踏まえて最適な維持管理・利活用がなされるという、社会資本整備の「正のスパイラル」を生み出す。「正のスパイラル」によりストック効果が最大化され、幾世代にもわたり国民が豊かで安全な生活が実感できる国土づくりを実現していく。

【第2章第4節の「(2) 社会資本整備を支える建設産業の担い手の確保及び育成、生産性向上」より】

(建設産業の役割及び目指すべき姿)

　建設産業は、社会資本の整備・維持管理等を通じて国民生活の向上や経済の持続可能な成長を支えるとともに、災害時には、最前線で地域社会の安全・安心の確保を担う地域の守り手として、国民生活や社会経済を下支えす

る重要な役割を果たしてきた。また、近年の災害の激甚化・頻発化を踏まえ、防災・減災、国土強靱化の更なる推進が求められる中、地域の安全・安心を担う建設産業の役割はますます大きなものとなっている。

　一方、建設産業の担い手について見ると、例えば建設工事従事者の労働時間は、近年は改善傾向にあるものの、依然として他産業に比べて長く、また、他産業で一般的となっている週休2日の確保も十分ではない状況にある。日本社会が直面する少子高齢化を踏まえると、中長期的にこのような状況が続き必要な人材を確保できない場合や、これに応じた生産性の向上等が実現されない場合には、将来、建設産業が国民の求める役割を安定的に果たしていくことが困難となる可能性も懸念される。また、国民のニーズの多様化・高度化等に伴い、質の高い社会資本整備への期待がますます高まっているほか、デジタル技術の進展等に伴い、建設産業における業務のあり方そのものの変革（DX）を進めることが求められる。

　このため、今後の建設産業は、担い手の処遇改善や働き方改革、生産性向上の取組を一層推進することにより、中長期の視点から担い手の確保・育成を図っていくことが不可欠である。若者や女性の入職・定着の促進、高年層が働きやすい環境の整備、業界全体のパフォーマンスの向上等を進め、潜在的な担い手を持続的に惹きつけるとともに、現行の担い手が長く働き続けたいと思うような、魅力的な産業へと転換していく必要がある。

　また、高い生産性の下で良質な建設サービスを提供する産業へと進化することも必要であり、これにより、働き手に誇りや働きがいがもたらされ、ひいては担い手の呼び込み・定着にも資するものと考えられる。

　なお、コロナ禍においても、建設産業は国民が最低限の生活を送るために不可欠なサービスであることから、社会経済活動の制限が一定程度必要とされる状況においても、現場での「3密」回避や作業従事者の健康管理を徹底することにより、最低限の事業継続が確保されることが必要である。同時に、生産性向上のみならず感染防止の観点からも、非接触やリモート化に資するデジタル技術の開発や導入を推進していくことが重要である。

【第3章第2節第5項「重点目標5：インフラ分野のデジタル・トランス
フォーメーション（DX）」より】

〈目指すべき姿〉

　「新たな日常」の実現も見据え、情報技術の利活用、新技術の社会実装を
通じた社会資本整備分野のデジタル化・スマート化により、インフラや公共
サービスを変革し、働き方改革・生産性向上を進めるとともに、インフラへ
の国民理解の促進や、安全・安心で豊かな生活の実現を図る。

〈現状と課題〉

　インフラが社会経済活動の基盤であることに鑑みれば、官民が保有するイ
ンフラに関連するデータは、いわば社会の共有財産とも言える。激甚化・頻
発化する自然災害や激化する国際競争等の下、安全・安心の確保や持続可能
な経済成長を図るためには、このインフラ関連データを、官民を超えて共有
していく必要がある。他方、現状、我が国では、デジタル社会に不可欠なデ
ジタルデータが十分に整備されておらず、インフラに関する多様なデータは
点在するものの、人流・物流・地形・気象といった他のデータとも連携しき
れておらず、新たな価値を創出するようなデータ連携の仕組みも整備されて
いるとは言い難い。こうした状況を踏まえ、インフラデータの一元化・連携
強化に取り組み、最大限に活用する必要がある。

　社会資本の整備や維持管理段階において、3次元設計や無人化施工等の
ICT技術の建設現場での活用が進みつつあるが、中長期的な建設業の担い手
の確保や老朽化対策におけるメンテナンスコスト縮減の必要性を踏まえ、新
技術活用による施工・維持管理等のさらなる高度化・効率化に取り組む必要
がある。

　また、都市や地域が交通・防災・医療・エネルギー等の多様な課題に直面
するとともに、産業分野においても技術革新への対応が国際競争を勝ち抜く
上で不可欠となる中、民間主導によりICTやAI等の新技術を活用したまち
づくりなど先進的な取組が行われている。このような取組をさらに推進する
ため、官民が連携しながら、新技術等を活用してインフラの機能を最大限に
引き出し、課題解決や新たな価値の創造に寄与する必要がある。

　さらに、自動運転やMaaS等の革新的な技術の開発や実用化が着実に進ん
でいるものの、社会実装の本格化に向けては、インフラ側の環境整備も重要
である。

　加えて、インフラの整備や管理の現場において、デジタルタコメーター等

による民間保有データを公的利用のために提供される手法についても、あわせて検討する必要がある。

〈政策パッケージ〉

【5－1：社会資本整備のデジタル化・スマート化による働き方改革・生産性向上】

　社会資本整備のデジタル化・スマート化を進めることにより、働き方改革や抜本的な生産性向上を図る。具体的には、ICT施工や建設生産プロセス全体での3次元データの活用などのi－Constructionを推進するとともに、得られたデータを含め、施設・地盤等の国土に関するデータ、人流等の経済活動に関するデータ、気象等の自然現象に関する様々なデータとの連携を進める「国土交通データプラットフォーム」の構築を進める。また、セキュリティの実装も政府全体の方針等を踏まえ取り組む。このほか、データの位置情報を確実に整合させるための共通ルール（国家座標）を併せて推進する。

【5－2：新技術の社会実装によるインフラの新価値の創造】

　新技術の社会実装によりインフラの新価値を創造し、行政手続きの迅速化や暮らしにおけるサービスの向上を図るとともに、AIやビッグデータなどの先端技術を活用して、世界に先駆けた未来社会の暮らしの実現を官民連携により推進する。スマートシティの社会実装や「ヒトを支援するAIターミナル」の取組を推進するとともに、自動運転技術の実用化に資する道路交通環境の構築を推進する。また、「新たな日常」の構築に向け、特殊車両の新たな通行制度の実用化や高精度な位置情報を利活用するための環境の整備等を推進する。

【第4章第4節「社会資本整備への多様な主体の参画と透明性・公平性の確保」より】

　国民の価値観が多様化する中で社会資本整備を円滑に進めるためには、事業の構想・計画段階、実施段階、そして管理段階、利活用段階のそれぞれの段階において、多様な主体の参画を通じて受け手のニーズに合わせたものとするとともに、効率性にも留意しながら各段階において透明性・公平性が確保されたプロセスを経ることにより、社会資本整備に対する国民の信頼度を向上させることが重要であり、このことが、整備された社会資本が有効に活用され、そのストック効果が最大限発現されることにもつながる。

　また、人口減少がさらに進み、厳しい財政制約が課される中では、インフラを「経営」する発想に転換していく必要がある。その際には、インフラの整備・維持管理に加えてインフラを利活用するという観点が重要になるが、特にインフラの利活用については、民間事業者や住民など、インフラの設置者・管理者以外の多様な者が主体となりうる。このため、地域の民間事業者や住民一人一人がインフラを「我が物」として捉え、利活用に積極的に参画できるような環境づくりを図っていかなくてはならない。これにより、自らの地域に対する誇りと愛着に根ざした、地域の安全・安心の確保や生活の質の向上、地域経済の活性化等に必要な社会資本整備の選択やその円滑な事業実施への理解増進にもつながっていくこととなる。

　このような観点から、構想段階において、事業に対する住民や施設の利用者等の理解と協力を得るとともに、検討プロセスの透明性・公正性を確保するため、「公共事業の構想段階における計画策定プロセスガイドライン」を始めとするガイドライン等に基づき、住民や施設の利用者を含めた多様な主体の参画を推進するとともに、社会面、経済面、持続可能性を考慮した環境面等の様々な観点から行う総合的な検討の下、計画を合理的に策定する取組を積極的に実施する。

　また、道路管理者、河川管理者、海岸管理者や港湾管理者に自発的に協力して道路・河川・海岸・港湾の維持、環境保全等に関する活動を行うNPO等を道路協力団体、河川協力団体、海岸協力団体や港湾協力団体に指定したり、住民・事業主等の地域の関係者によるエリアマネジメント活動を推進するなど、NPOや地縁組織等の多様な主体の協働により、自立的・持続的に地域の社会資本を維持管理していくことを推進する。あわせて、こうした活動の推進を担う地域人材の育成も重要な課題である。

　加えて、民間投資を誘発し、経済成長を支える社会資本の効果を一層高める観点から、民間事業者等との連携を強化し、官民の関係者から成る協議会等を通じ、民間事業者等の利用者のニーズを把握するなどの取組を強化する。

　こうした取組を強力に推進するため、広報機関や教育機関とも連携しながら、インフラに対する国民の理解を深め、インフラを国民が持つ「資産」として捉えることを促すための取組も進めていく。

【第4章第5節「社会資本整備に関するデータ連携基盤の強化」より】

　激甚化・頻発化する自然災害や激化する国際競争等の下、安全・安心の確保や持続可能な経済成長を図るためには、社会の共有財産でもあるインフラ関連データを、官民を超えて共有していく必要がある。また、インフラがもたらす効果に関する評価の充実、EBPMの推進、社会資本整備への多様な主体の参画の促進等を図るためにも、社会資本整備に関する様々なデータの収集・分析や、インフラの利用者の目線に立った分かりやすく、使いやすいデータのオープン化が必要である。

　特に、民間投資の誘発など、インフラのストック効果を高めるためには、利用者の関心に応じたデータの適時的確な提供が効果的である。

　インフラに関連するデータとしては、例えば維持管理情報などインフラそのものに関するデータのみならず、国土、都市、交通、気象など様々なデータが存在するが、これらのデータは個々の組織ごと・府省ごと・部局ごとに管理されているものが多く、連携が十分にできていないのが実情である。官民のデータを組織を越えて連携させることにより、業務の効率化やイノベーションの促進を実現するため、データ連携基盤となるデータプラットフォーム（「国土交通データプラットフォーム」と、これと連携した取組である「連携型インフラデータプラットフォーム」）の構築等を進めていくことが重要である。

　また、社会資本整備を円滑かつ効率的に進める上で、地籍整備の実施による土地境界の明確化など、土地に関する情報の整備は不可欠であり、いわば社会資本整備のためのインフラとも言えるものである。国土調査事業十箇年計画に基づき、社会資本整備等の施策と連携した地籍調査を戦略的に推進する。

(9) 地方ブロックにおける社会資本整備重点計画

「地方ブロックにおける社会資本整備重点計画」は、第4次社会資本整備重点計画で新たに設定された重点目標と政策パッケージを戦略的に推進するため、各地方の特性に応じて重点的、効率的、効果的に社会資本を整備するために策定された計画である。この計画では、「北海道」、「東北」、「関東」、「北陸」、「中部」、「近畿」、「中国」、「四国」、「九州」、「沖縄」の10ブロックにおいて、新た

な広域地方計画や北海道総合開発計画等に示される将来像を踏まえ、ストック効果の最大化に向けた取組など社会資本整備の重点事項等がとりまとめられている。

　令和3年5月に閣議決定された第5次社会資本整備重点計画では、各地方の特性、将来像や整備水準に応じて重点的、効率的、効果的に整備するための計画として、国が「地方ブロックにおける社会整備重点計画」を策定するとしている。以下に、第5次社会資本整備重点計画の第4章「計画の実効性を確保する方策」の第1節「地方ブロックにおける社会資本整備重点計画の策定」を示す。

【第5次社会資本整備重点計画の第4章第1節「地方ブロックにおける社会資本整備重点計画の策定」より】

　新たに設定される重点目標を達成するため、全国レベルの本重点計画に基づき、各地方の特性、将来像や整備水準に応じて重点的、効率的、効果的に整備するための計画として、地方ブロックにおける社会資本整備重点計画を策定する。

　策定に当たり、国が、各地方において、地方公共団体や地方経済界、有識者等との十分な意見交換を行い、インフラに関する現状と課題や社会情勢の変化に合わせたストック効果の最大化に向けた取組など社会資本整備の重点事項等について検討し、取りまとめる。

　また、国土形成計画（広域地方計画）と調和を図りつつ、国土強靱化地域計画や地方版まち・ひと・しごと創生総合戦略など、各地方で策定される計画と連携し、各地方を取り巻く社会経済情勢等を踏まえた即地性の高い計画となるよう検討を行う。その際には、インフラのストック効果を最大限発揮できるよう、「防災・減災、国土強靱化のための5か年加速化対策」による防災・減災、国土強靱化の取組を明示するとともに、供用時期の見通しなど、民間事業者等の利用者のニーズに資する情報提供を含め、社会資本整備と民間投資の相乗効果が発揮されるよう取り組むこととする。

2.2　社会資本の維持管理・更新

　「社会資本の維持管理・更新」をテーマにした問題に対しては、我が国におけるインフラのストック量や老朽化といった現状を把握しておくとともに、「戦略的なメンテナンス（戦略的維持管理）」の考え方や2023年度に出題された問題 I － 2 のテーマでもある「第 2 フェーズと位置づけたこれからのメンテナンスの取組」の方向とともに、それらを進める際の問題点などを整理しておく必要がある。そして、課題解決策としての内容を述べる際には『インフラ長寿命化基本計画』や『インフラ長寿命化計画（行動計画)』、『総力戦で取り組むべき次世代の「地域インフラ群再生戦略マネジメント」』等の計画や提言書に示されている内容を理解しておくことは必須である。また、『第 5 次社会資本整備重点計画』についても確認しておきたい。

　なお、他の出題テーマにおいても取り上げているキーワード、例えば『第 5 次社会資本整備重点計画』や『国土形成計画（全国計画)』などについては、本節においては「社会資本の維持管理・更新」に的を絞った形で、参考になり得る事項を抜粋して示している。「社会資本の維持管理・更新」をテーマとした解答論文をまとめる際に、参考にしていただきたい。

【社会資本の維持管理・更新に係る現状や背景】
　(1) インフラ経営
　(2) インフラの点検結果
　(3) インフラメンテナンス2.0
　(4) 戦略的維持管理
　(5) 地域インフラ群再生戦略マネジメント
　(6) 点検支援技術性能カタログ
　(7) メンテナンスサイクル
　(8) ライフサイクルコスト
　(9) 我が国の維持・修繕工事高

　(10)　我が国の建設後50年以上経過する社会資本

【社会資本の維持管理・更新に係る計画や政策】

　(1)　インフラ長寿命化基本計画

　(2)　国土形成計画（全国計画）

　(3)　国土交通省インフラ長寿命化計画（行動計画）

　(4)　総力戦で取り組むべき次世代の「地域インフラ群再生戦略マネジメント」　～インフラメンテナンス第2フェーズへ～

　(5)　第5次社会資本整備重点計画

【社会資本の維持管理・更新に係る現状や背景】

(1)　インフラ経営

　インフラ経営は、社会資本整備のストック効果を最大化させるため、インフラを国民が持つ資産として捉え、整備・維持管理・利活用の各段階において、工夫を凝らした新たな取組を実施することである。

　令和3年5月に閣議決定された第5次社会資本整備重点計画において、厳しい財政制約や人口減少の下、インフラのストック効果を最大限発揮させるために、「3つの総力（主体の総力、手段の総力、時間軸の総力）を挙げた社会資本整備の深化」と「インフラ経営により、インフラの潜在力を引き出すとともに、新たな価値を創造すること」の2つの視点が追加された。そして、インフラ経営について『インフラを、世代を超えて共有する「資産」として捉え、社会資本を整備・維持管理するだけでなく、しっかりと利活用していく観点が重要』としている。

　以下に、第5次社会資本整備重点計画の第2章「今後の社会資本整備の方向性」第3節「計画期間内（5年）の社会資本整備の目標を達成するための取組の方向性」第2項『「インフラ経営」により、その潜在力を引き出すとともに、新たな価値を創造する』の内容を示す。

【第2章第3節第2項『「インフラ経営」により、その潜在力を引き出すとともに、新たな価値を創造する』より】

　第4次重点計画においては、「機能性・生産性を高める戦略的インフラマネジメントの構築」や「予防保全を基軸とするメンテナンスサイクルの構築・

87

実行」、「既存施設を賢く使う取組」などを提唱したところである。その後5年間において、デジタル技術がさらに進歩するとともに、ライフスタイルや価値観の多様化、さらには新型コロナウイルス感染症の拡大により、地域社会や暮らしの在り方、働き方、住まい方が変化してきている。

　こうした社会情勢の変化に加え、今後、人口減少がさらに進み、厳しい財政制約が課される中で、国民の生活に必要不可欠なインフラの持続可能性を高めるためには、インフラを国民が保有する「資産」として捉え、インフラを「経営」する発想が必要となってくる。特に、地方部においては、人口減少が進む中で、このような発想に転換することは必要不可欠である。

　ここで言う「経営」とは、いわゆる企業における経営のことを指すのではない。インフラを「経営」するとは、「インフラを、国民が持つ『資産』として捉え、インフラのストック効果をいかに最大化させるかという観点から、整備・維持管理・利活用の各段階において、工夫を凝らした新たな取組を実施することにより、インフラの潜在力を引き出すとともに、インフラによる新たな価値を創造し、持続可能性を高めること」を意味する。また、ここでいうインフラとは、個別のインフラについてのみ考えるのではなく、1つの地域、市区町村、都道府県、国という広域的な単位で見た場合の総称的な意味でのインフラも含む。また、その「経営」主体は、インフラの設置者や管理者だけにとどまらず、住民一人一人が、インフラを「我が物」として捉え、その維持管理に主体的に参画することや、積極的に利活用することも含む。

　具体的には、既存のインフラの維持管理段階においては、新技術の活用や予防保全への本格転換、集約・再編等により、インフラの効率的な維持管理や、総量・コストの全体の最適化を図り、整備が必要なものの財政制約から整備が進んでいなかった箇所への投資余力や、10年・20年といった将来の社会資本整備の投資余力を確保する。また、既存のインフラの利活用の段階においては、自然災害時に避難場所や遊水地等として活用するなどの取組を進めるとともに、民間のノウハウや創意工夫を取り入れ、例えば、道路空間をオープンカフェのように複合的に利活用することや、インフラを観光資源として活用することで、インフラの新たな価値を発現し、地域振興や交流の創出に繋げる。その際、インフラ空間の活用を通じて収益を得る取組も進めていく必要がある。そして、新規インフラの整備段階においては、これまで述べたような維持管理・利活用も見据えた整備を実施しつつ、経営的な観点から使用料金の設定も積極的に検討する。

　こうした一連の流れにより、将来を見据えた整備がなされ、それを踏まえ

て最適な維持管理・利活用がなされるという、社会資本整備の「正のスパイラル」を生み出す。「正のスパイラル」によりストック効果が最大化され、幾世代にもわたり国民が豊かで安全な生活が実感できる国土づくりを実現していく。

(2) インフラの点検結果

橋梁等の道路構造物においては、2014年（平成26年）に「定期点検要領」が策定され、橋やトンネル等の構造物については5年に1回、近接目視を基本とする点検方法が規定されるとともに、健全性の診断結果が4つの区分（Ⅰ健全、Ⅱ予防保全段階、Ⅲ早期措置段階、Ⅳ緊急措置段階）に分類された。

健全性の判定区分

区分		第二種事業
Ⅰ	健全	構造物の機能に支障が生じていない状態
Ⅱ	予防保全段階	構造物の機能に支障が生じていないが、予防保全の観点から措置を応ずることが望ましい状態
Ⅲ	早期措置段階	構造物の機能に支障が生じている可能性があり、早期に措置を講ずべき状態
Ⅳ	緊急措置段階	構造物の機能に支障が生じている、又は生じる可能性が著しく高く、緊急に措置を講ずべき状態

図の出典：国土交通白書 2020

国土交通省では、国民・道路利用者に道路インフラや老朽化対策の現状を理解いただくために点検の実施状況や結果等を調査し、「道路メンテナンス年報」としてとりまとめて公表している。2023年8月に公表された「道路メンテナンス年報」では、特に（1）橋梁・トンネル・道路附属物等について、2巡目の点検は着実に進捗していること、（2）橋梁について、地方公共団体の修繕が必要な橋梁の措置着手・完了率が低水準であり、5年以上経過後も約2割の橋梁に未着手であること、（3）2022年度末時点では、修繕等が必要な判定区分Ⅲ・Ⅳの橋梁は58,888橋であり、年々着実に減少していること、等が示されている。

施設区分	措置が必要な施設数 A※1	措置に着手済の施設数 B (B／A)	うち完了済の施設数 C※2 (C／A)	点検実施年度	措置着手率 (B／A)	措置完了率 (C／A)
国土交通省	3,359	3,337 (99%)	2,344 (70%)	2014	92%	100%
				2015	86%	100%
				2016	76%	100%
				2017	64%	100%
				2018	37%	97%
高速道路会社	2,533	2,402 (95%)	1,905 (75%)	2014	86%	100%
				2015	91%	100%
				2016	83%	100%
				2017	87%	100%
				2018	43%	81%
地方公共団体計	61,466	46,043 (75%)	34,357 (56%)	2014	74%	85%
				2015	65%	81%
				2016	57%	76%
				2017	47%	68%
				2018	38%	65%
都道府県・政令市等	20,071	17,770 (89%)	12,974 (65%)	2014	81%	93%
				2015	74%	93%
				2016	66%	88%
				2017	53%	83%
				2018	51%	87%
市区町村	41,395	28,273 (68%)	21,383 (52%)	2014	69%	79%
				2015	61%	76%
				2016	54%	71%
				2017	44%	62%
				2018	31%	52%
合計	67,358	51,782 (77%)	38,606 (57%)		57%	77%

凡例：□ 措置着手率（B／A）　■ 措置完了率（C／A）　▼ 想定されるペース※3

2023.3 末時点

※1：1 巡目点検における判定区分Ⅲ、Ⅳの施設数のうち、点検対象外等となった施設を除く施設数。
※2：2 巡目点検で再度区分Ⅲ、Ⅳと判定された施設でも、1 巡目点検に対する措置が完了した施設は含む。
※3：2022 年度末時点で次回点検までの修繕等措置の実施を考慮した場合に想定されるペース。

図の出典：道路メンテナンス年報（2022 年度）

1巡目点検で修繕が必要とされた橋梁の修繕等措置状況

○ 2巡目（2019～2022年度）の点検実施率（全道路管理者合計）

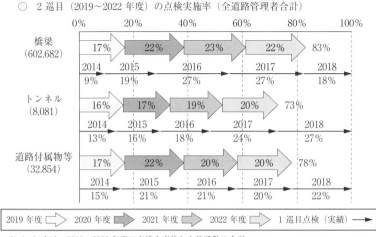

橋梁
（602,682）

| 0% | 20% | 40% | 60% | 80% | 100% |

17% / 22% / 23% / 22% / 83%
2014 / 2015 / 2016 / 2017 / 2018
9% / 19% / 27% / 27% / 18%

トンネル
（8,081）

16% / 17% / 19% / 20% / 73%
2014 / 2015 / 2016 / 2017 / 2018
13% / 16% / 18% / 24% / 27%

道路付属物等
（32,854）

17% / 22% / 20% / 20% / 78%
2014 / 2015 / 2016 / 2017 / 2018
15% / 21% / 21% / 20% / 22%

2019年度 ⇒ 2020年度 ⇒ 2021年度 ⇒ 2022年度 ⇒ 1巡目点検（実績）→

※（　）内は、2019～2022年度に点検を実施した施設数の合計。
※四捨五入の関係で合計値が100%にならない場合がある。

図の出典：道路メンテナンス年報（2022年度）

橋梁・トンネル・道路附属物等の2巡目点検実施状況

☐ Ⅰ
☐ Ⅱ
☐ Ⅲ
☐ Ⅳ

1巡目点検結果
（716,466橋）

2021年度時点の
点検結果
（722,176橋）

2022年度時点の
最新の点検結果
（722,027橋）

296,909橋
（41%）

303,024橋
（42%）

302,632橋
（42%）

350,506橋
（49%）

357,745橋
（50%）

361,507橋
（50%）

Ⅲ・Ⅳ計
69,051橋

68,369橋
（10%）

682橋
（0.1%）

Ⅲ・Ⅳ計
61,407橋

60,748橋
（8%）

659橋
（0.1%）

Ⅲ・Ⅳ計
58,888橋

58,211橋
（8%）

677橋
（0.1%）

2018年度末　　　　2021年度末　　　　2022年度末

※四捨五入の関係で合計値が100%にならない場合がある。
※複数回点検している施設は最新の点検結果を基に集計を行っている。

図の出典：道路メンテナンス年報（2022年度）

橋梁の判定区分毎の施設数と割合

（3）インフラメンテナンス 2.0

　インフラメンテナンスの分野では、ドローンやセンサー、データの活用が進んでおり、今後、メンテナンスの高度化・効率化を一層進めるためには、これら新技術の活用を積極的に進めていく必要がある。

　「インフラメンテナンス 2.0」は、インフラメンテナンスにおける新技術の活用により得られる膨大な計測・点検・補修などのデータの利活用環境を整備し、AI などを活用して、大量のデータ分析やこれらを活用したメンテナンスのさらなる効率化・高度化を図るための、以下の取組みをいう。

　①　各管理者の維持管理情報システムの構築
　　・電子化すべきデータの項目、内容（測定法、単位、ファイル形式など）を整理し、各管理者へ周知。
　　・地方自治体等各管理者が有する情報のデジタルデータ化を全国一斉で実施。
　②　並行して、各管理者、企業、研究機関などがそれぞれに保有しているデータベースについて、必要なデータを統合して一括で検索し出力できる

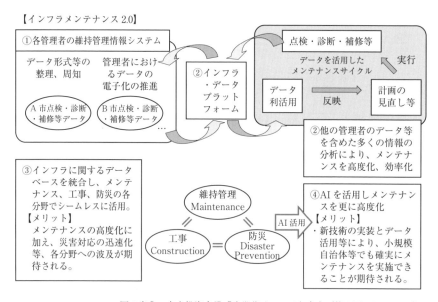

【インフラメンテナンス 2.0】

図の出典：未来投資会議「次世代インフラ」会合（第 1 回：2018.11.02）

インフラメンテナンス 2.0

インフラ・データプラットフォームの活用を通じ、他の管理者のデータ等
を含めた多くの情報の分析、メンテナンスを高度化、効率化

③　さらに、メンテナンスに加えて、工事データベース、防災データベース
などの社会インフラデータベースと広く連携することにより、工事・管
理・防災の様々な取組を一体として運用できるシステムへと発展。

④　これら大量に取得できるメンテナンスデータを用いて、AI等を活用し
メンテナンスの更なる高度化を目指す。

今後建設されるものも含め、年々増加する設備や構造物を継続的に管理し、
激甚災害への対応なども念頭に安全性を確保するためには、IoTを活用した維
持管理の効率化が急務とされ、政府の成長戦略の一つとして「インフラメンテ
ナンス2.0」が提唱された。

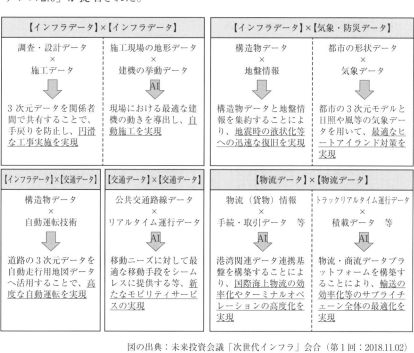

図の出典：未来投資会議「次世代インフラ」会合（第1回：2018.11.02）

データ連携・利活用イメージ

（4）戦略的維持管理

　戦略的維持管理は、これまでに蓄積された膨大な社会資本ストックを、予算制約の中でどのような優先順位をつけて、それぞれどのようなタイミングで補修・更新するかを戦略的に（目標に対して長期的複合的視野に立ち、どのような道筋で目標に到達するのかを考えること）意思決定するという考え方である。

　我が国の社会資本は、戦後の高度経済成長とともに着実に整備されてきたが、今後、こうした社会資本の高齢化が急速に進行するという課題に直面することになる。こうした状況の下、今後必要となる維持管理費、更新費についても、急速に増加していくことが想定されているとともに、高齢化した施設の割合が増大していくと、重大な事故や致命的な損傷等が発生するリスクが飛躍的に高まることが予想されている。

　このため、従来、損傷等が発生した後に対処するという「事後的管理」から、事前に点検し、異常が確認または予測された場合、致命的欠陥が発現する前に速やかに措置するという「予防保全的管理」へと転換し、戦略的に維持管理を実施することで、国民の生命と財産を守り安全・安心を確保するとともに、施設の寿命を伸ばすことでライフサイクルコストの低減を図っていくことが求められている。

（5）地域インフラ群再生戦略マネジメント

　市区町村が抱える財政面・体制面の課題等を踏まえ、個別施設のメンテナンスを継続するだけではなく、発展させた考え方のもと、インフラ施設の必要な機能・性能を維持し国民・市民からの信頼を確保し続けた上で、よりよい地域社会を創造していく必要がある。

　「地域インフラ群再生戦略マネジメント」は、既存の行政区域に拘らない広域的な視点で複数市区町村を基本とした対象エリアを設定し、道路、公園、下水道といった複数・多分野のインフラを「群」として捉え、更新や集約・再編、新設も組み合わせた検討により、効率的・効果的にマネジメントし、地域に必要なインフラの機能・性能を維持する考え方である。

　「地域インフラ群再生戦略マネジメント」は、令和4年12月に社会資本整備審議会・交通政策審議会技術分科会　技術部会によりまとめられた『総力戦で取り組むべき次世代の「地域インフラ群再生戦略マネジメント」　～インフラメンテナンス第2フェーズへ～』において、これからのメンテナンスの取組の

展開を第2フェーズと位置づけた方針の軸として、今後、重点的かつ速やかに取り組むべき施策を、特にインフラメンテナンスの課題が深刻化している市区町村に焦点をあてて提言されたものである。

(6) 点検支援技術性能カタログ

点検支援技術性能カタログは、国が定めた標準項目に対する性能値を開発者に求め、開発者から提出されたものをカタログ形式でとりまとめたものである。定期点検を行う者が、定期点検を行う際に点検支援技術の利用を検討するにあたって、機器等の特性を比較整理するにあたって参考とすることができる。

令和5年3月にとりまとめられた点検支援技術性能カタログは、第1章 性能カタログの活用にあたって、第2章 性能カタログからなり、第2章では、画像計測技術（橋梁1、橋梁2、トンネル）、非破壊検査技術（橋梁、トンネル）、計測・モニタリング技術（橋梁1、トンネル）、データ収集・通信技術（共通）の8技術のカタログから構成されている。

(7) メンテナンスサイクル

「メンテナンスサイクル」は、点検→診断→措置→記録→（次の点検）や長寿命化計画等を作成・充実し、構造物の維持管理を効率的、効果的に進めていく業務サイクルをいう。

インフラ長寿命化基本計画では、メンテナンスサイクルの構築として、次のように述べている。

『インフラは、利用状況、設置された自然環境等に応じ、劣化や損傷の進行は施設毎に異なり、その状態は時々刻々と変化する。現状では、これらの変化を正確に捉え、インフラの寿命を精緻に評価することは技術的に困難であるという共通認識に立ち、インフラを構成する各施設の特性を考慮した上で、定期的な点検・診断により施設の状態を正確に把握することが重要である。このため、点検・診断の結果に基づき、必要な対策を適切な時期に、着実かつ効率的・効果的に実施するとともに、これらの取組を通じて得られた施設の状態や対策履歴等の情報を記録し、次期点検・診断等に活用するという、「メンテナンスサイクル」を構築し、継続的に発展させていく。』

(8) ライフサイクルコスト

　ライフサイクルコスト（Life Cycle Cost：LCC）は、製造に係る初期コストだけでなく、維持管理や改修・廃棄に必要なすべてのコストをいう。特に、土木工事におけるライフサイクルコストは、土木構造物の企画、設計、建設、運営・維持・管理、解体撤去、廃棄に至る費用と定義されている。

　ライフサイクルコストは、公共投資の規模が縮小する方向の中で、高度経済成長期に建設された建設構造物の多くが劣化する時期を迎え、より効率的な投資が求められ始めたことや、性能設計の導入によって、建設構造物の寿命を考慮することが求められるようになったことなどを背景として重視されるようになった。ライフサイクルコスト全体から見ると、修繕費や運用費、保全費、光熱費等の維持・管理に要する費用は非常に大きな割合を占めており、大規模な修繕費を含めた維持費用は建設費の4～5倍にもなるとも言われている。

　一般にライフサイクルコストを最小化するためには、できる限り構造物の長寿命化を図ることにより更新コストを小さくしたうえで、維持管理コストを小さくするのが有効であると考えられている。

　また、ライフサイクルコストの概念は、環境面からも重視されており、二酸化炭素の排出量を設計や計画の検討項目として挙げる場合もある。建物の一生涯にわたる期間を通して環境に与える負荷の総量を予測して、評価する方法をライフサイクルアセスメント（Life Cycle Assessment：LCA）という。ライフサイクルアセスメントは、構造物を建造するために必要な資材の資源採取、施工、維持・管理、廃棄といったライフサイクルのすべての段階を通じて投入される資源あるいは発生する環境負荷、およびそれらによる環境影響を定量的かつ客観的に評価しようとするもので、指標には二酸化炭素排出量や必要エネルギー等が一般に用いられている。ライフサイクルアセスメントは、環境問題を抑制するのに有効な手法と見られ、注目を浴びている。

　建物の企画、設計、施工、維持・管理、解体撤去、廃棄に至る生涯費用を最適化する（最も安くする）手法としてライフサイクルマネジメント（Life Cycle Management：LCM）がある。

(9) 我が国の維持・修繕工事高

令和5年3月31日に公表された「建設工事施工統計調査報告」の元請完成工事高構成比（新設工事、維持修繕工事）の推移によると、令和3年度実績の建設市場全体における元請完成工事高に占める維持・修繕工事高は、およそ23.6兆円で、全体の30.7％を占めている。

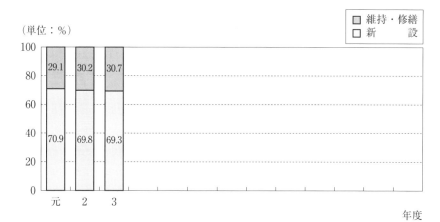

（単位：％）

図の出典：「建設工事施工統計調査報告（令和3年度実績）」
国土交通省 総合政策局情報政策課建設経済統計調査室

元請完成工事高構成比（新設工事、維持・修繕工事）の推移

(10) 我が国の建設後50年以上経過する社会資本

我が国において、高度経済成長期以降に集中的に整備されたインフラの老朽化が深刻であり、今後、建設から50年以上経過する施設の割合が加速的に進行していく。老朽化が進むインフラを計画的に維持管理・更新することにより、国民の安全・安心の確保や維持管理・更新に係るトータルコストの縮減・平準化等を図る必要がある。

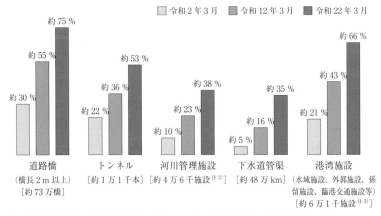

高度成長期以降に整備された道路橋、トンネル、河川、下水道、港湾等について、
建設後 50 年以上経過する施設の割合が加速度的に高くなる。
※施設の老朽化の現状は、建設年度で一律に決まるのではなく、立地環境や維持管理の状況等によって異なるが、
　ここでは便宜的に建設後 50 年で整理。

【建設後 50 年以上経過する社会資本の割合(注1)（令和 2 年度算出）】

□ 令和 2 年 3 月　　■ 令和 12 年 3 月　　■ 令和 22 年 3 月

道路橋
（橋長 2 m 以上）
［約 73 万橋］

トンネル
［約 1 万 1 千本］

河川管理施設
［約 4 万 6 千施設(注2)］

下水道管渠
［約 48 万 km］

港湾施設
（水域施設、外郭施設、係
留施設、臨港交通施設等）
［約 6 万 1 千施設(注3)］

注 1)　建設後 50 年以上経過する施設の割合については、建設年度不明の施設数を除いて算出。
注 2)　国：堰、床止め、閘門、水門、揚水機場、排水機場、樋門・樋管、陸閘、管理橋、浄化施設、
　　　その他（立坑、遊水池）、ダム。独立行政法人水資源機構法に規定する特定施設を含む。
　　　都道府県・政令市：堰（ゲート有り）、閘門、水門、樋門・樋管、陸閘等ゲートを有する施設
　　　及び揚水機場、排水機場、ダム。
注 3)　一部事務組合、港務局を含む。

図の出典：国土交通白書 2022

社会資本の老朽化の現状

【社会資本の維持管理・更新に係る計画や政策】
（1）インフラ長寿命化基本計画

　今後、約 800 兆円に及ぶインフラストックの高齢化に的確に対応するととも
に、首都直下地震や南海トラフ巨大地震等の大規模災害に備え、成長著しいア
ジアの新興国との競争に打ち勝ちながら世界の先進国としてあり続けるために
は、国土、都市や農山漁村を形成するあらゆる基盤を広く「インフラ」として
捉え、これまで以上に戦略的に取組を進めることが重要である。

　「インフラ長寿命化基本計画」は、老朽化対策に関する政府全体の取組とし
て、国民の安全・安心を確保し、中長期的な維持管理・更新等に係るトータル
コストの縮減や予算の平準化を図るとともに、維持管理・更新に係る産業（メ

ンテナンス産業）の競争力を確保するための方向性を示すものとして、平成25年11月に「インフラ老朽化対策の推進に関する関係省庁連絡会議」においてとりまとめられた計画である。この基本計画では、全国のあらゆるインフラについて、着実に老朽化対策を実施するため、各インフラの管理者等が「インフラ長寿命化計画（行動計画）」を作成することが規定された。

　以下に、第Ⅲ章「基本的な考え方」の第1節「インフラ機能の確実かつ効率的な確保」の内容を示す。

【第Ⅲ章第1節「インフラ機能の確実かつ効率的な確保」より】

1.　インフラ機能の確実かつ効率的な確保

（1）安全・安心の確保

　国民生活や社会経済活動の基盤であるインフラは、時代とともに変化する社会の要請を踏まえつつ、利用者や第三者の安全を確保した上で、必要な機能を確実に発揮し続けることが大前提であり、そのために必要な取組を確実に推進する。

　①メンテナンスサイクルの構築

　インフラは、利用状況、設置された自然環境等に応じ、劣化や損傷の進行は施設毎に異なり、その状態は時々刻々と変化する。現状では、これらの変化を正確に捉え、インフラの寿命を精緻に評価することは技術的に困難であるという共通認識に立ち、インフラを構成する各施設の特性を考慮した上で、定期的な点検・診断により施設の状態を正確に把握することが重要である。

　このため、点検・診断の結果に基づき、必要な対策を適切な時期に、着実かつ効率的・効果的に実施するとともに、これらの取組を通じて得られた施設の状態や対策履歴等の情報を記録し、次期点検・診断等に活用するという、「メンテナンスサイクル」を構築し、継続的に発展させていく。

　②多段階の対策

　維持管理・更新に係る技術的知見やノウハウは、未だ蓄積途上である。このため、新たに得られた知見やノウハウを確実に蓄積し、それらを基に、管理水準を向上させる取組を継続していく。

　一方、修繕や更新の実施時期等の判断には限界があることを考慮する必要がある。このため、劣化や損傷が直ちに利用者や第三者の被害につながることがないよう、施設の特性に応じて必要な多段階の対策（フェイルセーフ）を講じていく。

99

(2) 中長期的視点に立ったコスト管理

　厳しい財政状況下で必要なインフラの機能を維持していくためには、様々な工夫を凝らし、的確に維持管理・更新等を行うことで中長期的なトータルコストの縮減や予算の平準化を図る必要がある。これらを確実に実行することにより、インフラ投資の持続可能性を確保する。

　①予防保全型維持管理の導入

　中長期的な維持管理・更新等に係るトータルコストを縮減し、予算を平準化していくためには、インフラの長寿命化を図り、大規模な修繕や更新をできるだけ回避することが重要である。このため、施設特性を考慮の上、安全性や経済性を踏まえつつ、損傷が軽微である早期段階に予防的な修繕等を実施することで機能の保持・回復を図る「予防保全型維持管理」の導入を推進する。

　②維持管理の容易な構造の選択等

　維持管理コストは、管理水準や採用する構造・技術等によって大きく変化する。このため、新設・更新時には、維持管理が容易かつ確実に実施可能な構造を採用するほか、修繕時には、利用条件や設置環境等の各施設の特性を考慮するなど、合理的な対策を選択する。

　③社会構造の変化や新たなニーズへの対応

　今後、グローバルな都市間競争や、人口減少、少子高齢化、地球温暖化等の進展が見込まれる中、インフラに求められる役割や機能も変化していくものと考えられる。このため、老朽化対策の検討に当たっては、その時点で各施設が果たしている役割や機能を再確認した上で、その施設の必要性自体を再検討する。

　その結果、必要性が認められる施設については、更新等の機会を捉えて社会経済情勢の変化に応じた質的向上や機能転換、用途変更や複合化・集約化を図る一方、必要性が認められない施設については、廃止・撤去を進めるなど、戦略的な取組を推進する。

(2) 国土形成計画（全国計画）

　国土形成計画（全国計画）の概要は、本章第1節「社会資本整備」に示したとおりである。

　ここでは第三次国土形成計画における、維持管理・更新に係る事項として、第1部「新たな国土の将来ビジョン」第4章「横断的な重点テーマ」第1節「地

域の安全・安心、暮らしや経済を支える国土基盤の高質化」第2項「国土基盤の高質化に向けた戦略的マネジメントの徹底」の（3）「戦略的メンテナンスによる国土基盤の持続的な機能発揮」、ならびに第2部「分野別施策の基本的方向」第5章「防災・減災、国土強靭化に関する基本的な施策」の第5節「戦略的メンテナンスによる国土基盤の持続的な機能発揮」に示されている内容を示す。

【第1部第4章第1節第2項「国土基盤の高質化に向けた戦略的マネジメントの徹底」より】

（3）戦略的メンテナンスによる国土基盤の持続的な機能発揮

　高度成長期以降に集中的に整備された国土基盤が一斉に老朽化することにより、「荒廃する日本」とならないよう、国土基盤の機能が将来にわたって適切に発揮されるため、維持管理・更新を戦略的・計画的かつ適切に進めていくことが重要である。

　一方で、多くの国土基盤を管理する市区町村では財源や人的資源が不足していることや、人口減少等による地域社会の変化等を踏まえ、多様な主体との連携など持続可能なメンテナンスの実現に向けた取組を推進する必要がある。

（予防保全型メンテナンスへの本格転換）

　点検・診断とこれに基づき修繕・更新等を実施するメンテナンスサイクルの着実な実行により、事後保全から予防保全への本格転換を進め、早期の安全・安心の確保を図るとともに、地域におけるメンテナンス体制の強化を図り、中長期的なトータルコストの縮減・平準化を戦略的に実現する必要がある。こうした観点から、例えば、メンテナンスサイクルの構築・実行による計画的な点検・診断・修繕・更新等の取組を推進する。

（広域的・戦略的なマネジメント）

　市区町村における財政面・体制面の課題等を踏まえ、各地域の将来像に基づき、複数・広域・多分野の国土基盤を総合的かつ多角的な視点から戦略的にマネジメントする仕組みの構築を図る必要がある。こうした観点から、例えば、広域的・戦略的にインフラのマネジメントを行う地域インフラ群再生戦略マネジメントの取組を推進する。

（新技術・官民連携手法の普及によるメンテナンスの高度化・効率化）

　新技術の活用や官民連携手法の導入促進により、メンテナンスの高度化・

効率化を図る必要がある。こうした観点から、例えば、センサーやドローン等を用いた点検など、新技術の活用促進、点検・補修データの利活用などDXによるメンテナンスの効率化、インフラメンテナンス国民会議等の場を通じた、ニーズ・シーズのマッチングの促進、包括的民間委託等の民間活力の導入促進等の取組を推進する。

（集約・再編等によるストックの適正化）

　人口減少等による地域社会の変化を踏まえ、国土基盤の更新等の機会を捉えて、社会経済状況の変化に応じた機能転換や集約・再編等によるストックの適正化を図る必要がある。こうした観点から、例えば、公共下水道・農業集落排水等の統合、港湾におけるふ頭再編等の取組を推進する。

（多様な主体の連携・協力によるメンテナンス体制の構築）

　市区町村におけるメンテナンスに携わる人的資源の不足に対応するため、地方公共団体への支援等を通じて、メンテナンスの実効性を向上させる必要がある。また、これまでの行政主体の取組から、国民がメンテナンス活動に積極的に参画することを通じて真のパートナーシップの構築を図り、地域のメンテナンス活動の継続性を確保する必要がある。こうした観点から、例えば、市町村支援・中長期派遣体制の強化、技術力育成を目的とした研修等の実施、インフラメンテナンス国民会議・市区町村長会議等を通じた、産学官民の連携の促進、インフラメンテナンス大賞を通じた、優れた技術やメンテナンスの理念の普及、協力団体制度等の取組を推進する。

【第2部第5章「防災・減災、国土強靱化に関する基本的な施策」より】
第5節　戦略的メンテナンスによる国土基盤の持続的な機能発揮

　政府全体の老朽化対策の方針である「インフラ長寿命化基本計画」に基づき、関係省や地方公共団体等による「インフラ長寿命化計画（行動計画）」や各施設管理者による「個別施設計画」をほぼ全ての策定対象について策定完了するとともに、個別施設計画の策定対象について、施設分野毎に定める基準や法令等に基づき、各施設管理者が点検・診断を実施し健全度を把握するなどメンテナンスサイクルの構築が図られてきた。

　さらに今後は、点検・診断の結果、維持・修繕基準等に基づき、必要な対策を適切な時期に、着実かつ効率的、効果的に実施するとともに、これらの取組を通じて得られた施設の状態、対策履歴等の情報を記録し、次期点検・診断等に活用する予防保全型の「メンテナンスサイクル」を確立し、継続的

に発展させる必要がある。

　また、多くのインフラを管理する市区町村では、財源や人的資源が不足していることや、人口減少等による地域社会の変化等を踏まえ、多様な主体との連携など持続可能なメンテナンスの実現に向けた取組を推進する必要がある。

1.　予防保全型メンテナンスへの本格転換

　インフラ長寿命化基本計画に基づき、老朽化対策の進捗状況や社会情勢の変化等を捉えてインフラ長寿命化計画（行動計画）を適切に見直しながら、目標達成に向けて取り組んでいく。

　予防保全型メンテナンスへの本格転換に向け、定期点検で判明した緊急又は早期に措置が必要な施設から、順次、修繕・更新等の集中的な対策を実施する。

2.　広域的・戦略的なマネジメント

　市区町村における財政面・体制面の課題等を踏まえ、各地域の将来像に基づき、複数・広域・多分野のインフラを群として捉え、総合的かつ多角的な視点から戦略的にマネジメントする仕組みを構築する。

　具体的には、広域的・戦略的にインフラのマネジメントを行う地域インフラ群再生戦略マネジメントの取組として、計画の策定や包括的民間委託等の官民連携手法を活用した業務の実施等を進める。

3.　新技術・官民連携手法の普及によるメンテナンスの高度化・効率化

　メンテナンスの高度化・効率化を図る必要があることから、新技術・デジタルの活用や官民連携手法の導入を推進する。

　具体的には、新技術については、ドローンやセンサー等を用いた点検等の促進や地方公共団体が活用しやすい維持管理技術の開発促進、点検・補修データの利活用等を含めたDXによるメンテナンスの効率化、インフラメンテナンス国民会議の場を通じたニーズ・シーズのマッチングの促進等の取組を進める。また、官民連携については、民間の創意工夫やノウハウの活用を図る包括的民間委託の導入促進やPPP／PFI普及の枠組み等の場を通じたニーズ・シーズのマッチングを推進する。

4.　集約・再編等によるインフラストックの適正化

　人口減少等による地域社会の変化を踏まえ、国土基盤の更新等の機会を捉えて、社会経済状況の変化に応じた機能転換や集約・再編等によるストックの適正化を図る。

　具体的には、全国の都道府県で策定する汚水処理の「広域化・共同化計画」

に基づき、公共下水道と農業集落排水等の統合など施設の統廃合や汚泥の集約化、維持管理の共同化等といった広域化・共同化の取組を推進する。

鉄道施設については、将来的な維持管理費用を低減し、長寿命化に資する鉄道施設の改良・補修の取組を推進する。

道路施設については、持続可能な道路管理を実現するために、地方公共団体における道路橋の集約・撤去の取組を促進する。

港湾施設について、老朽化や社会情勢の変化に伴って機能が低下した既存施設の統廃合、機能の集約化及び転換を計画的・集中的に進め、効率的なふ頭再編の取組を推進する。

海岸保全施設、河川管理施設、砂防関係施設については、老朽化した施設が今後急増する状況に対応するため、施設の統廃合や維持管理に関する新技術の導入等を図りつつ、施設の計画的な維持管理・更新を推進する。

5. 多様な主体の連携・協力によるメンテナンス体制の構築

市区町村におけるメンテナンスに携わる人的資源の不足に対応するため、地方公共団体への支援等を通じて、メンテナンスの実効性を向上させる必要がある。また、これまでの行政主体の取組から、国民がメンテナンス活動に積極的に参画することを通じて真のパートナーシップの構築を図り、地域のメンテナンス活動の継続性を確保する必要がある。このため、関係府省や地方公共団体を始め、あらゆる主体が連携して持続可能なインフラメンテナンスの実現に向けて取組を推進する。

具体的には、市町村支援・中長期派遣体制の強化を図ることや、地方公共団体職員の技術力の育成を目的とした国の研修への参加など、地方公共団体が実施する老朽化対策への人的・技術的支援に積極的に取り組む。例えば、道路については、全都道府県において「道路メンテナンス会議」を設置しており、本会議を活用した取組を一層推進する。

また、産学官民が一丸となってメンテナンスに取り組むプラットフォームとして設立された「インフラメンテナンス国民会議」及び首長のイニシアティブによるメンテナンスに関する施策の更なる推進を図るために設立された「インフラメンテナンス市区町村長会議」、PPP／PFI普及の枠組みを通じた産学官民の連携強化、インフラメンテナンスに係る優れた取組や技術開発を表彰する「インフラメンテナンス大賞」を通じたベストプラクティスの横展開やメンテナンス産業の活性化、インフラメンテナンスの理念の普及を図る。

(3) 国土交通省インフラ長寿命化計画（行動計画）

「国土交通省インフラ長寿命化計画（行動計画）」は、平成25年11月にとりまとめられた「インフラ長寿命化基本計画」に基づき、国土交通省が管理・所管するあらゆるインフラの維持管理・更新等を着実に推進するための中長期的な取組の方向性を明らかにする計画として、「社会資本の老朽化対策会議」においてとりまとめられた計画である。

国土交通省では、平成26年5月に平成32年度（2020年度）までを計画期間とする「国土交通省インフラ長寿命化計画（行動計画）」を策定し、管理・所管するインフラの戦略的な維持管理・更新に向けた取組を推進してきた。そして令和3年6月に、これまでの取組状況等を踏まえ、「持続可能なインフラメンテナンス」の実現に向け、今後、推進していくべき取組等をまとめた、第2次の「国土交通省インフラ長寿命化計画（行動計画）」（計画期間：令和3年度から令和7年度まで）を策定した。

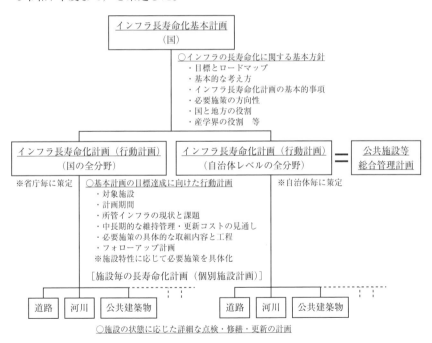

資料）国土交通省

図の出典：国土交通白書 2022

インフラ長寿命化に向けた計画の体系

第2次「国土交通省インフラ長寿命化計画（行動計画）」では、次の5つをポイントとして挙げている。(1) 集中的な修繕実施による「予防保全」への本格転換（各分野の施設の修繕率をKPIとして設定）、(2) 新技術や官民連携手法の導入促進（インフラメンテナンス国民会議を通じた新技術のシーズとニーズのマッチング支援）、(3) 集約・再編の促進（各分野の集約・再編の取組をKPIとして設定）、(4) 個別施設計画の内容の充実化（コスト縮減等の具体的な方針の記載を促進）、(5) 点検要領などの基準類の充実（新技術の普及状況や新たな知見を踏まえて適切に改定）

なお、平成26年の「国土交通省インフラ長寿命化計画（行動計画）」の第Ⅳ章には「対象施設の現状と課題」として、当時に現場が直面していた課題等がわかりやすく述べられている。

ここでは、第2次計画の第Ⅵ章「必要施策に係る取組の方向性」の「これまでの取組の総括」と「計画期間内に重点的に実施すべき取組」、ならびに「点検・診断／修繕・更新等」、「予算管理」、「体制の構築」、「新技術の開発・導入」、「情報基盤の整備と活用」、「基準類等の充実」の6つの項目について、それぞれ第Ⅴ章「対象施設の現状と課題」と第Ⅵ章「必要施策に係る取組の方向性」の内容を並べて示す。

【第Ⅵ章「必要施策に係る取組の方向性」より】

【これまでの取組の総括】

国土交通省では、平成26年5月に策定した行動計画に基づき、これまで「メンテナンスサイクルの構築」「将来の維持管理・更新費の抑制」「メンテナンスの生産性向上」にかかる取組を実施してきた。

「メンテナンスサイクルの構築」に関しては、施設点検の実施による健全度の把握を順調に実施するとともに、必要となる基準や法令等を整備した。また、メンテナンスサイクルの核となる個別施設計画の策定促進、計画内容の「見える化」による内容の充実促進を実施した。さらに、より効率的な点検実施に向けて新技術の開発・普及を踏まえた点検要領の改定などを実施した。これらの取組により、地方公共団体管理施設も含めたインフラメンテナンスのサイクル構築が図られたものと評価できる。

「将来の維持管理・更新費の抑制」に関しては、まず将来の維持管理・更新費を推計し、予防保全型のインフラメンテナンスによるトータルコストの抑制効果について示した。この結果を受け、予防保全の管理水準を下回る状

態のインフラの機能を回復させるために財政的支援を行っているが、早急に修繕等が必要な施設が多数残っている状況である。また、社会情勢等の変化に応じたインフラの集約・再編等の取組を促進しているが、いずれ迎える施設の更新時における機能向上の検討などを含め、引き続きこれらの取組を推進していく必要がある。

「メンテナンスの生産性向上」に関しては、多くのインフラを管理する一方で人的資源が不足する地方公共団体への支援を中心に取組を実施してきた。維持管理体制を確保していくため、メンテナンスに関する情報提供の場の構築、点検・診断における地域一括発注の取組など施設管理者を超えた広域的な連携、民間事業者が持つ技術やノウハウを活用した維持管理手法の導入などを実施した。また、インフラメンテナンスの更なる効率化・高度化のため、維持管理情報のデータベース化や施設管理者間・分野間でのデータベース連携、産学官民の連携による新技術の開発・導入の推進などの取組を実施してきた。インフラメンテナンスの更なる生産性向上を図っていくため、引き続きこれらの取組を推進していく必要がある。

インフラは「国民の安全・安心の確保」「持続可能な地域社会の形成」「経済成長の実現」という役割を担っているが、インフラが持つ機能を将来にわたって適切に発揮させるため、「持続可能なインフラメンテナンス」を適切に実施していく必要がある。特に、近年における自然災害の激甚化・頻発化を踏まえ、事前防災として平時から適切なインフラメンテナンスを実施することの意義が大きくなっている。また、データやデジタル技術の社会実装等、インフラ分野のDX（デジタル・トランスフォーメーション）の推進が必要である。

【計画期間内に重点的に実施すべき取組】

Ⅰ．計画的・集中的な修繕等の確実な実施による「予防保全」への本格転換

予防保全の管理水準を下回る状態となっているインフラに対して、計画的・集中的な修繕等を実施し機能を回復させ、予防保全型のメンテナンスサイクルに早期に移行し、将来の維持管理・更新費の抑制を図る。

特に「防災・減災、国土強靱化のための5か年加速化対策（令和2年12月11日閣議決定）」により、予防保全への転換に向けた老朽化対策を加速化する。

Ⅱ．新技術・官民連携手法の普及促進等によるメンテナンスの生産性向上の加速化

多くのインフラを管理する一方、メンテナンスに携わる人的資源が不足し

ている地方公共団体等が適切かつ効率的なインフラメンテナンスを実施して
いくため、新技術や官民連携手法の導入促進など、メンテナンスの生産性向
上に資する取組の推進を加速化する。

Ⅲ．集約・再編やパラダイムシフト型更新等のインフラストック適正化の推
　進

　社会情勢の変化や利用者ニーズ、将来のまちづくり計画等を踏まえたイン
フラの集約・再編や、機械設備の耐用年数の到来など来るべき大更新時代に
備えた更新時のパラダイムシフトの検討など、インフラストックの適正化に
向けた取組を推進する

『点検・診断／修繕・更新等』

【第Ⅴ章「対象施設の現状と課題」より】

２．点検・診断／修繕・更新等

（1）点検・診断

　インフラの維持管理・更新等に当たっては、各施設が有する機能や設置環
境等に応じ、事故による破損等の利用に伴う変状を把握するための日常的な
巡視・パトロール、経年劣化・損傷を把握するための数年に1回の定期的な
点検・診断、災害発生後の変状を把握するための緊急点検等の不定期な点検
等が行われている。施設の変状を適時・適切に把握し、利用者や第三者の安
全を確保するために必要な措置を講じる上では、これらの各種点検を有効に
組み合わせて実施することが必要不可欠である。

　例えば、道路橋梁、トンネルにおいて5年に1度の点検が平成26年度から
平成30年度までに一巡するなど、各分野において定期点検サイクルに基づ
いた点検が着実に実施され、各施設の健全度について概ね把握されていると
ころである。

　引き続き、施設点検を着実に実施し、インフラの経年劣化や損傷度合いを
適切に把握し続けていく必要がある。

（2）修繕・更新

　施設点検の結果を踏まえて、修繕・更新等の措置を適切に実施し、インフ
ラを長寿命化させていく必要がある。

　しかしながら、地方公共団体管理のインフラを中心に、修繕等の措置に遅

れが生じている状況であり、早期に修繕が必要なインフラが多数存在したま
まとなっている。

　国土交通省では、地方公共団体への財政的な支援として、防災・安全交付
金のほか、集中的な修繕等の実施が可能となるよう個別補助制度による支援
を実施している。

　将来の維持管理・更新費の抑制を図る観点から、予防保全型のメンテナン
スサイクルへ転換していくためには、機能が低下しているインフラの早期の
修繕等を実施し、一刻も早く機能を回復させる必要がある。

　また、予防保全型のインフラメンテナンスにより、インフラの長寿命化を
可能な限り図っていくものの、いずれは更新時期を迎えることとなる。その
更新の際には、施設の集約・再編等を検討するとともに、その時点における
新技術の活用や、機能の付加・向上、使い勝手の良いものへの転換など、更
新時におけるパラダイムシフトを図っていく必要がある。

【第Ⅵ章「必要施策に係る取組の方向性」より】
２．点検・診断／修繕・更新等
（1）点検・診断
　各分野における定期点検サイクルに基づいた施設点検を着実に実施し、イ
ンフラの経年劣化や損傷度合いの把握、健全度の評価などを確実に実施する。
（2）修繕・更新
　施設の点検結果や利用状況等を踏まえて個別施設計画を策定・更新し、そ
の計画における対応方針や対策の優先順位等に基づきインフラの修繕・更新
等の措置を計画的に実施する。

　予防保全段階にあるインフラに対しては、損傷が軽微なうちに修繕を実施
する予防保全型のインフラメンテナンスにより、インフラの長寿命化、将来
の維持管理・更新費の抑制を図る。

　早期に措置が必要なインフラに対しては、交付金や個別補助制度の活用等
により、集中的な対応を施し、インフラの機能を回復させ、予防保全型のイ
ンフラメンテナンスへの転換を早期に図る。特に、「防災・減災、国土強靱化
のための5か年加速化対策（令和2年12月11日閣議決定）」に基づいた集中
的な修繕等の対策の推進により、予防保全への転換を加速化する。

　また、機械設備をはじめ、耐用年数が到来する施設の更新に備え、施設の
単純更新ではなく、新技術の恩恵を享受し機能向上を付加する等、更新時の
パラダイムシフトを図っていく必要がある。先行事例として河川ポンプ設備

を対象とし、大量生産品の導入による「マスプロダクツ型排水ポンプ」の技術研究開発を実施する。

　(3)　集約・再編等

　社会経済情勢の変化や将来のまちづくり計画、地方公共団体において策定する「公共施設等総合管理計画」における公共施設の統廃合・廃止の方針等を踏まえ、必要なインフラの選択と集中を図り、将来の維持管理・更新費の抑制や、時代に合ったストック効果の更なる向上に向けて、必要性のなくなったインフラの集約・撤去や、利用者ニーズに沿ったインフラの再編・複合化・機能転換を推進する。

　地方公共団体等による集約・再編等の取組促進に向けて、事例集やガイドラインの充実・周知、財政的な支援を実施する。

　また、インフラの集約化・複合化等の実施数を把握し、実績や傾向を踏まえて必要な措置を検討する。

『予算管理』

【第Ⅴ章「対象施設の現状と課題」より】

3．予算管理

　(1)　トータルコストの縮減と予算の平準化

　厳しい財政状況下において、維持管理・更新等に係る計画的な投資を行うためには、あらゆる角度から維持管理・更新等に係るトータルコストの縮減を図り、予算の平準化に努めることが重要である。

　維持管理・更新等に係る予算の平準化を図るためには、点検・診断を通じて把握した劣化・損傷の状況を踏まえ、施設毎に対策費用や対応の緊要性を把握の上、将来必要となる費用の全体を見通しながら優先順位を検討し、維持更新コストの縮減を図りつつ、投資を計画的に実施していくことが重要である。

　(2)　地方公共団体等への予算支援

　国土交通省は、自らが管理者として実施する点検や修繕等にかかる予算を確保するとともに、地方公共団体等が管理するインフラに対しても、点検や修繕が適切に実施されるように支援を行っていく必要がある。

　これまで防災・安全交付金のほか、地方公共団体がインフラの修繕等を計画的かつ集中的に実施していくための個別補助制度を創設するなどの財政的

な支援を実施している。また、地方財政措置として「公共施設等適正管理事業債」も創設されている。なお、これらについては、インフラの集約化等に対しても財政的支援の対象となっている。

また、令和2年の都市再生特別措置法改正により、都市計画施設の改修・更新に都市計画税を活用しやすくする制度改正が行われており、本制度の活用により都市計画施設の計画的な改修・更新が進められることが期待される。

しかし、修繕等の措置が必要なインフラは依然として多く残っている状況である。「予防保全型インフラメンテナンスへの転換に向けた老朽化対策」が位置付けられた「防災・減災、国土強靱化のための5か年加速化対策（令和2年12月閣議決定）」による取組の更なる加速化・深化を含め、引き続き、個別施設計画の内容の充実を図りつつ、効果的に地方公共団体への財政的支援を実施していく必要がある。

（3）受益と負担の見直し

維持管理・更新等に係る予算を安定的に確保するためには、トータルコストの縮減や予算の平準化といった投資面からの取組に加え、受益と負担の見直しといった財源確保の観点からの取組を進めることも重要である。

引き続き、機会を捉えて、受益と負担を如何に見直していくかが課題である。

【第Ⅵ章「必要施策に係る取組の方向性」より】

３．予算管理

（1）トータルコストの縮減と予算の平準化

厳しい財政状況や、人口減少、少子高齢化が進展する将来を見据え、持続可能なインフラメンテナンスを実現するためには、将来の維持管理・更新費の抑制を図ったうえで、インフラにかかる投資を計画的に実施していく必要がある。

そのため、「Ⅵ．1．個別施設計画の策定・充実」「Ⅵ．2．点検・診断／修繕・更新等」において掲げた取組を推進する。

（2）地方公共団体等への予算措置

地方公共団体等が、管理するインフラの適切な維持管理・更新等を実施し、持続可能なインフラメンテナンスを実現していくためには、地方公共団体等が実施するインフラメンテナンスの取組に対して、国からの財政的な支援が必要である。

防災・安全交付金や個別補助制度のほか、公共施設等適正管理事業債など

様々な財政的な支援により、適切なインフラメンテナンスの実施を促す。

(3) 受益と負担の見直し

今後、増大が見込まれる更新需要に対応するため、財源確保の観点から受益と負担の見直しを進める。

料金等を徴収している施設については、個別施設毎の点検・診断結果に基づき、将来必要となる修繕や更新等に係る経費の見通しを明確化する取組を進めた上で、現在の料金等ではその対応が困難な場合には、必要な財源の確保に向けて検討を行う。

なお、その導入時期については、点検・診断の結果等のデータの取得状況や、修繕・更新等の必要経費の将来見通しの算定状況、利用者負担の増加の程度や経済社会への影響等に配慮しつつ、個別施設毎に慎重に判断するものとする。

『体制の構築』

【第Ⅴ章「対象施設の現状と課題」より】

4．体制の構築

(1) 維持管理・更新等に係る技術者の確保・育成

インフラの安全を確保するためには、一定の技術的知見に基づき基準類を体系的に整備するとともに、管理者がそれらを正確に理解し、的確に実行することが不可欠である。また、新技術等によりメンテナンスの高度化・効率化が期待される中、それらを現場で有効に活用し、最大限の効果を発揮することが求められる。

しかし、インフラの多くを管理している地方公共団体における技術系職員数は、約半数の地方公共団体では5人以下、約4分の1の地方公共団体では0人であるなど、技術系職員が不足している状況にある。着実なインフラメンテナンスの実施のためには、地方公共団体職員に対して、対応能力の確保・向上に資する技術的な支援を実施していくことが重要である。

国土交通省では、各地方整備局等に相談窓口を設置しているほか、国の職員はもとより、地方公共団体等の職員を対象とした研修や講習を実施し、職員の技術力向上に努めている。

(2) 維持管理に関する資格制度の充実

多数の施設の健全性を評価し、迅速に必要な措置を講ずるためには、適切

な技術力を持つ者に委託することも効率的な方策である。

国土交通省では、既存の民間資格を評価し、必要な技術水準を満たす資格を登録する制度を構築しており、維持管理分野については、令和3年2月時点で、述べ245の民間資格が登録されている。

(3) 管理者間の相互連携体制の構築

厳しい財政状況下で、人口減少・少子高齢化が進展する将来を見据えると、インフラの大部分を管理する地方公共団体が単独で維持管理・更新等を的確に進めていくことは困難な場合が想定される。

このため、国土交通省では、施設の特性に応じて高度な技術力を要する修繕等に限って国による代行制度を設けている分野もあるほか、研究機関等を含めた「メンテナンス技術集団」による助言や技術者の派遣を行うなど、地方公共団体等を支援する維持管理・更新等に取り組んでいる。

また、都道府県が市町村から点検・診断業務を受託する、地域一括発注の取組も実施されている。

さらに、各分野において、国や地方公共団体等の管理者が参画し、インフラメンテナンスに関する情報共有を行う「メンテナンス会議」を定期的に開催するなど、広域的な連携体制を構築している。

(4) 担い手確保に向けた環境整備

多数の施設の健全性を評価し、迅速に必要な措置を講ずるためには、一定の能力を有する民間企業への委託が有効であるが、修繕工事は、施設毎に構造形式や劣化・損傷の状況が異なることから、新設工事と比べて多くの労力を要し、人件費や機材のコストも割高になる場合がある。

このような背景や直轄の橋梁補修工事の発注件数が近年増加していることを踏まえ、国土交通省では、適正な競争環境を確保するため、令和3・4年度の工事競争参加資格審査時から「橋梁補修工事」を新設することとした。

また、構造物の大規模な修繕工事など、高度な工法等の活用が必要な工事において、技術提案・交渉方式を活用して適切な修繕等を行うため、「国土交通省直轄工事における技術提案・交渉方式の運用ガイドライン（平成27年6月、令和2年1月最終改正）」を策定した。

これらの取組を推進していくとともに、小規模自治体における工事等も含め、修繕工事等における担い手の確保に向けた取組を推進していくことが重要である。

(5) 民間事業者等と連携した維持管理の実施

道路、河川、海岸、港湾の分野において、協定等に基づき、市民団体の活

動として清掃や植栽管理等の業務が行われている。

　また、従来では多数の手続きが必要な複数の分野にまたがる業務などを、束ねて発注する「包括的民間委託」などの官民連携手法をインフラの維持管理に導入することにより、発注者側の負担軽減のほか、民間企業が持つ維持管理に関する技術やノウハウを十分に活かした行政サービスの向上に繋がる可能性がある。特に、民間事業者の創意工夫をより引き出すには、複数年契約や性能発注方式とすることが考えられる。

　しかし、インフラの維持管理において包括的民間委託を導入した地方公共団体は、下水道分野を除くと19団体（令和元年10月現在）であり、効率的なインフラメンテナンスに向けて、このような多様な主体との連携による維持管理の実践を拡大していく必要がある。

【第Ⅵ章「必要施策に係る取組の方向性」より】
4．体制の構築
（1）維持管理・更新等に係る技術者の確保・育成
　各地方に設置しているインフラメンテナンス国民会議地方フォーラムにおいて、地方公共団体等への参加の呼びかけを行うとともに、個別分野における相談への対応や支援メニューの紹介など、適切な技術的支援等を実施する。

　また、地方公共団体等に対してインフラメンテナンスにかかわる情報提供や指導等を実施するとともに、国だけではなく地方公共団体等の職員も対象に含めた研修・講習会を開催し、担当職員の参加を促進することで、施設管理者における技術力向上を図る。

（2）維持管理に関する資格制度の充実
　維持管理・更新等を実施する際に必要となる技術力を確保するため、人材育成やメンテナンスの質の確保の観点から、構築されている民間資格登録制度の更なる充実を図る。

（3）管理者間の相互連携体制の構築
　人口減少、少子高齢化の進展が見込まれる中、特に小規模な地方公共団体においても将来にわたってインフラを適切に管理できるよう、国、都道府県、市町村等が広域的に連携することが必要である。

　構造が複雑かつ大規模など、高度な技術力を要する地方公共団体管理の施設に対して、国や研究所からの技術的な助言や技術者派遣等を実施する。また、施設の健全度状況や地域の実情に応じて、修繕等の代行制度を活用する。

　市町村が実施する点検・診断の発注事務を都道府県等が受委託する地域一

括発注の取組を引き続き推進する。

　各分野において設立された「メンテナンス会議」を定期的に開催し、参画する国や地方公共団体等の管理者間においてメンテナンスに関する情報共有を実施する。

（4）担い手確保に向けた環境整備

　修繕工事等の担い手の中長期的な確保・育成のため、市場における労務、資材等の取引価格、施工の実態等を的確に反映した積算による適正な予定価格の設定、建設企業等が参加しやすい発注ロット・入札契約方式の工夫に努めていく。

　また、建設工事従事者の長時間労働の是正、週休2日の実現に向け、工期の適正化や、債務負担行為の活用等による施工時期の平準化を推進する。その際、地方公共団体の取組を「見える化」し、地方公共団体による自発的な取組を促すとともに、先進的な取組事例の周知・普及等に努める。

　さらに、技能者の処遇改善に向けて、技能者の技能・経験の見える化や適正な能力評価を業界横断的に進めるための「建設キャリアアップシステム（CCUS）」について、建設産業の持続的な発展のための業界共通の制度インフラとして普及を促進し、令和5年度からの建設業退職金共済制度のCCUS活用への完全移行とそれに連動したあらゆる工事におけるCCUS完全実施を目指す。

　併せて、女性の定着促進や特定技能外国人制度の普及等を通じた外国人材の受入環境の整備と活用促進等に取り組むとともに、優秀な若手技術者等が早期に活躍できる環境整備、若者の建設産業への入職意欲に働きかける戦略的な広報、学校におけるキャリア教育等への建設企業の協力の促進を図る。

（5）民間事業者等と連携した維持管理の実施

　道路、河川、海岸、港湾の各分野における「協力団体制度」の充実を図るなど、市民団体によるインフラの維持管理等に資する活動を推進する。

　インフラの維持管理における包括的民間委託などの官民連携手法の導入拡大に向け、これらの導入を検討している地方公共団体に対して初期財政支援、専門家の派遣、技術的助言などの支援を実施するとともに、これまでの支援や事例を通じて得られた知見や好事例の横展開を図っていく。また、インフラメンテナンス国民会議に参加する地方公共団体が令和7年度までに1,100者（令和元年度時点、779者）となるよう、包括的民間委託を含むインフラメンテナンスの高度化・効率化に関する取組について、国民会議を通じた普及を図る。

(6) 国民等の利用者の理解

　国民等のインフラの利用者がその重要性を理解し、適切な対応を行うことで、施設の長寿命化が図られ、国民の負担が軽減される。

　このことを、インフラメンテナンス国民会議による普及活動や、施設の現地見学会や維持管理への参画等を通じて、国民の理解をさらに促進する。

『新技術の開発・導入』

【第Ⅴ章「対象施設の現状と課題」より】
5．新技術の開発・導入
(1) 技術研究開発の促進

　国土交通省は、各インフラに関する専門の研究機関等を有するほか、平成30年度に創設された官民研究開発投資拡大プログラム（PRISM）の活用など、戦略的に新技術の開発に取り組んでいる。

　インフラの点検・診断は、ドローン、非破壊検査、ロボット等の新技術の開発が進むとともに、これらを活用した効率的・高度化された点検手法等が広まり始めている。

　また、凍害劣化など積雪寒冷地特有の劣化・損傷等に対応する研究開発を推進している。

　引き続き、これらの取組を継続していくことが必要である。
(2) 円滑な現場展開

　新たに開発された有用な技術であっても、維持管理の現場における問題解決に活かされていない場合がある。

　施設管理者が新技術を選定する際に性能確認の参考となる「新技術利用の際の性能カタログ（案）」の作成・周知や、新技術情報提供システム（NETIS）におけるデータベース構築や公募した新技術の活用・評価などの取組を実施している。また、インフラメンテナンス国民会議を活用した管理者ニーズと技術シーズのマッチングの支援、インフラメンテナンスに係る優れた取組や技術開発を表彰する「インフラメンテナンス大賞」によるベストプラクティスの幅広い横展開などを図っている。

　また、国土交通省における直轄土木工事（一部を除く）では、原則として新技術の活用を義務付けた。

引き続き、現場条件にあった適切な新技術の更なる導入・普及により、インフラメンテナンスの高度化・効率化を促進していく必要がある。

【第Ⅵ章「必要施策に係る取組の方向性」より】

5．新技術の開発・導入

(1) 技術研究開発の促進

技術研究開発に対する管理ニーズ、管理すべきインフラのボリューム感等の情報を示すとともに、試行的実施を行うフィールドの提供や試行費用の負担等、民間等が技術研究開発に投資しやすい環境を整備する。

また、積雪寒冷地のような過酷な気象条件下等における土木構造物の劣化進行予測技術とそれに応じた措置技術など設置環境や利用状況に応じた技術研究開発も行う。

(2) 円滑な現場展開

維持管理・更新等に係る新技術について、技術開発の活性化と、それらの円滑な現場展開を図るため、NETIS等を活用する。国土交通省直轄土木工事において、新技術の活用を原則義務付けたうえで発注を行う。

点検要領等の技術的基準において、新技術活用の積極的採用を推進する姿勢や従来方式の代替として可能であることを明確化するなど、新技術活用推進に向けた改定を行う分野を、令和2年度中に9分野に拡大した。また、施設管理者が新技術を選定する際の参考とするため、基準を満たした技術を掲載する「性能カタログ」の策定を、令和2年度中に8分野に拡大した。引き続き、カタログに掲載される技術数を増加するなどの内容充実も図っていく。

地方公共団体がコスト縮減効果の高い新技術等を採用することで、維持管理・更新等に係るトータルコストの削減や省力化をより促進するため、そのような新技術を採用する事業の優先採択や交付金の重点配分を実施する。これらにより、一定の技術水準を満たしたロボットやセンサーなどの新技術等を導入する施設管理者数を増加する。

管理者ニーズや現場条件に合った新技術の活用を促進するため、インフラメンテナンス国民会議を通じた新技術のシーズとニーズのマッチング数が令和7年度までに400件となるよう取り組む（令和元年度時点、169件）。併せて、産学官民から構成されるインフラメンテナンス国民会議の参加者数が令和7年度までに3,000者となるよう取り組む（令和2年度時点、2,100者）。

『情報基盤の整備と活用』

【第Ⅴ章「対象施設の現状と課題」より】

6．情報基盤の整備と活用

(1) 情報の蓄積・更新

　国土交通省では、収集した情報を確実に蓄積し、積極的に活用していくため、維持管理・更新等に必要な情報のデータベース化を進めている。また、国はもとより、地方公共団体等を含めて収集・蓄積した施設情報を一元的に示すことが出来る社会資本情報プラットフォームなどを整備してきた。

　これらの情報は、施設の点検結果等を踏まえて、適切に更新していくことが重要である。

(2) 情報の利活用と発信・共有

　維持管理・更新等において取得した情報を、いかに利活用するかが重要である。施設管理者間にて維持管理情報を共有することで、類似した損傷状況・補修事例の参照が可能となるなど、メンテナンスの高度化・効率化に向けた取組を推進している。

　また、BIM／CIM、i‒Construction の取組により施工段階で得られた3次元データを、次のステップである維持管理の段階にて活用していくことも期待される。

　国民への情報発信として、国土交通省ホームページにて「社会資本の老朽化対策情報ポータルサイト」を構築し、インフラメンテナンスに関する様々な情報を一元的に提供している。

【第Ⅵ章「必要施策に係る取組の方向性」より】

6．情報基盤の整備と活用

(1) 情報の蓄積・更新

　維持管理業務を通じて収集した情報については、国はもとより、地方公共団体等を含め、確実に蓄積するとともに、施設の点検結果等を踏まえて適切に更新する。

　また、施設毎に構築を進めているデータベースについて、適切な運用を図る。

(2) 情報の利活用と発信・共有

　データベースや情報プラットフォームに蓄積・集約化した情報については、効果的な維持管理の実施、作業の効率化、事故等に係る同種・類似のリスク

を有する施設の特定、新技術の開発・活用等の老朽化対策の高度化、資産価値の評価等へ積極的に活用していくため、施設管理者間や分野間での連携を推進する。

　また、インフラの3次元データのほか、官民が保有する様々なデータの幅広い利活用を推進する「国土交通データプラットフォーム」と、スマートシティにおける都市OSとの連携を推進し、活用事例の具体化・発信を通じ、横展開を図る。

　建設生産システムの効率化・高度化に向け、令和5年度までに小規模を除く全ての公共工事におけるBIM / CIMを適用する。

　国民への情報発信として、「社会資本の老朽化対策情報ポータルサイト」を通じて、インフラメンテナンスに関する様々な情報を引き続き発信する。

『基準類の整備』

【第Ⅴ章「対象施設の現状と課題」より】

7．基準類の整備

　維持管理・更新等に必要な基準類については、施設の特性を踏まえ、各分野において整備してきている。

　また、ドローン等の新技術の開発・普及に伴い、それらの新技術を用いた点検手法を基本形とするなど、点検要領の改定などを行っているところである。

　今後も、情報の蓄積・分析、点検・診断の手法の改善、修繕等の対策の効果に係る評価、新たな技術の開発・普及等の状況を踏まえ、より効率的なインフラメンテナンスが着実に実施されるよう、基準類を適宜見直していくことが重要である。

【第Ⅵ章「必要施策に係る取組の方向性」より】

7．基準類等の充実

（1）基準類等の充実

　建築基準法令に基づく建築物の定期点検等の分野横断的な基準類や各分野の基準類について、引き続き適切に運用するとともに、適時・適切に改定を行う。

　より効率的なインフラメンテナンスが着実に実施されるよう、メンテナンスの質の向上、作業の効率化、利用者への影響の最小化、工期の短縮、トータルコスト縮減等の観点から有用と判断された新技術の普及状況や、「Ⅵ．5.新技術の開発・導入」に掲げた取組の進捗を通じて得られた知見を、関連する基準類に反映する。

　また、建築基準法等の分野横断的な法令等や各分野の法令等を引き続き適切に運用するとともに、社会構造の変化や本計画に基づく取組を進める中で発生する新たな課題に対応するため、制度化が必要な事項については、機会を捉えて法令等の整備を推進する。

（4）総力戦で取り組むべき次世代の「地域インフラ群再生戦略マネジメント」　～インフラメンテナンス第2フェーズへ～

　国土交通省では2012年の中央自動車道笹子トンネル天井板崩落事故を契機に、2013年を「社会資本メンテナンス元年」と位置づけ、インフラにおける必要な機能・性能を維持した上で国民・市民からの信頼を取り戻すべく、メンテナンスサイクルの確立やインフラメンテナンスの効率化・高度化など様々な取組を進めてきた。

　『総力戦で取り組むべき次世代の「地域インフラ群再生戦略マネジメント」』は、「社会資本メンテナンス元年」から10年目を迎え、令和4年12月に社会資本整備審議会・交通政策審議会技術分科会技術部会において、これまでの10年間（2012年～2021年）を第1フェーズと位置づけ、この期間の取組のレビューを行い、取組の達成状況と今後の課題について取りまとめ、今後のメンテナンスのあり方に関する提言としてとりまとめられたものである。

　『総力戦で取り組むべき次世代の「地域インフラ群再生戦略マネジメント」』では、これからのメンテナンスの取組の展開を第2フェーズと位置づけ、市区町村における財政面・体制面の課題等を踏まえ、各地域の将来像に基づき、複数・広域・多分野のインフラを「群」として捉え、総合的かつ多角的な視点から戦略的に地域のインフラをマネジメントする「地域インフラ群再生戦略マネジメント」への転換を方針の軸としている。

　ここでは、第2章「これまでの10年間（第1フェーズ）の取組達成状況と今後の課題」において取りまとめられている7つの項目ごとの課題、第3章「これ

から（2022年～；第2フェーズ）取り組むべき施策の方針 ～地域インフラ群再生戦略マネジメントへの転換～」の「〈新たな取組の展開 ～『地域インフラ群再生戦略マネジメント』～〉」と「〈戦略マネジメントを進めるにあたって〉」の内容、さらに第4章「第2フェーズで速やかに実行すべき施策」の5つの項目ごとの前段の文と、取り上げている事項を示す。

【第2章「これまでの10年間（第1フェーズ）の取組達成状況と今後の課題」より】

〈今後の課題〉

(1) メンテナンスサイクルの確立

① 予防保全

・予防保全への転換をより加速していくため、「防災・減災、国土強靱化のための5か年加速化対策」による効果や、新技術等の導入による効果を踏まえた維持管理・更新費の推計を行い、その効果の見える化を図っていく必要がある。

・予防保全型のメンテナンスサイクルに移行する前提として、早期に修繕等が必要な施設に対する措置を完了すること、そのために財政面の支援を継続的に行うことが必要である。

・構造物の異常を予兆段階から検知する新技術等、予防保全に関する研究開発を行う必要がある。

② 点検・診断

・新技術開発や現場実証、要領・カタログ類の策定・充実などを通じて、更なる定期点検の効率化・高度化の推進が必要である。

・構造物の構造や点検の目的に応じた点検時に取得すべき情報の整理を行い、点検の合理化を図ることが必要である。

③ 個別施設計画

・個別施設計画が未策定の施設が残っている団体・分野について、策定完了に向け引き続き取組を推進していく必要がある。

・今後、策定された個別施設計画について、維持・更新等に必要な事業費をできるだけ具体的に明記するほか、ライフサイクルコストの縮減に向けた具体的な方針の有無等、計画内容を確認し、充実化を図っていく必要がある。

④ 補修・修繕

・修繕等の措置完了率は施設・管理者によってばらつきがあり、分野や

　　　管理者によっては未だに修繕等の措置が必要な施設が多く存在してい
　　る。このため、「防災・減災、国土強靱化のための5か年加速化対策」
　　等による財政面の支援が継続的に必要である。

　・補修・修繕工事の効率化・高度化のため、新工法・新材料等の導入に
　　向けた技術基準類の改定が必要である。

⑤　点検・補修データの記録

　・電子化・蓄積された施設情報や維持管理情報を活用したマネジメント
　　サイクルを確立することで維持管理を効率化することが必要である。

⑥　更新

　・加速度的に老朽化する各種インフラについて、補修・修繕による対応
　　だけでは限界があり、使用頻度の高い施設等に対して更新需要が高ま
　　ることへの対応を行うと同時に、機能向上を図ることが必要となる。

　・更新工事の際、交通規制等の社会的影響を最小限にとどめる必要があ
　　り、工法の検討が求められる。

　・2014年から実施している定期点検の結果、高速道路の新たな更新需要
　　が明らかになっている。こうした需要に対応するためには、財源の確
　　保が喫緊の課題であり、料金徴収期間の延長について、具体的な検討
　　を進める必要がある。

(2)　施設の集約・再編等

①　判断の参考となる情報の整理と公表のあり方検討・優良事例の横展
　　開・実施に関する支援

　・引き続き、少子高齢化や社会経済情勢の変化など、地域のニーズを踏
　　まえ、新技術活用や機能の付加・向上なども含めたインフラの効率
　　的・効果的な集約・再編を行っていく必要がある。

　・加えて、更なる施設の集約・再編の推進のために、市区町村をまたい
　　だ広域化・共同化等に関する計画の策定や既存施設の統廃合等の数値
　　目標設定等、実効性のある計画策定を促進していく必要がある。

　・多くのインフラを管理している地方公共団体においては、「地域住民
　　や地方公共団体内での事例共有」や「集約化・撤去のための予算確保」
　　が課題となっており、ガイドラインの作成・充実等を進めるとともに、
　　集約・再編のための検討に係る予算支援などを引き続き進める必要が
　　ある。

(3)　多様な契約方法の導入

①　契約方法の工夫に関する検討

・地方公共団体における多様な入札契約方式の推進にあたり、維持管理業務など比較的小規模で施工条件の厳しい工事における適正な予定価格の設定など、制度運用面での課題の検討が必要である。

② 民間活力の導入事例の収集整理・横展開、専門家による導入支援

・建設事業者間及び発注者間ともにそれぞれ主体によって、従業員数や技術者数といった組織体制、資本・予算や保有機械の状況、施工実績等に基づく技術力などに違いがあること、またメンテナンスの業務範囲は日常的な維持管理から高度な技術を要する補修・修繕、更新等まで幅広いことを踏まえ、効率的なインフラメンテナンスに資する受注者、発注者の体制となるよう、広域や複数主体による連携、包括的民間委託を含めた契約方式の工夫を検討する必要がある。

・包括的民間委託について、コストや発注者の負担について正しく認識していない地方公共団体が一定程度あることから、手引き等の作成・公表を通じて、導入メリットや先進的な導入事例を地方公共団体に示していく必要がある。

・加えて、専門家派遣による支援により得られた知見、先進的な導入事例等について横展開し、更なる普及・拡大を図っていくことが求められる。

(4) 技術の継承・育成

① 研修・講習等による人材育成、資格制度の活用

・各分野におけるメンテナンスに関する研修等を通じて、様々な知見や課題、ノウハウの集約、先進的な取組の全国展開や技術力の向上を図っていく必要がある。

・登録資格の更なる活用に向けた方策（地方公共団体への普及等）や登録資格が満足すべき技術水準の更なる高度化の検討が必要である。

・建設キャリアアップシステムの活用により、技能者の能力評価の普及や処遇への反映を推進することが必要である。

② 技術者派遣制度・外部人材の活用、メンテナンス分野の魅力拡大

・技術者の派遣や専門家による支援に関する制度の認知度の向上が課題であり、広く周知・横展開を図っていく必要がある。

(5) 新技術の活用

① 情報収集・マッチング

・新技術情報提供システム（NETIS）の改良や登録技術の拡大を更に進め、実装可能な技術の増加と普及展開を図っていく必要がある。

・依然として地方公共団体担当者が新技術を知るきっかけは受動的なものが多く、能動的な新技術の導入を促進するため、インフラメンテナンス国民会議などの地方公共団体のニーズと技術シーズのマッチングの場の強化が必要である。

② 技術の評価・実装

・革新的河川技術プロジェクト等のオープンイノベーションの取組を通じて、ニーズに即した研究開発を進めていく必要がある。

・コスト縮減や施工性といった、技術の有効性を管理者が評価可能な技術カタログの整備・拡充等を進めていく必要がある。

・地方公共団体アンケートによると、新技術の導入にあたって、職場での合意形成や予算の確保が重要であるとの結果が示されていることから、新技術導入のプロセスや財政的支援などについて手引き等に記載し、周知・展開を図っていく必要がある。

③ 環境整備

・引き続き新技術の導入を進めていくため、導入のメリット・効果などについて、周知・啓発を図っていく必要がある。

・ICTやAIを活用した維持管理の効率化など、DXを推進するための技術開発を進めていくことも求められる。

(6) データの活用

① データベース整備

・維持管理の効率化を図るため、データ更新の省力化やシステム間のAPI連携等を行いながら、各管理者においてデータベース化を推進していくことが求められている。

・全国道路施設点検データベースと国土交通データプラットフォームを連携させる等、各者のデータ連携を加速させるとともにデータのオープン化を進め、データの更なる利活用を推進していく必要がある。

② データの利活用・セキュリティの確保

・電子化・蓄積された施設情報や維持管理情報を活用したマネジメントサイクルを確立することで維持管理を効率化することが必要である。

・適切な修繕の時期や手法を把握し、長寿命化やコスト縮減につなげるよう点検データの分析手法を検討していく必要がある。

・点検データの蓄積を進め、AIの教師データとして利用し、メンテナンスに関わる技術者をサポートするAIの活用を促進する取組の検討を進める必要がある。

・サイバー攻撃のリスクの高まりも踏まえ、データベースについて、利便性を確保した上で適切なセキュリティ対策を講ずることが必要である。

(7) 国民の理解と協力

① 国民へのインフラメンテナンスの啓発

・インフラメンテナンスや更新費用の必要性についての認知度は5割程度と十分でないことから、今後とも継続して広く国民に周知・啓発する必要がある。

・インフラメンテナンス国民会議やインフラメンテナンス大賞を活用し、新技術・データの利活用や多様な契約方式導入、人材育成等の好事例について周知を継続して行い、国民の理解度向上、メンテナンス分野の魅力向上に努めていく必要がある。

・地方公共団体においてインフラメンテナンスの取組をトップダウンにより強力に推進していくことが必要である。

② 地域住民等との連携・共同事例の収集整理及び担い手の育成・活動支援

・協力団体の活動上の課題や要望などを具体的に把握し、行政側から有益な情報の提供や共有などを行うことで、活動の継続性の確保・向上を図る必要がある。

【第3章「これから（2022年〜；第2フェーズ）取り組むべき施策の方針〜地域インフラ群再生戦略マネジメントへの転換〜」より】

〈新たな取組の展開　〜『地域インフラ群再生戦略マネジメント』〜〉

　上記の現状認識を踏まえると、個別インフラ施設の修繕を重ね、長寿命化を図ることを基本としつつも、複数・広域・多分野のインフラ施設を「群」として捉え、将来必要とされるインフラ群の機能と現状の性能を踏まえつつ、更新（機能向上を伴う場合を含む）、集約・再編、新設も組み合わせて検討していくことが求められる。その際、各市区町村のマスタープランや立地適正化計画、その他独自の地域戦略等において示された地域の将来像に基づき、広域地方計画や地方ブロックにおける社会資本整備重点計画などの広域的な計画とも整合を図った上で、総合的かつ多角的な視点から戦略的に地域のインフラをマネジメントするための計画策定を行うとともに、計画が着実に実施されるよう、市区町村が実施する業務の標準化を行いつつ効率的・効果的

にマネジメントすることが求められる。

　このような、インフラマネジメントにおける計画策定プロセス及び実施プロセスの新たな取組として『地域インフラ群再生戦略マネジメント』（以下「戦略マネジメント」）を進める必要がある。

　戦略マネジメントにおいて、複数・広域・多分野のインフラ施設を「群」として捉えることにより、施設管理者の立場からは、一定規模のインフラ施設を一体的・効率的にマネジメントすることが可能となる。また、インフラ施設は複数・広域・多分野の施設が一体となって機能を発揮することで地域づくりに貢献するものであることからも「群」として捉えることは必要である。加えて、一定規模の業務をまとめて発注することで、より民間の創意工夫、技術開発等の誘因となり、ひいてはメンテナンスの産業化につながることも期待されるとともに、多分野のインフラデータの共有や多分野のインフラメンテナンスに関わる技術者の連携が可能となることを通じて、より効率的なインフラメンテナンスを実現することが期待できる。取組を進めるにあたっては、分野によって予算制度、技術基準等が異なることから様々な課題が生じることが想定されるが、各地域の現状を踏まえつつ、制度等の見直しも含め検討を進める必要がある。

〈戦略マネジメントを進めるにあたって〉
　戦略マネジメントは地域の将来像に基づき展開する必要がある。したがって、人口減少や少子高齢化、DXの進展、新型コロナウイルス感染拡大を経て一般化した新しい生活様式といった社会情勢の変化を考慮するとともに、より一層厳しくなっている経済情勢や財政状況、気候変動やSDGsといった国際的な環境問題・社会問題等への関心の高まりを踏まえて実施する必要がある。また地域によっては、グローバル化における国際競争力の確保についても考慮する必要がある。

　こうした取組は、第5次社会資本整備重点計画（2021年5月閣議決定）において示された概念である『インフラ経営』を具体化する取組の一つとしても位置づけることができる。

　以上のように、戦略マネジメントは、事業者及び市区町村がそれぞれ機能的、空間的及び時間的なマネジメントの統合を図ることで持続可能なインフラメンテナンスを実現するものであり、インフラをより広範な手段によりマネジメントする取組でもある。

　したがって、行政や事業者の取組に加え、インフラに関係する学術団体等との連携を図りつつ、国民の理解と協力から国民参加・パートナーシップへの進展等も通じた多様な主体による「総力戦」での実施体制を整えた上で、必要な予算の確保に努めつつ、計画的に取り組んでいく必要がある。そして、これらの取組を通じて、よりよい未来社会を創造していくものとなることを期待する。

【第4章「第2フェーズで速やかに実行すべき施策」より】

(1) 地域の将来像を踏まえた地域インフラ群再生戦略マネジメントの展開

　市区町村が抱える課題や社会情勢の変化を踏まえ、新たなインフラマネジメントに関する取組として、既存の行政区域に拘らず、広域的な視点でインフラの機能を検討していくことや、複数・多分野の施設を「群」としてまとめて捉え、各地域の将来像を踏まえた必要な機能を検討し、現状の性能も踏まえた上で、維持／補修・修繕／更新／集約・再編／新設の実施をマネジメントする体制を構築する必要がある。一方で、複数・広域・多分野のインフラ施設を「群」として捉えマネジメントする場合においても、個別施設の予防保全型のメンテナンスサイクルを確立し、実効性を高めていくことは必要である。したがって、個別施設計画の質的充実を図るとともに、依然として多数存在している補修・修繕が必要な施設や、更新及び集約・再編への様々な取組を行うことが必要である。

　① 地域の将来像を踏まえた地域インフラ群再生戦略マネジメントの展開
　② 更新、集約・再編に合わせた機能追加
　③ 個別施設計画の質的充実等によるメンテナンスサイクル実効性向上
　④ 首長のイニシアティブによる市区町村におけるインフラメンテナンスの強力な推進

(2) 地域インフラ群再生戦略マネジメントを展開するために必要となる市区町村の体制構築

　戦略マネジメントの展開にあたっては、インフラメンテナンスに必要な人員や予算が不足している、小規模な市区町村に代表される地方公共団体において、メンテナンスの生産性の向上を通じてインフラ施設の必要な機能・性能を維持し国民・市民からの信頼を引き続き確保する必要がある。この際、民間活力や新技術の活用も念頭に、必要な組織体制を構築するとともに、今

後求められる技術力を明確化し、育成する必要がある。

　国は、地域間の技術的格差によるインフラ機能への支障が生じないよう、市区町村の新技術活用状況や民間活力等の導入状況などについて俯瞰的に分析し、情報を共有した上で、必要な施策を実施する役割を担うことが求められる。

①　包括的民間委託等による広域的・分野横断的な維持管理の実現

②　市区町村技術者に今後求められる技術力の明確化・強化

③　メンテナンスの生産性向上を図るためのツールの構築

(3)　メンテナンスの生産性向上に資する新技術の活用推進、技術開発の促進及び必要な体制の構築

　複数・広域・多分野のインフラ施設を「群」として捉え、マネジメントしていく戦略マネジメントを展開していくにあたっては、引き続き新技術の開発、導入の更なる促進を図る必要がある。また、建設業以外の異業種等の参画により、前例がない技術の活用促進を通じたイノベーションを図るなど、新技術活用促進に必要な体制を構築する必要がある。これらの取組を通じて、インフラメンテナンスに関する市場を生み出し、自立化、更には国際競争力のある産業として育成していくことが求められる。

①　メンテナンス産業の生産性向上に資する新技術の活用推進、技術開発の促進

②　AI・新技術等の活用も見据えた体制の構築

③　将来維持管理・更新費の推計の見直し

(4)　DXによるインフラメンテナンス分野のデジタル国土管理の実現

　計画段階から施工段階、維持管理段階にかけて多くのデータが作成、蓄積されるようになっている一方で、データが十分に利活用可能な環境には至っていない。また、データに対するセキュリティ面のリスクも増加傾向にある。そのため、セキュリティにも十分な対策を講じた上で、様々な主体がインフラに関するデジタルデータの利活用を推進できるよう、データの標準化を推進すべきである。インフラ施設の必要な機能・性能を維持し国民・市民からの信頼を確保し続けるため、デジタルデータを活用し、メンテナンスの高度化を図るなど、DXによるデジタル国土管理を実現する必要がある。

①　設計・施工時や点検・診断・補修時のデータ利活用によるデジタル国土管理の実現

②　インフラマネジメントの高度化に向けたデータ利活用方策の検討

③　セキュリティ対策の推進

(5) 国民の理解と協力から国民参加・パートナーシップへの進展

　インフラは国民共有の財産であることを念頭に、アウトリーチ的手法等を通じて、「自助・公助・共助」に加え「近助」の考えの浸透により、これまでの行政が主体となって実施するインフラの維持管理から、インフラに関心のあるNPO法人を含む国民が戦略マネジメントの計画策定プロセスとメンテナンス活動に積極的に参画することを通じて真のパートナーシップの構築を図り、地域のメンテナンス活動の継続性を確保する必要がある。

　① インフラメンテナンスへの国民・地域の関心の更なる向上

　② 優れたメンテナンス活動の横展開の強化

　③ メンテナンス活動への国民参加の促進と参加を通じた真のパートナーシップの構築

(5) 第5次社会資本整備重点計画

　第5次社会資本整備重点計画の概要は、本章第1節「社会資本整備」に示したとおりである。

　ここでは維持管理・更新に係る事項として、第1章「社会資本整備を取り巻く社会経済情勢」第1節「国民の安全・安心を脅かす自然災害とインフラの老朽化」の「（インフラ老朽化の加速）」、ならびに第3章「計画期間における重点目標、事業の概要」の第2節「個別の重点目標及び事業の概要について」の第2項「重点目標2：持続可能なインフラメンテナンス」と〈政策パッケージ〉の「【2－1：計画的なインフラメンテナンスの推進】」、「【2－2：新技術の活用等によるインフラメンテナンスの高度化・効率化】」、「【2－3：集約・再編等によるインフラストックの適正化】」の内容を示す。

【第1章第1節「国民の安全・安心を脅かす自然災害とインフラの老朽化」の「（インフラ老朽化の加速）」より】

　我が国のインフラは、その多くが高度経済成長期以降に整備されており、今後、建設から50年以上経過する施設の割合は加速度的に増加する見込みである。施設を点検した結果、修繕などの措置を早急に行うことが必要な施設が多数存在している。

　自然災害が激甚化・頻発化する中で、整備したインフラが事前防災として

大きな効果を発揮するためには、平素からの維持管理が不可欠である。また、人口減少を見据えて将来にかかるコストを可能な限り抑制するようインフラの維持管理・更新を計画的かつ適切に進めていくことが重要である。

　また、我が国のインフラの多くを管理している市区町村では、土木部門全体の職員数が減少し、全国の4分の1の市区町村は技術系職員が配置されていないなど、メンテナンスに携わる人的資源が不足している。

【第3章第2節第2項「重点目標2：持続可能なインフラメンテナンス」より】
〈目指すべき姿〉

　予防保全に基づくインフラメンテナンスへの本格転換による維持管理・更新に係るトータルコストの縮減や、新技術等の導入促進によるインフラメンテナンスの高度化・効率化等を進め、インフラが持つ機能が将来にわたって適切に発揮できる、持続可能なインフラメンテナンスを実現する。

〈現状と課題〉

　インフラにおける将来の維持管理・更新費用を推計した結果、インフラに不具合が生じる前に対策を行う「予防保全」の場合、不具合が生じてから対策を行う「事後保全」と比較して、1年あたりの費用が30年後には約5割減少、との見込みとなった。将来にかかる維持管理・更新費用を抑制する観点から、「予防保全」によるメンテナンスサイクルへの移行が重要である。

　しかし、例えば道路橋については、全橋梁のうち約1割にあたる約7万橋が早急に修繕等の対応が必要な状況にあるなど、予防保全の管理水準を下回る状態の施設が多数存在する。これらの施設に対して計画的・集中的な修繕等の実施により、「予防保全」への本格転換を早期に図ることが必要である。

　また、多くのインフラを管理する市区町村ではメンテナンスに携わる人的資源が不足しており、多様な主体との連携や新技術等の導入促進など、メンテナンスの生産性向上に向けた取組の推進が必要である。

　さらに、社会情勢や地域構造の変化に応じて、必要性の減少や地域のニーズ等に応じたインフラの廃止・除却、集約・再編の取組により、インフラストックの適正化を図っていくことも重要である。

【第3章第2節第2項「重点目標2：持続可能なインフラメンテナンス」〈政策パッケージ〉の「【2−1：計画的なインフラメンテナンスの推進】、【2−2：新技術の活用等によるインフラメンテナンスの高度化・効率化】、【2−3：集約・再編等によるインフラストックの適正化】より】

【2−1：計画的なインフラメンテナンスの推進】

　加速化するインフラの老朽化に対応するとともに、メンテナンスに係る費用が国や地方の財政を圧迫することのないよう、「事後保全」から「予防保全」への本格転換により、中長期的な維持管理・更新等に係るトータルコストの縮減や負担の平準化を図るとともに、早期の安全・安心の確保を図る。対策の実施に当たっては、インフラの点検結果や利用状況等を踏まえて対策の優先順位を設定した上で、早期に措置が必要なインフラへの集中的な対応や、損傷が軽微な段階での修繕の実施を計画的に行う。

　また、行政の縦割りを排除し、地方公共団体や民間企業、地域住民等と連携・協働したインフラメンテナンス体制の確保を図る。

【2−2：新技術の活用等によるインフラメンテナンスの高度化・効率化】

　デジタル技術の進歩や「新たな日常」の実現を見据え、産学官民が参画するインフラメンテナンス国民会議を通じた新技術のシーズとニーズのマッチング支援、維持管理情報のデータベース化により、インフラメンテナンスの高度化・効率化を図る。

【2−3：集約・再編等によるインフラストックの適正化】

　持続可能なインフラメンテナンスを構築するため、維持管理・更新の計画的な実施に加え、人口減少等による地域社会の変化や将来のまちづくり計画等を踏まえ、必要性の減少や地域のニーズ等に応じたインフラの廃止・除却や機能転換等を行う「集約・再編」の取組を推進する。

2.3　国土強靱化を含めた自然災害に対する防災・減災

　「国土強靱化を含めた自然災害に対する防災・減災」をテーマにした問題に対しては、我が国における自然災害発生の現状を把握しておくとともに「風水害」や「土砂災害」、そして「震災」、「津波」といった、災害の種類に応じた対策に対する考え方を整理しておく必要がある。本項目に係る出題は、2019年度の『大規模な自然災害に対する安全・安心な国土・地域・経済社会の構築に向けた「国土強靱化」の推進』、2021年度の『風水害による被害に対しての新たな取組を加えた幅広い対策による防止又は軽減』、2023年度の『巨大地震に対する建築物、社会資本の整備事業及び都市の防災対策』が挙げられる。このような防災・減災に対する課題やその解決策を述べる際には、国土交通行政として行っている施策を知っておかなければならない。そのため『第5次社会資本整備重点計画』や『国土形成計画（全国計画）』の内容を十分に理解しておく必要がある。

　他の出題テーマにおいても取り上げているキーワードについて、本節では「国土強靱化を含めた自然災害に対する防災・減災」に的を絞った形で、解答論文をまとめる際に参考になり得る事項を抜粋して示している。「国土強靱化を含めた自然災害に対する防災・減災」をテーマとした解答論文をまとめる際に、参考にしていただきたい。

【国土強靱化を含めた自然災害に対する防災・減災に係る現状や背景】
　(1) 気候変動による災害リスクの増大
　(2) 災害時における要配慮者対策
　(3) 自然災害の死者・行方不明者数
　(4) 水害対策
　(5) 特定都市河川浸水被害対策法等の一部を改正する法律（通称：流域治水関連法）
　(6) 土砂災害対策

(7)　南海トラフ巨大地震

(8)　ハザードマップ

【国土強靱化を含めた自然災害に対する防災・減災に係る計画や政策】

(1)　気候変動適応計画／国土交通省気候変動適応計画

(2)　気候変動を踏まえた水災害対策のあり方について　〜あらゆる関係者が流域全体で行う持続可能な「流域治水」への転換〜

(3)　国土強靱化基本計画／国土強靱化年次計画2023

(4)　国土形成計画（全国計画）

(5)　国土のグランドデザイン2050

(6)　総力戦で挑む防災・減災プロジェクト　〜いのちとくらしをまもる防災減災〜

(7)　第5次社会資本整備重点計画

(8)　防災・減災、国土強靱化のための5か年加速化対策

(9)　流域治水推進行動計画

【国土強靱化を含めた自然災害に対する防災・減災に係る現状や背景】

(1)　気候変動による災害リスクの増大

　気候変動に関する政府間パネル（IPCC）は、2021年から2023年にかけて、第6次評価報告書の第1作業部会・第2作業部会・第3作業部会の各報告書及び統合報告書を公表した。第3作業部会報告書においては、脱炭素に関する政策や法律が各国で拡充された結果、排出が削減されるとともに、削減技術やインフラへの投資が増加していると評価しているが、地球温暖化を1.5℃に抑える、あるいは、2℃に抑えるためには大幅で急速かつ継続的な排出削減が必要であることも示されている。また、2023年3月に公表された統合報告書では、人間活動が主に温室効果ガスの排出を通して地球温暖化を引き起こしてきたことは疑う余地がないことや、継続的な温室効果ガスの排出は更なる地球温暖化をもたらし、短期のうちに1.5℃に達するとの厳しい見通しが示された。

　このような地球規模での気候変動が予測されている中で、我が国の国土は、気象、地理的に極めて厳しい条件下にあるために、洪水や土砂災害、高潮災害等の災害リスクの増大が懸念されている。

　令和5年3月に公表された「気候変動監視レポート2022」のアメダスで見た

大雨発生頻度では、『極端な大雨の年間発生回数は有意に増加しており、より強度の強い雨ほど頻度の増加率が大きい。また、1時間降水量80 mm以上、3時間降水量150 mm以上、日降水量300 mm以上といった強度の強い雨では、1980年頃と比較して、おおむね2倍程度に増加している』と述べている。

アメダスで見た極端な大雨の変化（1976～2022年）

要　素	変化傾向 （信頼水準）	変化の倍率 （最初の 10 年間と最近 10 年間の比）
1 時間降水量 50 mm 以上	増加している （信頼水準 99％以上）	約 1.5 倍（約 226 回→約 328 回）
1 時間降水量 80 mm 以上	増加している （信頼水準 99％以上）	約 1.8 倍（約 14 回→約 25 回）
1 時間降水量 100 mm 以上	増加傾向が現れている （信頼水準 95％以上）	約 2.0 倍（約 2.2 回→約 4.4 回）
3 時間降水量 100 mm 以上	増加している （信頼水準 99％以上）	約 1.6 倍（約 155 回→約 254 回）
3 時間降水量 150 mm 以上	増加している （信頼水準 99％以上）	約 1.8 倍（約 19 回→約 34 回）
3 時間降水量 200 mm 以上	増加している （信頼水準 99％以上）	約 2.1 倍（約 2.8 回→約 6.0 回）
日降水量 200 mm 以上	増加傾向が現れている （信頼水準 95％以上）	約 1.5 倍（約 160 回→約 239 回）
日降水量 300 mm 以上	増加傾向が現れている （信頼水準 95％以上）	約 1.8 倍（約 28 日→約 51 日）
日降水量 400 mm 以上	増加傾向が現れている （信頼水準 95％以上）	約 1.9 倍（約 6.4 日→約 12 日）

※極端な大雨の指標としている各要素の変化傾向及び統計期間の最初の 10 年間（1976～1985 年）と最近 10 年間（2013～2022 年）の変化の倍率（平均年間発生回数（日数）の比）。平均年間発生回数（日数）はアメダス 1,300 地点あたりに換算した値。これらは 1976～2022 年の観測値から算出した。

図の出典：気象庁　気候変動監視レポート 2022

（2）災害時における要配慮者対策

自力避難が困難な高齢者や幼児等は、日本の人口の約3割にも関わらず過去20年間の土砂災害による死者行方不明者の約半分を占めている。

このため、国土交通省では「土砂災害警戒区域等における土砂災害防止対策の推進に関する法律（土砂災害防止法）」に基づき、土砂災害警戒区域内に位置する要配慮者利用施設のうち、市町村地域防災計画に名称及び所在地等を定められた施設の管理者等に対し避難確保計画の作成及び計画に基づく訓練の

実施を義務づけ、施設利用者の円滑かつ迅速な避難の確保が図られるよう支援
を行っている。

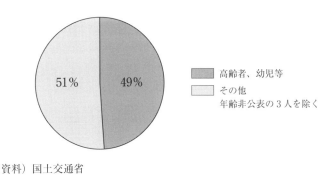

51%　49%

高齢者、幼児等
その他
年齢非公表の3人を除く

資料）国土交通省

図の出典：令和5年版　国土交通白書

土砂災害による死者・行方不明者に占める高齢者、幼児等の割合（平成15〜令和4年）

（3）自然災害の死者・行方不明者数

　我が国は、その自然的条件から、各種の災害が発生しやすい特性があり、毎
年のように、水害・土砂災害、地震・津波等の自然災害が発生している。

　昭和20〜30年代前半には1,000人以上の人命が失われる大災害が頻発し、昭
和34年の伊勢湾台風は死者・行方不明者が5,000人を超す未曾有の被害をもた
らした。伊勢湾台風以降の昭和30年代後半から、死者・行方不明者は著しく
減少し、長期的に見ると逓減傾向にある。これは、治山・治水・海岸事業等の
国土保全事業の積極的推進、災害対策基本法の制定等の防災関連制度の整備等
による防災体制の充実、気象観測施設・設備の整備の充実、予報技術の向上、
災害情報伝達手段の発展及び普及等によるところが大きい。

　近年では、平成23年（2011年）東北地方太平洋沖地震や平成28年熊本地震、
平成30年7月豪雨、令和元年東日本台風、令和2年7月豪雨、令和3年7月1日
からの大雨等により大規模な被害を受けた。令和4年度においても、令和4年
8月の大雨、令和4年台風第14号、令和4年台風第15号、令和4年12月17日か
らの大雪及び令和4年12月22日からの大雪等により全国各地において被害が
発生した。

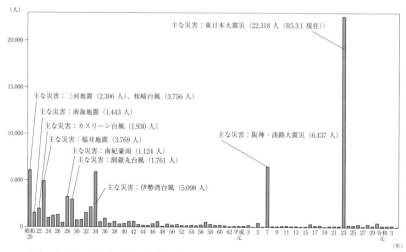

図の出典：令和 5 年版　防災白書

自然災害による死者・行方不明者数

（4）水害対策

　我が国の大都市の多くは洪水時の河川水位より低い低平地に位置しており、洪水氾濫に対する潜在的な危険性が極めて高い。これまで、洪水を安全に流下させるための河道拡幅、築堤、ダム等の治水対策により、治水安全度は着実に向上してきている。しかしながら、令和4年8月の大雨や9月の台風第14号及び台風第15号等、近年毎年のように水害が発生している。今後の気候変動による水害の頻発化・激甚化も踏まえ、河道掘削、築堤、ダムや遊水地などの河川整備等の加速化を図るとともに、流域全体を俯瞰し、国・都道府県・市町村、地元企業や住民などあらゆる関係者が協働してハード・ソフト対策に取り組む「流域治水」の取組を強力に推進する必要がある。

　（1）計画的に実施する治水対策
　　・事前防災対策として、築堤、河道掘削、遊水地、放水路、ダム等の計画的整備
　　・既存ストックの有効活用として、ダムの貯水容量を増加させるためのかさ上げや放流設備の増設による機能向上、大雨が見込まれる場合に利水

　　容量の一部を事前に放流して空き容量を確保する事前放流等のダム再生
・人口・資産が高密度に集積している首都圏・近畿圏のゼロメートル地帯
　等の低平地において、堤防決壊による甚大な被害を回避するため高規格
　堤防の整備

(2) 水害の再度災害防止対策
・人命被害や国民生活に大きな支障が生じた地域等において、再度災害の
　防止を図るため、河川の流下能力を向上させるための河道掘削や築堤等
　を短期集中的に実施

(3) 流域の特性等を踏まえた様々な治水対策
　1) 流域関係者が連携した流域での取組み
　　・集水域においては、公共に加え、民間による雨水貯留浸透施設の整備
　　　促進や水田貯留（田んぼダム）、ため池の活用、また特定都市河川流
　　　域における貯留機能保全区域の指定等により流域での貯留を強化し、
　　　河川への雨水の流出を抑制することで氾濫をできるだけ防ぐ・減らす
　　　ための対策を推進
　　・氾濫域における土地利用や住まい方についての対応
　2) 内水対策
　　　以下に示す対策を組み合わせた、総合的な浸水対策を推進
　　・河道掘削等の水位を下げる取組みや、下水道浸水被害軽減総合事業等
　　　を活用し、地方公共団体、関係住民、民間の事業者等が一体となって、
　　　雨水流出抑制施設を積極的に取り入れるなどの効率的なハード対策
　　・特定都市河川制度を活用した浸水リスクが高い区域における土地利用
　　　規制、内水ハザードマップの作成等のソフト対策
　　・止水板や土のう等の設置、避難活動といった自助の取組み

(4) 水防体制の強化

(5) 自衛水防の取組みの推進

(6) 洪水時の予報・警報の発表や河川情報の提供

(7) 水害リスク情報の充実

(8) 河川の戦略的な維持管理

(9) 河川における不法係留船対策

(10) 道路における洪水・冠水対策

(11) 下水道の耐水化

(5) 特定都市河川浸水被害対策法等の一部を改正する法律（通称：流域治水関連法）

　近年、全国各地で水災害が激甚化・頻発化するとともに、気候変動の影響により、今後、降雨量や洪水発生頻度が全国で増加することが見込まれている。「特定都市河川浸水被害対策法等の一部を改正する法律（通称：流域治水関連法）」は、流域全体を俯瞰し、集水域と河川区域のみならず氾濫域も含めて一つの流域ととらえ、流域に関わるあらゆる関係者（国・都道府県・市町村・企業・住民等）が協働して取り組む「流域治水」の実効性を高めるため、令和3年5月に公布された法律である。

　流域治水関連法の概要は以下のとおりである。

(1) 流域治水の計画・体制の強化
　　・流域治水の計画を活用する河川を拡大
　　・流域水害対策に係る協議会の創設と計画の充実

(2) 氾濫をできるだけ防ぐための対策
　　・利水ダム等の事前放流に係る協議会の創設
　　・下水道で浸水被害を防ぐべき目標降雨を計画に位置付け、整備を加速
　　・下水道の樋門等の操作ルールの策定を義務付け
　　・沿川の保水・遊水機能を有する土地を確保する制度の創設
　　・雨水の貯留浸透機能を有する都市部の緑地の保全
　　・認定制度や補助等による自治体・民間の雨水貯留浸透施設の整備支援
　　　　　　等

(3) 被害対象を減少させるための対策
　　・住宅や要配慮者施設等の浸水被害に対する安全性を事前確認する制度の創設
　　・防災集団移転促進事業のエリア要件の拡充
　　・災害時の避難先となる拠点の整備推進
　　・地区単位の浸水対策の推進　　　等

(4) 被害の軽減、早期復旧、復興のための対策
　　・洪水対応ハザードマップの作成を中小河川に拡大
　　・要配慮者利用施設の避難計画に対する市町村の助言・勧告制度の創設
　　・国土交通大臣による災害時の権限代行の対象拡大　　　等

(6) 土砂災害対策

　日本列島は国土の約7割が山地・丘陵地であり、急流河川が多く、地質的にも脆弱である。加えて、世界の約1割にあたる110の火山が分布しているほか、世界の約2割の地震が発生するなど、厳しい国土条件におかれている。また、平地が少なく急峻な地形と脆弱な地質が広く分布しており、さらに経済の発展・人口の増加に伴い、丘陵地や山麓斜面にまで宅地開発等が進展している。その結果、土砂災害のおそれのある箇所は令和4年3月末時点で約68万カ所存在することが明らかとなっており、多くの人々が土砂災害の危険に曝されている。また、豪雨や地震等に伴う土砂災害は、過去10年（平成25年〜令和4年）の平均で、1年間に約1,440件発生しており、令和4年も795件の土砂災害が発生し、死者が4名となるなど、多大な被害が生じている。

　国土交通省では、従来の土砂災害防止施設整備による事前防災対策や、土砂災害警戒区域等の指定及び標識の設置等による土砂災害リスクに関する周知に加えて、林野部局と連携した流木対策や、まちづくりの計画と一体的に実施する土砂災害対策等、関係部局と連携した効率的・効果的な土砂災害対策を推進している。

- (1) 根幹的な土砂災害対策
- (2) 土砂災害発生地域における緊急的な土砂災害対策
- (3) 要配慮者を守る土砂災害対策
- (4) 市街地に隣接する山麓斜面における土砂災害対策
- (5) 道路の法面・盛土の土砂災害防止対策
- (6) 地域防災力向上に資する土砂災害対策
- (7) 土砂災害防止法に基づく土砂災害対策の推進
- (8) 大規模な土砂災害への対応
- (9) 土砂災害警戒情報の発表

(7) 南海トラフ巨大地震

　南海トラフは、駿河湾から遠州灘、熊野灘、紀伊半島の南側の海域及び土佐湾を経て日向灘沖までのフィリピン海プレート及びユーラシアプレートが接する海底の溝状の地形を形成する区域をいう。南海トラフでは、100年から150年程度の周期でマグニチュード8クラスの海溝型地震が発生しており、東海、東南海、南海地震の三つの震源域が同時あるいは一定の時間差をもって動くこ

とによる地震が過去生じている。近年では、安政元年（1854年）に安政東海地震と安政南海地震が、昭和19年（1944年）に昭和東南海地震が、昭和21年（1946年）に昭和南海地震が発生している。前回の南海トラフ地震（昭和東南海地震及び昭和南海地震）が発生してから70年以上が経過した現在では、次の南海トラフ地震発生の切迫性が高まってきている。

　南海トラフ巨大地震が発生した場合、関東から九州までの太平洋側の広範囲において、震度6から震度7の強い揺れが発生し、巨大な津波が短時間で、広範囲にわたる太平洋側沿岸域に襲来することが想定されている。死者は最大で約32万人にのぼり、交通インフラの途絶や沿岸の都市機能の麻痺等の深刻な事態が発生し、我が国全体の国民生活・経済活動に極めて深刻な影響が生じることが想定されている。なお、内閣府が最新のデータをもとに2019年5月に公表した推計では、国民の津波からの避難意識や耐震改修などが進んだことにより、当初の想定に比べて死者数は3割近く減っておよそ23万1,000人に、全壊または焼失する建物は1割余り減っておよそ209万4,000棟になるとしている。

（8）ハザードマップ

　ハザードマップ（災害危険箇所分布図）は、水害や地震、津波、火山噴火などの災害対策の一環として、被害をできるだけ少なくするために、事前に地域住民に対して情報を提供するというソフト面での防災を目的として、被害が想定される区域とその程度を予測し、必要に応じて避難場所や避難経路等の防災関連情報を加えた地図のことである。

　ハザードマップには、対象とする災害に応じて、洪水ハザードマップや内水ハザードマップ、火山ハザードマップ、津波ハザードマップ、高潮ハザードマップ、土砂災害ハザードマップなどがある。

　国土交通省では、災害発生時に住民が適切な避難行動をとれるよう、市町村によるハザードマップの作成及び住民への周知・活用を促進するとともに、全国の各種ハザードマップを検索閲覧できるインターネットポータルサイトを整備し、公開している。

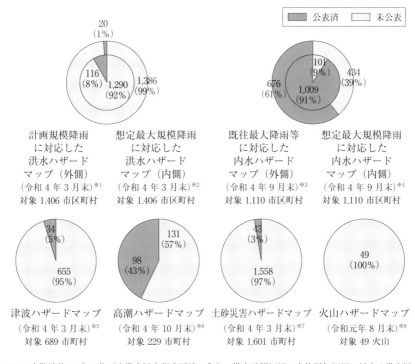

	公表済	未公表

計画規模降雨
に対応した
洪水ハザード
マップ（外側）
（令和4年3月末）※1
対象 1,406 市区町村

想定最大規模降雨
に対応した
洪水ハザード
マップ（内側）
（令和4年3月末）※2
対象 1,406 市区町村

既往最大降雨等
に対応した
内水ハザード
マップ（外側）
（令和4年9月末）※3
対象 1,110 市区町村

想定最大規模降雨
に対応した
内水ハザード
マップ（内側）
（令和4年9月末）※4
対象 1,110 市区町村

津波ハザードマップ
（令和4年3月末）※5
対象 689 市町村

高潮ハザードマップ
（令和4年10月末）※6
対象 229 市町村

土砂災害ハザードマップ
（令和4年3月末）※7
対象 1,601 市町村

火山ハザードマップ
（令和元年8月末）※8
対象 49 火山

※1：水防法第14条に基づく洪水浸水想定区域のうち、洪水予報河川・水位周知河川に対する洪水浸
　　水想定区域が指定された市町村において、水防法第15条第3項に基づいたハザードマップを公
　　表済みの市町村（特別区を含む）
※2：想定最大規模降雨に対応した洪水ハザードマップ公表済みの市町村（特別区を含む）
※3：下水道による浸水対策が実施されている市町村のうち、既往最大降雨等に対応した内水ハザード
　　マップ等公表済みの市町村（特別区を含む）
※4：下水道による浸水対策が実施されている市町村のうち、想定最大規模降雨に対応した内水ハザー
　　ドマップ等公表済みの市町村（特別区を含む）
※5：沿岸の市町村及び津波浸水想定が設定されている内陸の市町村のうち、津波ハザードマップを公
　　表済みの市町村
※6：水防法第14条の3に基づく高潮浸水想定区域が指定された市町村のうち、水防法第15条第3項
　　に基づいたハザードマップを公表済みの市町村
※7：土砂災害警戒区域を指定、又は指定予定の市町村のうち、土砂災害防止法第8条第3項に基づく、
　　ハザードマップ公表済みの市町村（特別区を含む）
※8：活火山法第4条に基づき火山防災協議会が設置された火山のうち、協議事項として定められた
　　火山ハザードマップが公表済みの火山（内閣府調べ）

図の出典：令和5年版　国土交通白書

ハザードマップの整備状況

【国土強靱化を含めた自然災害に対する防災・減災に係る計画や政策】
(1) 気候変動適応計画／国土交通省気候変動適応計画

　気候変動の影響に対処するため、温室効果ガスの排出の抑制等を行う「緩和」だけではなく、すでに現れている影響や中長期的に避けられない影響に対して「適応」を進めることが求められている。

　気候変動適応計画は、2015年11月に閣議決定された「気候変動の影響への適応計画」の内容を踏まえつつ、気候変動適応法第7条第1項に基づき2018年11月に策定された。その後、2020年に作成された「気候変動影響評価報告書」に示された最新の科学的知見を勘案して、2021年10月に変更されている。さらに、気候変動適応の一分野である熱中症対策を強化するため、改正気候変動適応法に基づき、令和5年5月に熱中症対策実行計画の基本的事項を定める等の一部変更が行われている。

　変更された計画では、(1) 気候変動適応に関する施策の基本的方向（目標、計画期間、関係者の基本的役割、基本戦略、気候変動適応計画の進捗の管理・評価）、(2) 気候変動適応に関する分野別施策（①農業、林業、水産業、②水環境・水資源、③自然生態系、④自然災害・沿岸域、⑤健康、⑥産業・経済活動、⑦国民生活・都市生活、(3) 気候変動適応に関する基盤的施策、等について記載している。

　気候変動適応計画の第2章「気候変動適応に関する分野別施策」第4節「自然災害・沿岸域」の第1項「河川に関する適応の基本的な施策」には、河川に関する適応策の基本的な考え方として、次の内容が示されている。

【第2章第4節第1項「河川に関する適応の基本的な施策」より】
【適応策の基本的考え方】
○　気候変動による将来の予測として、短時間強雨や大雨の頻度・強度の増加、総雨量の増加、平均海面水位の上昇、潮位偏差や波高の極値の増大が想定され、それぞれの水災害の激甚・頻発化に加え、土砂・洪水氾濫、高潮・洪水氾濫など複合的な要因による新たな形態の大規模災害の発生が懸念されている。気候変動の予測には幅はあるが、長時間をかけて進める河川整備やまちづくりについては、将来の気候変動の変化等を評価して対策を講じ始めなければ、計画の見直しや追加的な対策の実施に迫られ、必要な河川整備に要する期間が長期化するおそれがあるなど、速やかに気候変

動を考慮したものへの見直しは急務である。

○ 気候変動により頻発化・激甚化する水災害に対して、気候変動を考慮した計画に見直すとともに、国、都道府県、市町村、地域の企業、住民などあらゆる関係者が協働して流域全体で行う「流域治水」を推進し、ハード・ソフト一体となった総合的な防災・減災対策を進める。

○ さらに、気候変動による水災害の激甚化・頻発化に対し、外力の増大に対する整備のスピードを考えると、従来の管理者主体の河川区域を中心としたハード整備だけでは、計画的に治水安全度を向上させていくことは容易でない。このため、従来の管理者主体の事前防災対策を進めていくと同時に、降雨が河川に流出し、さらに河川から氾濫する、という水の流れを一つのシステムとして捉えられるよう、集水域と河川、氾濫域を含む流域全体で、かつ、これまで関わってこなかった流域の関係者まで含め流域全員参加で被害を軽減させていく「流域治水」の取組を進めていく。

○ 「流域治水」としては、流域全員の参画のもと、想定される最大規模の洪水までのあらゆる洪水の発生を念頭に、流域の特性に応じ、
  ・ 氾濫をなるべく防ぐ・減らすための対策（ハザードへの対応）
    なるべく氾濫を防げるよう治水施設の整備等を進める
  ・ 被害対象を減少させるための対策（暴露への対応）
    治水施設の能力を上回る大洪水が発生した場合を想定して、「危ない土地には住まない」という発想を持ち、被害を回避するための土地利用規制を含めたまちづくりや住まい方の工夫などの被害対象を減少させるための対策
  ・ 被害の軽減・早期復旧・復興のための対策（脆弱性への対応）
    氾濫の発生に際し、的確・適切に避難できるようにするための体制の充実といった被害軽減のための対策と、被災地における早期の復旧・復興のための対策
の3要素を総合的かつ多層的に進める。

○ 気候変動による降雨量の増加、潮位の上昇等に対して、管理者が主体となって行う治水対策に加え、関係省庁・関係自治体・官民が連携して、
  ・ 利水ダムを含む既存ダムやため池の洪水調節機能の強化
  ・ 水田・ため池等の雨水貯留浸透機能の活用
  ・ 水害リスク情報の空白域を解消
  ・ 都市計画・建築等を担当する部局とも連携し、複数自治体が連携した土地利用規制や、居住の誘導、住まい方の工夫等の防災まちづくり

　　　・　応急活動、事業継続等のための備えの充実

といったハード・ソフト一体の対策を推進する。

○　また、流域治水の推進に当たっては、自然環境が有する多様な機能を活
　かしたグリーンインフラの活用を推進し、遊水地等による雨水貯留・浸透
　機能の確保・向上を図るとともに、災害リスクの低減に寄与する生態系の
　機能を積極的に保全又は再生することにより、生態系ネットワークの形成
　を推進する。

○　水災害の激甚化・頻発化に対応するには、線状降水帯等による集中豪雨
　や台風等に対する観測体制の強化・予測精度の向上といったソフト対策の
　強化も重要である。大雨特別警報発表の技術的改善や、災害発生の危険度
　を示す危険度分布（キキクル）等によって住民の避難行動を促すとともに、
　その適切な利活用について平常時からの取組を一層強化・推進することに
　より、気象災害等による死傷者数の低減を図る。

○　また、台風・集中豪雨の監視・予測、航空機・船舶の安全航行、地球環
　境の監視や火山監視等、国民の安全・安心の確保を目的とした、切れ目の
　ない気象衛星観測体制を確実にするため、2029 年度目途の後継機の運用
　開始に向け、2023 年度を目途に後継機の製造に着手する。後継機には高
　密度観測等の最新技術を取り入れ、防災気象情報の高度化を通じて自然災
　害からの被害軽減を図る。

○　このような対策を推進するに当たっては、地域の地形や生態系を読み取
　ることにより暴露の回避を図るとともに、健全な生態系が有する機能を活
　かして脆弱性の低減を図る Eco-DRR（Ecosystem-based Disaster Risk
　Reduction：生態系を活用した防災・減災）やグリーンインフラの考え方
　を取り入れることが重要である。

　　一方、国土交通省は、国土の保全、まちづくり、交通政策、住宅・建築物、
気象など多様な分野を所管し、安全・安心な国土・地域づくりを担っているこ
とから「国土交通省気候変動適応計画」を策定して（平成 27 年 11 月策定・平
成 30 年 11 月一部改正）、気候変動の影響への適応策を推進している。「国土交
通省気候変動適応計画」に基づき、自然災害分野（水害、土砂災害、高潮・高
波等）及び水資源・水環境分野でのハード・ソフト両面からの総合的な適応策
の検討・展開に取り組むとともに、気候変動の継続的モニタリング・予測情報
等の提供や国民生活・都市生活分野の適応策にも資するヒートアイランド対策

大綱に基づく対策等にも取り組んでいる。本計画は、政府の適応計画に合わせて、おおむね10年間の計画としている。

　以下に、「国土交通省気候変動適応計画」の第2章「基本的考え方」の第3節「適応策の基本的な考え方」第（4）項「ハード、ソフト両面からの総合的な対策」の内容を示す。

【第2章第3節「適応策の基本的な考え方」より】

（4）ハード、ソフト両面からの総合的な対策

　適応策には、施設整備等のハード対策から、住民への情報提供、情報伝達等の訓練、避難、応急活動、事業継続等の備え、被害からの早期復旧のための事前検討等のソフト対策まで様々な対策が含まれる。気候変動による影響やそれらがもたらすリスクの程度、地域の特性等も踏まえて、ハード・ソフトを適切に組み合わせて総合的な対策を速やかに講じることとする。なお情報通信技術（ICT）に関しては、住民への情報伝達等のため積極的に活用するほか、ビッグデータの活用も検討する。

　また、平成30年7月豪雨、平成30年台風21号、平成30年北海道胆振東部地震等により、これまで経験したことのない事象が起こり、重要インフラの機能に支障を来すなど、国民経済や国民生活に多大な影響が発生した。国民経済・生活を支え、国民の生命を守る重要インフラが、あらゆる災害に際して、その機能を発揮できるよう、対策を実施する。

　さらに、IPCC第5次評価報告書によれば、気候変動の影響によるリスクは、気候変動による「災害外力」と、社会経済が持つ気候変動の影響に対する「脆弱性（対応力の欠如）」、「曝露（影響箇所に住民や財産等が存在）」の相互作用で生じ、適応のためにはこの脆弱性や曝露を低減することが必要であるとされている。この観点から、対策を講じる際には、都市や中山間地において、人口減少等を踏まえたまち・地域の再編等が進められていく機会をとらえ、既に想定されている災害リスクに加え、気候変動の影響による災害リスクも踏まえたまちづくり・地域づくりや土地利用を推進していくことの重要性に留意する。

---

(2) 気候変動を踏まえた水災害対策のあり方について
～あらゆる関係者が流域全体で行う持続可能な「流域治水」への転換～

「気候変動を踏まえた水災害対策のあり方について　～あらゆる関係者が流域全体で行う持続可能な「流域治水」への転換～」は、国土交通大臣からの諮問を受けて気候変動を踏まえた水災害対策のあり方について、社会資本整備審議会によって令和2年7月に提出された答申書である。

「気候変動を踏まえた水災害対策のあり方について」では、近年の水災害による甚大な被害を受け、これまでの「水防災意識社会」の再構築する取組をさらに一歩進めて、社会のあらゆる関係者が、意識・行動に防災・減災を考慮することが当たり前となる、防災・減災が主流となる社会の形成を目指し、流域の全員が協働して流域全体で行う持続可能な治水対策（「流域治水」）への転換を提案している。

以下に、第5章「これまでの取組を踏まえた今後の水災害対策の方向性」第3節「新しい水災害対策の方向性」、ならびに第6章「新たな水災害対策の具体策」第2節『「流域治水」への転換』の第1項「流域全体を俯瞰し、ハザード・暴露・脆弱性への対応を組み合わせた総合的かつ多層的な対策」の1「氾濫をできるだけ防ぐ・減らすための対策　～ハザードへの対応～」を示す。

【第5章第3節「新しい水災害対策の方向性」より】
5.3.　新しい水災害対策の方向性
○気候変動による将来の予測として、短時間強雨や大雨の頻度・強度の増加、総雨量の増加、平均海面水位の上昇、潮位偏差や波浪の極値の増加が想定され、それぞれの水災害の激甚・頻発化に加え、土砂・洪水氾濫、高潮・洪水氾濫など複合的な要因による新たな形態の大規模災害の発生が懸念されている。
○気候変動の予測には幅はあるが、長時間をかけて進める河川整備やまちづくりについては、将来の気候変動の変化等を評価して対策を講じ始めなければ、計画の見直しや追加的な対策の実施に迫られ、必要な河川整備に要する期間が長期化するおそれがあるなど、速やかに気候変動を考慮したものへの見直しは急務である。
○さらに、気候変動による水災害の激甚化・頻発化に対し、外力の増大に対する整備のスピードを考えると、従来の管理者主体の河川区域を中心としたハード整備だけでは、計画的に治水安全度を向上させていくことは容易

でない。

○このため、従来の管理者主体の事前防災対策を加速させると同時に、降雨が河川に流出し、さらに河川から氾濫する、という水の流れを一つのシステムとして捉えられるよう、集水域と河川、氾濫域を含む流域全体で、かつ、これまで関わってこなかった流域の関係者まで含め流域全員参加で被害を軽減させていくことが必要である。

○流域に目を向けると、人口減少や少子高齢化、空き地や耕作放棄地の増大が進む中、「コンパクト・プラス・ネットワーク」を基本とした国土形成により流域の土地利用が大きく変わろうとしている。このように社会が変化している中、国土の土地利用の見直しも踏まえ、新たな国土の活用によって水災害による被害を軽減させる等、水災害リスクを流域内でどのように分担させるかも重要な視点となる。そのために、水災害リスクを流域の関係者で共有し、水災害対策と土地利用やまちづくりを連動させて、水災害にも強い安全・安心な地域づくりを行っていくことが重要である。また、貯留に活用する新たな場所の確保や土地の遊水機能等といった多面的機能の活用など、流域内の既存ストックを有効に活用していくことも必要である。

○技術面では、5Gなどの情報通信技術の活用やIoT、人工衛星、ドローン等の新たな手段による情報の入手と、これらビッグデータのAI技術を活用した情報処理など、情報分野の進展が著しい。また、新型コロナウイルス感染症対策を契機に非接触・リモート型等のデジタル化が社会的に進展している。これらの技術を活用し、水災害に関する情報や知見を共有し持続的に蓄積していくためには、流域の全員が協働して水災害対策に取り組んでいくプラットフォームを構築し、それぞれが情報を共有・活用していくことが必要である。水災害分野においては、水災害リスクの現状把握や評価、予測手法に加え、社会での水災害リスクの共有、水災害リスクの軽減方策など水災害対策に関し、多方面からイノベーションを引き起こす可能性を秘めており、このような技術を水災害対策へ速やかに導入し、対策の高度化を図っていくことが必要である。

○このような気候変動や社会の変化、技術革新など、多岐にわたる分野において今後も様々な変節が起こると考えられる中、水災害から人命や社会、国土を守るためには、包摂性のあるリスクコミュニケーションにより水災害に対する知見や情報を社会で共有し、人口減少と少子高齢化における新たな国土形成と地域の活力の維持や生産性向上を図り、あらゆる関係者の

主体的な参画により国土の強靱性と地域の持続可能な発展を確保していく
必要がある。

・国土の強靱性

　　想定される最大規模の水災害が最悪の事態が発生したとしても、人命
被害の回避や経済被害の最小化を図るとともに、早期に復旧・復興を実
現し、経済活動が機能不全に陥らない、強くしなやかな国土づくりを進
める

・持続可能性

　　大災害が発生しても、地域が速やかに復旧・復興を遂げて持続可能な
発展を維持し、さらには国際競争力を向上させて、我が国の成長戦略に
も寄与する

・包摂性

　　あらゆる分野のあらゆる主体など流域全員が水災害対策に常に意識を
持って連携・行動するとともに、様々な新技術を防災の観点から融合さ
せイノベーションを起こす

の視点を踏まえ、水災害対策を進めていくことが必要である。

(1) 水災害対策を過去の現象から気候変動を考慮したものへ転換

○洪水対策分野においては、様々な不確実性をもつ事象について的確に推計
する手法を開発してきた。治水計画においては、全国の安全度を公平かつ
効率的に向上させるため、昭和33年に過去の蓄積された観測データから
極値を評価する手法の導入により、既往最大主義から確率主義に転換した。
しかし、気候変動によってこれまでとは異なる現象が将来発生することが
想定され、これまでの手法では気候変動によって度々計画の見直しや施設
の補強等、非効率な対応が必要となる。このため、過去に発生した現象に
基づくものではなく、あらかじめ気候変動によって将来発生することが想
定される現象を予測し、それに基づく水災害対策を講じることを基本とす
るべきである。

(2)「流域治水」への転換

○近年の水災害による甚大な被害を受け、施設能力を超過する洪水が発生す
ることを前提に、社会全体で洪水に備える「水防災意識社会」の再構築を
進めてきた。今後、この取組をさらに一歩進め、気候変動による影響や社
会の変化などを踏まえ、住民一人ひとりに至るまで社会のあらゆる関係者
が、意識・行動・仕組みに防災・減災を考慮することが当たり前となる、
防災・減災が主流となる社会の形成を目指し、流域全員が協働して流域全

　　体で行う持続可能な「流域治水」へ転換するべきである。

○本答申では「流域治水」を以下のとおり定義する。

「河川、下水道、砂防、海岸等の管理者が主体となって行う対策に加え、集
　水域と河川区域のみならず、氾濫域も含めて一つの流域として捉え、その
　流域全員が協働して、①氾濫をできるだけ防ぐ・減らす対策、②被害対象
　を減少させるための対策、③被害の軽減、早期復旧・復興のための対策、
　までを多層的に取り組む」

　　・エリア：雨水が河川に流入する集水域、河川等の管理者が管理する区域、
　　　　　　　河川等の氾濫により浸水が想定される氾濫域

　　・考え方：雨水、流水及び氾濫水、並びに土砂や高潮等、災害を引き起こ
　　　　　　　す外力の制御に加え、土地利用やまちづくり、住まい方の工夫、
　　　　　　　災害時の避難、経済被害軽減や災害後の復旧・復興等、水災害
　　　　　　　に備える社会の行動の強化を含む、水災害の総合的なマネジメ
　　　　　　　ントを目指す

○なお、土木学会が令和元年東日本台風の発生を受けて設置された調査団に
　おいてとりまとめられた報告書においても「流域治水」に関して同様の提
　言されている。

（流域の特徴を踏まえた総合的かつ多層的な考え方の導入）

○流域全員の参画のもと、流域の特性に応じ、

　①氾濫をなるべく防ぐ・減らすための対策（ハザードへの対応）
　　　なるべく氾濫を防げるよう治水施設の整備等を進める

　②被害対象を減少させるための対策（暴露への対応）
　　　治水施設の能力を上回る大洪水が発生した場合を想定して、被害を回
　　避するためのまちづくりや住まい方の工夫などの被害対象を減少させる
　　ための対策

　③被害の軽減・早期復旧・復興のための対策（脆弱性への対応）
　　　氾濫の発生に際し、的確・適切に避難できるようにするための体制の
　　充実といった被害軽減のための対策と、被災地における早期の復旧・復
　　興のための対策

　の3要素を総合的かつ多層的に進める「流域治水」に流域一体となって取
　り組む。

（事前防災対策の加速）

○災害によって人命や経済的な被害を防止するためには、被災後に復旧・復
　興を行う事後的な災害対策から、できる限り事前の備えを充実させる事前

防災対策を充実させることを基本としなければならない。

○近年、毎年のように激甚な水災害が発生し、既に気候変動の影響の顕在化が指摘されている。激甚な水災害が発生した河川において治水施設の整備は未だ途上にあるが、仮に施設の整備が完了していれば大幅に被害の軽減を果たすことできたと考えられる。今後、気候変動によって更なる豪雨の頻発化・激甚化や潮位の上昇等により、ますます水災害リスクの増加が懸念されることから、現在の計画に基づく治水施設の整備を進めるだけでは、計画策定時に想定した安全度も確保することはできない。

○このため、まずは計画で位置付けられている治水対策を加速化し、流域治水の考え方も踏まえて、国、地方公共団体、企業、地域住民等と当面の目標を共有したうえで、連携を図って効果が高いハード・ソフト一体となった実効性のある事前防災対策を行うことが重要である。

○さらに、治水計画等について「過去の実績に基づくもの」から「気候変動による降雨量の増加や潮位などを考慮したもの」に転換し、対策の充実と加速を進めていく必要がある。

【第6章第2節第1項1「氾濫をできるだけ防ぐ・減らすための対策～ハザードへの対応～」より】

　6.2.1.1.　氾濫をできるだけ防ぐ・減らすための対策　～ハザードへの対応～

○地域の安全度を向上させるためには、流域全体で雨水や流水等を貯留する対策や洪水を流下させる対策、氾濫水を制御する対策をそれぞれ充実させるとともに、効果的に組み合わせていく必要がある。

○まずは、河川管理者による堤防整備、河道掘削や引堤、ダムや遊水地等の整備、下水道管理者による雨水幹線や地下貯留施設の整備等、管理者が行ってきた取組をこれまで以上に加速することが必要である。

○これらの対策の実施にあたっては、大河川は一度氾濫すると経済的損失の影響が大きいことや、中小河川は相対的に安全度が低く浸水被害が発生しやすいことなど、水災害リスクの地域分布状況を考慮し、上流下流、本川支川など、流域全体で地域の安全度を向上させていく必要がある。

○その上で、これらの対策に直接は関わってこなかった関係者にも協力を求めることが重要であり、流域における関係者の協力を得るための協議の場の設置等の環境整備を進めるとともに、流域の特性も踏まえて、利水ダム等の事前放流の本格化、市街化が著しい河川で進めてきた地方公共団体や

個人・民間企業等による雨水貯留浸透施設の整備の全国展開、保水・遊水機能を有する土地の保全等を進め、効果を早期に発現させて、治水安全度の向上や流域の水災害リスクの軽減を図るべきである。

○また、氾濫が発生したとしても氾濫量を低減させるため、越流・越波した場合であっても決壊しにくい「粘り強い堤防」を目指した堤防強化についても技術研究開発を進め、特にリスクの高い箇所等で整備を進めるべきである。

①流水の貯留機能の拡大

（利水ダムを含む既存ダムの洪水調節機能の強化）

○台風等の襲来前に、多目的ダムや利水ダムの利水のための貯留水をあらかじめ放流し、これにより確保したダム容量を洪水調節のために活用する「事前放流」は、協議の場の設置など利水者の協力が得られやすい環境等を整えること等を通じて、抜本的に拡大するべきである。

○一級水系を対象に、河川管理者である国土交通省（地方整備局等）と全てのダム管理者及び関係利水者との間において、水系毎に事前放流の実施方針等を含む治水協定を締結し、令和2年の出水期から運用を開始することとなっている。今後、このような取組を二級水系へ拡大し取組を促進していくべきである。

○また、その事前放流の操作方法を操作規程等に位置付けた上で、治水計画の目標とする洪水等に対する事前放流の効果を評価し、治水計画に事前放流の効果も見込むべきである。

○既設ダムの施設改良に関し、洪水調節機能強化に一定の効果が見込まれるダムについては、今後、関係利水者の意向も踏まえつつ、河川管理者と当該ダム管理者が協働し、検討・協議を行い、必要な対応を進めるべきである。

○さらに、事前放流をより効果的に行えるよう、長時間先の予測精度向上等に向けて、AI等の新たな知見や手法を活用した降雨予測、ダムの流入予測、ダムの操作の予測、ダム下流水位の予測等、技術・システム開発を実施するべきである。

（土地利用と一体となった遊水機能の向上）

○流域の壊滅的な被害を避けるため、霞堤等の保全・整備に加えて、これらの整備と一体となった二線堤の保全・整備を進めるため、河川沿いの遊水機能を有する区域において適切な土地利用制限等を図ることが必要である。

○河川整備が進展し、治水安全度が向上する中で、地域の要望も踏まえ、霞

堤が連続的な堤防に置き換えられたり、霞堤は残っているもののその背後地で市街化が進展しているところがある。しかし、霞堤は、上流で氾濫した洪水を河川に戻す機能に加えて、開口部から逆流させることにより氾濫水の勢いを弱める機能を有しており、地形によっては霞堤により洪水を遊水させ、下流の河川流量が低減することで、下流部の壊滅的な被害の軽減にも寄与する。

○気候変動によって施設能力を超過する洪水が頻発化することも踏まえて、霞堤の持つ機能を評価し、地域との調整を図り、霞堤の保全や整備を進めるとともに、その背後地の開発抑制や移転を促進するために、浸水リスクを評価した上で、関係市町村とも連携して区域（災害危険区域等）の指定を推進すべきである。

○また、必要に応じて、氾濫の拡大による家屋等の被害を抑制するため、関係機関とも連携して、二線堤の整備や、二線堤としての効果が期待される既存の盛土の保全などを図る必要がある。

②洪水時に大量に流出する土砂・流木の捕捉等

（土砂・洪水氾濫等を防止するための砂防関係施設の集中的整備）

○近年、豪雨により全国で被害が多発し、また、気候変動に伴って多発が想定される崩壊・土石流、河川の流量の増加によりリスクが高まると考えられる土砂・洪水氾濫に対しては、土砂・洪水氾濫危険流域の抽出等の土砂・洪水氾濫リスクの評価手法を検討・整理のうえ、よりリスクの高い流域において砂防堰堤や遊砂地等の事前防災対策を集中的に実施することで、効果的な整備を推進すべきである。

○土砂・洪水氾濫、土石流等の発生時に、大量に発生・流下する流木に対しても、効果的な施設整備を推進すべきである。

（土砂移動の頻発化に対応した砂防関係施設の維持管理）

○気候変動に伴う降雨特性の変化により土砂移動の頻発化が懸念され、砂防堰堤の整備等の事前防災の着実な進捗のみならず、砂防堰堤等の維持管理を実施するタイミングや実施頻度にも検討・見直しが生じる可能性があることから、対応策の検討を進めるべきである。

③流域の雨水貯留浸透機能の向上

（都市部の内水氾濫対策の強化）

○沿川都市部においては、河川事業と下水道事業との連携や地下空間を活用した大規模な雨水貯留施設等の整備を推進するとともに、地方公共団体、更には個人・民間の雨水貯留浸透施設の活用や整備を含めた雨水流出抑制

　等の更なる推進を図るべきである。

（流出抑制対策の充実とその全国展開）

○これまで、特定都市河川浸水被害対策法に基づき、急激な市街化に伴う河川への流出量の増大に対して、治水安全度を確保するため、市街化の著しい都市部の河川流域を中心に、河川対策、下水道対策に加え、保全調整池の指定や開発者に対する雨水浸透阻害行為等の許可等の流域と一体となった浸水被害対策に取り組んでいる。

○この特定都市河川浸水被害対策法に基づき特定都市河川に指定されている鶴見川では、令和元年東日本台風の際に地方公共団体や民間開発者が整備した防災調整池等が大きな効果を発揮した。これらの流出抑制対策は特に小流域における氾濫防止や浸水被害軽減に有効な効果を示すことが期待される。

○今後は、新たな宅地開発や地面の舗装等に伴って降雨の流出の増加につながらないよう、雨水貯留浸透機能を回復させるための流出抑制対策に加え、既存宅地での開発に当たって流出抑制効果を生み出す対策や開発による流出増を抑える以上の流出抑制効果を生み出す対策について、地方公共団体による取組を促進するとともに、民間企業等に実施してもらえるよう、協力を求めていくべきである。

○さらに、このような都市部のみならず、地方部においても、新たな宅地開発や大規模な圃場整備等が河川への流出増加につながるおそれがあることも考慮し、雨水貯留浸透機能を回復させるための対策に加え、既存のため池や田んぼ、今後増加すると予想される耕作放棄地等の活用を含め、その流域の特性に応じて、水災害の防止・軽減効果が期待できる流出抑制対策を積極的に促進し、全国の河川流域において、様々な主体の協働を進め、被害の防止・軽減を目指すべきである。

④持続可能な河道の流下能力の維持・向上、戦略的維持管理の推進

（戦略的な維持管理の推進）

○高度経済成長期以降に整備された多くの河川管理施設等の老朽化が懸念されており、対策の遅れにより既に施設に損傷が見られるなど、緊急的に対応が必要な施設が多数存在している。更に、今後の気候変動の影響により、災害が激甚化・頻発化する中においても、災害時に機能や性能を適切に発揮し、社会経済活動や国民の安心・安全を確保するためには、予防保全型のメンテナンスサイクルの確立による計画的な維持管理・更新が必要となる。

○今後、河川整備や施設更新時に、維持管理の効率化が可能となる構造形式を用いるなど、あらゆる手段を用いて戦略的に取り組む必要がある。

○また、維持管理コスト縮減と気候変動の緩和の観点から、河道内樹木を民間企業が伐採して、バイオマス発電燃料として再生可能エネルギー発電に利用する取組を促進すべきである。

（状態監視と維持管理の高度化）

○河川流量の分布特性の変化等に起因する河道形状の変化や樹林化の進行の変化は、現段階では不明確ながら、長期的には、河道内の樹木の生育環境や土砂の生産・移動環境に変化をもたらす可能性がある。

○そのため、河道内のモニタリング手法の高度化を推進し、効率的な維持管理を継続的に行っていくべきである。例えば、レーザー計測等から得られる標高の3次元点群データを活用し、樹木繁茂量や樹高の変化、土砂の堆積・侵食量等を経年的・定量的に把握することや、3次元点群データや画像データなどのビッグデータを基に、AI技術による自動判別を用いた河道や堤防等の点検や変状把握を図るなど、維持管理の高度化に取り組んでいくべきである。

（河道と堤防が一体となった氾濫の防止機能の向上対策）

○これまで、流水を安全に流下させるために、河道掘削や河川堤防の引堤等の流下能力を高める整備を実施してきた。その一方で、河道への土砂再堆積や樹木の再繁茂による流下能力の低下や河道断面の2極化が進行している河川もある。

○また、流下能力を高める河道整備と河川堤防の浸透等に対する堤防強化対策はそれぞれ一定の考えに基づき計画的に実施しているが、堤防による洪水流の水位や流れの制御が河道地形の変化に影響を与える一方、高水敷などの地形変化が堤防の基礎地盤への浸透や堤防近傍の流速を変化させるなど、相互に影響を及ぼすことに留意し、洪水を安全に流下させる目的に対して一体的に機能させる必要がある。大規模洪水時は、こうした相互作用が顕著に表れるため、河道と堤防を一体的に適切に取り扱うべきである。

○特に、整備の目標を超える洪水の発生に対しても、背後の土地利用や氾濫水の制御とともに、河道と堤防が一体となって氾濫水を減らすなどの流域の浸水リスクの低減効果の評価手法について検討していくべきである。

○併せて、土砂の再堆積のしづらさと、河川が本来有している生物の良好な生息・生育・繁殖環境と多様な河川景観を保全・創出するための最適な河道断面について調査・検討を実施し、河道計画に反映していくことに努め

るべきである。

○また、大規模災害時には、大量の土砂移動や堆積が生じ、河道等の地形や
生物の生息・生育・繁殖環境が変化する。そのため、環境も含め流域ス
ケールで動的な河川システムの把握のためモニタリングに努め、必要に応
じて計画へ反映していくべきである。

⑤氾濫量の抑制

(「粘り強い堤防」を目指した堤防強化)

○令和元年東日本台風では全国142箇所で堤防が決壊し、うち8割以上が
「越流」の要因で決壊していることが把握された。また、平成30年台風
第21号などでは、既往最高潮位等を記録する高潮・高波が発生した。

○水位を下げる対策が治水の大原則であるが、こうした外力の増大にも対応
すべく、施設の能力を超えて堤防天端を越流・越波した場合であっても、
決壊しにくく、堤防が決壊するまでの時間を少しでも長くするなどの減災
効果を発揮する、「粘り強い構造」の堤防の整備を実施するべきである。

○緊急的・短期的な河川堤防の強化方策として、現場状況等も考慮しつつ、
既存の河川堤防に必要な性能を毀損することのない工法を、越流水への耐
力、施工性、コスト、用地、維持管理、耐久性等を考慮して、狭窄部、橋
梁の上流部、合流部や湾曲部など水位が上昇しやすい状況が当面解消され
ない区間について堤防背後地の状況を踏まえて実施するべきである。

○「粘り強い構造」の河川堤防については、技術的には現時点では未解明の
課題もあり、越流水への耐力の発揮に不確実性があることを、十分に理解
して実施することが重要である。

○また、河川の景観は、地形、地質、気候、植生等様々な自然環境や人間の
活動、それらの時間的・空間的な関係や相互作用、そしてその履歴等も含
んだ環境の総体的な姿であるため、堤防強化を現場へ導入するにあたり、
それぞれの河川や地域にふさわしい景観・公衆の利用等への配慮が不可欠
である。

○「粘り強い構造」の堤防の更なる強化に向けた技術研究開発を進めるにあ
たっては、維持管理、景観や環境、コスト、耐久性等への配慮を念頭に置
くべきである。河川堤防については、施設能力を超える洪水により決壊し
にくい堤防の構造等について、耐浸透対策や耐震対策等と併せて、産学官
が共同で技術研究開発を実施する体制を構築し、様々な資材や工法の開発
を実施するとともに堤防強化の計画上の位置づけや効果の評価方法、壊れ
方の変化による周囲への影響などについても検討を実施するべきである。

○また、越流に係る一定の外力（例えば越流水深、越流時間等）に耐えることを目的とした堤防に関する技術研究開発も進めるべきである。

（地域の水防体制の強化）

○令和元年東日本台風では、水防団における情報共有に関する課題や、堤防からの漏水や氾濫発生（堤防決壊）等の発見が不十分である等の課題が顕在化した。

○水防団員の高齢化や減少に対しては、民間企業との連携等により水防体制を維持し、水防管理者と河川管理者が連携協力し、河川に関する観測データや現場での変状データを迅速に共有することにより水防団が適切な水防活動を実施できるようにするなど、情報共有の体制を構築していくべきである。

（下水道施設の耐水化）

○令和元年東日本台風では、下水処理場17箇所で浸水被害等が発生し、一部施設については機能回復までに一定の期間を要した。

○近年の激甚化する災害を踏まえ、河川氾濫等の災害時においても一定の下水道機能を確保し、下水道施設被害による社会的影響を最小限に抑制するため、耐水化に係る技術的な基準を設定し、計画的に対策を実施するべきである。

（3）国土強靱化基本計画／国土強靱化年次計画2023

「国土強靱化基本計画」は、「強くしなやかな国民生活の実現を図るための防災・減災等に資する国土強靱化基本法」に基づき、国土の脆弱性評価を踏まえて、強靱な国づくりのためのいわば処方箋を示したものとして、また国土強靱化に関する施策の総合的かつ計画的な推進を図るため、国土強靱化基本計画以外の国土強靱化に関する国の計画等の指針となるべきものとして、平成26年6月に策定された計画である。国土強靱化基本計画は、おおむね5年ごとの見直しを行うことが義務付けられており、平成30年12月に1回目の変更が行われ、さらに近年の災害から得られた教訓や社会経済情勢の変化等を踏まえて令和5年7月に2回目の変更が行われた。

国土強靱化基本計画は、国土強靱化に関して防災や国土形成、エネルギー、社会資本整備などのすべての国の基本計画の上位に位置づけられる、いわゆる「アンブレラ計画」である。

　ここでは、「国土強靱化基本計画」の第3章「国土強靱化の推進方針」第2節「施策分野ごとの国土強靱化の推進方針」に記載されている推進方針の中から、第（8）項「交通・物流」と第（10）項「国土保全」の内容を以下に示す。

【第3章第2節「施策分野ごとの国土強靱化の推進方針」より】
（8）交通・物流
① 大規模災害時の救急救命・復旧活動を支えるため、緊急輸送道路の道路橋の耐震補強を推進する。また、交通麻痺により物資を運べない事態を抑制するため、道路構造物の液状化対策を推進する。【国土交通省】
② 渡河部の道路橋や河川に隣接する道路の流失により、被災地の孤立が長期化しないよう、橋梁や道路の洗掘防止等の対策や橋梁の架け替え等を推進する。また、近年の強雨傾向等を踏まえ、道路やアンダーパス部等における排水施設及び排水設備の補修等を推進する。さらに、津波や洪水からの緊急避難場所を確保するため、地方公共団体のニーズを踏まえ、直轄国道の高架区間等を緊急避難場所等として活用するための避難施設を整備するなど、道路における洪水・浸水・津波への対応を推進する。あわせて、応急組立橋の確保や貸与等による地方公共団体への支援を推進する。【国土交通省】
③ 大規模災害時の救急救命・復旧活動を支えるため、緊急輸送道路や孤立を長期化させるおそれのある道路の法面・盛土等において、レーザープロファイラ調査や合成開口レーダ（SAR）衛星等を活用し、災害リスクを把握するとともに、道路区域外からの土砂流入等の近年の被災事例等を踏まえた耐災害性評価（リスクアセスメント）等も活用し、効率的・効果的に対策を推進する。【国土交通省】
④ 大規模地震等における道路閉塞や長期停電、通信障害等のリスクを軽減するため、関係府省庁と連携した多様な事業手法や道路管理者による占用制限の活用等により、コスト縮減や事業のスピードアップを図りつつ、市街地の緊急輸送道路等における無電柱化を推進する。【総務省、経済産業省、国土交通省】
⑤ 交通施設について、倒壊による危害を利用者に与えないよう、沿道沿線や立体交差する施設等を含め、耐震化や除却等を進める。【警察庁、国土交通省】
⑥ 災害発生時に迅速な避難行動ができるよう、積雪寒冷地等の地域特性を踏まえながら、避難路の機能を有する道路や避難場所の整備を進める。ま

た、船上や航空機の機内等、様々な状況下を想定した避難方法を整える。
【内閣府（防災）、国土交通省】

⑦　冬期の道路交通確保のため、地域の実情に応じて、高速道路の暫定 2 車線区間や主要国道の 4 車線化、付加車線や登坂車線の設置、バイパス等の迂回路整備等の基幹的な道路ネットワークの強化を図るとともに、集中的な降雪により走行不能となる車両が発生しないよう、消融雪施設、スノーシェッド、防雪柵、チェーン着脱場、効率的な除雪作業のための除雪ステーション等の整備を進める。また、やむを得ず車両滞留が発生した場合に備え、中央分離帯開口部や U ターン路等の整備を進める。あわせて、大規模な車両滞留の発生や長時間の通行止めによる死傷者の発生を防ぐため、冬期道路交通確保に向けた各道路管理者との更なる連携強化、出控え等の行動変容を促す取組、高速道路と並行する国道等の同時通行止めも含めた躊躇ない通行止め等を推し進める。【国土交通省】

⑧　幹線道路における除排雪を適切に実施するとともに、除雪機械の増強、貸与等の地方公共団体への支援や積雪寒冷地特有の舗装損傷への対策等の検討を進める。【国土交通省】

⑨　鉄道の安全・安定輸送を確保するため、電源等の重要施設を含む鉄道施設に対する浸水対策を推進するとともに、河川氾濫や高潮等による浸水のおそれのある地下鉄道について、接続する他の地下施設と連携した浸水対策を推進する。また、豪雨により流失・傾斜のおそれがある鉄道河川橋梁について、洗掘防止対策や架け替え、異常検知システム設置等の豪雨対策を推進する。さらに、豪雨により斜面崩壊のおそれがある鉄道の隣接斜面について斜面崩壊対策を推進するほか、二次災害防止のため、異常気象時の運転規制等の対策を講じる。【国土交通省】

⑩　令和 4 年 12 月に公表された「新幹線の地震対策に関する検証委員会中間とりまとめ」等も踏まえ、令和 4 年 3 月の地震において比較的大きな軌道沈下が発生した高架橋と同様の新幹線の高架橋の柱及び同様の在来線の高架橋について、それぞれ目標期限を設定して優先的に耐震補強を進めるとともに、鉄道における更なる耐震補強の検討を進める。また、首都直下地震又は南海トラフ地震で震度 6 強以上が想定される地域等に存在する主要鉄道路線や緊急輸送道路等と交差・並走する箇所における耐震対策について速やかに完了するとともに、対象地域を拡大し、全国における緊急輸送道路と交差・並走する箇所の耐震対策を推進する。くわえて、復旧性を向上させる耐震補強については、首都直下地震だけではなく、南海トラフ地

震で震度6強以上が想定される地域等においても推進する。【国土交通省】

⑪ 降積雪時、列車の駅間停車による長時間にわたる乗客の閉じ込め等の事態を回避するため、降積雪の状況等に応じた総合的な雪害対策を強化する。特に、最大で1週間にわたる列車運休や、駅間停車による乗客の閉じ込めが発生したことを踏まえ、除雪機・融雪設備等の整備や、気象予報を踏まえた事前の備えの強化、長時間駅間停車が見込まれる場合における運行再開と乗客救出の並行実施の再徹底、乗客への具体的情報提供の強化、地方公共団体等関係機関との協力体制の強化、具体的場面想定に基づく実践的な訓練等が適切に実施されるよう対策を進める。【国土交通省】

⑫ 気候変動に伴い激甚化・頻発化する風水害や、切迫する大規模地震に対応するため、港湾施設の耐震・耐波性能の強化や技術開発を進めるなど、港湾施設の機能強化を図る。【国土交通省】

⑬ 大規模津波による甚大な被害の発生を防ぎ、速やかに復旧等を可能とするため、「粘り強い構造」の防波堤や避難施設の整備等、港湾における津波対策を進める。【国土交通省】

⑭ 物流・産業・生活機能が集積し、多様な関係者が存在する臨海部において、岸壁・防潮堤等の被災リスクや堤内地・堤外地の浸水リスク、漂流物により海上輸送の大動脈が機能不全に陥るリスク、一つの港湾における被災の影響が広域的に波及するリスク等の増大に対応するため、官民が連携し、気候変動等を考慮した臨海部の強靱化を推進する。その際、脱炭素化に配慮した港湾機能の高度化等を図るカーボンニュートラルポート（CNP）の取組とも連携し、エネルギー転換に伴う臨海部の大規模な土地利用転換を契機とした強靱化を推進する。【国土交通省】

⑮ 道路が被災し通行止め等が発生した場合でも、発災後おおむね1日以内に緊急車両の通行を確保し、おおむね1週間以内に一般車両の通行を確保できるよう、高規格道路のミッシングリンクの解消や暫定2車線区間の4車線化、高規格道路と代替機能を発揮する直轄国道とのダブルネットワークの強化、三大都市圏や地方都市の環状道路の整備等を推進し、災害に強い国土幹線道路ネットワークの機能確保を図る。また、災害時の迅速な救急救命活動や緊急支援物資の輸送等を支えるため、高度な技術を要する場合等に国が災害復旧に関する工事を代行できる制度を活用し、道路啓開や災害復旧の迅速化を図る。【国土交通省】

⑯ 災害時の広域避難や救援物資輸送にも資する高規格道路等へのアクセス性の向上を図る。【国土交通省】

⑰ 医療活動や避難所等における感染症対策に必要な資機材確保を支えるため、交通ネットワーク強化を図る。【国土交通省】

⑱ 災害時においても道路交通の安全を確保するため、歩行者や自転車、自動車等が適切に分離された安全な道路空間の整備や防護柵・標識・路面表示の充実、信号機電源付加装置の整備、老朽化した信号機等の計画的な更新等の交通安全対策を推進する。【警察庁、国土交通省】

⑲ 地方公共団体が策定する地域防災計画への位置付けを踏まえ、「防災道の駅」や「防災拠点自動車駐車場」を中心に「道の駅」の防災機能強化を図るとともに、災害時にも活用可能なAIカメラや高付加価値コンテナ等の設置、BCPの策定等、災害対応の体制構築を推進する。【国土交通省】

⑳ 地方公共団体が作成する地域再生計画に基づき、道路・農道・林道、港湾施設・漁港施設、下水道・集落排水施設・浄化槽の分野ごとに、所管省庁が異なる2種類以上の施設を一体的に整備する連携強化の取組を推進する。【内閣府（地創）】

㉑ 大規模自然災害の発生時に鉄道施設が被害を受け、都市間の鉄道交通が麻痺することを防ぐため、雪や大雨等の災害に強い都市間輸送手段であり、災害時には代替輸送ルートとしても機能する整備新幹線、リニア中央新幹線等の幹線鉄道ネットワークの整備を推進する。特に、超高速性により国土構造の変革をもたらす「リニア中央新幹線」の整備に当たっては、建設主体であるJR東海による整備が着実に進められるよう、国・地方公共団体等において、必要な連携・協力を行う。【国土交通省】

㉒ 自然災害により地域交通事業者が被災した場合でも、地域交通網の確保や地域コミュニティを維持できるよう、事業者・関係機関等との協定締結を推進し、協力・連携を強化する。【国土交通省】

㉓ 激甚化・頻発化する自然災害に伴う貨物鉄道輸送の長期不通や物流網の混乱等を回避し、他の交通ネットワークの寸断時における代替手段として機能するよう、脆弱箇所を特定し、鉄道河川橋梁対策や隣接斜面崩壊対策を実施するなど、貨物鉄道ネットワークを強化する。また、災害時に貨物鉄道が一部寸断された場合に備え、迂回輸送が可能な貨物路線ルートや車両の対応規格等の確認・整理を行うとともに、長期不通が発生した場合でも、迅速かつ安定的に代行輸送を実施できるよう、代行輸送の拠点となる貨物駅において円滑な積替えを可能とする施設整備を推進する。【国土交通省】

㉔ 災害時において機動的である自転車、バイクの特性を踏まえ、災害対応

や移動の混乱・混雑等を招かないことに留意しつつ、避難、救助、人員・物資の輸送等への自転車、バイクの活用を推進する。【国土交通省】

㉕　大規模災害時に、被災地で食料・飲料水等の生命に関わる物資供給を確実かつ円滑に行うため、倉庫等の物流施設の災害対応能力の強化を図るとともに、輸送オペレーションのデジタル化や訓練・演習を継続的に実施する。また、避難所への物資を滞りなく届けるため、ラストマイルも含めた円滑な支援物資物流の実現に向けた取組を進める。【国土交通省】

㉖　交通渋滞により緊急車両が到達できない事態を回避するため、官民が保有するプローブ情報の活用や広域交通管制システムの運用、ICTを活用した情報収集・共有、デジタル技術を活用した効率的な災害覚知、関係機関が連携した通行可否情報の収集等を推進し、自動車の通行に関する情報の迅速な把握や交通対策への活用を進める。また、通行止め等の交通規制や渋滞等の情報を自動車運転者等に提供し、混乱地域の迂回や自動車による出控えについて国民の理解と協力を促すなど、災害時交通マネジメントを推進する。【警察庁、国土交通省】

㉗　施設の機能や性能に不具合が発生する前に修繕等の対策を講じる予防保全型メンテナンスへ早期に移行し、ライフサイクルコストの低減や効率的かつ持続可能な道路施設の維持管理を実現するため、必要な措置を集中的かつ計画的に実施する。【国土交通省】

㉘　災害発生時に機動的・効率的な活動ができるよう、道路等の啓開に必要な体制の整備や装備資機材等の充実を図る。【国土交通省】

㉙　大規模災害発災後の緊急輸送道路等の通行を可能とするため、実動訓練等を通じ、放置車両移動など対応能力を強化する。【国土交通省】

㉚　大規模災害時、被災地への初期移動が困難な状況下においても、迅速に災害情報を提供できるよう、AIによる画像認識等が可能な道路管理用カメラやセンサー等のIT、ドローン、衛星等の活用を進め、道路状況を遠隔で確認が可能な体制の構築を図るとともに、携帯通信網を介さずにインターネット回線につなぐことが可能な情報コンセントの整備を進めるなど、道路管理体制の強化を図る。あわせて、収集蓄積したデータの一部をオープン化し、データの利活用やオープンイノベーションを促進するなど、道路システムのDX「xROAD」の取組を進める。【国土交通省】

㉛　鉄道の安全・安定輸送を確保するため、北海道と本州間の唯一の陸路として人流・物流を担う青函トンネルを含め、老朽化が認められる鉄道施設について、長寿命化に資する鉄道施設の補強・改良を実施し、予防保全に

よる防災・減災対策の強化を図る。また、新幹線の土木構造物の健全性を維持・向上するため、予防保全に基づく大規模改修等により、継続的な高速旅客輸送機能の維持に取り組む。【国土交通省】

㉜　踏切道の長時間遮断により、災害時の緊急活動や人流・物流等が阻害されるリスクを回避するため、踏切の立体交差化等の対策を推進するとともに、災害時の管理の方法を定める取組を推進する。【国土交通省】

㉝　大規模地震発生時に、大量の帰宅困難者が徒歩等により一斉帰宅を開始し、緊急車両の通行を妨げるなど、応急活動に支障を来す事態を回避するとともに、帰宅困難者自身の安全を確保するため、3日間の一斉帰宅抑制の基本原則の普及を図るほか、企業等における施設内待機や拠点のない帰宅困難者の待機場所の確保を図るなど、行政機関や鉄道事業者等の関係者が連携し、帰宅困難者対策を推進する。【内閣府（防災）、国土交通省】

㉞　想定を超える大量の帰宅困難者の発生・混乱を抑えるため、休憩・情報提供等の帰宅支援場所となる公園、緑地、広場等の整備を推進する。【国土交通省】

㉟　港湾BCPの実効性を高めるため、関係機関と協働による港湾BCP訓練を継続的に実施し、PDCAサイクルを通じて更なる見直し・改善を図る。【国土交通省】

㊱　耐風速対応型レーダーの活用等による、より安定的な海上交通管制の実施や、航路標識の老朽化等対策・耐災害性強化等を計画的に進める。【国土交通省】

㊲　大規模自然災害による港湾施設の被害を軽減するため、既に老朽化が進行している施設の性能回復を図る。【国土交通省】

㊳　災害発生時に遠隔により被災状況を把握し、被災した港湾施設の損壊箇所の特定や技術支援を速やかに実施するため、港湾工事における3次元データ活用やデータ共有を推進する。【国土交通省】

㊴　発災時に緊急物資や救援部隊等の海上輸送を速やかに実施し、港湾機能の早期復旧により社会経済活動への影響を最小化するため、衛星やドローン等の活用により港湾における被災状況等の災害関連情報の収集・集積の高度化を図るとともに、サイバーポートを通じた関係者間の共有体制を構築する。【国土交通省】

㊵　自然災害時に閉塞した航路の早期回復を図るため、被災後の最低水面決定に必要な基礎情報を整備する。【国土交通省】

㊶　発災後に速やかに航路を確保できる体制を構築するため、航路啓開訓練

やその結果を踏まえた航路啓開計画の見直し・充実を図る。【国土交通省】

㊷　災害時の支援物資輸送拠点等として港の機能を最大限活用する「命のみなとネットワーク」形成に向けた取組を進める。【国土交通省】

㊸　海上交通ネットワークの機能停止により、物流・人流へ甚大な影響が及ぶことを防ぐため、港湾における走錨事故の防止等に関する対策を推進する。【国土交通省】

㊹　豪雨等により土砂が航路に流出した場合でも、海上輸送ルートを確保できるよう、大規模出水時等に備えた航路の埋塞対策を実施する。【国土交通省】

㊺　災害時の輸送安定性や安全性の向上を図るため、鉄道施設の強靭化や災害後の鉄道の早期運転再開に資する技術の開発・導入を推進する。【国土交通省】

㊻　地震・台風・高潮等、想定される各種の自然災害が発生した場合でも、国際航空輸送機能に甚大な影響が及ばないよう、滑走路等の耐震対策や浸水対策等のハード対策を進めるとともに、空港BCP（A2-BCP（Advanced（先進的）な Airport（空港）のBCP））に基づく訓練の実施による実効性強化のソフト対策を進める。【国土交通省】

㊼　大規模自然災害時においても基幹的航空交通ネットワーク機能を確保するため、空港施設の浸水対策・老朽化対策や滑走路等の耐震対策を実施する。【国土交通省】

㊽　台風等の顕著な気象現象や火山噴火が発生した場合でも、国内外の航空輸送機能への影響を最小限とし、空港や航空路の安全を確保するため、火山灰や乱気流等に関する防災気象情報の活用促進や解説強化を実施する。【国土交通省】

㊾　災害発生時においても物流機能やサプライチェーンを維持するため、BCP未策定の物流事業者によるBCP策定や、平時からの関係者間での連絡体制構築等の取組を促進する。【国土交通省】

㊿　BCP未策定の企業に対し、BCPの重要性についての理解促進を図るとともに、製造業、物流事業者及び製造業と物流事業者の連携によるBCPの策定を促進する。【内閣府（防災）、農林水産省、経済産業省、国土交通省】

51　災害発生時に、訪日外国人が必要とする災害の状況に応じた正確な情報発信（公共交通機関の状況に関する情報発信、観光施設の営業状況に関する問合せ対応等）を行う。【国土交通省】

52　ガソリン等の不足に備え、電気自動車、圧縮天然ガス（CNG）燃料自動

車、液化石油ガス（LPG）燃料自動車・船舶、液化天然ガス（LNG）燃料自動車・船舶等、さらに、カーボンリサイクル燃料の社会実装に係る環境整備等により輸送用燃料タイプの多様化、分散化を図る。【経済産業省、国土交通省、その他関係府省庁】

【第3章第2節「施策分野ごとの国土強靱化の推進方針」より】

（10）国土保全

① 　地震、津波、洪水、内水、高潮、豪雪、火山噴火、土砂災害や、土砂・洪水氾濫等の自然災害に対して、河川管理施設、雨水貯留浸透施設、下水道施設、海岸保全施設、砂防設備、治山施設・保安林の整備等のハード対策と、災害ハザードエリアからの移転等土地利用と一体となった減災対策、調査・観測データの収集・活用、災害危険箇所の把握、災害関連情報の共有プラットホームの整備・活用、ハザードマップの作成推進及び周知徹底、避難の実効性を高める防災意識の啓発、災害監視体制の強化、災害発生前後の的確かつ分かりやすい情報発信・伝達、警戒避難体制整備等のソフト対策を効率的・効果的に組み合わせ、総合的に地方公共団体を適切に支援しつつ、強力に実施する。また、これらの対策を将来的な気候変動の影響を踏まえて効果的に実施するための高精度な気候変動予測データの創出や、それらを活用した影響評価等を進めるとともに、社会資本整備や土地利用に係る様々な取組の実施に当たって、民間の参入や投資の拡大も取り込みながらグリーンインフラを波及させることにより、自然環境が有する機能の持続的な発揮に努める。【内閣府（防災）、文部科学省、農林水産省、国土交通省、環境省】

② 　将来的な降雨量の増加、潮位の上昇等の気候変動による変化の予測も考慮し、都道府県が管理する中小河川も含め、河川の整備に係る計画等の作成・見直しを進めるとともに、「流域治水推進行動計画（令和3年7月）」に基づき、関係府省庁や地方公共団体等との緊密な連携・協力の下、上流・下流や本川・支川の流域全体を見据えた事前防災のためのハード・ソフト一体となった流域治水の取組を強化する。あわせて、特に水害リスクの高い河川においては、特定都市河川の指定を進め、ハード整備の加速に加え、あらゆる関係者の協働による水害リスクを踏まえたまちづくり・住まい方の工夫等を推進する。また、潮位の上昇等を考慮した海岸からの浸水防護機能を確保するための取組を強化する。さらに、施設の能力を超える洪水

に対しても堤防を決壊しにくくするなどの減災効果を発揮する粘り強い河川堤防の技術開発・整備や、関係機関との連携強化による治水上支障となっている河川横断施設の改修を進めるとともに、首都圏等の日本経済を支える大都市を壊滅的な水害から守るため、ゼロメートル地帯等における高規格堤防の整備等、抜本的な治水対策を推進する。【内閣府（防災）、金融庁、総務省、財務省、文部科学省、厚生労働省、農林水産省、経済産業省、国土交通省、環境省】

③　河川管理施設、砂防設備、下水道施設、海岸保全施設等の適切な維持管理・更新を進めるとともに、水門・樋門・排水機場・ダム等の自動化・遠隔操作化等の施設管理の高度化を進める。また、ダムの貯水池機能の回復等のための堆積土砂の撤去、土砂流入量の低減対策、施設改造等、既存ダムの機能の回復・増強を行うダム再生に取り組む。さらに、全てのダム管理者との情報網の整備、AIの活用等による雨量やダムへの流入量の予測精度の向上、同技術を活用したダムの運用の改善・高度化等を進め、事前放流を含めたダムによる洪水調節と水力発電の両機能を最大化するとともに地域振興にも資する「ハイブリッドダム」の取組を推進する。【農林水産省、国土交通省】

④　波を減衰させ、背後地の人命や財産を高潮や津波等の災害から守る海岸の砂浜について、日々の変化をモニタリングするとともに、予測の不確実性を見込みつつ、日本国土全体を俯瞰し、流砂系・漂砂系の視点を持って管理を行う「予測を重視した順応的砂浜管理」を展開する。また、我が国最南端の領土である沖ノ鳥島について、基礎データの観測・蓄積や護岸等の点検、補修等を行うなど、同島全体の保全を図るための措置を講じる。【農林水産省、国土交通省】

⑤　洪水時等における迅速な避難行動を支援するため、要配慮者利用施設等における避難確保・浸水防止計画やハザードマップ等の作成支援、緊急速報メールを活用したプッシュ型配信、水害対応タイムラインの作成等を進める。ハザードマップ等の整備に当たっては、デジタル技術を活用し、位置情報や音声読み上げに対応した機能等、障害者も含め全ての人に配慮した支援にも取り組む。また、防災情報の更なる高度化を図るため、水害リスク情報の充実、浸水センサ設置等によるきめ細かな情報提供、水位予測情報の長時間化や精度向上とともに、オープンデータ化を含めた河川情報の提供やサイバー空間上のオープンな実証実験基盤（流域治水デジタルテストベッド）整備により、官民連携による避難行動を促すサービスや洪水

予測技術の開発等を促進する。【国土交通省】

⑥　土砂・洪水氾濫や土石流に対して土砂・流木の捕捉効果が高い透過型砂防堰堤の整備を進めるとともに、土砂災害リスクの低いエリアへの居住誘導等を行う防災まちづくりの取組と一体的に実施する土砂災害対策を推進するなど、土砂災害から国民の生命・財産の被害を防止・軽減するため、砂防施設等の整備を推進する。あわせて、高精度な地形図を活用した基礎調査による土砂災害警戒区域等の指定を進めるとともに、土砂災害警戒区域等の認知度の向上、土砂災害警戒情報の精度向上等により、地域住民等の円滑な避難を促進する。さらには、人工衛星やドローン等を活用して、土砂災害の実態把握を迅速化することにより、二次災害防止対策の早期実施や警戒避難体制の構築を支援する。【国土交通省】

⑦　火山噴火の状況に応じて土砂災害のリスクが及ぶ範囲をリアルタイムで想定する「火山噴火リアルタイムハザードマップ」の整備及び精度向上、火山噴火緊急減災対策砂防計画の整備及びこれに基づいてハード・ソフト両面から機動的に対策を実施できる体制の整備を進める。また、火山災害対策を一層強化するため、「活動火山対策特別措置法の一部を改正する法律（令和5年法律第60号）」に基づき、火山調査研究推進本部の体制整備、専門的な知識や技術を有する人材の育成と継続的な確保等を行うとともに、火山の「観測・予測・対策」技術の一体的な研究や、迅速かつ効率的な機動観測体制の整備等を進める。さらに、警戒避難体制の整備に当たっては、火山地域の特性を踏まえた避難計画や集客施設等における避難確保計画等の策定、これらの計画に基づく訓練の実施等を推進する。【内閣府（防災）、文部科学省、国土交通省】

⑧　気候変動等の影響により、渇水が更に深刻化するおそれがあることを踏まえ、関係者が連携して渇水による影響・被害を想定した上で、危機的な渇水時の対策に取り組むとともに、持続的な地下水の保全・利用及び雨水・再生水利用を推進する。【国土交通省】

⑨　被災地における速やかな災害復旧等のため、ICT施工やBIM／CIM導入による一連の建設生産プロセスの高度化・効率化、建設機械の自動化・遠隔化技術等の開発・改良等のインフラ分野のDXを推進するとともに、防災・減災の担い手となる建設産業の担い手の確保・育成、地方公共団体職員の技術力向上、災害復旧事業等への支援体制の強化等を進める。【国土交通省】

⑩　頻発する自然災害による死傷者数の低減等を図るため、防災気象情報の

利活用の促進、気象防災アドバイザーの拡充・活用促進、JETT（気象庁防災対応支援チーム）の活動等を通じた地方公共団体の防災対応支援、多言語での情報発信を行うとともに、次期静止気象衛星や二重偏波気象レーダー等の観測機器、スーパーコンピュータシステム等の整備等により、線状降水帯や台風等の予測精度の向上等、各種防災気象情報の高度化を図る。くわえて、北極域研究船の建造・運用等により、更なる精度向上に向けて研究を進める。【文部科学省、国土交通省】

⑪ 対象建築物・土木構造物等を破壊することなく高速かつ高性能に欠陥箇所・脆弱箇所を特定・把握する診断・計測技術や、強靱化に資する構造材料等の研究開発を進める。【文部科学省】

⑫ 電子国土基本図、国土数値情報等の地理空間情報（G空間情報）、全国活断層帯情報等の防災地理情報等の整備・更新等を行うとともに、GNSS連続観測システム（電子基準点網）やSAR衛星データ等の活用・強化により全国の陸域の地殻変動の監視を継続的に行う。【国土交通省】

⑬ 地震、火山観測機器等の整備等により緊急地震速報、津波警報、噴火警報等の防災気象情報の高度化を進めるとともに、更なる被害の最小化を図るため、南海トラフ西側の海域等における地震・津波観測網の整備・運用、大規模地震の発生可能性の相対的な高まりを示すものとして見逃せない「ゆっくり滑り（スロースリップ）」現象を観測する装置の整備、南海トラフ沿いの「異常な現象」（半割れ地震・スロースリップ等）のモニタリング、発生後の状態変化の予測等の調査・研究を進める。また、活断層の活動や津波による浸水範囲、火山噴火の履歴等の解析・評価、活断層で発生する地震や海溝型地震の評価及びその手法の高度化、先端的な情報科学を用いた地震研究の高度化を進めるとともに、評価結果に係る情報発信に取り組む。【文部科学省、経済産業省、国土交通省】

⑭ 国土保全を担う人材・コミュニティの確保・育成等の体制整備を推進するとともに、それらが可能となる社会・経済構造の構築を目指す。【文部科学省、国土交通省】

一方、「国土強靱化年次計画」は、平成26年度以降5年間にわたり毎年度「国土強靱化アクションプラン」を策定してきていたが、国土強靱化の加速化・深化に対応すべく、PDCA機能の強化に加え、地方・民間・国民など国土強靱化を担う様々な主体に対する情報発信機能の充実を図るために「国土強靱化アクションプラン」の名称を改めたものである。

　以下に、令和5年7月に決定された「国土強靱化年次計画2023」の第2章
「各施策グループの推進方針等」第2節「35の各施策グループの推進方針及び
各施策グループ推進のための主要施策」第1項「あらゆる自然災害に対し、直
接死を最大限防ぐ」の中から1-2)「地震に伴う密集市街地等の大規模火災の
発生による多数の死傷者の発生」、1-4)「突発的又は広域的な洪水・高潮に伴
う長期的な市街地等の浸水による多数の死傷者の発生（ため池の損壊によるも
のや、防災インフラの損壊・機能不全等による洪水・高潮等に対する脆弱な防
災能力の長期化に伴うものを含む）」、1-5)「大規模な土砂災害（深層崩壊、
土砂・洪水氾濫、天然ダムの決壊など）等による多数の死傷者の発生」の内容
を示す。

【第2章第2節第1項1-2)「地震に伴う密集市街地等の大規模火災の発生に
　よる多数の死傷者の発生」より】

（推進方針）

○地震発生時の住宅火災の発生を抑えるため、住宅用火災警報器や防炎品、
　住宅用消火器、電気火災の発生抑制のための感震ブレーカー等の普及促進
　を図る。特に解消に向けて課題のある危険性の高い密集市街地においては、
　感震ブレーカー等の普及を強力に進める。

○地震等に対し著しく危険な密集市街地の解消に向けて、道路や公園の整備、
　老朽建築物等の除却・建て替え等のハード対策を進めるとともに、より
　一層の安全性を確保するため、防災設備の設置（消防水利、防災備蓄倉庫
　等）や防災マップの作成、消火・避難訓練の実施等のソフト対策を促進す
　る。また、密集市街地以外においても、強風等の条件下で火災が広がるお
　それがあることから、こうした市街地における火災対策を推進する。

○住宅・建築物の耐震化については、住宅や耐震診断義務付け対象建築物の
　耐震改修等に対する支援措置、建物評価手法の普及・定着や金融商品の開
　発等あらゆる手法を組み合わせ、耐震化を進める。

○水道事業者によるアセットマネジメントの取組や耐震化計画の作成、管路
　の更新を促進すること等により、耐震化等の耐災害性強化対策や老朽化対
　策を推進する。

○直通階段が一つしかない既存不適格建築物等の安全性を向上するため、
　2方向避難の確保や避難経路・上階の防火・防煙対策を推進するとともに、
　当該建築物における適切な避難行動を周知する。

○地域防災力の向上を図るため、女性や若者等幅広い住民の入団促進による
　消防団員のより一層の確保とともに、装備や訓練の充実、自主防災組織等
　との連携強化を推進する。

（主要施策）

【内閣府】地震・津波対策の推進

【総務】火災予防・被害軽減、危険物事故防止対策等の推進

【国交】密集市街地等の改善に向けた対策の推進

【国交】避難地等となる公園、緑地、広場等の整備

【国交】延焼防止等に資する緑地の確保等

【国交】住宅・建築物の耐震化の促進

【厚労】水道施設の耐災害性強化対策等の推進

【国交】建築物の火災安全対策の推進

【内閣府】地域防災力の向上

【総務】消防防災施設の整備

【総務】消防団を中核とした地域防災力の充実強化

【第2章第2節第1項1-4）「突発的又は広域的な洪水・高潮に伴う長期的な
　市街地等の浸水による多数の死傷者の発生（ため池の損壊によるものや、
　防災インフラの損壊・機能不全等による洪水・高潮等に対する脆弱な防災
　能力の長期化に伴うものを含む）」より】

（推進方針）

○気候変動による降雨量の増大等により洪水や内水等の被害が毎年のように
　発生していることを踏まえ、堤防の整備、ダムの建設・再生等の河川整備
　や下水道・海岸の整備をより一層加速するとともに、雨水貯留浸透施設の
　整備や水災害リスクを踏まえたまちづくり・住まいづくり等の流域対策等
　を推進し、河川の整備に係る計画等を見直すとともに、「流域治水推進行
　動計画」に基づき関係府省庁や地方公共団体等との緊密な連携・協力の下、
　上流・下流や本川・支川の流域全体を見据えた事前防災のためのハード・
　ソフト一体となった流域治水の取組を強化する。あわせて、特に水害リス
　クの高い河川においては、特定都市河川の指定を進め、ハード整備の加速
　に加え、あらゆる関係者の協働による水害リスクを踏まえたまちづくり・
　住まい方の工夫等を推進する。さらに、都道府県における流域水害対策計
　画の策定等を支援することにより、特定都市河川指定の一層の推進を図る。

また、流域治水を進めるに当たって、自然環境が有する多様な機能をいかすグリーンインフラの考えを推進し、関係機関と連携の下、災害リスクの低減に寄与する生態系の機能を積極的に保全又は再生することにより、生態系ネットワークの形成に貢献する。

○大規模氾濫が発生した場合に甚大な被害が想定される大都市部のゼロメートル地帯等において、大規模氾濫が発生した場合にも社会経済活動が長期停止することのないよう、まちづくりとも連携しつつ、高規格堤防の整備等の抜本的な治水対策を推進する。

○施設の能力を超える洪水に対しても、避難のための時間を確保する、浸水面積を減少させるなどにより、被害をできるだけ軽減することを目的に、決壊しにくく、堤防が決壊するまでの時間を少しでも長くするなどの減災効果を発揮する粘り強い河川堤防の技術開発及び整備を進める。

○災害を受けるリスクの高いエリアからの移転、災害に強い市街地の形成等を促進するため、立地適正化計画の強化（防災を主流化）や防災移転支援計画制度の活用等による移転を推進するとともに、土地のかさ上げやピロティ化、止水板の設置、電源設備の高層階設置、雨水タンク設置等の防災機能強化を図る。

○ダムの事前放流の効果をより発揮させるため、利水ダムを含む全てのダム管理者との情報網を整備する。さらには、AIの活用等による雨量やダムへの流入量の予測精度の向上、同技術を活用したダムの運用の改善・高度化等を進め、事前放流を含めたダムによる洪水調節と水力発電の両機能を最大化するとともに地域振興にも資する「ハイブリッドダム」の取組を推進する。

○施設の機能を確実に発揮させるため、引き続き河川管理施設、下水道施設、海岸保全施設等の適切な維持管理・更新を進めるとともに、水門・樋門・排水機場・ダム等の自動化・遠隔操作化等の施設管理の高度化を進める。また、ダムの貯水池機能の回復等のため、順次集中的・計画的に洪水調節容量内等に堆積した土砂の撤去、ダムへの土砂流入量を低減させるための対策等に取り組む。

○自然環境が有する機能を持続的に発揮し続けるため、様々な関係者による連携・協力体制の構築を図る。また、社会資本整備や土地利用に係る様々な取組にグリーンインフラを波及させるとともに、民間の参入や投資の拡大も取り込みながら継続的にグリーンインフラを推進する。

○各都道府県における海岸保全基本計画の変更を促進し、気候変動の影響も考慮した海岸堤防等の整備や侵食対策を進める。

○防災情報の更なる高度化を図るため、水害リスク情報の充実、浸水常襲箇所への低コストな浸水センサ設置等によるきめ細かな情報提供、水位予測情報の長時間化や精度向上を推進するとともに、オープンデータ化を含めた河川情報の提供やサイバー空間上のオープンな実証実験基盤（流域治水デジタルテストベッド）整備により、官民連携による避難行動を促すサービスや洪水予測技術の開発等を促進する。

○渡河部の道路橋や河川に隣接する道路の流失により、被災地の孤立が長期化しないよう、橋梁や道路の洗掘防止等の対策や橋梁の架け替え等を推進する。また、近年の強雨傾向等を踏まえ、道路やアンダーパス部等における排水施設及び排水設備の補修等を推進する。さらに、津波や洪水からの緊急避難場所を確保するため、地方公共団体のニーズを踏まえ、直轄国道の高架区間等を緊急避難場所等として活用するための避難施設を整備するなど、道路における洪水・浸水・津波への対応を推進する。あわせて、応急組立橋の確保や貸与等による地方公共団体への支援を推進する。

○電源等の重要施設を含む鉄道施設に対する浸水対策を引き続き推進するとともに、河川橋梁や斜面崩壊対策、異常気象時の二次災害防止のための運転規制等、鉄道の安全・安定輸送を確保するための対策を講じる。

○頻発する自然災害による死傷者数の低減等を図るため、防災気象情報の利活用の促進、気象防災アドバイザーの拡充・活用促進、JETT（気象庁防災対応支援チーム）の活動等を通じた地方公共団体の防災対応支援、多言語での情報発信を行うとともに、次期静止気象衛星や二重偏波気象レーダー等の観測機器、スーパーコンピュータシステム等の整備等により、線状降水帯や台風等の予測精度の向上等、各種防災気象情報の高度化を図る。くわえて、北極域研究船の建造・運用等により、更なる精度向上に向けて研究を進める。

○異常気象等の発生による突発的又は広域かつ長期的な浸水を防ぐため、決壊すると多大な影響を与えるため池の改修、農用地の湛水被害を防止するための農業用用排水施設等の整備・改修等を推進する。また、ソフト対策として防災重点農業用ため池のハザードマップ作成等を進める。

○「田んぼダム」の取組を広げていくため、多面的支払交付金により地域の共同活動を支援するとともに、農地整備事業等により水田の貯留機能を向上させる農地整備を進める。

○児童・生徒の学習・生活の場であり、災害時には避難所となる学校施設について、受変電設備のかさ上げ、止水板の設置等による浸水対策を進める。

○大規模災害が発生した時に住民が主体的で適切な避難行動により命を守る

　ためには、住民等が主体となった避難に関する取組の強化や防災意識の向上等の自助・共助を促進する必要があるため、地区居住者等が市町村と連携しながら地区防災計画に関する取組を促進することで、住民等の自発的な防災活動を促進し、地域防災力の強化を図る。

○大規模な洪水・高潮氾濫時における広域避難体制の整備、避難の実効性確保に向けて検討を推進する。

○水害を受けた被災地の早期回復を図る上で、速やかな災害復旧工事等の実施が極めて重要であることから、TEC−FORCE活動に必要な災害対策用機材の更なる充実を図るとともに、ICT施工やBIM／CIM導入による一連の建設生産プロセスの高度化・効率化等のインフラ分野のDXを推進する。また、水防団の充実強化とともに、水防活動の効率化・高度化を図るため、活動現場の状況報告や情報集約、共有等にデジタルデバイスを活用する。

○高精度な気候変動予測データを創出するとともに、DIASの長期的・安定的な運用を継続することにより地球環境ビッグデータを利活用し、国土強靱化等に貢献する研究開発を推進する。

○気候変動影響評価や適応策の検討のため、引き続きデータの整備や知見の収集・提供を進めるとともに、令和4年度に改訂を行った地域気候変動適応計画策定マニュアルの周知を進め、市町村における地域気候変動適応計画策定を支援する。

○令和2年6月に公表した「気候変動×防災」戦略の主流化のため、地方公共団体の地域気候変動適応計画及び防災関連計画に「気候変動×防災」の取組を位置付け、気候変動対策と防災・減災対策を包括的に実施する。

（主要施策）

【農水・国交】気候変動を踏まえた治水計画等の見直し

【国交】あらゆる関係者との協働による水災害対策「流域治水」の推進

【国交】流域治水対策（河川）

【国交】流域治水対策（ダム）

【国交】流域治水対策（下水道）

【農水・国交】海岸の侵食対策

【農水・国交】地震・津波・高潮等に備えた海岸堤防等の整備

【財務】流域治水対策（国有地を活用した遊水地・貯留施設の整備加速）

【農水】荒廃地等における治山施設の整備

【国交】立地適正化計画の強化（防災を主流化）

【国交】災害ハザードエリアからの移転の促進

【国交】災害に強い市街地形成に関する対策

【国交】防災情報の高度化対策（利水ダムにおける情報網整備）

【国交】河川管理施設・砂防設備等の老朽化対策

【国交】下水道施設の戦略的維持管理・更新

【国交】河川、砂防分野における施設維持管理、操作の高度化対策

【国交】治水等多目的ダムの堆砂対策

【農水・国交】海岸保全施設の戦略的な維持管理の推進

【農水・国交】水門・陸閘等の自動化・遠隔操作化、効果的な管理運用の推進

【国交】グリーンインフラの推進に伴う社会の強靱性の向上

【環境】自然生態系の機能を活かした社会の強靱性の向上

【国交】水害リスク情報の空白域の解消・充実

【国交】河川情報の提供の充実

【国交】防災情報の高度化対策（洪水予測の高度化）

【国交】流域治水デジタルテストベッドの整備

【国交】渡河部の橋梁や河川に隣接する道路構造物の流失防止対策

【国交】道路における津波や洪水・浸水への対応

【国交】鉄道施設の浸水対策

【国交】鉄道河川橋梁の流失、傾斜対策

【国交】鉄道における異常気象発生時の二次災害に備えた運転規制の適正な実施

【国交】防災気象情報の高度化及び適切な利活用の推進

【内閣府・文科】ムーンショット型研究開発制度目標8「2050年までに、激甚化しつつある台風や豪雨を制御し極端風水害の脅威から解放された安全安心な社会を実現」

【文科】異常気象予測の高精度化に資する北極域研究船の建造

【農水】ため池のハード及びソフト対策の推進

【農水】農村地域レベルでの総合的な防災・減災対策の推進（排水対策充実、地すべり対策等）

【農水】「田んぼダム」等の取組の推進

【文科】公立学校施設の防災機能強化・老朽化対策等（非構造部材の耐震対策を含む）

【文科】学校施設等の避難所としての防災機能の強化等の普及・啓発

【内閣府】地域防災力の向上

【内閣府】土砂災害・水害等の災害時における避難対策等の推進

【国交】ICT・データ・新技術等を活用した災害対策の構築

【国交】TEC－FORCE隊員の対応能力向上と資機材のICT化・高度化

【国交】施工の効率化・省力化に資する対策

【国交】水防団の充実強化等による地域水防力の強化

【文科】高精度予測情報等を通じた気候変動対策

【環境】気候変動影響を踏まえた災害対策

【第2章第2節第1項1-5）「大規模な土砂災害（深層崩壊、土砂・洪水氾濫、天然ダムの決壊など）等による多数の死傷者の発生」より】

（推進方針）

○将来見込まれる気候変動を踏まえ、過去に発生履歴を有するなど、土砂・洪水氾濫の蓋然性が高い流域において砂防堰堤等の整備等を行うのみならず、土砂・洪水氾濫が発生した流域と同様の地形的特徴を有するなど、対策の優先度が高い流域を調査により抽出・選定した上で、必要な対策を講じる。

○豪雨のみならず、南海トラフ地震や首都直下地震等、将来発生が予想されている大地震を踏まえて、人家が集中している箇所やまちづくり等の観点から特に重要な地域及び社会・経済活動を支える基礎的なインフラを守るため、土砂・洪水氾濫や土石流に対して土砂・流木の捕捉効果が高い透過型砂防堰堤の整備を進めるとともに、土砂災害リスクの低いエリアへの居住誘導等を行う防災まちづくりの取組と一体的に実施する土砂災害対策を推進するなど、引き続き砂防施設等の整備を推進する。

○砂防設備等の機能を確実に発揮させるため、引き続きトータルコストの縮減、費用の平準化の観点から、予防保全型の維持管理を進める。

○頻発化する土砂災害に対し、高精度な地形図を活用した基礎調査を実施し、引き続き土砂災害警戒区域等の指定を進めるとともに、土砂災害警戒区域等の認知度の向上、都道府県と気象台が共同で発表する土砂災害警戒情報の精度向上等に取り組むことで、住民等の円滑な避難を促進する。また、人工衛星やドローン等を活用して、土砂災害の実態把握を迅速化することにより、二次災害防止対策の早期実施や警戒避難体制の構築を支援する。

○被災地における速やかな応急復旧等のため、TEC－FORCE活動に必要な災害対策用機材の更なる充実を図るとともに、土砂崩落等により人の立入りが困難な被災現場における活動を可能とするため、建設機械の自動化・遠隔化技術等の開発・改良等のインフラ分野のDXを推進する。

○大雨や短時間強雨の発生頻度の増加、豪雪等により、山地災害が激甚化・頻発化する傾向にあることを踏まえ、流域治水と連携しつつ、地域の実情に応じて生物多様性にも配慮しながら、山地災害危険地区等におけるきめ細かな治山ダムの配置等により、土砂流出の抑制等を進める。

○豪雨災害等による林地の被害の拡大を防ぐためには、山地災害防止や水源涵養機能等の森林の公益的機能の発揮が重要であることから、間伐及び主伐後の再造林を推進する。

○頻発する自然災害による死傷者数の低減等を図るため、防災気象情報の利活用の促進、気象防災アドバイザーの拡充・活用促進、JETT（気象庁防災対応支援チーム）の活動等を通じた地方公共団体の防災対応支援、多言語での情報発信を行うとともに、次期静止気象衛星や二重偏波気象レーダー等の観測機器、スーパーコンピュータシステム等の整備等により、線状降水帯や台風等の予測精度の向上等、各種防災気象情報の高度化を図る。くわえて、北極域研究船の建造・運用等により、更なる精度向上に向けて研究を進める。

（主要施策）

【国交】流域治水対策（砂防）

【国交】防災情報の高度化対策（土砂災害・火山噴火に対する警戒避難体制）

【農水・国交】気候変動を踏まえた治水計画等の見直し

【国交】河川、砂防分野における施設維持管理、操作の高度化対策

【国交】河川管理施設・砂防設備等の老朽化対策

【国交】TEC−FORCE隊員の対応能力向上と資機材のICT化・高度化

【国交】無人化施工技術の安全性・生産性向上対策

【農水】荒廃地等における治山施設の整備

【農水】農村地域レベルでの総合的な防災・減災対策の推進（排水対策充実、地すべり対策等）

【農水】森林の国土保全機能（土壌侵食防止、洪水緩和等）の維持・発揮のための多様で健全な森林の整備等

【国交】防災気象情報の高度化及び適切な利活用の推進

【内閣府・文科】ムーンショット型研究開発制度目標8「2050年までに、激甚化しつつある台風や豪雨を制御し極端風水害の脅威から解放された安全安心な社会を実現」

(4) 国土形成計画（全国計画）

　国土形成計画（全国計画）の概要は、本章第1節「社会資本整備」に示した
とおりである。

　ここでは第三次国土形成計画における、国土強靱化を含めた自然災害に対す
る防災・減災に係る事項として、第1部「新たな国土の将来ビジョン」第3章
「国土の刷新に向けた重点テーマ」第4節「人口減少下の国土利用・管理」の
第2項「安全・安心な国土利用・管理」、ならびに第2部「分野別施策の基本的
方向」第5章「防災・減災、国土強靱化に関する基本的な施策」第1節「適切
な施策の組合せと効率的な対策の推進」の第1項「防災・減災に資する施設の
整備等」の（施設の整備等による防災・減災、国土強靱化対策）と第2項「防
災・減災に資する土地利用の推進」の（諸機能や居住のより安全な地域への誘
導等）、そして第2節「都市の防災・減災対策の強力な推進」に示されている
内容を示す。

　【第1部第3章第4節「人口減少下の国土利用・管理」より】
　2．安全・安心な国土利用・管理
　　気候変動に伴う水災害の激甚化・頻発化や切迫する巨大地震など災害リス
　クの高まりが懸念される中、まちづくり・地域づくりに防災・減災の観点を
　主流化していく必要がある。例えば水災害については、河川整備等の事前防
　災対策の加速化に加え、流域の貯留浸透機能の強化やリスクの低いエリアへ
　の誘導、住まい方の工夫等も含めた流域治水の取組を推進する。
　　安全・安心な国土利用・管理の観点からは、災害ハザードエリアにおける
　開発抑制とより安全な地域への居住誘導、事前防災・事前復興の観点からの
　地域づくり等の取組を一層推進する必要がある。
　（気候変動に伴う水災害の激甚化・頻発化に対応する流域治水の推進）
　　気候変動の影響による降雨量の増大及び海面上昇等に対応するため、河川、
　ダム、砂防、海岸の整備等の事前防災対策の加速化を図るとともに、あらゆ
　る関係者が協働して流域全体で行う総合的かつ多層的な水災害対策である流
　域治水の取組を全国の河川で推進する。
　　流域治水における重要な観点として、新たな土地の開発等に際し、降雨の
　流出の増加を抑制するための対策を講じるとともに、既存の施設や土地も活
　用し、流域の貯留浸透機能を更に向上させる取組を促進する。また、気候変
　動の影響を踏まえ、堤防等の施設では防ぎきれない洪水は必ず起こることを

前提に、地形条件等により河川の水位が上昇しやすい区間や氾濫した場合に特に被害が大きい区間等における氾濫の被害をできるだけ抑制する対策等を検討・実施する。その際、流域における水循環の維持又は回復に向けた取組との連携を図る。

（災害ハザードエリアにおける開発抑制とより安全な地域への居住誘導）

　気候変動に伴う水災害の激甚化・頻発化を踏まえ、土地本来の災害リスクを基礎として、立地適正化計画において居住誘導区域から災害レッドゾーンを原則除外するなど、コンパクトシティ政策と連携しつつ、災害ハザードエリアにおける開発抑制とより安全な地域への居住誘導の取組を推進するとともに、必要な国土保全インフラの維持・保全管理を行い、それらを有機的に連携させるなど、ソフト・ハード両面の防災・減災対策を講じ、その効果を人口動態等により中長期的に評価し、改善を図る。

（事前防災・事前復興の観点からの地域づくり）

　平時から災害が発生した際のことを想定して、地域人口の将来予測等を踏まえ、既存ストックを最大限に活用することや、被災前よりも災害に強いまちにするなどの復興まちづくりの実施方針を含む事前復興まちづくり計画等を策定し、計画的に準備を進めるとともに、被災した場合に復興まちづくりを円滑に進め、より良い復興（ビルド・バック・ベター）の実現を図る。

　これらの防災・減災対策は、市町村管理構想を始め、立地適正化計画、水災害リスク関連計画、事前復興まちづくり計画等により計画的に進めることが期待される。国としても、こうした取組がより効率的・効果的、かつ相互に連携が図られたものとなるよう、地理空間情報を活用した助言も行うなど、積極的に関与する必要がある。

【第2部第5章第1節「適切な施策の組合せと効率的な対策の推進」より】

1．防災・減災に資する施設の整備等

（施設の整備等による防災・減災、国土強靱化対策）

　地震、津波、高潮等の災害から人命や資産を防護するため、河川・海岸堤防等の嵩上げや耐震・液状化対策、海岸の侵食対策、上下水道施設の耐震化等を推進する。また、背後地の被害の軽減を図るため、粘り強い構造の海岸堤防、漁港施設等の整備を推進する。さらに、水門、陸閘等の統廃合、常時閉鎖、運転操作の自動化や遠隔操作化、集中管理の推進と併せて、操作従事

者の安全確保を最優先とした効果的な管理運用を推進する。このほか、防波堤、防潮堤、避難場所、避難経路等の整備を組み合わせた津波対策を推進するとともに、最大クラスの津波に対しては、これらの施設整備に加え、ハザードマップの周知、地域や事業者における避難計画の策定や避難訓練の実施など、ハード・ソフトの施策を組み合わせた「多重防御」により被害を最小化し、津波防災地域づくりを進める。

　洪水、内水等に対しては、河道掘削、河川堤防、排水機場及び洪水調節施設の整備、機能強化や、下水道による浸水対策に加え、遊水地、地下河川、雨水貯留浸透施設、輪中堤等の整備、特定都市河川制度を活用した貯留機能を有する土地の保全や浸水リスクが高い区域における土地利用・住まい方の工夫、避難体制の強化等のハード・ソフト対策など、流域のあらゆる関係者が連携した流域治水の取組を推進する。その取組の一環として、河川堤防を越水した場合であっても、堤防が決壊するまでの時間を少しでも長くするなどの減災効果を発揮する粘り強い構造の河川堤防の技術開発・整備を行う。

　降雨、地震、火山噴火活動等に起因する、土石流、土砂・洪水氾濫や急傾斜地の崩壊等の土砂災害から人命、財産及び公共施設を保全するため、砂防堰堤等の土砂災害防止施設の整備や流木対策の推進のため林野事業と連携して実施する流域流木対策、まちづくりの計画と砂防事業の計画の一体的な検討及び土砂災害防止法に基づく土砂災害警戒区域等の指定など、ハード・ソフト一体となった土砂災害対策、及び高速通信技術を活用した無人化施工など、DXに関する取組を推進する。加えて、盛土等に伴う災害を防止するため、盛土等の安全性の確保を推進する。また、被災地域の経済社会機能を早急に回復させるとともに再度災害の防止を図るため、必要に応じて施設の改良復旧等を迅速に行う。さらに、災害対応や行政の重要拠点である官庁施設、警察、消防、自衛隊、海上保安庁等の活動の拠点施設、学校、公民館等の避難所指定施設、都市公園等の避難地、石油コンビナート等のエネルギー供給施設、金融機関、災害拠点病院、福祉・介護施設、交通施設、通信施設、ネットワーク等の重要施設については、耐震・液状化対策、備蓄の充実、電力の確保等による耐災害性の向上を図る。

　火山災害対策を一層強化するため、火山調査研究推進本部の体制整備、専門的な知識や技術を有する人材の育成と継続的な確保等を行う。

２．防災・減災に資する土地利用の推進

（諸機能や居住のより安全な地域への誘導等）

　災害リスクが高い地域においては、災害の種類、頻度、地形地質条件等を

考慮し、住民の意向等を踏まえつつ、新たな住宅の建築の抑制、既に居住している住宅の安全な構造への改修又は移転等を促すため、関係法令に基づく規制区域の指定促進のほか、浸水範囲と浸水頻度の関係をわかりやすく図示した水害リスクマップ（浸水頻度図）等の災害リスクや施設整備の予定に関する情報の提供を行う。

　加えて、都市機能や居住を集約化する過程において、災害リスクを考慮して立地を検討することが重要である。特に、要配慮者利用施設、災害時に重要な役割が期待される公共施設等について、建て替え等の機会を捉えつつ災害リスクの低い地域への立地を促すことなどにより、各施設の災害対応能力を向上させるだけでなく、当該地域の利便性を向上させることにより中長期的な視点から居住をより安全な地域へ誘導する効果が期待できる。

【第2部第5章第2節「都市の防災・減災対策の強力な推進」より】
　人口と諸機能が集中している都市では、災害が発生した場合に被害が激甚化するおそれがあるほか、地下空間への浸水、密集市街地での火災、大量の避難者や帰宅困難者の発生等の都市特有の被害が発生することが想定されるため、これらに対する防災・減災対策を推進する。
1. 都市における水害、土砂災害及び津波への対応
　都市型水害に対応するため、引き続き河川整備や、雨水管、ポンプ場など、雨水を排除するための下水道施設の整備を一層促進するとともに、地方公共団体や民間事業者等による雨水貯留浸透施設の整備を促進することなどにより流域対策を推進する。
　また、地下鉄等の地下空間の浸水は人命に関わる深刻な被害につながる可能性が高いため、土嚢等の水防資機材の備蓄、防水板や防水扉の設置等の対応を行うほか、地下空間の管理者と連携した防災訓練、管理者への情報提供等を通じて、災害時の迅速な避難誘導を図る。
　多発する浸水被害への対応を図るため、想定し得る最大規模の洪水、内水、津波及び高潮を想定したハザードマップ策定、要配慮者利用施設の避難確保計画の作成、排水施設の整備、官民連携による雨水貯留浸透施設の整備等の総合的な施策により、浸水被害の最小化を図る。また、ゼロメートル地帯においては、高潮等による浸水により甚大な被害を受けることが想定されるため、ハード・ソフト両面からの対策に取り組む。

　さらに、土砂災害や津波のリスクが高い区域において、土砂災害防止施設、海岸保全施設等の整備を推進するとともに、ハザードマップ配布等による災害リスクの周知、警戒避難体制の強化、居住等のより安全な地域への誘導など、まちづくりと一体となった都市防災対策を一層進める。

　また、プレジャーボート需要の増大に伴って顕在化してきた放置艇の津波等による流出被害を防ぐため、放置艇対策を実施する。

２．巨大地震等に強い都市の構築

（住宅・建築物及び密集市街地の耐災害性向上）

　住宅・建築物の耐震化については、老朽化マンションの建替え等を進めるとともに、住宅や不特定多数の者が利用する大規模建築物、地方公共団体の指定する避難路沿道建築物、防災拠点建築物等の耐震診断、耐震改修等の促進を図る。その際、所有者の耐震化の必要性に対する認識の向上を図るとともに、住宅や耐震診断義務付け対象建築物の耐震改修等に対する支援措置、建物評価手法の普及・定着や金融商品の開発、既存天井の脱落対策に係る耐震改修、老朽化した公営住宅の建替等のあらゆる手法を組み合わせ、耐震化の促進を図る。また、超高層建築物等については長周期地震動の影響を考慮した安全性の検証や家具の転倒・移動による危害防止対策を進める。

　地震時等に大規模な火災発生のリスクが高い密集市街地の改善を促進するため、避難地、避難路等の整備促進、幹線道路沿道建築物の不燃化による延焼遮断帯の形成、老朽建築物の除却と併せた耐火建築物等への共同建替え等を推進する。また、既存建築物の防火上・避難上の安全性の確保を図るため、建築物の火災安全対策を推進する。さらに、より一層の安全性を確保するため、消防水利や防災備蓄倉庫等の防災設備の設置、避難場所や公共施設等を示した防災マップの作成、消火・避難訓練の実施等といったソフト対策を強化する。

（避難者・帰宅困難者対策）

　災害時において大量の避難者が発生することを想定し、避難所の指定及び確保、様々なニーズに配慮した避難所運営、避難者への迅速かつ的確な情報提供、各種行政手続の簡素化等の対策を推進する。また、都市における大量の帰宅困難者の発生に対応するため、施設内待機の徹底、公共・民間建築物の一時滞在施設としての活用、公園緑地等のスペース確保、行動ルールの周知等を推進する。さらに、必ずしも防災機能を有していない一時滞在施設や避難所となる施設については、耐震化、備蓄の充実、代替水源・エネルギーの確保等による耐災害性の向上を図る。また、災害時における人々の移動や

輸送の手段として自転車、バイクを有効に活用することにより、地域社会の安全・安心の向上を図る。

（災害時の業務継続機能の確保）

　都市機能が集積しエネルギーを高密度で消費する拠点地区において、エネルギー面的ネットワークを整備することにより、災害時の業務継続に必要なエネルギーの安定供給が確保される業務継続地区（BCD）の構築を推進する。

(5) 国土のグランドデザイン2050

「国土のグランドデザイン2050」の概要は、本章第1節「社会資本整備」に示したとおりである。

ここでは国土強靱化を含めた自然災害に対する防災・減災に係る事項として、第4章「基本戦略」の第（8）節「美しく、災害に強い国土」、ならびに「別添具体的推進方策例」の（7）「災害に強い国土づくり」の内容を示す。

【第4章「基本戦略」(8)「美しく、災害に強い国土」より】

　美しい国土を守り、国土全体を最大限有効活用するとともに、災害に強い国土づくりを進める

　我が国の国土の上で育まれてきた多様な自然や、山紫水明とうたわれる美しい景観を守り、次世代へと継承していくため、国土の適切な管理を行っていく。また、地域独自の歴史・文化等に根差した景観や、潤いと安らぎを与える水と緑といった自然等の幅広い地域資源を最大限活用した、美しく魅力ある地域づくりを行う。その際、人口減少により発生する空き地等を積極的に活用していくとともに、無電柱化、さらには日本風景街道といった美しい道路景観づくりの推進など、景観の改善や防災・減災に資する取組を推進する。

　我が国の国土が持つポテンシャルを活かすため、森林、農地、海洋、水を大切にし、38万 km^2 の領土に加え、447万 km^2 の領海・排他的経済水域等のすべてを守っていくとともに、我が国の周辺海域における海洋資源（鉱物・エネルギー資源や魚介類等の生物資源等）の開発・利用の促進を図るなど、持続可能な形で最大限利用する。林業の再生のため、豊富な森林資源を循環

利用し、森林の持つ多面的機能の維持・向上を図りつつ、CLTの普及などにより新たな木材需要を生み出し、国産材その他の木材の活用を図る。水産業については、生産から加工・流通、販売・輸出の各段階における取組を強化する。

農山漁村や離島・半島は、国土管理の拠点となる場所であり、そこに人が住み続けられる地域づくりを行っていく。特に、外海の遠距離離島（いわゆる国境離島）について、居住環境の整備と地域社会の維持を図る。具体的には、交通・情報アクセスの改善と、産業の振興、雇用の確保を図っていく。その際、「2つのものさし」の発想による規制緩和や、市場化を推進する際のユニバーサルサービスの確保に配慮が必要である。

また、相続手続きが行われないまま放置され、共有者が多数にのぼり、その実態の把握が困難であるなど、いわゆる所有者不明の土地が国土利用、災害復旧等を阻害している。今後人口減少によりさらに状況が深刻化するおそれがあることなどを踏まえ、所有者不明土地の実態把握や、活用を進めるためのルールづくり等を進める。

現行制度の下では、財産権保護の観点から、一般に利害関係のない第三者は所有者不明土地を管理・活用することはできないが、土地は重要な国民共有の資源であり、所有者不明であることによってその適切な利用が阻害されていることは極めて大きな損失である。このため、国土の適切な利用や地域振興など公共・公益的な視点と、いわゆる財産権の不可侵性のバランスに配慮しつつ、その利用促進を図るための制度のあり方について幅広く検討する必要がある。

災害に強い国土づくりを進めていくため、災害リスクの評価と共有を行い、これを踏まえたソフト・ハードの組み合わせによる防災・減災対策の重点化を図る。災害リスクの評価に当たっては、気候変動に伴う外力の増大等も踏まえ、リスクを的確に評価しわかりやすい共有を行う。また、ビッグデータや無人化技術等を活用し被災時の迅速な情報把握・共有を行う。

さらに、ロボットやセンサー等を駆使して、防災・減災、メンテナンス等におけるイノベーションを生み出し「防災先進社会」を構築する。

東京圏などの中枢機能のバックアップや、交通、エネルギー、ライフライン、情報など重要インフラの多重性・代替性を確保する。

自然共生の観点にも配慮し、緑の防潮堤等のグリーンインフラの整備を進めるとともに、水源地域を含め流域圏における健全な水循環系の構築や、流域全体での総合的な治山治水対策を推進する。

【別添　具体的推進方策例（7）「災害に強い国土づくり」より】

・ロボットやセンサー等を駆使して、防災・減災、メンテナンス等における
　イノベーションを生み出し、「防災先進社会」を構築し、IT防災を駆使し
　た迅速かつ的確な災害対応を実現する

・南海トラフ巨大地震・首都直下地震等に対し、適時必要な対策を見直すと
　ともに、事前の防災対策や発災時の応急活動への平時からの備えを進める

・オープンデータ・ビッグデータやソーシャルメディアの活用も含めた、総
　合的な防災情報の収集と共有を図る

・津波浸水想定、土砂災害警戒区域等、災害が発生するおそれがある地域の
　把握・公表等、災害リスクの開示と共有を図る

・国家的な中枢機能を有する地域や、地方の拠点における安全性及び事業継
　続性の向上のため、リスクを踏まえた対策の重点化を行う

・住宅・建築物の耐震化や、地震時等に著しく危険な密集市街地の改善整備
　を図る

・水災害の被害を最小化させるために緊急的・総合的に取り組むべき対策を
　策定し、地下街等の避難確保・浸水防止対策やタイムライン（防災行動計
　画）の策定等を推進する

・水災害分野の気候変動適応策として、施設整備により安全度を高めるとと
　もに、まち・地域づくりと一体となった対策等を推進する

・津波から人命・資産を防護するため、粘り強い構造（緑の防潮堤を含む）
　を基本とした海岸堤防等の整備を進める

・緑の防潮堤や多自然川づくり等のグリーンインフラの整備を推進するなど、
　自然共生の観点にも配慮した防災・減災対策を進める

・内陸発展型国土への転換や日本海側と太平洋側の連携等により国土を賢く
　安全に使う

・津波危険地域等における住居や施設からの避難路の確保と、災害リスクを
　軽減するためのそれらの内陸部への誘導を図る

・交通やエネルギーなど重要インフラの多重性・代替性を確保する

・政府業務継続計画を踏まえた対応を進めるとともに、首都中枢機能のバッ
　クアップの確保を図る

・排他的経済水域等の根拠となる低潮線の保全や海岸の侵食対策、農山漁村
　や離島・半島等における土砂災害対策、山地から海岸までの一貫した総合
　的な土砂管理等の国土の保全対策を推進する

・災害発生時における対応として、行政界を越えた広域的な連携やTEC-
FORCE等による機動的・広域的な支援を行うとともに、現地における災
害対応の担い手となる者の確保・育成を図る
・「公助」に加えて、「自助」さらに住民相互や地域コミュニティの中で助け
合う「共助」を強化する・速やかな復興のための事前の復興計画の準備を
進める
・南海トラフ巨大地震等の大規模災害が想定される地域における地籍整備の
推進を図る

(6) 総力戦で挑む防災・減災プロジェクト ～いのちとくらしをまもる防災減災～

気候変動の影響による水害・土砂災害の頻発・激甚化、南海トラフ巨大地
震・首都直下地震等の巨大地震の発生等も懸念されることから、自然災害対策
の重要性はますます高まっている。このような自然災害に対して、国土交通省
ではこれまでも分野ごとにさまざまな対策を講じてきたが、今後は分野横断的
に連携しつつ、さらに国民の防災意識を高め、防災・減災が主流となる安全・
安心な社会づくりを進めていく必要がある。

そのため、国土交通大臣のプロジェクトとして2020年（令和2年）1月に
「総力戦で挑む防災・減災プロジェクト ～いのちとくらしをまもる防災減災～」
を立ち上げ、これまでの教訓や検証を踏まえて国土交通省の総力を挙げ、抜本
的かつ総合的な防災・減災対策を講じるとされた。

このプロジェクトでは、(1) 縦割り志向ではなく、関係者や他分野と連携す
ることにより防災・減災施策を強化できないか、(2) 国民目線に立ったわかり
やすい施策となっているか、という「連携」と「国民目線」をキーワードとし
て、国土交通省の防災・減災施策を総ざらいのうえ、ブラッシュアップを行い、
令和2年7月に施策のとりまとめが行われた。そこでは、総力戦で挑む防災・
減災プロジェクト主要施策として、次のような国民の命と暮らしを守る10の
施策パッケージが示されている。

（主要施策1）あらゆる関係者により流域全体で行う「流域治水」への転換

・気候変動による水災害リスクの増大に備えるためには、これまでの河川管理者等の取組に加えて、流域に関わる関係者が、主体的に取り組む社会を構築する必要。

→「流域治水」の考え方に基づき、堤防整備、ダム建設・再生などの対策をより一層加速するとともに、集水域から氾濫域にわたる流域のあらゆる関係者（国・都道府県・市町村・企業・住民等）で水災害対策を推進。

（主要施策2）気候変動の影響を反映した治水計画等への見直し

・気候変動の影響による降雨量の増加や海面水位の上昇等が予測されているため、これらをあらかじめ見込んだ対策を行う必要。

→ 対策の実施に必要な計画や基準等を「過去の降雨実績や潮位に基づくもの」から「気候変動による降雨量の増加、潮位の上昇などを考慮したもの」に見直し、抜本的な対策を講じる。

（主要施策3）防災・減災のためのすまい方や土地利用の推進

・人々のすまい方や土地利用についても、自然災害リスクの抑制の観点から、そのあり方の見直しが必要。

→ 災害ハザードエリアにできるだけ住まわせないための土地利用規制・誘導に加え、災害リスク情報の更なる活用、都市開発プロジェクトにおける防災・減災対策の評価などにより、防災・減災のためのすまい方や土地利用を推進。

（主要施策4）災害発生時における人流・物流コントロール

・災害時の安全確保や長時間の閉じ込め等の防止、人命救助・物資輸送の観点から、災害時の交通抑制や緊急輸送ルートの確保が必要。

→ 計画運休の深化や空港の孤立化防止、船舶の走錨事故防止対策に加え、災害後の人命救助・緊急物資輸送に資する緊急輸送ルートの確保など、災害時の人流・物流コントロールを適切に推進。

（主要施策5）交通・物流の機能確保のための事前対策

・令和元年東日本台風をはじめ近年の激甚化した災害により、交通機能が長期にわたって損なわれ、社会・経済活動に大きな影響を与える事態が発生。

→ 交通運輸事業者の災害対応力向上や被害を甚大にさせないための対策を講じ、激甚化する災害に対応した交通・物流の機能確保を推進。

（主要施策6）安全・安心な避難のための事前の備え

・住民一人一人が避難行動を地域とともに自ら考えることにより、自助、共助の醸成を促し、地域防災力の向上を図ることが必要。また、災害発生時において誰もが迅速かつ円滑に避難ができる環境整備が必要。

→ ハザードマップを活用したマイ・タイムラインによる実効性のある避難体制の確保、避難しやすいまちづくりの推進や既存インフラの有効活用、新型コロナウイルス感染症拡大にも対応した避難場所の確保など、安全・安心な避難のための事前対策を推進。

（主要施策7）インフラ老朽化対策や地域防災力の強化

・老朽化したインフラや所有者不明土地、少子高齢化による地域の防災力の低下など、災害リスクを増大させる課題が山積。

→ インフラ老朽化対策を着実に進めるとともに、土地の適正な利用・管理の促進、災害リスクに対応するための連携体制や支援体制の構築、担い手確保・育成の取組、新型コロナウイルス感染症も踏まえた国土のあり方の検討など地域防災力の強化を図る。

（主要施策8）新技術の活用による防災・減災の高度化・迅速化

・災害予測・災害状況把握・災害復旧・被災者支援の一連の流れを高度化・迅速化するためには新技術を活用することが不可欠。

→ 新たな働き方への転換と抜本的な安全性向上等を図るインフラ分野のDX（デジタル・トランスフォーメーション）を強力に推進することで、新型コロナウイルス感染症のリスクに対応しつつ、防災・減災対策を進めていく。

（主要施策9）わかりやすい情報発信の推進

・大雨特別警報やハザードマップなど、災害に関する情報を行政側において発信・提供しているが、住民や事業者の具体的な行動（避難や企業活動）につながっていない事例も発生。

→ 分野連携や新技術も活用しつつ訪日外国人や障がい者も含む国民目線に立って、いのちとくらしを守るわかりやすい情報発信を推進。また、行政による防災・減災に関する施策についても国民にわかりやすく情報発信。

（主要施策10）行政・事業者・国民の活動や取組への防災・減災視点の定着

・行政機関、民間企業、国民一人ひとりが、意識・行動・仕組みに防災・減災を考慮することが当たり前となる社会を構築する必要。

　　→　行政プロセスや経済活動、事業に様々な主体を巻き込み、防災・減災
　　の観点を取り入れた「防災・減災×○○」の取組を進めていくことによ
　　り、防災・減災に関する国民意識を普段から高め、事前に社会全体が災
　　害へ備える力を向上させる。

（7）第5次社会資本整備重点計画

　第5次社会資本整備重点計画の概要は、本章第1節「社会資本整備」に示し
たとおりである。

　ここでは国土強靱化を含めた自然災害に対する防災・減災に係る事項として、
第1章「社会資本整備を取り巻く社会経済情勢」第1節「国民の安全・安心を
脅かす自然災害とインフラの老朽化」の「(自然災害の激甚化・頻発化、切迫)」、
ならびに第3章「計画期間における重点目標、事業の概要」の第2節「個別の
重点目標及び事業の概要について」の第1項「重点目標1：防災・減災が主流
となる社会の実現」と〈政策パッケージ〉の「【1-1：気候変動の影響等を踏
まえた流域治水等の推進】」、「【1-2：切迫する地震・津波等の災害に対するリ
スクの低減】」、「【1-3：災害時における交通機能の確保】」、「【1-4：災害リス
クを前提とした危機管理対策の強化】」の内容を示す。

【第1章第1節「国民の安全・安心を脅かす自然災害とインフラの老朽化」
　の「(自然災害の激甚化・頻発化、切迫)」より】
　我が国は、地形・地質・気象等の国土条件により、従来から自然災害によ
る甚大な被害に見舞われてきた。こうした中、近年、地球温暖化による気候
変動の進行により、短時間強雨の発生頻度が増え、氾濫危険水位を超える河
川数や土砂災害の発生件数が増加するなど、水災害等が激甚化・頻発化して
いる。今後も更なる降雨量の増加による洪水や土砂災害の激化が見込まれる
とともに、平均海面水位の上昇や高潮のリスクの増大も予測されている。降
雪・積雪は減少傾向がみられるものの、短期間で記録的な降雪となるリスク
がある。
　また、地震についても、我が国は世界の大規模地震の約2割が発生する地
震多発国であり、南海トラフ地震や首都直下地震、日本海溝・千島海溝沿い
の巨大地震等の大規模地震の発生が切迫するとともに、こうした大規模地震
と併せて、津波による甚大な被害も懸念される。
　現に、第4次重点計画策定以降、平成30年7月豪雨、令和元年東日本台

風、令和2年7月豪雨等の風水害や、平成28（2016）年の熊本地震、平成30
（2018）年の北海道胆振東部地震といった地震災害等が発生している。

　さらに、火山についても、我が国は世界の活火山の約1割を有する世界
有数の火山国である。過去、少なくとも概ね100年に一度以上は大規模噴火
が起こっている中、大正3（1914）年の桜島の大正大噴火以降、100年にわ
たって大規模な噴火が起こっておらず、いつ大規模噴火が起こってもおかし
くない状況にある。

　平野の少ない我が国では、可住地が限られており、災害リスクの高い地域
に人口や資産が集中している。また近年では、サプライチェーンの高度化・
複雑化に伴い、災害時の交通ネットワークの途絶により、広域にわたり大規
模な被害が発生している。

**【第3章第2節第1項「重点目標1：防災・減災が主流となる社会の実現」
より】**

〈目指すべき姿〉

　激甚化・頻発化する、または切迫する風水害・土砂災害・地震・津波・噴
火・豪雪等の自然災害に対し、強くてしなやかになるようにする対策がなさ
れ、国民が安心して生活を送ることができる社会をつくる。

〈現状と課題〉

　気候変動に伴い激甚化・頻発化する水災害については、防災・減災が主流
となる社会を目指し、河川等の管理者が主体となって行う治水対策に加え、
あらゆる関係者の協働により流域全体で治水対策に取り組む必要がある。ま
た、これまでの治水計画等は過去の降雨実績や潮位に基づき定められてきた
が、将来の気候変動の影響による降雨量の増加や海面水位の上昇を考慮した
計画へと見直す必要がある。

　さらに、例えば想定最大規模降雨により荒川が氾濫した場合、広域かつ深
い浸水となり、ライフラインが長期にわたり停止するため、社会経済への甚
大な影響が発生すると予測される。そのため、これらを未然に防ぐ取組が必
要である。

　また、過去、災害リスクの高いエリアでも宅地開発等が行われてきたこと
から、土砂災害特別警戒区域等の災害レッドゾーンの指定推進を図るととも
に、防災の観点から、住まい方の工夫や土地利用の規制・誘導が必要である。

　加えて、各種ハザードマップの整備が進んでいるものの、リスク情報空白域が残っていることから、その解消を進めることなどにより、住民自らの居住や企業の立地を含めた行動に結びつけることが必要である。さらに、損害保険等の金融的手法により、これらの取組を加速することが必要である。

　なお、「流域治水」等の推進に当たっては、水災害によるリスクや流域での取組を分かりやすく伝えることで、企業や住民などのあらゆる関係者が協働して取り組むことを促進することも重要である。

　地震災害については、首都直下地震等の発生時に甚大な被害が想定されることから、密集市街地の改善整備や、住宅・建築物及び公共土木施設等の耐震化が喫緊の課題である。津波災害についても、南海トラフ地震や日本海溝・千島海溝沿いの巨大地震等のリスクに備え、最大クラスの津波に対する、ハードとソフトの施策を組み合わせた多重防御による対策の推進が必要である。火山については、ひとたび噴火が生じると、甚大な被害が広範囲かつ長期にわたって生じる場合があることから、平時からのハード・ソフト両面にわたる対策が必要である。

　なお、地震災害と津波災害が複合的に発生したり、洪水と土砂災害が複合的に発生するなど、災害が複合的に発生することにより、被害が甚大になるおそれがある。こうした複合災害から命を守るためには、身のまわりにどのような災害が起きる危険性があるのか、どこへ避難をすればよいのか、事前に備えることが重要である。そのため、防災に役立つ様々なリスク情報や全国の市町村が作成したハザードマップを活用できるようにするための情報発信を充実していく必要がある。

　さらに、近年の激甚化した災害においては、交通機能が長期にわたって損なわれ、社会・経済活動に大きな影響を与える事態が発生していることから、交通ネットワークの多重性・代替性の確保など、交通・物流の機能確保を推進する必要がある。

　また、気候変動に伴い災害が激甚化・頻発化する中で、より効率的な土砂災害対策を進める必要があることから、国直轄の砂防事業については概成した箇所から本来の管理者である都道府県への引き継ぎを進め、緊急性・重要性を踏まえた直轄砂防事業の重点化を図る必要がある。

　併せて、全国各地で激甚化・頻発化する自然災害による被害が生じる中、地方公共団体だけでは対応できない場合が多くあり、国と地方公共団体の連携がますます重要になっている。また、災害時の地域の担い手としての建設産業の存在も重要である。

【第3章第2節〈政策パッケージ〉の「【1-1：気候変動の影響等を踏まえた流域治水等の推進】、【1-2：切迫する地震・津波等の災害に対するリスクの低減】、【1-3：災害時における交通機能の確保】、【1-4：災害リスクを前提とした危機管理対策の強化】」より】

【1-1：気候変動の影響等を踏まえた流域治水等の推進】

　国民の安全・安心を確保するため、関連法制等に基づき、国、都道府県、市町村、地域の企業、住民など、あらゆる関係者が協働して流域全体で行う「流域治水」を推進し、気候変動等による将来の自然災害リスクに適応したハード・ソフト一体となった総合的な防災・減災対策を進める。

　河川管理者や下水道管理者等が主体となって行う治水対策を加速することに加え、関係省庁・官民が連携して、利水ダムを含む既存ダムやため池の洪水調節機能の強化、水田等による雨水貯留浸透機能の活用、森林整備・治山対策等を進める。

　災害ハザードエリアにおける開発抑制、同エリアからの移転促進、まちなかの防災対策・安全確保策の強化などにより、防災・減災のための住まい方や土地利用を進めるとともに、将来の土地利用の変化を見据えながら、より効果的なハード整備を図る。特に、東京湾をはじめ、背後に人口・資産が集中する重要な沿岸等においては、気候変動の影響を考慮した新たな計画に基づいた気候変動適応策を推進する。

　災害時における救急救命活動や復旧支援活動を支えるため、道路構造物の流失防止対策を進める。

【1-2：切迫する地震・津波等の災害に対するリスクの低減】

　切迫する地震・津波等による被害の軽減を図るため、引き続き住宅、建築物、公共土木施設等の耐震化を進めるとともに、高台まちづくりの推進、都市公園等の整備、港湾の強靱化を進める。

【1-3：災害時における交通機能の確保】

　リダンダンシーの確保により、風水害・土砂災害・地震・津波・噴火・豪雪・原子力災害等が発生した直後から、救命・救助活動等が迅速に行われ、社会経済活動が機能不全に陥ることなく、また、制御不能な二次災害を発生させないことなどを目指し、高規格道路のミッシングリンクの解消及び暫定2車線区間の4車線化、高規格道路と代替機能を発揮する直轄国道とのダブルネットワークの強化、災害時の道路閉塞を防ぐ無電柱化等を推進し、災害に強い道路ネットワークの構築を進めるとともに、海上交通ネットワークを

維持するための港湾の高潮・高波対策、地下鉄駅等の浸水防止対策等を進める。

【1-4：災害リスクを前提とした危機管理対策の強化】

　官民一体となったTEC-FORCE活動等、災害対応の体制・機能の拡充・強化を図るとともに、防災・減災を支える現場の担い手である建設業の従事者の確保・育成を進める。

　ハザードマップを活用したマイ・タイムライン作成等住民の防災意識向上に繋がる訓練の実施、洪水や土砂災害など複数の災害リスク情報の一元的な提供により、実効性のある避難体制を確保する。

　新技術を活用した気象予測や河川管理の高度化による防災・減災の取組及び港湾における災害関連情報の収集・集積の高度化を図るとともに、災害リスクの高い地域での詳細な地理空間情報の整備を行う。

(8) 防災・減災、国土強靱化のための5か年加速化対策

　近年、気候変動の影響により気象災害は激甚化・頻発化し、また、南海トラフ地震、日本海溝・千島海溝周辺海溝型地震、首都直下地震などの大規模地震の発生も切迫している。また、高度成長期以降に集中的に整備されたインフラが今後一斉に老朽化することから、インフラの維持管理・更新を確実に実施する必要があるが、未だ予防保全型のメンテナンスサイクルは確立できておらず、適切に対応しなければ、中長期的なトータルコストの増大を招くのみならず、我が国の行政・社会経済システムが機能不全に陥る懸念がある。このような国家の危機に打ち勝ち、国民の生命・財産を守り、国家・社会の重要な機能を維持するためには、防災・減災、国土強靱化の取組の加速化・深化を図り、災害に屈しない強靱な国土づくりを進める必要がある。また、防災・減災、国土強靱化の取組をより効率的に進めるためには、近年急速に開発が進むデジタル技術の活用等が不可欠である。「防災・減災、国土強靱化のための5か年加速化対策」（5か年加速化対策）は、このような状況を踏まえて「防災・減災、国土強靱化のための3か年緊急対策」（対策期間：2018年度から2020年度）に代わる対策として2020年（令和2年）12月に閣議決定された。

　5か年加速化対策では、①激甚化する風水害や切迫する大規模地震等への対策、②予防保全型インフラメンテナンスへの転換に向けた老朽化対策、③国土強靱化に関する施策を効率的に進めるためのデジタル化等の推進の3分野につ

いて更なる加速化・深化を図ることとしている。そして、ダムの事前放流の推進や遊水地の整備などによる流域治水対策、道路橋梁や学校施設などの老朽化対策、ITを活用した道路管理の効率化、防災気象情報の高度化等の123の対策について中長期の目標を定め、重点的かつ集中的に取り組んでいくとしている。

　取組の加速化・深化のために5年間で追加的に必要となる事業規模は、政府全体ではおおむね15兆円程度を目途としており、このうち国土交通省では、おおむね9.4兆円程度を目途として、所管分野を対象に、重点的・集中的に53の対策を講じることとしている。そして国土交通省においては、災害から国民の命と暮らしを守るため、所管する各種インフラ等を対象に、「あらゆる関係者が協働して行う流域治水対策」、「道路ネットワークの機能強化対策、鉄道、港湾、空港等の耐災害性強化対策」、「予防保全型インフラメンテナンスへの転換に向けた早期対応が必要な施設への集中的な老朽化対策」、「国土強靱化に関する施策をより効率的に進めるためのインフラDXの推進」などの対策について、重点的かつ集中的に実施し、取組の更なる加速化・深化を図るとしている。

(9)　流域治水推進行動計画

　「流域治水推進行動計画」は、流域治水の取組を加速するために、関係16省庁が垣根を越えて連携し、流域治水の推進に向けた関係省庁実務者会議を設置し、緊密な連携・協力のもと、流域治水の推進に資する連携施策等について令和3年7月にとりまとめられた計画である。

　「流域治水推進行動計画」は、これまでの取組と今後の進め方・具体的な取組について、以下の施策項目が取りまとめられている。

(1)　気候変動の影響を踏まえた治水計画や設計基準類の見直し
(2)　流域全体を俯瞰した総合的かつ多層的な対策
　　①ハザードへの対応
　　　・利水ダムを含む既存ダムの洪水調節機能の強化
　　　・流域の雨水貯留浸透機能の向上・遊水機能の保全
　　　・戦略的な維持管理
　　　・氾濫が発生した場合でも、氾濫量の抑制や水防活動等により被害を軽減
　　　・洪水時に大量に流出する土砂・流木の捕捉等
　　②暴露への対応

　　　・リスクの高い区域における土地利用・すまい方の工夫

　　　・まちづくりや住まい方の工夫に必要な土地の水害リスク情報の充実

　　③脆弱性への対応

　　　・土地の水災害リスク情報の充実

　　　・避難体制の強化

　　　・避難行動を促すための情報・伝え方

　　　・安全な避難先の確保

　　　・広域避難体制の構築

　　　・避難行動につながる平時の取り組み、避難計画づくり

　　　・経済被害の軽減

　　　・金融・保険業界に対する水害の回避・被害軽減のための情報提供

　　　・関係者と連携した早期復旧・復興の体制強化

(3)　事前防災対策の加速

　　　・流域治水プロジェクト等による事前防災対策の加速化

　　　・水災害リスクを踏まえた防災まちづくりの基本的な考え方を提示

　　　・農業水利施設の新技術の活用による防災のデジタル化・スマート化

(4)　防災・減災が主流となる社会に向けた仕組みづくり

　　　・あらゆる関係者による流域治水を推進するため、あらゆる行政プロセスや、様々な事業に防災・減災の観点を取り入れた仕組みを構築

　　　・防災・減災の日常化

　　　・規制的手法や誘導的手法を用いた「流域治水」の推進

　　　・経済的インセンティブによる「流域治水」の推進

　　　・流域の関係者間で流域治水の対策の調整を行う場の設置

　　　・自然環境の持つ多様な機能を活かすグリーンインフラの活用

2.4　働き手の確保と生産性の向上／DX／技術の継承

　人口減少社会を迎えた我が国では、建設部門に限らずあらゆる産業で「働き手の確保」が大きな問題になっている。また、我が国においては、これまでの人口増加や寿命を前提とする社会システムの延長ではなく、大きな変革を行うことにより、「一億総活躍社会」の実現を目指して「働き方改革」等の取組みを進めており、国土交通省においても、平成28年を「生産性革命元年」と位置付け、社会全体の生産性向上につながるストック効果の高い社会資本の整備・活用や、関連産業の生産性向上、新市場の開拓を支える取組を加速化する「生産性革命」を推進している。また、インフラ分野においても、社会経済状況の激しい変化に対応し、データとデジタル技術を活用して、国民のニーズをもとに社会資本や公共サービスを変革するとともに、業務そのものや、組織、プロセス、建設業や国土交通省の文化・風土や働き方を変革し、インフラへの国民理解を促進するとともに、安全・安心で豊かな生活を実現すべく、2020年に「国土交通省インフラ分野のDX推進本部」が設置され、インフラ分野のDXの全体像の整理や各種施策の進捗状況の確認が進められてきた。さらに、建設分野に限らず我が国の多くの産業が抱えている問題の1つに「技術の継承」がある。

　第1章に示したように本項目に係る出題は、2019年度の『建設分野における生産性の向上』と2020年度の『それぞれの地域の中小建設業の担い手確保』、そして2022年度の『社会資本の効率的な整備、維持管理及び利活用に向けたデジタル・トランスフォーメーション（DX）の推進』が挙げられる。また、これまでに出題された建設部門における技術士試験問題では、「働き手の確保」と「生産性の向上」を関連付けて出題していることが多い。また、デジタルトランスフォーメーション（DX）は、生産性の向上に係るICTの活用を含めたi−Constructionとも密接に関連している。さらに、建設業就業者の高齢化や働き手の不足といったことを背景に「技術の継承」についての対応も求められる。そこで本節では、「働き手の確保」と「生産性の向上」、「DX」、そして「技術の

継承」は1つのテーマとして扱うこととした。

　「働き手の確保と生産性の向上」あるいは「技術の継承」をテーマにした問題に対しては、建設産業における「生産性の向上」が求められる背景としての「建設投資額」や「建設業許可業者数や就業者数」そして「建設業の労働生産性」といった、建設産業の現状を整理しておく必要がある。そして、課題解決策としての内容を述べる際には、国土交通省の『生産性革命プロジェクト』の項目や、そこに含まれている『i-Construction』などの具体的な内容、さらに『第5次社会資本整備重点計画』や『国土のグランドデザイン2050』などについても理解しておく必要がある。また、「社会資本に係るDX」に対しては、国土交通省としてインフラ分野のDXの取組方針を明確にしている『インフラ分野のDXアクションプラン』を確認しておく必要がある。

　他の出題テーマにおいても取り上げているキーワードについて、本節では「働き手の確保と生産性の向上」、「DX」ならびに「技術の継承」に的を絞った形で、解答論文をまとめる際に参考になり得る事項を抜粋して示している。「働き手の確保と生産性の向上」、「DX」、「技術の継承」をテーマとした解答論文をまとめる際に、参考にしていただきたい。

【働き手の確保と生産性の向上に係る現状や背景】
　(1) BIM
　(2) CIM
　(3) CIMとBIM／CIM
　(4) DX（デジタルトランスフォーメーション）
　(5) 建設業許可業者数
　(6) 建設業における雇用労働条件
　(7) 建設業における労働災害
　(8) 建設業の就業者数
　(9) 建設業の労働生産性
　(10) 建設投資額
【働き手の確保と生産性の向上に係る計画や政策】
　(1) i-Construction
　(2) インフラ分野のDXアクションプラン
　(3) 建設キャリアアップシステム（CCUS）

　(4)　建設業働き方加速化プログラム
　(5)　建設工事における適正な工期設定等のためのガイドライン
　(6)　国土交通省生産性革命プロジェクト
　(7)　国土のグランドデザイン2050
　(8)　女性の定着促進に向けた建設産業行動計画
　(9)　第5期国土交通省技術基本計画
　(10)　第5次社会資本整備重点計画

【働き手の確保と生産性の向上に係る現状や背景】

(1)　BIM

　BIM（Building Information Modeling（Model））は、従来のような2次元の建物の図面情報だけでなく、使用材料や性能などの仕様情報も加えた3次元の建物モデルをコンピュータ上で構築して、可視化する設計手法（Modeling）もしくは作成したデータ自体（Model）をいう。3次元の建物モデルを活用することによって、計画から設計、施工管理、維持管理までのすべてのプロセスや完成した姿をわかりやすくイメージすることが可能になる。

　官庁営繕事業においても、官庁施設のライフサイクルにおけるBIMの効率的・効果的な活用により、官庁施設の品質確保、施設の整備・保全に係るライフサイクルコストの縮減及び官庁施設における顧客満足度の向上に資することが期待されている。国土交通省では、平成26年3月に官庁営繕事業におけるBIMを利用する場合の基本的な考え方と留意事項を「官庁営繕事業におけるBIMモデルの作成及び利用に関するガイドライン」として公表した。令和元年度には新築工事に加え改修工事にも施工BIMの試行を拡大するなど、さらなるBIM活用が図られている。

(2)　CIM

　CIM（Construction Information Modeling / Management）は、建築分野でのBIMを建設分野に拡大導入して、調査・計画・設計段階から施工、維持管理の建設生産・管理システムの各段階において、3次元モデルを連携・発展させ、あわせて事業全体に携わる関係者間で情報を共有することで、すべての段階のシームレス化により、一連の建設生産システムの効率化を図るものである。

CIMは、最新のICT技術を活用して建設生産システムの計画、設計、施工、管理の各段階において情報を共有することにより、効率的で質の高い建設生産システムを構築することを目指す概念・理念である。

　CIMを用いることにより、ミスや手戻りの大幅な減少、単純作業の軽減、工程短縮等、事業効率や経済効果に加え、よりよいインフラの整備・維持管理による国民生活の向上、建設業界に従事する人のモチベーションアップ・充実感等の心の豊かさの向上が期待されている。

　国土交通省では、公共事業の計画・調査・設計段階から3次元モデルを導入し、その後の施工、維持管理の各段階においても3次元モデルに連携・発展させ、あわせて事業全体にわたる関係者間で情報を共有することで、建設生産システムの効率化・高度化、公共事業の品質確保や環境性能の向上及びライフサイクルコストの縮減を図るCIMの導入に向けた取組みが行われている。

(3)　CIMとBIM／CIM

　国土交通省では、平成30年5月から従来の「CIM」という名称を「BIM／CIM（Building／Construction Information Modeling, Management）」に変更している。これは、海外では「BIM」は建設分野全体の3次元化を意味し、土木分野での利用は「BIM for infrastructure」と呼ばれて、BIMの一部として認知されていることから、建築分野の「BIM」、土木分野の「CIM」といった従来の概念を改め、国際標準化等の動向に呼応し、地形や構造物等の3次元化全体を「BIM／CIM」として名称を整理したものである。

　令和3年3月の『BIM／CIM活用ガイドライン（案）第1編　共通編』には、BIM／CIMの概念、ならびにBIM／CIMの活用効果について、次のように記している。

【BIM／CIMの概念】

　BIM／CIM（Building／Construction Information Modeling, Management）とは、コンピュータ上に作成した3次元の形状情報（3次元モデル）に加え、構造物及び構造物を構成する部材等の名称、形状、寸法、物性及び物性値（強度等）、数量、そのほか付与が可能な情報（属性情報）とそれらを補足する資料（参照資料）を併せ持つ構造物に関連する情報モデル（BIM／CIMモデル）を構築すること（Building／Construction Information

---

Modeling)、及び、構築したBIM／CIMモデルに内包される情報を管理・活用すること（Building／Construction Information Management）をいう。

【BIM／CIMの活用効果】

　BIM／CIMを活用することで、ミスや手戻りの大幅な減少、単純作業の軽減、工程短縮、施工現場の安全性向上、事業効率及び経済効果に加え、よりよいインフラの整備・維持管理による国民生活の向上、建設業界に従事する人のモチベーションアップ、充実感等の心の豊かさの向上が期待され、中長期的な担い手の確保の一助に資するものである。

　BIM／CIMの活用効果として、「フロントローディング」と「コンカレントエンジニアリング」がある。

【解説】

（1）フロントローディング

　フロントローディングとは、工程の初期（フロント）において負荷をかけて事前に集中的に検討することで、後工程で生じそうな仕様変更や手戻りを未然に防ぎ、後続フェーズにおいて品質向上や工期の短縮化など事業全体の効率化を目指すことである。

・調査段階

　　事業に関連する測量・地質調査結果や周辺状況などの情報の見える化。

・設計段階

　　事業に関連する測量・地質調査結果や周辺状況などの情報を見える化。

　　設計成果の可視化による設計ミス防止、干渉チェックによる不整合の防止（コンクリート構造物の鉄筋干渉など）、仮設工法の妥当性検討、施工手順のチェック等を行うことによる施工段階での手戻り防止。

　　維持管理性に配慮した設計。

・施工段階

　　維持管理に必要な情報（施工記録情報など）をBIM／CIMモデルに付与しておくことによる維持管理時の作業効率化、災害時の迅速な対応。

（2）コンカレントエンジニアリング

　コンカレントエンジニアリングとは、製造業等での開発プロセスを構成する複数の工程を同時並行で進め、各部門間での情報共有や共同作業を行うことで、開発期間の短縮やコストの削減を図る手法を指すことである。

　　・ECI 方式など設計段階で施工担当者の知見も反映することで施工性や供用後の品質を確保、更には景観や施設使用の快適性を向上。

　　・設計段階に維持管理担当者の知見も反映し、維持管理上の配慮として点検の容易性や点検履歴の活用方法などを明確化。施工段階では維持管理段階で必要となる情報を活用可能な形で提供することで、維持管理を効率化・高度化。

　　・事業に携わる関係者と共同作業することで、意思決定の迅速化や手待ち時間の縮小により、工期や事業全体の期間を短縮。

　国土交通省では、2023 年度からすべての直轄土木業務・工事（小規模なもの等は除く）に BIM ／ CIM を適用することを原則化し、視覚化による効果を中心に未経験者で取組み可能な内容を義務項目に、高度な内容を推奨項目に設定し、業務等の難易度に応じた効率的な活用を目指している。

（4）DX（デジタルトランスフォーメーション）

　DX（デジタルトランスフォーメーション）は、「進化したデジタル技術を用いて人々の生活をより豊かなものへと変革する」というものである。DX は 2004 年にスウェーデンのウメオ大学のエリック・ストルターマン教授によって提唱された概念で、DX について「IT の浸透が、人々の生活をあらゆる面でより良い方向に変化させる」と記述している。

　一方、経済産業省が令和 4 年 9 月に「デジタルガバナンス・コード」と「DX 推進ガイドライン」を統合して公表した『デジタルガバナンス・コード 2.0』では、DX を「企業がビジネス環境の激しい変化に対応し、データとデジタル技術を活用して、顧客や社会のニーズを基に、製品やサービス、ビジネスモデルを変革するとともに、業務そのものや、組織、プロセス、企業文化・風土を変革し、競争上の優位性を確立すること。」と定義している。

　ビジネスプロセスのデジタル化を意味する「デジタイゼーション」や、デジタル技術を活用して自社および外部の環境やビジネス戦略面も含めた広い範囲

のデジタル化を意味する「デジタライゼーション」、そして既存の業務プロセスのまま業務の効率化と生産性向上を図るための「IT化」は、いずれもDXそのものを指すものではない。IT化およびデジタル化は、あくまでDX推進の手段であるという点に注意する必要がある。

（5）建設業許可業者数

　建設産業は、社会資本の整備を支える不可欠の存在であり、都市再生や地方創生など、我が国の活力ある未来を築くうえで大きな役割を果たすとともに、震災復興、防災・減災、老朽化対策、メンテナンスなど地域の守り手としても極めて重要な役割を担っている。

　国土交通省がまとめている「建設業許可業者数調査の結果について」によると、建設業許可業者数は、令和5年3月末において474,948業者となっており、ピークであった平成12年3月末の数と比較して21.0％減少している。建設業許可業者数を資本金階層別にみると、資本金の額が300万円以上500万円未満の法人が21.7％と最も多く、以下、資本金の額が1,000万円以上2,000万円未満の法人（20.6％）、資本金の額が500万円以上1,000万円未満の法人（19.3％）と続いている。また、1億円以上の業者数は1.2％に過ぎない。

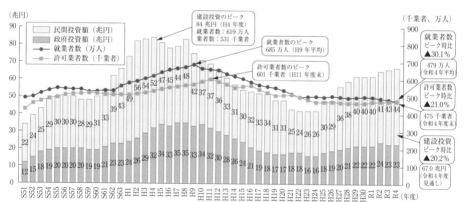

出典）国土交通省「建設投資見通し」・「建設業許可業者数調査」、総務省「労働力調査」
注1　投資額については令和元年度（2019年度）まで実績、令和2年度（2020年度）・令和3年度（2021年度）は見込み、令和4年度（2022年度）は見通し
注2　許可業者数は各年度末（翌年3月末）の値
注3　就業者数は年平均。平成23年（2011年）は、被災3県（岩手県・宮城県・福島県）を補完推計した値について平成22年国勢調査結果を基準とする推計人口で遡及推計した値

図の出典：国土交通白書2023

建設投資、許可業者数及び就業者数の推移

　なお、中小企業基本法における中小企業者（個人及び資本金の額が3億円未満の法人）の数は472,540業者となっており、建設業許可業者数全体の99.5％を占めている。

（6）建設業における雇用労働条件

　建設業における労働時間は減少傾向にあるが、他産業と比較すると依然として労働時間が長く、2022年は調査産業計に比べて約270時間増の長時間労働となっている。

　一方、建設業の男性労働者の賃金は、建設投資の増加を背景に2013年以降上昇していたが、2019年をピークに減少に転じた。また、公共工事設計労務単価の2022年度の全国全職種平均値は、必要な法定福利費相当額や義務化分の有給休暇取得に要する費用のほか、時間外労働時間を短縮するために必要な費用を反映して11年連続の上昇となっている。

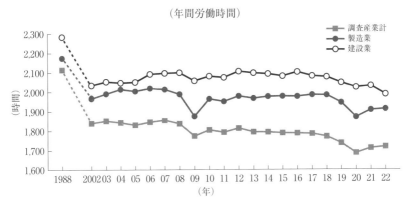

（注）1. 年間労働時間＝年平均月間値×12
　　　2. 調査対象は、30人以上の常用労働者を雇用する事業所
資料出所：厚生労働省「毎月勤労統計調査」

図の出典：建設業デジタルハンドブック（日本建設業連合会）

労働時間の推移

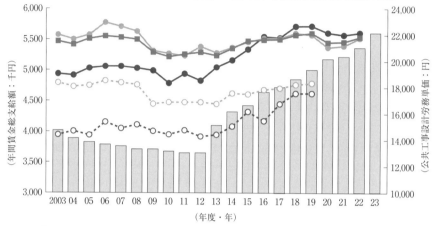

凡例：
- 年間賃金総支給額（全産業男性労働者）
- 年間賃金総支給額（建設業男性労働者）
- 年間賃金総支給額（建設業男性生産労働者）
- 年間賃金総支給額（製造業男性労働者）
- 年間賃金総支給額（製造業男性生産労働者）
- 公共工事設計労務単価（全国全職種平均値）

(注)　【労働賃金の推移】
1. 年間賃金総支給額＝決まって支給する現金給与額×12＋年間賞与その他特別給与額
2. 調査対象は、事業所規模 10 人以上の事業所に雇用される常用の男性労働者
3. 労働者とは、生産労働者及び管理・事務・技術労働者
4. 生産労働者のデータは 2020 年以降公表されていない。

(注)　【公共工事設計労務単価の推移】
1. 金額は加重平均値にて表示。平成 31 年までは平成 25 年度の標本数をもとにラスパイレス式で算出し、令和 2 年以降は令和 2 年度の標本数をもとにラスパイレス式で算出した。
2. 平成 18 年度以前は、交通誘導警備員が A・B に分かれていないため、交通誘導警備員 A・B を足した人数で加重平均した。

(注)　年間賃金支給額は暦年値、公共工事設計労務単価は年度値

資料出所：厚生労働省「賃金構造基本統計調査」、国土交通省「公共工事設計労務単価」

図の出典：建設業デジタルハンドブック（日本建設業連合会）

労働賃金・公共工事設計労務単価の推移

(7) 建設業における労働災害

　建設生産は屋外作業、高所作業等を伴うため、労働災害が他産業に比べて多い。安全管理について建設業界は従来から最重要課題の一つとして積極的に取り組んでおり、近年は新たに労働安全衛生マネジメントシステムに基づく予防的・継続的活動を展開し、その成果が見られる。

　なお、厚生労働省が令和5年5月に公表している「令和4年　労働災害発生状況」によると、建設業における事故の型別災害発生状況は、死亡災害、死傷災害ともに「墜落・転落」によるものが最も多く、全数に占める割合は死亡者数で41.3％、死傷者数で31.6％となっている。

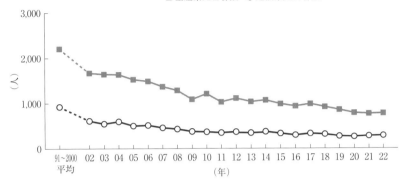

■ 全産業死亡者数　○ 建設業死亡者数

（注）2011 年の死亡者数には東日本大震災を直接の原因とする死亡者は含めていない。
　　　新型コロナウイルス感染症への罹患による労働災害は除く。
資料出所：厚生労働省「労働災害発生状況」

図の出典：建設業デジタルハンドブック（日本建設業連合会）

労働災害発生状況の推移

（8）建設業の就業者数

　1992年〜1997年の建設業の就業者数は、製造業の127万人減に対して66万
人増と長引く不況の中でも一貫して増加を続け、結果的に我が国の雇用の安定
に寄与してきたが、建設投資の減少に伴い1997年の685万人（全産業に占める
割合は10.4％）をピークとしてその後は減少を続けてきた。2022年はピーク
時比69.9％の479万人になっており、そのうち建設技能者はピーク時（1997年
464万人）比65.7％の305万人になっている。

　一方、建設業就業者数を年齢別にみると、55歳以上が約36％、29歳以下が
約12％となっており、他産業と比べて建設業の高齢化が著しい。建設業の生産
体制を将来にわたって維持していくためには、若年者の入職促進と定着による
円滑な世代交代が不可欠とされている。

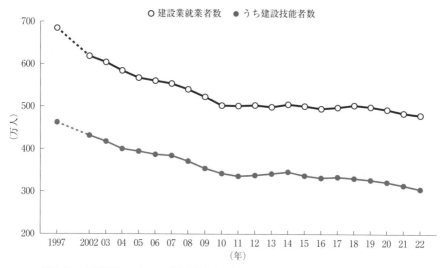

（注）2013 年以降は、いわゆる「派遣社員」を含む

（注）建設技能者：総務省労働力調査

資料出所：総務省「労働力調査」

図の出典：建設業デジタルハンドブック（日本建設業連合会）

建設業就業者数の推移

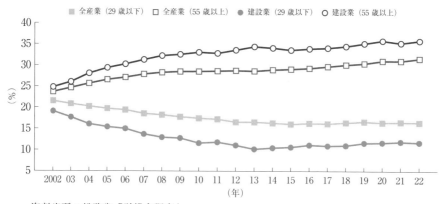

資料出所：総務省「労働力調査」

図の出典：建設業デジタルハンドブック（日本建設業連合会）

建設業就業者の高齢化の進行

(9)　建設業の労働生産性

　2009年を除いて製造業の生産性がほぼ一貫して上昇したのとは対照的に、建設業の生産性は大幅に低下を続けた。これは主として、建設生産の特殊性（単品受注生産等）と工事単価の下落等によるものと考えられる。近年は2012年を底に上昇傾向にある。

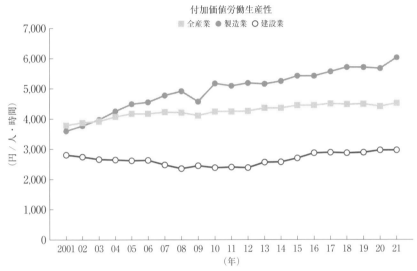

付加価値労働生産性

（注）労働生産性＝実質粗付加価値額（2015年価格）／（就業者数×年間総労働時間数）

資料出所：内閣府「国民経済計算」、総務省「労働力調査」、厚生労働省「毎月勤労統計調査」

図の出典：建設業デジタルハンドブック（日本建設業連合会）

付加価値労働生産性の推移

(10)　建設投資額

　政府と民間を合わせた建設投資額（名目値）は、1992年（平成4年）度の84兆円をピークに減少傾向が続き、2010年（平成22年）度にはピーク時の半分程度にまで減少した。その後、東日本大震災からの復興等により回復傾向となっている。

　令和5年8月に、国土交通省から公表された「令和5年度（2023年度）建設投資見通し」によると、2023年度の建設投資は、前年度比2.2％増の70兆3,200億円となる見通しである。

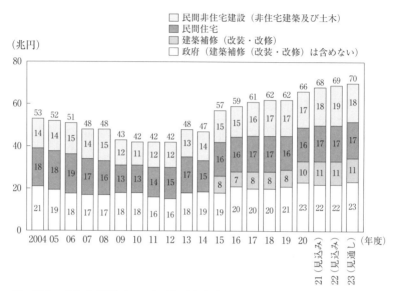

凡例：
□ 民間非住宅建設（非住宅建築及び土木）
■ 民間住宅
■ 建築補修（改装・改修）
□ 政府（建築補修（改装・改修）は含めない）

図の出典：令和5年度（2023年度）建設投資見通し（国土交通省　総合政策局）

建設投資額（名目値）の推移

【働き手の確保と生産性の向上に係る計画や政策】

(1) i-Construction

　i-Constructionは、ICTの活用等により建設現場、すなわち調査・測量、設計、施工、検査、維持管理・更新までのあらゆる建設生産プロセスにおいて、抜本的に生産性を向上させる取組みであり、建設生産システム全体の生産性向上の取組みをいう。国土交通省では、インフラ分野のDXを推進するうえで中核となるi-Constructionを平成28年度より推進し、ICTの活用等により調査・測量から設計、施工、検査、維持管理・更新までのあらゆる建設生産プロセスにおいて、抜本的な生産性向上に取り組んでいる。

　i-Constructionでは、「ICTの全面的な活用（ICT土工）」、「全体最適の導入（コンクリート工の規格の標準化等）」、及び「施工時期の平準化」をトップランナー施策として進め、平成28年度の土工から始まり、舗装工、浚渫工、河川浚渫工、地盤改良工、法面工、構造物工へICTを導入した他、舗装修繕工や

点検などの維持管理分野や、民間等の要望も取り入れながら逐次対象工種を拡大しており、土工では3割以上の時間短縮効果が確認された。

　2021年度末時点で直轄工事においては公告件数の約8割でICT施工が実施されるなど普及が進んでいるが、その一方で中小建設企業への普及はまだ途上にあることから、国土交通省は、ICTアドバイザー制度や講習・研修の実施による人材育成支援、小規模工事に適用できる基準類の作成等に取り組んでいる。今後はデジタルツイン等の最新のデジタル技術も駆使して、ICTによる作業の効率化からICTによる工事全体の効率化を目指し、ICT施工StageⅡとしてさらなる生産性の向上を図っていくとしている。

（2）インフラ分野のDXアクションプラン

　「インフラ分野のDXアクションプラン」は、インフラ分野のDXの実現に向けて、国土交通省の所管する各分野における施策を洗い出し、「インフラ分野のDX推進のための取組」、その実現のための「具体的な工程」や取組により「利用者目線で実現できる事項」を取りまとめたものである。

　「インフラ分野のDXアクションプラン」は、令和4年3月に第1版が策定されたが、令和5年8月には、分野網羅的、組織横断的な取組によりDXをさらに加速化させるために第2版（インフラ分野のDXアクションプラン2　コロナ後も加速化を続けるDX）として改定された。第2版では、第5期国土交通省技術基本計画に掲げている、「国土、防災・減災」「交通インフラ、人流・物流」「くらし、まちづくり」「海洋」「建設現場」「サイバー空間」の6つの将来社会のイメージ実現を目指すべき将来像とし、86の個別施策を位置づけるとともに、「インフラの作り方の変革」、「インフラの使い方の変革」、「データの活かし方の変革」の3つの柱と、デジタル技術別で個別施策を分類した「インフラDXマップ」を掲載している。

　なお第2版では、第1版に掲げていた、「①手続きなどいつでもどこでも気軽にアクセス」（利用者の自宅や事務所から手続等が実施可能）、「②コミュニケーションをよりリアルに」（3次元データによるコミュニケーションの推進により、関係者間の正確でリアルな情報共有を可能に）、「③現場にいなくても現場管理が可能に」（建設業の現場における施工・出来高確認・災害復旧・点検等の作業を遠隔化・自動化・自律化）についても実現に向け取り組みを進めていくとしている。

　ここでは、第3章「目指す将来像に向けたインフラ分野のDXの方向性」の内容、ならびに別冊としている「アクションプランに位置付ける個別施策集」の項目を示す。

【第3章「目指す将来像に向けたインフラ分野のDXの方向性」より】

　インフラ分野のDXの方向性として、インフラに関わるあらゆる分野で網羅的に変革する、「分野網羅的な取組」という視点を掲げます。国民目線・利用者目線で見ると、進んでいる他分野の取組を参考にして、DXのさらなる取組強化が求められている分野があるのではないかという視点に基づく検討が必要と考えられます。この検討を進めるための参考として、取組みを「インフラの作り方」、「インフラの使い方」、「データの活かし方」という3つの分野に分類することとしました。

　「インフラの作り方の変革」は、インフラの建設生産プロセスを変革する取組が対象となります。データの力により、インフラ計画をこれまでよりも高度化していく、i−Constructionで取り組んできたインフラ建設現場の生産性向上・安全性の向上を目指す等により、よりよいインフラを作っていくことを目指します。

　「インフラの使い方の変革」では、インフラの「運用」と「保全」の観点が対象となります。「運用」では、インフラ利用申請のオンライン化や書類の簡素化に加え、デジタル技術を駆使して利用者目線でインフラの潜在的な機能を最大限に引き出すことなどが挙げられます。「保全」では、最先端の技術等を駆使した、効率的・効果的な維持管理などが挙げられます。

　これらの取組を通じて、賢く（Smart）かつ安全（Safe）で、持続可能（Sustainable）なインフラ管理の実現を目指します。

　上記2つはフィジカル空間を対象としている一方で、「データの活かし方の変革」はサイバー空間を対象とした変革です。この変革では、「国土交通データプラットフォーム」をハブに国土のデジタルツイン化を進め、データの標準化、技術開発・環境の基盤整備（ネットワーク・通信環境等）、データの収集・蓄積・連携、利用者・国民への発信等、インフラまわりのデータを徹底的に活かすことにより、仕事の進め方、民間投資、技術開発が促進される社会を実現することを目指します。

　本アクションプランでは、各部局から充実・追加された施策をこれら3分野に振り分けることにより、今後充実させるべき分野はどこなのかが一目でわかるようにし、分野網羅的な取組をさらに進めていきます。

【「別冊アクションプランに位置付ける個別施策集」より】
1．インフラの作り方の変革
　1-1　三次元河道設計による多自然川づくり
　1-2　BIM／CIM活用による建設生産システムの効率化・高度化
　1-3　官庁営繕事業におけるBIM活用
　1-4　三次元設計データを活用したICT河川工事
　1-5　三次元モデルを徹底活用したダム本体工事
　1-6　BIM／CIMを活用したICT砂防工事
　1-7　BIM／CIMを活用した地すべり対策
　1-8　建設事業各段階のDXによる抜本的な労働生産性向上に関する技術
　　　開発
　1-9　建設施工における自動化、遠隔化の促進
　1-10　人間拡張技術による建設現場作業のDX
　1-11　ICT施工StageⅡ作業の効率化から工事全体の効率化へ
　1-12　デジタルデータを活用した配筋確認の省力化
　1-13　高速通信技術等を活用した無人化施工による砂防工事の迅速化
　1-14　四次元モデルを活用したダム事業監理
　1-15　携帯不感地帯のダム現場における遠隔臨場
　1-16　砂防事業における携帯電話通信圏外エリアでの遠隔臨場
　1-17　衛星測位を活用した高精度の遠隔操作・自動化水中施工システムの
　　　開発
　1-18　マルチビームデータクラウド処理システムの構築
　1-19　ICT施工に対応した新たな出来形管理基準の検討
2．インフラの使い方の変革
　2-1　河川用ゲート設備の遠隔監視・操作の信頼性向上
　2-2　AIを活用したダム運用の高度化
　2-3　下水道のデジタルトランスフォーメーション
　2-4　河川管理者とダム管理者との情報網整備の推進
　2-5　次世代のITSの推進
　2-6　自動運転実現に向けた取り組み
　2-7　高速道路等の利便性向上
　2-8　ITやセンシング技術等を活用したホーム転落防止技術等の活用促進
　2-9　鉄道における自動運転技術の検討

3-2　流域のデジタルデータフォーマットの標準化

3-3　ダムのデジタルフォーマットの標準化

3-4　使いやすい河川情報データの拡充・オープン化

3-5　デジタル化・リモート化のための位置情報の共通ルール（国家座標）の推進

3-6　スタートアップ、大学等との技術研究開発の促進

3-7　インフラ DX ネットワークの整備

3-8　建設 DX 実験フィールドを活用した基準整備・研究開発の促進

3-9　自律施工技術基盤の整備

3-10　国土交通データプラットフォームの構築

3-11　電子納品保管管理システムの機能向上

3-12　センサーネットワークによる迅速な情報共有

3-13　建築・都市の DX の推進

3-14　3D 都市モデルの整備・活用・オープンデータ化の推進（Project PLATEAU）

3-15　リアルタイム波浪うちあげ高観測機器の整備

3-16　サイバー空間上の実証実験基盤（流域治水デジタルテストベッド）の整備

3-17　三次元データと連携した河川環境情報デジタル基盤の整備

3-18　砂防分野のデジタル調査・管理

3-19　道路基盤地図情報の整備・公開

3-20　道路分野におけるデータプラットフォームの構築と多方面への活用

3-21　サイバーポート3分野一体運用による港湾業務の効率化

3-22　港湾整備 BIM ／ CIM クラウドの構築

3-23　DX データセンターの構築

3-24　公共工事執行情報の管理・活用のためのプラットフォーム構築に係る調査研究

3-25　バーチャル現場見学会による効果的・効率的な広報

3-26　水害リスク情報の拡充と3次元表示の推進

3-27　洪水予測の高度化による災害対応や避難行動等の支援

3-28　官民連携による流域の浸水状況把握・解消

3-29　マイ・タイムラインとスマートフォンなどデジタル技術の融合による避難行動支援

3-30　ワンストップツールによる迅速かつ効率的な火山噴火緊急減災対策

(3) 建設キャリアアップシステム（CCUS）

　建設業が将来にわたって、その重要な役割を果たしていくためには、現場を担う技能労働者（技能者）の高齢化や若者の減少といった構造的な課題への対応を一層推進し、建設業を支える優秀な担い手を確保・育成していく必要がある。しかしながら、建設技能者は異なる事業者の様々な現場で経験を積んでいくため、一人ひとりの技能者の能力が統一的に評価される業界横断的な仕組みが存在せず、スキルアップが処遇の向上につながっていかない構造的な問題があった。

　「建設キャリアアップシステム（CCUS）」は、個々の技能者が、その有する技能と経験に応じた適正な評価や処遇を受けられる環境を整備するために、技能者の資格、社会保険加入状況、現場の就業履歴等を業界横断的に登録・蓄積する仕組みである。このシステムにより技能者の技能や経験の客観的な把握が可能になることから、技能者の客観的かつ大まかなレベル分けを行う能力評価制度の策定と、技能者を雇用する専門工事企業の施工能力等の見える化を通じて、個々の技能者が適正に評価・処遇される環境の整備が期待される。また、「建設キャリアアップシステム（CCUS）」は、施工体制台帳の作成機能の活用等により、事務の効率化や書類削減などにも資するものである。

　国土交通省では、担い手の技能・経験の見える化や適正な能力評価を業界横断的に進めるための建設キャリアアップシステム（CCUS）について、建設産業の持続的な発展のための業界共通の制度インフラとして普及を促進するとともに、さらなる処遇改善などのメリットを技能労働者が実感できる環境づくりを目指す。また、公共工事において率先してCCUSの活用を促す見地から、国や地方公共団体等が発注する工事において、CCUSの活用状況を評価するモデル工事の実施や総合評価落札方式における加点等の取組みの促進を図るとしている。

(4) 建設業働き方加速化プログラム

　日本全体の生産年齢人口が減少する中、建設業の担い手については概ね10年後（平成30年当時）に団塊世代の大量離職が見込まれており、その持続可能性が危ぶまれる状況にある。また、建設業は全産業平均と比較して年間300時間以上の長時間労働となっており、他産業では一般的となっている週休2日も十分に確保されておらず、給与についても建設業者全体で上昇傾向にあるものの、

生産労働者については製造業と比べて低い水準にある。

　このような中、建設業における将来の担い手を確保し、災害対応やインフラ整備・メンテナンス等の役割を今後も果たし続けていくためには、建設業の働き方改革を一段と強化していく必要がある。

　「建設業働き方改革加速化プログラム」は、建設業における週休2日の確保をはじめとした働き方改革をさらに加速させるために、国土交通省が「長時間労働の是正」、「給与・社会保険」、「生産性向上」の3つの分野における新たな施策をパッケージとして、平成30年3月に策定したものである。「建設業働き方改革加速化プログラム」の主な内容は、以下のとおりである。

(1) 長時間労働の是正に関する取組
　①週休2日制の導入を後押しする
　②各発注者の特性を踏まえた適正な工期設定を推進する
(2) 給与・社会保険に関する取組
　①技能や経験にふさわしい処遇（給与）を実現する
　②社会保険への加入を建設業を営む上でのミニマム・スタンダードにする
(3) 生産性向上に関する取組
　①生産性の向上に取り組む建設企業を後押しする
　②仕事を効率化する
　③限られた人材・資機材の効率的な活用を促進する

(5) 建設工事における適正な工期設定等のためのガイドライン

　働き方改革関連法による改正労働法に基づいて、平成31年4月1日から5年間の猶予期間を置いたうえで、建設業に時間外労働の罰則付き上限規制が適用されることになった。

　「建設工事における適正な工期設定等のためのガイドライン」は、公共・民間含めすべての建設工事において働き方改革に向けた生産性向上や適正な工期設定等が行われることを目的として、建設業の働き方改革に関する関係省庁連絡会議によって平成29年8月に策定されたものである。そして、平成30年7月に第1次の改訂が行われている。

　このガイドラインでは、時間外労働の上限規制の適用に向けた取組として、(1) 適正な工期設定・施工時期等の平準化、(2) 必要経費へのしわ寄せ防止の徹底（法定福利費や安全衛生経費など）、(3) 生産性向上、(4) 下請契約にお

ける取組、(5) 適正な工期設定等に向けた発注者支援の活用、の5つの取組み
を挙げている。

　以下に、「(1) 適正な工期設定・施工時期等の平準化」と「(3) 生産性向上」
の内容を示す。

【第3章「時間外労働の上限規制の適用に向けた取組」第 (1) 節「適正な
工期設定・施工時期等の平準化」より】

○工期の設定に当たっては、現場技術者や下請の社員、技能労働者などを含
め建設工事に従事する全ての者が時間外労働の上限規制に抵触するような
長時間労働を行うことのないよう、当該工事の規模及び難易度、地域の実
情、自然条件、工事内容、施工条件等のほか、建設工事に従事する者の週
休2日の確保等、下記の条件を適切に考慮するものとする。

　・建設工事に従事する者の休日（週休2日に加え、祝日、年末年始及び夏
　　季休暇）

　・建設業者が施工に先立って行う、労務・資機材の調達、調査・測量、現
　　場事務所の設置、BIM／CIMの活用等の「準備期間」

　・施工終了後の自主検査、後片付け、清掃等の「後片付け期間」

　・降雨日、降雪・出水期等の作業不能日数

　・用地買収や建築確認、道路管理者との調整等、工事の着手前の段階で発
　　注者が対応すべき事項がある場合には、その手続きに要する期間

　・過去の同種類似工事において当初の見込みよりも長い工期を要した実績
　　が多いと認められる場合における当該工期の実績

○適正な工期設定等を検討するに当たっては、工事の特性や気候条件の差異
等にも留意しつつ、土木工事は国土交通省の「工期設定支援システム」、
建築工事は「公共建築工事における工期設定の基本的考え方」（国、都道
府県及び政令市の営繕担当課長会議策定）及び（一社）日本建設業連合会
の「建築工事適正工期算定プログラム」を適宜参考とする。

　併せて、民間工事の受発注者は、業種に応じた工事特性等を理解のうえ
協議し、適正な工期の設定に努めるものとする。

○なお、労働基準法における法定労働時間は、1日につき8時間、1週間につ
き40時間であること、また改正法施行の5年後に適用される時間外労働の
上限規制は、臨時的な特別の事情がある場合として労使が合意した場合で
あっても、上回ることの出来ない上限であることに留意する必要がある。
また、時間外労働の上限規制の対象となる労働時間の把握に関しては、工

事現場における直接作業や現場監督に要する時間のみならず、書類の作成に係る時間等も含まれるほか、厚生労働省が策定した「労働時間の適正な把握のために使用者が講ずべき措置に関するガイドライン」を踏まえた対応が求められることにも留意する必要がある。さらに、働き方改革関連法の成立に伴い、月60時間を超える時間外労働に係る割増賃金率（50％以上）について、中小企業への猶予措置が平成35年4月1日に廃止されることにも留意する必要がある。

○上記を踏まえて週休2日の確保等を考慮した工期設定を行った場合には、受発注者が協力しながら建設工事に従事する者の週休2日の確保等を図ることを目指す「週休2日工事」として取り組む旨を、公共工事の契約図書に明記する等により、週休2日工事の導入に取り組み、その件数の拡大を図るとともに、当該工期設定に伴い必要となる労務費や共通仮設費、現場管理費などを請負代金に適切に反映するものとする。

　また、民間工事においても建設工事に従事する者の週休2日の導入等が進むよう、受注者からの説明等を踏まえ、適正な請負代金による請負契約の締結に努めるものとする。

○なお、上記の取組は、いたずらに工期を延ばすことを是とするものではなく、建設業において不可欠な取組である生産性向上や、シフト制等による施工体制の効率化とも相まって、適正な工期設定を行うことを目的とするものである。

　また一方で、一定の制約条件により工期が設定される場合には、それに見合った体制を組む必要が生ずる場合があることを踏まえ、請負代金に適切に反映することが必要である。

○受注者は、その工期によっては建設工事の適正な施工が通常見込まれない請負契約の締結（「工期のダンピング」）を行わないものとする。

　また、下請契約においても、週休2日の確保等を考慮した適正な工期を設定する。特に、分離発注される工事や後工程の内装工事、設備工事、舗装工事等の適正な施工期間を考慮して、全体の工期のしわ寄せがないよう配慮するものとする。

○受注者は、工事着手前に工程表を作成したうえで、施工期間中にわたって随時又は工程の節目ごとに工事の進捗状況を発注者と共有することとし、工事内容に疑義が生じた場合には、受発注者双方ともに速やかな回答に努めるなど、工事の円滑な施工を図るものとする。

○また、設計図書と実際の現場の状態が一致しない場合や、天災その他の事

由により作業不能日数が想定外に増加した場合など、予定された工期で工事を完了することが困難と認められるときには、受発注者双方協議のうえで、適切に工期の変更を行うものとする。下請契約の場合においても同様とする。

○施工時期等の平準化は、人材・資機材の効率的な活用などを通じて、適正な工期の確保や、担い手の処遇改善などの働き方改革に資するものである。公共工事の発注においては、年度末に工事完成時期が集中し、年度当初に稼働している工事が少なくなる傾向があることから、発注者は、工事の特性等も踏まえ、下記の取組を講じることなどを通じて、施工時期等の平準化を推進するものとする。

　・労働者・資機材の確保等のための工事着手までの余裕期間の設定
　・適正な工期を確保するための債務負担行為の積極的な活用や入札契約方式の選択
　・発注者の連携による地域単位での発注見通しの統合・公表

○また、民間工事においても、行政機関から補助金等の交付を受けて発注されるものについては、公共工事に準じて適正な工期を確保する観点から、当該行政機関は迅速な交付決定等に努めるとともに、やむを得ない事由により年度内に支出が終わらないことが見込まれる場合には、繰越制度の適切な活用等を図ることとし、年度内完成に固執するが故に建設工事に従事する者の長時間労働を生じさせることがないよう努めるものとする。

　　さらに、大規模な工事についての可能な範囲での見通しの公表や、工事時期の集中の回避などにより、民間工事の受発注者が互いに協力して施工時期等の平準化に資する取組を推進するよう努めるものとする。

【第3章「時間外労働の上限規制の適用に向けた取組」第（3）節「生産性向上」より】

○建設業への時間外労働の上限規制の適用に向けて、長時間労働の是正や週休2日の確保等による働き方改革とともに、より一層の生産性向上が必要不可欠である。このため、調査・測量から設計、施工、検査、維持管理・更新に至る各段階における受発注者の連携等を通じて、下記の取組等により、建設生産プロセス全体における生産性向上を推進する。

　・ドローンによる3次元測量やICT建機の活用等、ICT活用工事の推進
　・3次元モデルにより、設計から施工、維持管理に至るまでの建設ライフサイクル全体で情報を蓄積し活用するBIM／CIMの積極的な活用

・設計等プロジェクトの初期段階において、受発注者間で施工等に関する検討を集中的に行い、生産性向上の取組を強化することができるよう、フロントローディング（ECI方式の活用等）の積極的な活用
・業務の効率化に向けた工事関係書類の削減・簡素化、情報共有システムを活用した書類授受の省力化
・プレキャスト製品など効率化が図られる工法の活用や汎用性の高い工法の導入
・「公共工事における新技術活用システム」（NETIS）による有用な新技術の活用促進
・施工時期等の平準化
○受注者は、時間外労働の上限規制の適用に向け、まずは自らの生産性向上に向けた一層の取組の推進が不可欠であるとの認識の下、発注者の理解も得ながら、下記の取組等を積極的に推進することにより、建設工事の現場における生産性向上を推進する。
・工事現場におけるICTの活用等による、施工の効率化や品質・安全性の向上
・技能労働者の多能工化や技能水準の向上
・建設キャリアアップシステムの活用
・プレキャスト製品やハーフプレキャスト等の活用
・重層下請構造の改善
○発注者は、工事の手戻りを防止し、後工程における長時間労働の発生を防ぐため、地質調査によるデータ等に基づき適切な設計図書を作成し、施工条件等を明確にすることが求められる。また、建設業者による生産性向上に向けた取組や提案——例えば、建設生産プロセス全体の最適化を図る観点から、プレキャスト製品や効率化が図られる工法、汎用性の高い工法の導入を設計段階から検討するなど——について、工事の成績評定等において積極的な評価を図るものとする。

(6) 国土交通省生産性革命プロジェクト

我が国は、現在、人口減少社会を迎えているが、潜在的な成長力を高めるとともに、新たな需要を掘り起こしていくため、働き手の減少を上回る生産性の向上等が求められている。また、産業の中長期的な担い手の確保・育成等に向けて、働き方改革を進めることも重要であり、この点からも生産性の向上が求

められている。社会全体の生産性を高め、人々の成長期待を高めることができれば、企業の設備投資や賃上げ、さらには個人消費の拡大が促される。これが一時的な需要の喚起にとどまらない持続的な経済成長につながり、さらにその成果が働く人に分配されることによる好循環が期待される。

こうした観点から、国土交通省は平成28年（2016年）を「生産性革命元年」と位置付け、社会全体の生産性向上につながるストック効果の高い社会資本の整備・活用や、関連産業の生産性向上、新市場の開拓を支える取組みを加速化することとした。その後、平成29年を生産性革命「前進の年」、平成30年を「深化の年」として各プロジェクトを推進してきた。さらに、令和元年を「貫徹の年」と位置づけ、取組の成果の結実を図りつつ、あらゆる分野における生産性向上の取組を徹底するとしてきた。

国土交通省は、生産性革命の貫徹に向けて、(1) 次世代モビリティの推進／スマートシティの推進、(2) インフラの整備・管理・機能や産業の高度化、(3) データの横断的フル活用、データプラットフォームの構築等、(4) 観光先進国の実現・地域空間の魅力向上という4つの観点から、生産性革命プロジェクトを推進していくこととしており、2019年7月に「国土交通省生産性革命プロジェクト」のパンフレット（第5版）を発行している。

(1) 次世代モビリティの推進／スマートシティの推進
　・地域の交通サービス等を維持するとともに、人々のライフスタイルやまちづくりの在り方までも変えうるモビリティサービスの変革を推進
　・新技術や官民データをまちづくりに活かし、都市・地域の課題解決につなげるスマートシティの取組を推進
(2) インフラの整備・管理・機能や産業の高度化
　・i-Construction の推進など、インフラの整備から運用の段階まで、ICT 等の新技術やデータの活用を強力に推進
　・建設業や交通・物流事業などの関連産業における新技術やデータの活用を推進
(3) データの横断的フル活用、データプラットフォームの構築等
　・国土、経済活動、自然現象の各分野における官民のデータ整備・連携と利活用の高度化
　・上記のデータを集約し、広く一般的に利用が可能な「国土交通データプラットフォーム」の構築

（4）観光先進国の実現・地域空間の魅力向上
- ・インバウンドの効果を全国に波及させ、地方に人を呼び込む観光施策を推進
- ・人が集積・交流する魅力あふれる地域空間の創出や拠点形成を促進

（7）国土のグランドデザイン2050

「国土のグランドデザイン2050」の概要は、本章第1節「社会資本整備」に示したとおりである。

ここでは働き手の確保と生産性の向上に係る事項として、第4章「基本戦略」の第（11）節「国土・地域の担い手づくり」、ならびに「別添　具体的推進方策例」の（10）「建設産業における中長期的な担い手確保・育成」の内容を示す。

【第4章「基本戦略」（11）「国土・地域の担い手づくり」より】

　　人口減少下でも持続可能な地域社会の実現のため、国土・地域づくりの担い手を広く継続的に確保する

　平成18年の国土審議会（自立地域社会専門委員会）において提唱された新たな「公」は、着実な広がりが見られるが、一部に頭打ち現象も見られる。一方、防災、福祉等の分野において、ソーシャルビジネスなど地域・コミュニティに密着したサービスに対するニーズが拡大している。このため、新たな「公」の第二弾ロケットとして、ソーシャルビジネスをはじめ、地域ビジネスの担い手を支援するプラットフォームを整備するなど、活力あふれる共助社会づくりを推進する。さらに、ICTを活用し、民が公の担い手として能動的に活動できるよう、クラウドファンディングの活用等、新たな「公」の担い手のビジネスマネジメントの向上を促進する。

　ものづくり等における現場力の強さが日本の強さである。現場で額に汗して働く若者等が将来に対する展望を持てるよう、就労環境を整備し、安心してキャリアアップできるよう道筋を明確化するとともに、技術者、技能者の処遇を改善し、職人が尊敬される社会を構築する。工業高校、専門学校等が行う実践的な学習活動への支援の充実や、職業訓練施設との連携を推進する。

　建設産業については、技術者・技能労働者が尊敬され、誇りを持てる処遇

等が確保される環境整備を通じて、若者が安心して一生を託せ、もっと女性が活躍できる環境を実現する。また、個社を越えた教育訓練システムを構築する。

【別添　具体的推進方策例（10）「建設産業における中長期的な担い手確保・育成」より】
・建設産業における処遇改善のため、適切な賃金水準の確保、社会保険加入の徹底に加え、週休二日制の普及やダンピング対策の強化を推進する
・若手技術者の登用を促すモデル工事の実施等、優秀な若手技術者等が早期に活躍できる環境整備を進める
・中長期的な事業の見通しの確保等により、仕事量の減少への不安が払拭され、雇う側、働く側双方が将来を見通せる環境整備を行う
・将来、建設産業の中核を担うべき若手技術者等のスキルアップのため、個社を超えた教育訓練システムを構築する
・官民挙げた行動計画を策定し、女性の更なる活躍を推進する
・発注者・元請・下請等、関係者のパートナーシップの下での建設生産システムの省力化・効率化・高度化のため、適正な価格・工期の設定、施工時期の平準化等の現場の省力化・効率化や行き過ぎた重層下請構造の改善による建設生産のムリ・ムダ・ムラの排除、現場の施工力の再生を推進する

（8）女性の定着促進に向けた建設産業行動計画

建設業においては、高齢化の進行、若年入職者の減少という構造的な問題が発生している。女性が活躍できる現場環境の整備等の取組は、性別・年齢問わず担い手の育成・確保という課題に相応の効果をもたらすものである。このため、もっと女性が活躍できる建設業を目指し、平成26年8月に「もっと女性が活躍できる建設業行動計画」が官民共同で策定され、一定の成果を上げてきた。その後、（1）働き方改革関連法や新・担い手3法を受けて、建設産業においても働き方改革の取組を進める必要があること、（2）i-Construction などの取組により、生産性向上や働き方改革が可能になってきたこと、（3）建設キャリアアップシステムの運用が始まり、建設技能者の就業履歴などの情報が蓄積されるとともに、その情報をもとにした能力評価制度が始まったこと、（4）より高

まる担い手確保の要請と、多様な価値観を尊重する職場環境整備の必要性があること、といった建設産業を取り巻く環境の変化があり、より女性が就業しやすい環境が整いつつあるなか、環境の変化を踏まえた取組の見直しが必要になった。

「女性の定着促進に向けた建設産業行動計画」は令和2年1月、建設産業における女性の就業をさらに促進するため、建設産業で働く全ての女性が「働きがい」と「働きやすさ」の両立により、就業継続を実現することを目的として策定された。「女性の定着促進に向けた建設産業行動計画」は、「働きつづけられるための環境整備」を中心に、(1) 働きつづけられるための環境整備を進める、(2) 女性に選ばれる建設産業を目指す、(3) 建設産業で働く女性を応援する取組を全国に根付かせる、という3つの柱で構成し、それぞれの柱の趣旨を達成するための目標を設定している。

本行動計画に挙げられている取り組み内容は、次のとおりである。

(1) 働きつづけられるための環境整備を進める
　1) 建設産業の女性定着に向けた意識改革の必要性
　2) 働き方改革の取組の推進
　3)「働きがい」と「働きやすさ」が両立できる環境の整備
　4) 働きやすい現場の労働環境の整備
　5) 復職に向けたサポート環境の整備
　6) 更にスキルアップできる環境を整える

(2) 女性に選ばれる建設産業を目指す
　1) 建設産業の魅力、働きがいの発信などによるイメージ戦略
　2) 企業や業界団体の女性定着に関する理解の促進
　3) 新しい建設産業の魅力を創造・発信
　4) 女性が活躍している仕事例の紹介
　5) えるぼし、くるみんの認定取得に向けた取組を促進
　6) 建設産業に関係する制度の整備など

(3) 建設産業で働く女性を応援する取組を全国に根付かせる
　1) 計画の普及を図るための広報活動
　2) 建設産業女性定着支援ネットワークのさらなる活動の充実、全国展開
　3) 地域中小建設企業における女性技術者・技能者の確保・育成

(9) 第5期国土交通省技術基本計画

「国土交通省技術基本計画」は、科学技術・イノベーション基本計画、社会資本整備重点計画、交通政策基本計画等の関連計画を踏まえ、国民の安全・安心で豊かな暮らしを実現するため、国土交通行政における事業・施策の効果・効率をより一層向上させ、国土交通に係る技術が国内外において広く社会に貢献することを目的に、技術政策の基本方針を示し、技術研究開発の推進、技術の効果的な活用、技術政策を支える人材の育成等の重要な取組を定めたものである。

国土交通省では、平成15年度以降4期にわたって計画を策定し、その実行と継続的な改善努力によって、技術政策や技術基準への反映等、多くの成果や実績を上げてきた。「第5期国土交通省技術基本計画」は、令和4年度から令和8年度までの5年間を計画期間として、技術政策全般を対象とし技術研究開発と事業・施策を一体的に推進する前計画を踏襲しつつ、新たな技術の社会実装が促進され、新たな価値を創出するといった視点を加えたものとし、我が国の現状、世界情勢、国土交通行政上の諸課題を踏まえ、事業・施策との関連も含め、技術研究開発を進める上での必要な視点や目指す方向性を示している。

第5期国土交通省技術基本計画では、社会経済的な課題への対応を図るため、次の6つの重点分野の技術研究開発や、技術基準の策定等に取り組むとしている。

1. 防災・減災が主流となる社会の実現
   (1) 切迫する巨大地震、津波や大規模噴火に対するリスクの低減に向けた技術研究開発
   (2) 風水害・雪害など、激甚化する気象災害に対するリスクの低減に向けた技術研究開発
   (3) 災害時における交通機能の確保に向けた技術研究開発
2. 持続可能なインフラメンテナンス
   (1) インフラメンテナンスの高度化・効率化に向けた技術研究開発
3. 持続可能で暮らしやすい地域社会の実現
   (1) 魅力的なコンパクトシティの形成に向けた技術研究開発
   (2) 安全・安心な移動・生活空間の実現に向けた技術研究開発
4. 経済の好循環を支える基盤整備
   (1) サプライチェーン全体の強靱化・最適化に向けた技術研究開発

(2) 国際競争力の強化、戦略的な海外展開に向けた技術研究開発

5. デジタル・トランスフォーメーション（DX）

(1) デジタル化・スマート化による働き方改革・生産性向上に向けた技術
研究開発

(2) 新技術の社会実装による新価値の創造に繋がる技術研究開発

6. 脱炭素化・インフラ空間の多面的な利活用による生活の質の向上

(1) グリーン社会の実現に向けた技術研究開発

(2) 持続可能な都市及び地域のための社会基盤の実現

ここでは、働き方改革や生産性向上、DXに係る事項として、第2章「社会
経済的課題への対応」第5節「デジタル・トランスフォーメーション（DX）」の
内容を示す。

【第2章第5節「デジタル・トランスフォーメーション（DX）」より】

新型コロナウイルス感染症を契機とした「新たな日常」の実現も見据え、
次世代通信システム等の情報技術の利活用、新技術の社会実装を通じた社会
資本整備分野のデジタル化・スマート化により、インフラや公共サービスを
変革し、働き方改革・生産性向上を進めるとともに、インフラへの国民理解
の促進や、安全・安心で豊かな生活の実現を目指し、以下の技術研究開発に
取り組む。

なお、DXはデジタル技術を受動的に利用することではなく、産学官の連
携の下、関連する規格や基準づくりに能動的に取り組むことが求められる。
また、単にアナログをデジタルに置き換えるのではなく、現在の業務内容や
進め方、組織構造などを根本的に見直し、再設計（BPR）することが本来の
姿であり、セキュリティ・バイ・デザインの考え方も取り入れ、効果的に進
めることが必要である。

(1) デジタル化・スマート化による働き方改革・生産性向上に向けた技術研
究開発

【データプラットフォームの構築・情報利用環境の高度化】

社会資本整備のデジタル化・スマート化を進めることにより、働き方改革
や抜本的な生産性向上を実現していく。

この取組の共通基盤となる位置情報サービスを誰もが安心して利用できる
よう、国際基準に基づいた位置情報の共通ルールである「国家座標」の浸透
を図るとともに、利活用環境を整備するための航空重力測量による標高の基

準整備、民間等電子基準点の活用を推進する。また、3次元データなどの地理空間情報の整備・提供に取り組む。

　また、ICT施工や建設生産プロセス全体での3次元データの活用などのi−Constructionを推進するとともに、得られたデータを含め、施設・地盤等の国土に関するデータ、人流等の経済活動に関するデータ、気象等の自然現象に関するデータなど様々なデータとの連携を進める「国土交通データプラットフォーム」の構築を進める。

　加えて、デジタル道路地図データベース（DRM−DB）や道路基盤地図情報、モービルマッピングシステム（MMS）等をベースとして、構造物等の諸元データや交通量等のリアルタイムデータを紐付けた「xROAD（道路データプラットフォーム）」等の情報基盤や、個社・業界の垣根を超えて物流に関するデータを蓄積・解析・共有する「物流・商流データ基盤」、全国の港湾施設に係る様々なインフラ情報を一元管理するシステム（サイバーポート（港湾インフラ））の構築を進める。また、国等の有する海洋情報の一元化を進め、適切な公開や利用者ニーズ等を踏まえた機能強化等の取組を推進する。

【デジタル技術の活用による施策の高度化】

　港湾や空港の機能強化により、国際競争力を確保するため、ターミナル規模、配置、オペレーション、導入するソリューション類をモデル化して定量的に評価する手法の開発や、世界レベルのターミナル計画手法を導入するためのツール、自動化システムの開発支援を産学官の連携で行うとともに、輸配送の省力化・自動化に資する技術の普及・促進を図る。

　これに加えて、港湾においては、労働力人口の減少や高齢化による港湾労働者不足の深刻化、大型コンテナ船の寄港増加に伴うコンテナターミナル及びターミナルゲートの処理能力不足といった課題に対応し、良好な労働環境と世界最高水準の生産性を確保するため、「ヒトを支援するAIターミナル」の実現に向けた各種取組を一体的に推進する。

　一方、空港においては、地上支援業務の更なる省力化・自動化に向け、空港制限区域内でレベル4自動運転を導入するため、実証実験等の取組を推進する。また、除雪車両の位置を測定する技術を活用した除雪支援システム等を導入し2名体制から1名体制へ省力化するとともに、除雪装置の操作や除雪車両の運転の自動化に取り組む。

　また、新技術の活用等によるインフラメンテナンスの高度化・効率化を図るため、道路分野においては、車載型荷重計測装置による過積載の違反事業者の取締り技術の開発や、新技術の導入を図る道路構造物の性能規定化に関

する技術検討を行うほか、下水道分野においてはICT及びAIを活用した下水道施設の効率的な維持管理の技術研究開発等を推進する。さらに河川分野においては、無人化もしくは省力化を施した流量観測機器の開発により、観測員の人手不足の解消や計画規模を上回るような洪水時の安全性を確保し、観測の継続性の確保を目指す。

　また、建設現場における更なる生産性向上を図るため、安全性向上にも配慮しながら、BIM ／ CIMやICT施工などに係る技術研究開発、建設施工や施工管理・品質管理、施設の運用・維持管理の各プロセスを通じた生産性向上に関する技術研究開発、無人化施工技術の導入による現場の安全性等の向上に向けた対策を検討する。

(2) 新技術の社会実装による新価値の創造に繋がる技術研究開発

　新技術の社会実装によるインフラの新価値創造、行政手続きの迅速化や暮らしのサービス向上、世界に先駆けた未来社会の暮らしの実現を官民連携により推進する。

　具体的な取組として、道路交通分野においては、新たな人の流れや地域間交流を促進するため、ETC 2.0や民間企業等が保有するビッグデータを活用した渋滞分析技術やETC 2.0システムによる情報収集・提供機能の高度化を図るとともに、既設CCTVカメラ画像のAI解析の導入による画像認識技術を活用した道路調査手法の高度化、道路システムのDXを推進するための道路データの利活用高度化に関する研究、自動運転を支援する路車協調システムの開発等を推進する。

　また、先進技術の社会実装・活用等による産業力強化を図るため、地域限定型のレベル4無人自動運転移動サービスや高速道路でのレベル4自動運転トラックの実現・普及に向けた技術研究開発・実証実験等を進めるとともに、自動車の使用時における安全を確保するため、自動運転技術等に対する電子的な診断技術を活用した検査手法の検討等を行う。

　さらに、交通事故の削減等を図るため、自動運転の高度化に向けた先進安全自動車（ASV）プロジェクトを推進する。現在の事故自動緊急通報装置は、エアバッグ展開を起点に自車の乗員の傷害確率から通報装置が起動する一方、我が国の交通事故死者数の最も多く占める歩行者等の交通弱者の傷害を予測できないことから、事故自動緊急通報装置の高度化を検討する。

　鉄道分野においては、踏切がある等の一般的な路線での自動運転の導入を目指し、技術的要件の検討を進めるほか、海事分野においては、造船所の抜本的な生産性向上と船舶のライフサイクル全体での価値を高めるビジネスモ

デルへの転換を図るため、船舶をサイバー空間上に三次元で再現するデジタルツインを用いて、設計から竣工、その後の運航・メンテナンスも含めたライフサイクル全体を効率化する「DX造船所」の実現に取り組むとともに、自動運航船、ゼロエミッション船等の次世代船舶の技術研究開発支援等を進める。

　また、自然災害が頻発化、激甚化する中、被災地における広範囲な情報の把握や初動対応の迅速化、施設の被害状況の迅速かつ正確な情報の把握、更には救援活動のリスク軽減や二次災害の防止等を、ドローンを利活用して迅速かつ効率的に行うことが期待されている。そこで、国土交通省では、全国レベルでの災害復旧・復興支援（TEC-FORCEの派遣等）、被災者の救援・救助時に加え、平時の施設点検等の公物管理や地形測量、気象観測等の多種多様な行政ニーズに対して、ドローンの利活用機会を増大して備えているところであるが、耐候性、高ペイロード、長時間航行、低コスト、操作性等に優れたドローンの導入はいまだ困難な状況にある。

　このため、国土交通省が管理している現場等を活用し、行政ニーズに的確に対応した汎用性の高いドローンの標準的な性能規定化やドローンポートの開発・実証を行うなど業務執行上に必要となるドローンの早期実装や、安全かつ迅速な災害対応、平時における生産性の向上等を目指す。

　また、季節予報について、前計画中に2週間先の予報の活用を飛躍的に高めたことを踏まえ、3か月先の予報の利活用の促進や、さらに先までの予報技術の開発を行い、産業活動に資する基盤的情報の高度化を進める。

(10) 第5次社会資本整備重点計画

　第5次社会資本整備重点計画の概要は、本章第1節「社会資本整備」に示したとおりである。

　ここでは働き手の確保と生産性の向上に係る事項として、第2章「今後の社会資本整備の方向性」第4節「持続可能で質の高い社会資本整備を下支えするための取組」の「(2) 社会資本整備を支える建設産業の担い手の確保及び育成、生産性向上」から、「建設産業の役割及び目指すべき姿」・「担い手の確保・育成」・「建設産業の生産性向上」・「建設キャリアアップシステムの普及促進」、ならびに第3章「計画期間における重点目標、事業の概要」第2節「個別の重点目標及び事業の概要について」の第5項「重点目標5：インフラ分野のデジ

タル・トランスフォーメーション（DX）」における「政策パッケージ」の内容
を示す（本章第1節の再掲を含む）。

【第2章第4節の「(2)　社会資本整備を支える建設産業の担い手の確保及び
　育成、生産性向上」より】
（建設産業の役割及び目指すべき姿）

　建設産業は、社会資本の整備・維持管理等を通じて国民生活の向上や経済
の持続可能な成長を支えるとともに、災害時には、最前線で地域社会の安
全・安心の確保を担う地域の守り手として、国民生活や社会経済を下支えす
る重要な役割を果たしてきた。また、近年の災害の激甚化・頻発化を踏まえ、
防災・減災、国土強靱化の更なる推進が求められる中、地域の安全・安心を
担う建設産業の役割はますます大きなものとなっている。

　一方、建設産業の担い手について見ると、例えば建設工事従事者の労働時
間は、近年は改善傾向にあるものの、依然として他産業に比べて長く、また、
他産業で一般的となっている週休2日の確保も十分ではない状況にある。日
本社会が直面する少子高齢化を踏まえると、中長期的にこのような状況が続
き必要な人材を確保できない場合や、これに応じた生産性の向上等が実現さ
れない場合には、将来、建設産業が国民の求める役割を安定的に果たしてい
くことが困難となる可能性も懸念される。また、国民のニーズの多様化・高
度化等に伴い、質の高い社会資本整備への期待がますます高まっているほか、
デジタル技術の進展等に伴い、建設産業における業務のあり方そのものの変
革（DX）を進めることが求められる。

　このため、今後の建設産業は、担い手の処遇改善や働き方改革、生産性向
上の取組を一層推進することにより、中長期の視点から担い手の確保・育成
を図っていくことが不可欠である。若者や女性の入職・定着の促進、高年層
が働きやすい環境の整備、業界全体のパフォーマンスの向上等を進め、潜在
的な担い手を持続的に惹きつけるとともに、現行の担い手が長く働き続けた
いと思うような、魅力的な産業へと転換していく必要がある。

　また、高い生産性の下で良質な建設サービスを提供する産業へと進化する
ことも必要であり、これにより、働き手に誇りや働きがいがもたらされ、ひ
いては担い手の呼び込み・定着にも資するものと考えられる。

　なお、コロナ禍においても、建設産業は国民が最低限の生活を送るために
不可欠なサービスであることから、社会経済活動の制限が一定程度必要とさ
れる状況においても、現場での「3密」回避や作業従事者の健康管理を徹底

することにより、最低限の事業継続が確保されることが必要である。同時に、生産性向上のみならず感染防止の観点からも、非接触やリモート化に資するデジタル技術の開発や導入を推進していくことが重要である。

（担い手の確保・育成）

　建設産業の担い手の確保・育成のためには、建設労働市場の実勢を反映した公共工事設計労務単価の適切な設定により、技能労働者の適切な賃金水準の確保を図ることが重要である。また、従事者の給与面等での処遇改善の観点から、下請代金のうち労務費相当分の現金払いや、社会保険加入の徹底を促進する。

　また、前述の通り、建設工事従事者の労働時間が依然として他産業に比べて長いことに加え、平成30（2018）年に成立した「働き方改革関連法」による改正労働基準法に基づき、建設産業についても、令和6（2024）年度から時間外労働の罰則付き上限規制が適用されることとなっている。このため、従事者の長時間労働を是正するとともに、週休2日の実現に向けて休日を確保することが必要である。

　具体的には、新・担い手3法による改正建設業法における著しく短い工期による請負契約の締結の禁止に関する新たな規定や、「工期に関する基準」について周知徹底を図ること等により、工期の適正化を推進する。また、公共工事においては、年度内の工事量の繁閑の差が大きいと建設企業の安定的な経営や適正な処遇への支障等が生じることから、債務負担行為や繰越明許費の適切な活用による翌年度にわたる工期の設定や、中長期的な発注見通しの作成・公表などにより、公共工事における施工時期の平準化を一層推進する。その際、特に地方公共団体の取組や進捗の状況を「見える化」し、地方公共団体による自発的な取組を促すとともに、先進的な取組事例の周知・普及等に努める。また、依然として建設現場で重大な労働災害等が発生していることに鑑み、建設工事従事者の安全及び健康の確保のための取組を引き続き推進する。さらに、多様な人材が現場で活躍できるよう、引き続き女性の定着促進や、特定技能外国人制度の普及等を通じた外国人材の受入環境の整備と活用の促進等に取り組む。

　このほか、優秀な若手技術者等が早期に活躍できる環境整備、若者の建設産業への入職意欲に働きかける戦略的な広報、学校におけるキャリア教育等への建設企業の協力の促進を図る。

　なお、前述の安定的・持続的な公共投資の見通しは、建設産業の担い手の確保・育成の面からも非常に重要である。

（建設産業の生産性向上）

　建設現場の生産性を令和7（2025）年度までの2割向上を目指し、施工時期の平準化、建設キャリアアップシステムの普及・活用、3次元データ・ICT技術等を活用したi−Constructionの推進等により、施工と維持管理の更なる効率化や省人化・省力化を進めるとともに、建設機械の普及等によるコスト縮減を含め生産性向上の取組を進める。このため、BIM／CIMの活用や5Gを用いた無人化施工等の現場実装の推進、AI・IoT等の先端技術の開発促進、オープンイノベーションの推進、現場ニーズと技術シーズのマッチングの推進などに取り組む。

（建設キャリアアップシステムの普及促進）

　建設産業における中長期的な担い手の確保・育成を図るためには、技能労働者がキャリアパスや処遇について将来の見通しを持ちながら、働きがいや希望をもって働くことができる環境を構築するとともに、ダンピング受注が起こりにくい市場構造を構築し、業界全体として人材への投資や賃金設定が適切に行われる好循環を生み出すことが重要である。

　このため、担い手の技能・経験の見える化や適正な能力評価を業界横断的に進めるための「建設キャリアアップシステム（CCUS）」について、建設産業の持続的な発展のための業界共通の制度インフラとして普及を促進し、令和5（2023）年度からの建設業退職金共済制度のCCUS活用への完全移行とそれに連動したあらゆる工事におけるCCUS完全実施を目指す。

　併せて、公共工事において率先してCCUSの活用を促す見地から、国や地方公共団体等が発注する工事において、CCUSの活用状況を評価するモデル工事の実施や総合評価落札方式における加点等の取組の促進を図る。

　加えて、技能労働者の処遇改善に資する観点から、技能労働者の技能と経験に応じてレベル分けを行う能力評価制度の活用を更に進めるとともに、能力評価制度と連動した専門工事事業者の施工能力の見える化を推進し、技能労働者の処遇改善や人材投資を行う建設企業が適正に評価され選ばれる環境を整備する。

　技能労働者の賃金上昇につながるような好循環を生み出すべく、専門工事業団体等による、レベル別の賃金目安の設定と、賃金目安に応じた賃金支払いの原資確保のための見積りの適正化や元請による見積り尊重の促進・徹底を図る。

　また、CCUSは、施工体制台帳の作成機能の活用等により、事務の効率化や書類削減などにも資するものであり、その普及を通じて、建設産業の生産性向上への寄与を図る。

【第3章第2節第5項「重点目標5：インフラ分野のデジタル・トランス
　フォーメーション（DX)」より】

〈政策パッケージ〉

【5－1：社会資本整備のデジタル化・スマート化による働き方改革・生産性
　向上】

　社会資本整備のデジタル化・スマート化を進めることにより、働き方改革
や抜本的な生産性向上を図る。具体的には、ICT施工や建設生産プロセス全
体での3次元データの活用などのi-Constructionを推進するとともに、得ら
れたデータを含め、施設・地盤等の国土に関するデータ、人流等の経済活動
に関するデータ、気象等の自然現象に関する様々なデータとの連携を進める
「国土交通データプラットフォーム」の構築を進める。また、セキュリティ
の実装も政府全体の方針等を踏まえ取り組む。このほか、データの位置情報
を確実に整合させるための共通ルール（国家座標）を併せて推進する。

【5－2：新技術の社会実装によるインフラの新価値の創造】

　新技術の社会実装によりインフラの新価値を創造し、行政手続きの迅速化
や暮らしにおけるサービスの向上を図るとともに、AIやビッグデータなど
の先端技術を活用して、世界に先駆けた未来社会の暮らしの実現を官民連携
により推進する。スマートシティの社会実装や「ヒトを支援するAIターミ
ナル」の取組を推進するとともに、自動運転技術の実用化に資する道路交通
環境の構築を推進する。また、「新たな日常」の構築に向け、特殊車両の新
たな通行制度の実用化や高精度な位置情報を利活用するための環境の整備等
を推進する。

2.5　持続可能で活力ある国土・地域づくり

　我が国は、人口減少、少子高齢化、財政制約、国際競争の激化に加え、地球環境問題や震災を契機としたエネルギー制約等、これまでにない困難に直面している。これらの課題を克服し、我が国の明るい将来を築くためには、「持続可能で活力ある国土・地域づくり」を進める必要があるとされている。

　したがって「持続可能で活力ある国土・地域づくり」というテーマの中には、「災害に強い住宅・地域づくり」をはじめ「低炭素・循環型システムの構築」や「社会資本の的確な維持管理・更新」など、本章の他の節で取り扱っているテーマが含まれる。そのため本節では、他の節で取り扱っているテーマを除いた分野、すなわち都市計画に関する「コンパクト＋ネットワーク」を主としたキーワードも扱っている。

　他の出題テーマにおいても取り上げているキーワードについて、本節では「持続可能で活力ある国土・地域づくり」に的を絞った形で、解答論文をまとめる際に参考になり得る事項を抜粋して示している。「持続可能で活力ある国土・地域づくり」をテーマとした解答論文をまとめる際に、参考にしていただきたい。

【持続可能で活力ある国土・地域づくりに係る現状や背景】
　(1)　PRE（公的不動産：Public Real Estate）
　(2)　Project PLATEAU（プラトー）
　(3)　エリアマネジメント
　(4)　グリーンスローモビリティ
　(5)　コミュニティサイクル
　(6)　コンパクト・プラス・ネットワーク
　(7)　持続可能な運送サービスの提供の確保に資する取組を推進するための地域公共交通の活性化及び再生に関する法律等の一部を改正する法律（改正地域公共交通活性化再生法）

(8) シームレス化

(9) 対流促進型国土

(10) デジタル田園都市国家構想

(11) 都市のスポンジ化

(12) トランジットモール

(13) モーダルコネクト

【持続可能で活力ある国土・地域づくりに係る計画や政策】

(1) 国土形成計画（全国計画）

(2) 国土のグランドデザイン2050

(3) 持続可能な開発目標（SDGs）実施指針

(4) 第5次社会資本整備重点計画

(5) デジタル田園都市国家構想基本方針

(6) デジタル田園都市国家構想総合戦略

(7) 立地適正化計画

【持続可能で活力ある国土・地域づくりに係る現状や背景】

(1) PRE（公的不動産：Public Real Estate）

　PRE（公的不動産：Public Real Estate）は、国や地方公共団体において保有する不動産のことをいい、それを合理的に管理・運用すべきという認識をもとにつくられた用語である。

　国土交通省の推計によれば、我が国の不動産約2,400兆円のうち、国及び地方公共団体が所有している不動産は約590兆円（全体の25%）を占めており、そのうち、地方公共団体は75%を超える約450兆円を所有している（データ出典：国土交通白書2015）。

　財政状況が厳しい中で公共施設の維持更新コストが増大することを踏まえれば、地方公共団体が現在のPREをそのまま保有し続けることは難しく、その見直しが求められている。一方で、PREが我が国の全不動産に占める割合は非常に大きく、コンパクトシティの推進のためにはPREを有効に活用することが重要である。そしてPREを活用したまちづくりのためには、将来のまちのあり方を見据えた公共施設の再配置の推進や、PREを活用したまちに必要な民間の生活サービスの誘導等の取組みが有効である。

　国土交通省は、平成26年4月にPREの活用手法を示した「まちづくりのための公的不動産（PRE）有効活用ガイドライン」を策定している。まちの将来像を示す立地適正化計画の作成にあたっては、このガイドラインを活用し、まちづくりにおけるPREの活用方針について記載するよう示されている。PREをまちづくりに活用するためには、コンパクトシティの実現等、将来のまちのあり方に沿って、「将来のまちのあり方を見据えた公共施設の再配置の推進」と「公的不動産を活用した不足する民間機能の誘導」といった取組みを進めることが有効とされている。

(2) Project PLATEAU（プラトー）

　Project PLATEAU（プラトー）は、スマートシティをはじめとしたまちづくりのデジタル・トランスフォーメーションのデジタル・インフラとなる3D都市モデルの整備・活用・オープンデータ化を推進する国土交通省のプロジェクトである。

　2022年度に創設した地方公共団体への支援制度の活用等により、全国約130都市（2023年3月末現在）の3D都市モデルを整備するとともに、これをオープンデータとして公開することで、官民の幅広い主体による共創のもとで、多様な分野におけるオープンイノベーションを促進している。

　3D都市モデルの全国展開と社会実装を推進するために、国によるデータ整備の効率化・高度化のための技術開発、先進的な技術を活用した多様な分野におけるユースケースの開発等に取り組むとともに、地方公共団体による3D都市モデルの整備・活用等を支援する補助制度（都市空間情報デジタル基盤構築支援事業）や、地域の人材育成、コミュニティ支援等の活用による地域のオープンイノベーションの創出等を推進するとしている。

(3) エリアマネジメント

　エリアマネジメントは、地域における良好な環境や地域の価値を維持・向上させるための、住民・事業主・地権者等による主体的な取り組みのことをいう。また、ここでいう「良好な環境や地域の価値の維持・向上」には、快適で魅力に富む環境の創出や美しい街並みの形成、資産価値の保全・増進等に加えて、人をひきつけるブランド力の形成や安全・安心な地域づくり、良好なコミュニティの形成、地域の伝統・文化の継承等、ソフトな領域も含まれるとされている。

近年、我が国では、このエリアマネジメントによる住民・事業主・地権者等による自主的な取り組みが各地で進められつつあるが、その背景としては次の3つのことが挙げられている。

(1) 環境や安全・安心への関心の高まり

(2) 維持管理・運営の必要性の高まり

(3) 地域間競争の進行に伴う地域の魅力づくりの必要性の高まり

また、エリアマネジメントには次のような特徴があり、個人的活動や従来の行政サービスによっては得られにくい、地域による地域全体の公益的な価値を創造する取り組みと言える。また、その活動の要素は多様であり、取り組みの段階にあわせて様々な活動を組み合わせて重層的に展開されていくものである。

(1)「つくること」だけではなく「育てること」

(2) 行政主導ではなく、住民・事業主・地権者等が主体的に進めること

(3) 多くの住民・事業主・地権者等が関わりあいながら進めること

(4) 一定のエリアを対象にしていること

エリアマネジメントによる成果としては、1) 快適な地域環境の形成とその持続性の確保、2) 地域活力の回復・増進、3) 資産価値の維持・増大、4) 住民・事業主・地権者等の地域への愛着や満足度の高まり、などがある。

なお、エリアマネジメントを推進する一つの方法として、遊休不動産の再生を活用することが可能である。あらかじめ遊休不動産が存在するエリアのコンセプトを住民、民間等が意見交換をしながら行政等が策定し、個別の遊休不動産再生（リノベーション）の実施の機会を捉えて、コンセプトにふさわしい遊休不動産の再生が行われ、さらにその周辺エリアに、連鎖的に行われエリア価値の向上が図られるような取り組みが進められている。このようにエリアを特定し、遊休不動産の所有者、地権者等、地域住民、民間事業者、地方公共団体などが協力し、遊休不動産再生を活用することで、エリア価値の向上を行う活動を「リノベーション・エリアマネジメント」としている。

(4) グリーンスローモビリティ

グリーンスローモビリティは、時速20 km未満で公道を走る4人乗り以上の電動パブリックモビリティのことで、車両の寸法等に応じて、軽自動車、小型自動車、普通自動車といった種別に分かれる。

グリーンスローモビリティは、Green、Slow、Safety、Small、Openの5つの

特長をもっている。

(1) Green：電気自動車なので、環境に優しいモビリティと言える。充電される電気が、再生可能エネルギーを活用した場合、CO_2フリーのモビリティになる。

(2) Slow：最高速度が時速20 km未満に設定されているモビリティのため、交通量の多い幹線道路や遠方への移動での活用は不向きであるが、交通量が多くない道路、信号の多い中心市街地や複数車線の中心市街地など、速度が必ずしも速くない道路での走行には向いている。

(3) Safety：最高時速が20 km未満に制限されているため、高齢者が運転しやすいモビリティである。

(4) Small：グリーンスローモビリティは、同じ乗車定員の他のモビリティに比べて、小型になっている。このため、これまでコミュニティバスが入れなかったような道路での地域のモビリティ、これまで乗用車が入れなかったような道路に観光客を連れて行くモビリティ、乗用車が入るとすれ違いで渋滞してしまうような道路でのモビリティとして活用できる。

(5) Open：グリーンスローモビリティは、窓ガラスがないので開放感があり、風や匂いを感じたり、音や声を聞いたり、自然との一体感が心地よいモビリティである。

(5) コミュニティサイクル

コミュニティサイクルは、レンタサイクルの形態の一つで、街の一定範囲内に複数のポートを設置することにより、自転車を好きな場所で借りたり返却したりすることができるシステムである。

一般のレンタサイクルは、鉄道駅に隣接して設置されたサイクルポートを拠点として、「自宅から駅までの利用」あるいは「駅から会社、学校」といった目的地までの往復移動を基本としているが、コミュニティサイクルは、このレンタサイクルシステムをさらに発展させて、複数のレンタサイクル施設の相互利用によって、面的な移動を可能にしたものである。そのためコミュニティサイクルは、生活交通の利便性を向上するなど、まちづくりの課題を解決するものとして、地域内の新しい交通手段として期待されている。

(6) コンパクト・プラス・ネットワーク

　人口減少下においては、行政や医療・福祉、商業等、生活に必要な各種の
サービスを維持し、効率的に提供していくためには、各種機能を一定のエリア
に集約化することが不可欠であり、これにより各種サービスの効率性を確保す
ることができる。しかし、このようなコンパクト化だけでは、人口減少に起因
する圏域・マーケットの縮小への対応が不十分となり、より高次の都市機能に
よるサービスが成立するために必要な人口規模を確保できなくなるおそれがあ
る。このため、コンパクト化に加えて各地域をネットワーク化することにより、
各種の都市機能に応じた圏域人口を確保していくことが必要である。

　コンパクト・プラス・ネットワーク（コンパクト＋ネットワーク）は、この
ように拡散した都市のコンパクト化とともに、拠点間を結ぶ公共交通ネット
ワークを再構築することをいう。コンパクト・プラス・ネットワークの考え方
は、「国土のグランドデザイン2050」において提示されたものである。「コン
パクト」とは空間的な密度を高める「まとまり」を、「ネットワーク」とは地域
と地域の間の「つながり」を意味する。

　人口減少社会においては、それぞれの地域内において各種機能をコンパクト
に集約すると同時に、各地域がネットワークでつながることによって、一定の
圏域人口を確保し、生活に必要な機能を維持することが可能になる。また、そ
のような各種機能は日常生活に必要なものから、特定のときにしか利用しない
ものまで様々であり、それに応じて必要な圏域規模が規定されるため「コンパ
クト・プラス・ネットワーク」は、一つの都市レベルで「コンパクト・プラス・
ネットワーク」を適用するとともに、それよりも小さな単位である集落レベル
やそれよりも大きな都市間レベルでも「コンパクト・プラス・ネットワーク」
を適用するといった階層的な構造になるとしている。

　「国土のグランドデザイン2050」の第3章「基本的考え方」第 (1) 節には、
「コンパクト＋ネットワーク」の意義として次の2つを挙げている。

【「国土のグランドデザイン2050」第3章「基本的考え方」(1)「コンパクト
　＋ネットワーク」より】
①質の高いサービスを効率的に提供する
　人口減少下において、行政や医療・福祉、商業等、生活に必要な各種の
サービスを維持し、効率的に提供していくためには、各種機能を一定のエリ

アに集約化（コンパクト化）することが不可欠であり、これにより各種サービスの効率性を確保することができる。

　しかし、コンパクト化だけでは、人口減少に起因する圏域・マーケットの縮小への対応が不十分となり、より高次の都市機能によるサービスが成立するために必要な人口規模を確保できなくなるおそれがある。このため、各地域をネットワーク化することにより、各種の都市機能に応じた圏域人口を確保していくことが必要である。

②新たな価値を創造する

　コンパクト＋ネットワークにより、人・モノ・情報の交流・出会いが活発化し、高密度な交流が実現する。高密度な人・モノ・情報の交流は、イノベーションのきっかけとなり、新たな価値創造につながる。

　また、これは賑わいを創出することにもなり、地域の歴史・文化などを継承し、さらにそれを発展させていくことにも寄与する。

(7) 持続可能な運送サービスの提供の確保に資する取組を推進するための地域公共交通の活性化及び再生に関する法律等の一部を改正する法律（改正地域公共交通活性化再生法）

　人口減少の本格化に伴い、多くの地域でバスをはじめとする公共交通サービスの需要の縮小や経営の悪化、運転者不足の深刻化などにより地域の公共交通の維持・確保が厳しくなっている。他方、高齢者の運転免許の返納が年々増加している等、受け皿としての移動手段を確保することがますます重要な課題になっている。

　「持続可能な運送サービスの提供の確保に資する取組を推進するための地域公共交通の活性化及び再生に関する法律等の一部を改正する法律」は、このような状況を踏まえ、原則として全ての地方公共団体において地域交通に関するマスタープランとなる計画（地域公共交通計画）を策定した上で、交通事業者をはじめとする地域の関係者と協議しながら公共交通の改善や移動手段の確保に取り組める仕組みを拡充するとともに、特に過疎地などでは、地域の輸送資源を総動員して移動ニーズに対応する取組を促すために、令和2年6月に公布された法律である（令和2年11月施行）。

　国土交通省においては、同法による新たな枠組みの下で、地方公共団体による地域公共交通計画等の策定や、それに基づく地域の移動手段としての鉄道・

バス等の確保・充実の取組みに対し、予算・ノウハウ面等で必要な支援を行っていくとしている。

(8) シームレス化

　シームレス（seamless）化は、縫い目や継ぎ目（seam）をなくすということであるが、違いを意識させない共通化という意味で、複数のサービス間のバリアをとり除き、容易に複数のサービスを利用することができることを指す言葉として使われるようになっている。一方、公共交通分野におけるシームレス化は、鉄道相互間や鉄道と他の交通機関など複数の交通手段間の接続や乗継ぎの円滑化を図るために、交通機関相互の乗継ぎに係る「継ぎ目」を、交通結節点整備などのハードと運行方法の改良や情報バリアの排除などのソフトの両面にわたって解消し、出発地から目的地までの移動を円滑なものにすることをいう。

　シームレス化のハード整備としての具体例は、鉄道の相互直通運転や、同一ホーム・同一方向乗換化、乗継ぎ経路の短縮、鉄道駅に結節するフィーダーバスの運行、駅のバリアフリー化、交通機関間の役割分担としてのパークアンドライドやバスアンドライドなどがある。また、ソフト面では、交通機関施設内の乗換え案内表示などをわかりやすくすることや、ITSによる情報化、ICカードによる手続の簡素化、異事業者間共通のカードやシステムの導入などがあげられる。

　公共交通分野におけるシームレス化によって、利用者は複数のサービスを容易に、最小限の手間で活用できるようになるため、公共交通の利便性向上につながる。

(9) 対流促進型国土

　「対流促進型国土」は「国土のグランドデザイン2050」において、目指すべき国土の姿として提唱された考え方である。

　流体内において温度の違いにより生じる「対流」という用語を援用し、多様な個性を持つ様々な地域が相互に連携して生じる地域間のヒト、モノ、カネ、情報の双方向の活発な流れである「対流」を全国各地でダイナミックに湧き起こし、イノベーションの創出を促す「対流促進型国土」の形成を図ることを国土の基本構想としたものである。

　「国土のグランドデザイン2050」の第3章「基本的考え方」第（2）節「多様

性と連携による国土・地域づくり」には、次のような考え方が示されている。

【「国土のグランドデザイン2050」第3章第（2）節「多様性と連携による
国土・地域づくり」より】

　地域間相互の人・モノ・情報の交流は、それぞれの地域が多様であるほど
活発化するものと考えられ、このことは、温度の異なる流体の運動である
「対流」になぞらえることができる。温度差（地域間の差異）がなければ対流
は起こり得ないことから、対流のエンジンは多様性であると言える。対流は、
放っておくと温度差がなくなり止まってしまうことから、常に地域間の差異、
すなわち多様性を生み出し、これを進化させていかなければならない。そし
て、その多様性は経済に裏打ちされたものであることが必要である。

　また、対流を媒介する役割を担うのは「連携」であり、その連携による
人・モノ・情報の流れが対流である。多様性が進化するのと同様に、連携も
進化させていかなければならない。

　多様性と連携により生み出される対流には、様々なレベルが考えられる。
特定テーマ間での対流や、身近な地域の中で起こる小さな対流もあれば、国
土全体の産業構造にかかわるようなダイナミックな対流もある。小さな対流
が生まれ、その積み重ねが創発を引き起こし、やがて大きな渦となって国土
全体の大きな対流につながり、思いも寄らないような新たな価値を生み出し
ていくよう、様々なレベルで対流を活発化させていく必要がある。

　また、人・モノ・情報の対流は、物理的なネットワークや情報ネットワー
クを通じて行われることから、対流を加速できるよう、ネットワークも高機
能化していく必要がある。

　一方、対流が加速すればするほど、逆に「たまり場」の機能の重要性も高
まっていく。人・モノ・情報が活発に動くだけでなく、一定の場所に集まり、
融合することで、そこが価値創造の現場となっていく。たまり場の機能も有
した、ダイナミックな対流を促進していく必要がある。

　さらに、移住したり、新しい場所で働くといった、「人」のダイナミックな
対流を促すような、柔軟な社会構造を考えていく必要がある。

（10）デジタル田園都市国家構想

　デジタル田園都市国家構想は、「デジタル実装を通じて地方が抱える課題を解決し、誰一人取り残されずすべての人がデジタル化のメリットを享受できる心豊かな暮らしを実現する」という構想である。この構想は2021年、岸田文雄内閣総理大臣の所信表明演説において表明されたもので、「新しい資本主義」実現に向けた、成長戦略の最も重要な柱であり、地方の豊かさをそのままに、利便性と魅力を備えた新たな地方像を提示するものである。

　デジタル田園都市国家構想の実現により、地方における仕事や暮らしの向上に資する新たなサービスの創出、持続可能性の向上、Well−beingの実現等を通じて、デジタル化の恩恵を国民や事業者が享受できる社会、いわば「全国どこでも誰もが便利で快適に暮らせる社会」を目指す。これにより、東京圏への一極集中の是正を図り、地方から全国へとボトムアップの成長を推進する、としている。

　国は今後、2024年度までの地方創生の基本的方向を定めた「まち・ひと・しごと創生総合戦略」を抜本的に改訂し、構想の中長期的な基本的方向を提示する「デジタル田園都市国家構想総合戦略（仮称）」を策定するとしている。

（11）都市のスポンジ化

　「都市のスポンジ化」は、都市の内部において、空き地、空き家等の低未利用の空間が、小さな敷地単位で、時間的・空間的にランダム性をもって、相当程度の分量で発生する現象をいう。なお、人口減少に伴い都市全体の人口密度や土地利用密度が低下する現象は「都市の低密度化」と呼んでいる。

　都市のスポンジ化の進展により、サービス産業の生産性の低下や行政サービスの非効率化、環境負荷の増大など、さまざまな悪影響を及ぼすことが懸念されている。また、居住や都市機能を集約すべき区域において、スポンジ化という形態で過度に進行すれば、立地適正化計画等による居住・都市機能の誘導・集約の取組効果を減殺し、コンパクトシティ政策を推進していくうえで重大な支障となる。

　このような「都市のスポンジ化」に対応するため、改正都市再生特別措置法が平成30年4月に公布・7月に施行された。改正法では、都市機能誘導区域と居住誘導区域を中心にした都市のスポンジ化対策として、①「低未利用土地権利設定等促進計画」制度の創設、②都市再生推進法人（まちづくり団体等）の

業務に、低未利用地の一時保有等を追加、③土地区画整理事業の集約換地の特例、④市町村は、低未利用土地利用等指針を作成し、低未利用地の管理について地権者に勧告が可能に、等の内容が取り入れられた。

（12）トランジットモール

トランジットモールは、中心市街地のメインストリート等で警察と連携して一般車両の利用を制限して、歩行者・自転車とバスや路面電車などの公共交通機関の利便性を高めることによって、まちの賑わいを創出することである。

トランジットモール内では、歩行者は自動車を気にせず安心して買物を楽しむことができるとともに、バスや路面電車などの公共交通機関が歩行者の移動を補助する役割を果たす。さらに、高齢者や子供、身障者など自動車を利用できない人々も安心して中心市街地に来ることができるようになる。

（13）モーダルコネクト

モーダルコネクトは、道路ネットワークやその空間を有効に活用しながら、交通モード間の接続の強化を図ることである。

人口減少、高齢化など社会経済情勢が大きく変化していく中、国民の日常生活や経済活動を支え、地域の活性化を果たしていくためには、地域における道路ネットワークや鉄道・バス路線等のネットワーク、更には利用拠点の状況を踏まえ、徒歩を含めたあらゆる交通モード間の連携・接続の強化（モーダルコネクトの強化）を図り、利用者が利用・選択しやすい環境を構築していく必要がある。

国土交通省では、バスタ新宿をはじめとする集約型公共交通ターミナル『バスタプロジェクト』について、官民連携を強化しながら戦略的に展開して、多様な交通モードが選択可能で利用しやすい環境を創出し、人とモノの流れの促進や生産性の向上、地域の活性化や災害対応の強化などのため、バスを中心とした交通モード間の接続（モーダルコネクト）の強化を推進している。

【持続可能で活力ある国土・地域づくりに係る計画や政策】
(1) 国土形成計画（全国計画）

　国土形成計画（全国計画）の概要は、本章第1節「社会資本整備」に示したとおりである。

　ここでは第三次国土形成計画における、持続可能で活力ある国土・地域づくりに係る事項として、第1部「新たな国土の将来ビジョン」第2章「目指す国土の姿」第1節「国土づくりの目標」第2項「国土づくりの基本的方向性（1）デジタルとリアルの融合による活力ある国土づくり」の（ローカルの視点　～地方創生×デジタル～）、ならびに第2部「分野別施策の基本的方向」第1章「地域の整備に関する基本的な施策」第2節「人中心のコンパクトな多世代交流まちづくり」の内容を示す。

【第1部第2章第1節第2項「国土づくりの基本的方向性（1）デジタルとリアルの融合による活力ある国土づくり」より】
（ローカルの視点　～地方創生×デジタル～）

　こうした考え方の下、地方が直面する人口減少・流出の加速と利便性の低下の悪循環を断ち切り、地域の活力を高めるため、従来の地方創生の一層の取組強化を図ることはもとより、デジタルを徹底活用した官民連携による地域課題解決により、地方に都市の利便性を、都市に地方の豊かさを実現し、人々が生き生きと安心して住み続けられる地域づくりを進めることで、全国どこでも誰もが便利で快適に暮らせる社会を実現する「デジタル田園都市国家構想」を体現する。

　このため、デジタルとリアルの融合により、例えば、地方公共団体の窓口のDX化により「書かないワンストップ窓口」の普及を図るなど、生活者・利用者の地域生活での身近な困りごとをデジタル化により解消することから、自動運転やドローン、自動配送ロボットによる物流を始めとする先端技術サービスの実装まで、生活サービスの利便性を向上する取組を加速化する必要がある。これを支える、光ファイバ、5G等のデジタルインフラ、データ連携基盤の整備を進める。

　加えて、デジタル技術をリアルの地域空間の中で実装するための基盤整備が不可欠であり、こうした観点から、自動運転やドローン、自動配送ロボットによる物流等の実用化に不可欠なセンサー、乗換え・積替え拠点等のデジタルライフラインの整備を総合的・計画的に進めるため、「デジタル田園都市

国家構想総合戦略」を踏まえ、「デジタルライフライン全国総合整備計画」を2023年度内に策定し、その効果的な実施を進める。また、「未来社会の実験場」となる2025年大阪・関西万博（以下「大阪・関西万博」という。）を一つのマイルストーンとして、カーボンニュートラルやデジタル技術、次世代モビリティなど、我が国の革新的技術を新時代に示していく。

　デジタルでは代替できない機能やサービスの維持に向けても、リアルの地域空間において、デジタルの活用を図りつつ、コンパクト＋ネットワークの取組として、地域空間の機能集約によるコンパクト化と地域公共交通の再構築の有機的連携を一層推し進め、人口減少下においても持続可能な地域づくりを目指す。

　こうした取組を含め、地方への人の流れを創出・拡大し、地方の人口減少・流出の流れを変え、国土全体において地域の活力を高めるため、人と人、人と地域、地域間のネットワークを強化し、交流と連携の拡大を通じて、多様性に富む包摂社会に向けた多様な主体の参加と連携により地域を共に創る取組を広げる。このため、地域間の交流と連携を支える国土基盤の高質化を図るとともに、我が国全体の少子化の流れを変えることにもつながる地域におけるこども・子育て政策の強化や女性活躍の推進、関係人口の拡大・深化を含め、地域を支える人材の確保・育成を図る。

　さらに、地域の活力を向上していくには、地域内の経済循環をより高め、地域産業の効率性・生産性・持続性の向上を図るなど、地域産業の稼ぐ力を向上していく必要がある。若者、女性、高齢者、障害者、外国人等の多様な人材が働きがいを持って地域産業を支える多様な就労環境の整備を図る。

【第2部第1章第2節「人中心のコンパクトな多世代交流まちづくり」より】
1．都市のコンパクト化と交通ネットワークの確保

　既に全国的に多くの都市で人口が減少に転じ、今後は減少が加速することが見込まれていることから、市街地、郊外部ともに医療・福祉・介護、商業等の生活サービスを提供する都市機能の持続性が損なわれかねない状況となっている。また、気候変動に伴い自然災害の激甚化・頻発化が懸念される中で、都市のコンパクト化により、災害リスクが相対的に低い安全なエリアに居住や都市機能を誘導し、地域の暮らしに必要な生活サービスの持続性を確保するための「密度の経済」が発揮されるよう取り組んでいく必要がある。

加えて、コロナ禍以降、テレワークの普及によって、より居住地周辺の生活に身近なエリアでより多くの時間を過ごしたり、活動を行ったりするような新たな暮らし方・働き方に対応するため、生活に身近なエリアを含めた地域の拠点における必要な都市機能の充足が求められている。

　このため、居住や都市機能の誘導を進める都市のコンパクト化と、そのような拠点間や周辺地域を結ぶ公共交通軸の確保を通じた交通ネットワークの確保を更に推進していく必要がある。これらを郊外住宅地や周辺集落を含む都市圏全体で取り組むことにより、生活利便性や生産性の向上による地域経済の活性化、行政コストの削減、CO_2の排出量の削減、地域の安全・安心の確保を図り、多様な暮らし方・働き方を支える人中心のコンパクトな多世代交流まちづくりの実現を図っていく。

　都市のコンパクト化と交通ネットワークの確保を図るため、立地適正化計画に基づき、都市の中心拠点や生活拠点において、公共施設の再編、空き地・空き家等の既存ストックの有効活用、市街地の再開発、防災拠点の確保等を進めつつ、各種都市機能を誘導する。あわせて、居住については、災害リスクが低く、拠点となるエリアや公共交通軸沿線への誘導を図る。立地適正化計画については、2024年度末までに作成する市町村数を600市町村とし、更なる取組の推進を図っていく。

　さらに、こうした地域の拠点となるエリア内の回遊性や滞在快適性を向上させる取組を推進するため、デジタル技術を活用した官民一体の空間活用や機能連携を図り、多様な暮らし方・働き方に対応した「居心地が良く歩きたくなる」まちなかづくりを進める。

　また、公共交通ネットワークの確保の実効性を高めるためにも、立地適正化計画等と地域公共交通計画等の連携を強化し、居住や都市機能の誘導と連動させながら、まちづくりの将来像の実現に必要な都市の骨格となる基幹的な公共交通軸を形成する。地域公共交通計画を立地適正化計画と併せて策定した市町村数については、2024年までに策定総数を400件とすることを目指す。

　さらに、公共施設の統廃合、再配置等を効果的に推進するとともに、地域経営の視点から地域の価値を高めるために、官民の不動産を有効に活用する取組が重要である。このため、自立的かつ持続的な事業活動による地域の活性化と地域内の資金循環を目指し、官民の不動産を有効に活用するための手法の一つとして、不動産証券化の活用を促進する。

　こうした取組と併せて、土地利用の整序及び居住や都市機能の集積を図る

ため、既存集落の維持等のために必要な土地利用は行いつつも、郊外における無秩序な開発を抑制し、市街地における未利用地の有効利用を図るなど、市街地の空洞化を防ぐ。さらに、自然・田園環境再生についても取り組み、都市の緑地に関しては、緑の基本計画を活用するとともに、都市の将来の姿との関係性を明確にした上で取組が進められるよう緑の基本計画と立地適正化計画の連携を図る。

さらに、まちづくりDXのデジタルインフラである3D都市モデルの全国整備、社会実装を推進するとともに、建築BIM、PLATEAU、不動産IDを一体的に進める「建築・都市のDX」の推進により、都市開発・維持管理の効率化や地域政策の高度化、関係する様々なデジタル情報等を活用した新サービス・新産業の創出を図る。

2．都市環境の質的向上

都市においては、気候変動による気温の上昇に経済活動の増大と過密化による熱環境の悪化（ヒートアイランド現象）が加わることで、熱ストレスが増大することが見込まれる。このため、特に大都市圏においては、エネルギー消費量の抑制、保水力の向上、風の通り道を確保する観点等からの水と緑のネットワークの推進等によって環境負荷の少ない都市構造を形成することが必要である。

このため、複数の都市施設間でのエネルギーの融通、風・太陽光・熱等の自然エネルギー、廃熱・下水熱・下水汚泥等の未利用エネルギー等の地域の特色あるエネルギー資源の徹底活用、緑地や水面の確保、湧水、下水再生水等の活用、保水性の高い舗装材の活用等を進める。また、廃棄物の不法投棄の防止、ごみゼロ型都市への再構築、再生可能材料の利用促進、海面処分場の計画的確保、沿道等における良好な大気環境の確保、汚水処理を通じた水質の保全等を進める。

また、市街化の進展に伴う降雨時の雨水流出量の増大に加え、近年の水災害の激甚化・頻発化に対応するため、河川整備や下水道による浸水対策を推進するほか、流域の雨水貯留浸透機能の向上に係る取組や貯留機能を有する土地の保全など、都市部のみならず全国で流域のあらゆる関係者が協働して行う流域治水を推進する。加えて、河道等の整備による浸水被害の防止が困難な地域においては、遊水地や地下河川、輪中堤、雨水貯留浸透施設等の整備、土地利用・住まい方の工夫、避難体制の強化等のハード・ソフト対策を組み合わせるなど、流域治水の実効性を確保し、取組を強力に進める。

さらに、土地利用・住まい方の工夫や開発規制、安全な地域への立地誘導、

移転など、水災害リスクを踏まえた防災まちづくりを進める。河川整備等と防災まちづくりの総合的・多層的な取組により、想定最大規模の水災害発生時においても、人的被害はもとより、できるだけ経済被害を減少させ、水災害に強いまちづくりを目指すことが必要である。

　あわせて、居住誘導区域等における集中的な砂防施設等の整備、土砂災害防止法に基づく土砂災害警戒区域等の指定や移転勧告の柔軟な運用等による災害リスクを考慮した安全な国土利用への誘導や、海抜ゼロメートル地帯で人口が集中し、堤防が決壊すると甚大な人的被害が発生する可能性が高い区間における高規格堤防の整備など、まちづくりと一体となった都市防災対策を進める。

(2) 国土のグランドデザイン2050

　国土のグランドデザイン2050の概要は、本章第1節「社会資本整備」に示したとおりである。

　ここでは持続可能で活力ある国土・地域づくりに係る事項として、第3章「基本的考え方」の第 (1) 節「コンパクト＋ネットワーク」の内容を示す。

【第3章「基本的考え方」(1)「コンパクト＋ネットワーク」より】
　人口減少、高齢化、厳しい財政状況、エネルギー・環境等、我が国は様々な制約に直面している。今後ますます厳しくなっていくこれら制約下においても、国民の安全・安心を確保し、社会経済の活力を維持・増進していくためには、限られたインプットから、できるだけ多くのアウトプットを生み出すことが求められる。その鍵は、地域構造を「コンパクト」＋「ネットワーク」という考え方でつくり上げ、国全体の「生産性」を高めていくことにある。「コンパクト」＋「ネットワーク」には、次のような意義があるものと考えられる。
①質の高いサービスを効率的に提供する
　人口減少下において、行政や医療・福祉、商業等、生活に必要な各種のサービスを維持し、効率的に提供していくためには、各種機能を一定のエリアに集約化（コンパクト化）することが不可欠であり、これにより各種サービスの効率性を確保することができる。
　しかし、コンパクト化だけでは、人口減少に起因する圏域・マーケットの

縮小への対応が不十分となり、より高次の都市機能によるサービスが成立するために必要な人口規模を確保できなくなるおそれがある。このため、各地域をネットワーク化することにより、各種の都市機能に応じた圏域人口を確保していくことが必要である。

②新たな価値を創造する

コンパクト＋ネットワークにより、人・モノ・情報の交流・出会いが活発化し、高密度な交流が実現する。高密度な人・モノ・情報の交流は、イノベーションのきっかけとなり、新たな価値創造につながる。

また、これは賑わいを創出することにもなり、地域の歴史・文化などを継承し、さらにそれを発展させていくことにも寄与する。

このようなコンパクト＋ネットワークの考え方は、人口減少に対応した国土政策を考える上で有効な方策と考えられるが、それにとどまらず、今日の高度に国際化した新しい産業構造にも通じるものである。すなわち、グローバルな競争の中、新しいサービスを提供していくことが必要な時代において、各企業は選択と集中の考え方の下、ターゲットとする得意分野に資源を集中・コンパクト化してきている。また、中小企業においても、グローバル・ニッチと言われるように、国際市場を開拓する上で、それぞれニッチ分野に特化する戦略などが必要とされている。しかし、その一方で、各企業が新しい価値、新しいイノベーションを生み出すためには、異なる業種等との交流が必要であり、そのためには企業間のネットワークが不可欠である。すなわち、今後の産業のあり方においても、コンパクト＋ネットワークが必要とされていると言える。

コンパクト＋ネットワークの考え方は、そのサービスの提供レベルに違いはあるものの、中山間地から大都市までのあらゆる地域に通じるものである。コンパクト＋ネットワークにより、「新しい集積」を形成し、効率性を高め、より大きな付加価値を生み出すような国土構造としていくこと、いわば国全体の生産性を高める国土構造を構築していくことが、新たな国土づくりの基本的な考え方として必要である。

(3) 持続可能な開発目標（SDGs）実施指針

持続可能な開発目標（SDGs）実施指針は、SDGsに関する取り組みを総合的かつ効果的に推進することを目的として、日本が2030アジェンダを実施し、2030年までに日本の国内外においてSDGsを達成するため、2016年に策定され

た国家戦略である。その後、SDGsを巡る状況が大きく変化し、国際社会が新たな課題や一段と深刻化した課題に直面する中、気候変動や貧困・格差の拡大による社会の分断・不安定化などの地球規模課題に対して、システムレベルのアプローチやインパクトの大きい取組を通じて、経済や社会の変革（トランスフォーメーション）を加速し、解決に向けて成果を出していくことがより一層必要となったことから、2019年12月にSDGs実施指針が改定されている。

　SDGsの実施指針では、「すべての人々が恐怖や欠乏から解放され、尊厳を持って生きる自由を確保し、レジリエンス、多様性と寛容性を備え、環境に配慮し、豊かで活力があり、格差が固定化しない、誰一人取り残さない2030年の社会を目指す」としており、その取り組みの柱として、次の8つの優先課題が掲げられている。

（People　人間）

　1. あらゆる人々が活躍する社会・ジェンダー平等の実現

　2. 健康・長寿の達成

（Prosperity　繁栄）

　3. 成長市場の創出、地域活性化、科学技術イノベーション

　4. 持続可能で強靱な国土と質の高いインフラの整備

（Planet　地球）

　5. 省・再生可能エネルギー、防災・気候変動対策、循環型社会

　6. 生物多様性、森林、海洋等の環境の保全

（Peace　平和）

　7. 平和と安全・安心社会の実現

（Partnership　パートナーシップ）

　8. SDGs実施推進の体制と手段

（4）第5次社会資本整備重点計画

　第5次社会資本整備重点計画の概要は、本章第1節「社会資本整備」に示したとおりである。

　ここでは持続可能で活力ある国土・地域づくりに係る事項として、第3章「計画期間における重点目標、事業の概要」第2節「個別の重点目標及び事業の概要について」の第3項「重点目標3：持続可能で暮らしやすい地域社会の実現」における「目指すべき姿」・「現状と課題」・「政策パッケージ」を示す。

【第3章第2節第3項「重点目標3：持続可能で暮らしやすい地域社会の実現」より】

〈目指すべき姿〉

　東京一極集中型から、個人や企業が集積する地域が全国に分散しそれぞれの核が連携し合う多核連携型の国土づくりを進め、テレワークや二地域居住など新たな暮らし方、働き方、住まい方を支えるための基盤を構築する。また、高齢者、障害者、子ども、子育て世代など、全ての人が安全・安心で不自由なく生活できるユニバーサルデザインのまちづくり、地域の自然や歴史文化に根ざした魅力・個性を活かしたまちづくりを進め、持続可能で暮らしやすい地域社会・地方創生を実現する。

〈現状と課題〉

　地域における人口の減少により、住民の買い物や医療・福祉へのアクセスが中長期的に維持困難となるおそれがあることから、コンパクトなまちづくり及びそれらを結ぶネットワークの形成を推進することが必要である。

　高齢者の増加が進む都市部においては、医療・福祉サービスのニーズの拡大への対応や、多様な世代が生き生きと暮らせる地域づくりが必要である。

　地域の暮らしを守るとともにその活力を向上させるため、地域の輸送・移動手段の確保や、地域間の多様な交流を支える交通ネットワークの整備が必要である。

　また、依然として交通事故により多数の死傷者が発生していることから、移動・生活空間におけるさらなる安全の確保が必要である。

　さらに、高齢者、障害者、子ども、子育て世代等の多様な人々が安全に安心して暮らせるよう、生活・移動空間におけるバリアフリーやユニバーサルデザインを推進することが必要である。

　令和2（2020）年には、第2期まち・ひと・しごと創生総合戦略が改訂され、地方創生の動きを更に加速させていくこととされているところであり、地方創生に資する社会資本整備に中長期的な視点から取り組む必要がある。

〈政策パッケージ〉

【3-1：魅力的なコンパクトシティの形成】

　ポストコロナ時代も見据え、オープンスペースの充実等により、ゆとりある空間の形成に取り組みつつ、まち・ひと・しごと創生総合戦略を踏まえ、中心拠点や生活拠点に、医療・福祉・商業等の生活サービス機能や居住を誘導するとともに、公共交通網を始めとするネットワークで結び、魅力的な

コンパクトシティの形成を推進する。併せて、良好な景観の形成や歴史・文化・風土を活かしたまちづくりを推進する。

【3-2：新たな人の流れや地域間交流の促進のための基盤整備】

まち・ひと・しごと創生総合戦略を踏まえ、企業の地方移転を始めとした新たな人の流れや地域間の交流を支えるための基盤を構築するため、コンパクトに集積した地域や拠点を、道路、鉄道、航空、海運など様々な交通ネットワークにより繋ぐ「コンパクト・プラス・ネットワーク」の取組を拡大する。

その際、高規格道路、整備新幹線、リニア中央新幹線等の人流・物流ネットワークの早期整備・活用を推進するとともに、デジタル技術の進歩や「新たな日常」の実現を見据え、交通インフラへのICTやAI等の新技術の活用を推進する。

【3-3：安全な移動・生活空間の整備】

人命を守ることを最優先に、生活道路における安全確保策、高速道路のさらなる活用促進による生活道路との機能分化、高速道路における逆走対策、特定道路をはじめとする無電柱化の推進、自転車通行空間の整備等により、安全・安心な移動・生活空間を確保する。

また、鉄軌道駅のホームドア整備や総合的な踏切事故防止対策、安全な海上交通の確保、空港の安全の確保にも取り組む。

【3-4：バリアフリー・ユニバーサルデザインの推進】

旅客施設や車両等のハード面でのバリアフリー対策を進めるとともに、ソフト面でも「心のバリアフリー」を推進し、高齢者、障害者、子ども、子育て世代等の多様な人々が、安全・安心かつ不自由なく移動できる地域づくりを進める。

(5) デジタル田園都市国家構想基本方針

「デジタル田園都市国家構想基本方針」は、デジタル田園都市国家構想に基づき2022年6月に閣議決定された基本方針である。基本方針では、デジタルインフラを急速に整備し、官民双方で地方におけるデジタルトランスフォーメーション（DX）を積極的に推進するとし、「デジタルの力を活用した地方の社会課題解決」、「デジタル田園都市国家構想を支えるハード・ソフトのデジタル基盤整備」、「デジタル人材の育成・確保」、「誰一人取り残されないための取組」

の4つの柱に基づいて取り組みを進めるとしている。

　ここでは第1章『デジタル田園都市国家構想の基本的な考え方　〜「全国どこでも誰もが便利で快適に暮らせる社会」を目指して〜』の第1節「構想の背景」、第2節「意義・目的」、そして第3節「取組の前提」の前段の文を示す。

【第1章第1節「構想の背景」より】
　地方には人口減少や少子高齢化、産業空洞化などの社会課題がある。こうした課題を解決し、地方活性化を図っていかねばならない。このため、2014年以降地方創生に取り組んできたが、東京圏と地方との転出入均衡達成目標はいまだ達成できていないなど、その実現はいまだ道半ばである。新型コロナウイルス感染症（以下「感染症」という。）が拡大したことに伴い、観光業などの地方経済を支える産業への打撃や、地域コミュニティの弱体化など、地方の経済・社会は大きな影響を受けた。高齢化や過疎化などもともと地方が抱えていた構造的な問題とあいまって、地方はまさに疲弊の極みにあり、地方の豊かさを取り戻すことは我が国にとって喫緊の課題である。こうした課題を解決するためには、これまでの地方創生の成果を最大限に活用しつつ、国や地方の取組を大きくバージョンアップさせ、地方の社会課題を解決し、魅力を向上させることを通じて、地方活性化を図ることが求められている。
　こうした中、官民の様々な主体により、デジタル技術の活用が多方面で進み、他地域の見本となる優れた取組も見られ始めている。また、感染症の影響が長期にわたったことで、地方への移住に対する関心の高まりや人の流れに変化の兆しが見られたこと、民間企業の間でも、テレワークなど新たな働き方の動きが活発になったことなど、国民の意識・行動に変化が生じている。このように、デジタルは地方の抱える社会課題を解決するための鍵である。また、新しい付加価値を生み出す源泉でもある。このため、今こそデジタル田園都市国家構想の旗を掲げ、デジタルインフラを急速に整備し、官民双方で地方におけるデジタルトランスフォーメーションを積極的に推進していく必要がある。

【第1章第2節「意義・目的」より】
　デジタル田園都市国家構想は、市場や競争に任せきりにせず、官と民とが協働して成長と分配の好循環を生み出しつつ経済成長を図る「新しい資本主

251

義」の重要な柱の一つである。地方の社会課題を障害物と捉えるのではなく、成長のエンジンへと転換していく。さらに、官が呼び水となって、民間の投資を集め、官民連携で社会課題を解決し、力強く成長する。様々な社会課題に直面する地方にこそ、テレワークや遠隔教育・遠隔医療など新たなデジタル技術を活用するニーズがあることに鑑み、デジタル技術の活用によって、地域の個性を活かしながら地方の社会課題の解決、魅力向上のブレークスルーを実現し、地方活性化を加速する。これがデジタル田園都市国家構想の意義である。デジタル技術の進展を背景に、地方に住み、働きながら都会に匹敵する情報やサービスを利用できるようになるなど、デジタル技術を効果的に活用して、地方の「不便・不安・不利」の言わば3つの「不」を解消し、魅力を高めることができる。このようにデジタル化の恩恵を日本の津々浦々にまで広げ、根付かせるための取組を強力に推進することにより、地方活性化の取組を一層高度かつ効率的に進めることが可能となる。また、地方へのアクセス利便性向上に資する高速かつ安定的な交通インフラの整備も併せて進め、地方活性化を図る。

　本構想を通じて、暮らす場所、年齢、性別にかかわらずあらゆる国民が、それぞれのライフスタイルやニーズに合ったゆとりと安心を兼ね備えた心豊かな暮らしを営むことができ、地方における仕事や暮らしの向上に資する新たなサービスの創出、持続可能性の向上、Well−beingの実現等を通じてデジタル化の恩恵を国民や事業者が享受できる社会、いわば「全国どこでも誰もが便利で快適に暮らせる社会」を目指す。これにより、「集中から分散へ」という考え方の下、東京圏への過度の一極集中の是正や多極化を図り、地方から全国へと、ボトムアップの成長を目指すデジタル田園都市国家構想を力強く推進していくことが今こそ必要である。また、自然災害や感染症等の事態に対して強靱な社会を実現し、さらには、緊迫する国際情勢の下、国民生活に不可欠な物資である食料やエネルギーの供給源としての地方をしっかり維持・発展させる。

【第1章第3節「取組の前提」より】

　デジタル田園都市国家構想はデジタル基盤が整備された都市のみ対象とするものではない。むしろ、過疎化、高齢化の課題先進地である地方においてこそ、デジタル技術を活用し社会課題の解決を図っていく必要があり、全国津々浦々で本構想が実現されることが重要である。全国各地において、第2

節で掲げたような社会の姿を実現し、地方の活力を高め、心豊かな暮らしを実現するため、地理的条件、人口構成や地域産業の状況など地域それぞれの実情に応じて、解決すべき課題を整理し、デジタル技術を活用することで、地域の魅力を向上させていくことが求められている。

(6) デジタル田園都市国家構想総合戦略

我が国は、「全国どこでも誰もが便利で快適に暮らせる社会」を目指す「デジタル田園都市国家構想」の実現に向け、デジタルの力を活用しつつ、地域の個性を生かしながら地方の社会課題解決や魅力向上の取組を加速化・深化することとしている。

「デジタル田園都市国家構想総合戦略」は、デジタル田園都市国家構想を実現するために、第2期「まち・ひと・しごと創生総合戦略」(2020改訂版) を抜本的に改訂し、新たな総合戦略として2022年12月に閣議決定されたものである。デジタル田園都市国家構想総合戦略では、デジタル田園都市国家構想基本方針で定めた取り組みの方向性に沿って、各府省庁の施策を充実・強化し、施策ごとに2023年度から2027年度までの5か年のKPI (重要業績評価指標) とロードマップ (工程表) 等を示している。

ここでは、第2章「デジタル田園都市国家構想の実現に必要な施策の方向」第1節「取組方針」第 (1) 項「デジタルの力を活用した地方の社会課題解決・魅力向上」④「魅力的な地域をつくる」の (現状と課題) と (施策の方向) から「デジタルとリアルが融合した地域生活圏の形成」、「地域交通・物流・インフラDX」、「多様な暮らし方を支える人間中心のコンパクトなまちづくり」の各内容、ならびに第3章「地域ビジョンの実現」第1節「地域ビジョンの実現に資する施策間連携・地域間連携の推進」第 (2) 項「施策間連携・地域間連携の方向」から「モデル地域ビジョンの例」として記されている「スマートシティ・スーパーシティ」の内容を示す。

【第2章第1節第 (1) 項④「魅力的な地域をつくる」より】
(現状と課題)

人口構造の変化により、地域活力の低下が懸念される中においては、様々な分野において、デジタルの力を有効に活用し、地域の個性を生かしつつ、

高度かつ効率的に魅力あふれる地域づくりを実現することが重要である。

　地域づくりを進める上では、生活者の目線、ユーザーの目線を大切に、高齢者、障害者、外国人及び子供も含め、多様な住民の暮らしを巻き込みながら、その暮らしが本当に向上しているのかどうか、Well-beingの視点を大切にした取組を進めていく必要がある。また、循環経済の構築などSustainability（持続可能性）や様々なバックグラウンドを持つ方が活躍できる環境づくりを通じて互いの尊厳や意見が尊重されるDiversity（多様性）など、多様な価値観を地域で共有しながら取組を進めることが重要である。あわせて、偏りのない公正なデジタル社会や、経済成長と住民の幸福やSDGs（持続可能な開発目標：Sustainable Development Goals）といった価値観を通じて住民の主体的な参画と協力を引き出し、世界に発信できる魅力ある地域づくりを実現していく。

　さらに、各地域の個性を生かした安全・安心な地域づくりを強力に推進するため、国土形成計画や国土強靱化計画との緊密な連携を図る。

（施策の方向）

【デジタルとリアルが融合した地域生活圏の形成】

　地方で人々が安心して暮らし続けていくためには、日々の生活に必要な医療・福祉、交通、教育や、所得を得るために必要な産業、日常に潤いを与える文化などの様々な機能を享受できる必要がある。人口減少・少子高齢化等の影響が特に大きい地方では、リアルで諸機能を提供することだけを前提としてはこれを維持できず、利便性の低下が進行し、人口が流出する悪循環が続いている。こうした中、デジタルの発想で地域課題を解決していく官民共創の取組を進めることによって、人口が少ない地域でも諸機能を維持することが求められる。

　このため、来年夏頃に策定予定の新たな国土形成計画における検討を踏まえ、①官民共創、②デジタルの徹底活用、③生活者・事業者の利便の最適化、④横串の発想といった観点から、市町村界に捉われず、人口規模10万人前後を一つの目安としつつ、地域の実情に応じて地域の関係者がデジタルを活用して自らデザインする「地域生活圏」の形成を推進する。こうした地域生活圏の実現に向け、例えば、5Gを始めとするデジタル基盤の整備、官民や交通事業者間、他分野との垣根を越えた「共創」による地域交通の再構築、自動運転の実装・普及、地方で暮らしながら地域外の企業で働くことが可能になるテレワークの普及といった取組の推進を図る。

【地域交通・物流・インフラDX】

　買い物や通院等に利用するための十分な移動手段やこれを支えるインフラ

が確保されていることも地方に求められる大きな条件である。MaaS（Mobility as a Service）の活用や自動運転の活用場面の更なる拡大など公共交通分野に係るデジタル化や先進技術の活用を一層進めるとともに、①官と民、②交通事業者間、③他分野との「3つの共創」により、地域交通を「リ・デザイン」し、自家用車を持たない高齢者を始めとする地域住民の移動手段を確保することを可能とする。また、離島・山間部においてもドローンを用いた物流サービスを提供するなど、様々な制約がある中でもデジタル技術の活用によりサービスを継続することも可能である。さらに、デジタル技術の活用により、インフラに係る各種手続の効率化、3次元データを活用した情報共有、現場作業の遠隔化・自動化・自律化等も可能になる。このように、地域住民の生活に不可欠なサービスをデジタル技術の活用により維持・確保し、利便性の高い暮らしの実現、地域の生活水準の向上を目指す。

【多様な暮らし方を支える人間中心のコンパクトなまちづくり】

　多様な暮らし方を支える人間中心のまちづくりを実現し、持続可能な都市を形成するため、都市機能の高度化等、コンパクトでゆとりとにぎわいのあるまちづくりの取組が重要である。そのため、生活サービス機能と居住を中心拠点や生活拠点に誘導し公共交通で結ぶコンパクト・プラス・ネットワークの取組及び官民の既存ストックの活用による多様な働き方・暮らし方に対応した「居心地が良く歩きたくなる」まちづくりを推進する。また、地方都市のイノベーション力の強化及び大都市の国際競争力の強化に向け、デジタル技術等を活用する優良な民間都市開発事業への支援等を通じ、都市再生を推進する。さらに、3D都市モデルの整備・活用・オープンデータ化（Project PLATEAU）、デジタル技術を用いた都市空間再編やエリアマネジメントの高度化、データを活用したオープン・イノベーション創出等を進めるなど、まちづくり分野のDXを推進する。

　また、地域において様々な人を受け入れる「寛容性と多様性」を育むとともに、内外の多様な人材をひきつける魅力的な空間・拠点づくりを行い、地方におけるイノベーション創発を促進する。

【第3章第1節第（2）項「施策間連携・地域間連携の方向」より】

〈モデル地域ビジョンの例〉

【スマートシティ・スーパーシティ】

　AI、IoTなどの未来技術や官民データ等を地域づくり・まちづくりに取り

入れることで、都市・地域課題の解決を図り、新しい価値を創出するスマートシティの取組が全国各地で進められている。多様な分野にまたがるデータ連携基盤の構築など、デジタル技術を活用して、市民生活の質、都市活動の効率性の向上等地域の抱える様々な社会課題を高度に解決することにより、新たな価値の創出や持続可能な地域づくり・まちづくりの実現を図ることが重要である。また、MaaSについては、小売・飲食等の商業、宿泊・観光、物流などあらゆるサービス分野との連携や、医療、福祉、教育、一般行政サービスとの連携により、移動手段・サービスの高付加価値化、より一層の需要の拡大をもたらすものである。

　これまでの関係府省庁の取組を通じ、スマートシティを目指すことにより、その地域の社会課題を巧みに解決し大きな価値を発揮することで、その都市や地域の魅力を一層高める可能性が認められている。加えて、そのようなスマートシティの基礎を成すデータ連携基盤等のデジタル技術は、デジタルを駆使した社会課題解決を進める、いずれの地域にとっても有用な、基礎的なデジタルインフラを生み出しているという側面も重要である。

　このため、デジタル田園都市国家構想の先導役として、大胆な規制改革と併せて推進されているスーパーシティやデジタル田園健康特区を始めとする、先導的な取組を一層進め、各地域の相互連携、大胆な規制改革、複数分野にわたる先端的サービスやデータ連携を実現する。関係府省庁のスマートシティ関連事業においても、施策間連携や地域間連携を一層推進しつつ、先導的なスマートシティを目指す地域を支援する。あわせて、スマートシティの基礎を成すデータ連携基盤等のデジタル技術が、デジタル田園都市国家構想の目標である「全国どこでも誰もが便利で快適に暮らせる社会」を目指す上で様々な地域における実装が期待されるものであることに留意し、より裾野の広い地域において、スマートシティサービスが自律的に実装されるようなデジタル基盤を整備、構築するための検討を開始する。まずは、オープンなデータ連携基盤の構築やAPIの公開に留意し、相互運用性、拡張容易性の確保を図ることを前提に、関係府省が連携した合同審査会の運用を深化させつつ、2025年までに100地域の先導的なスマートシティの創出を目指す。そして、その成果を生かし、公共・準公共分野におけるベースレジストリを前提としつつ、いずれの地域においても、スマートシティが、デジタルの力を活用し様々な課題に取り組むための基盤的施策として自律的に活用できるようにするための具体策と実行のためのロードマップを検討し、2023年度末を目途に策定する。

(7) 立地適正化計画

　我が国の都市における今後のまちづくりは、医療・福祉施設、商業施設や住居等がまとまって立地し、高齢者をはじめとする住民が公共交通によりこれらの生活利便施設等にアクセスできるなど、福祉や交通なども含めて都市全体の構造を見直して『コンパクトシティ・プラス・ネットワーク』の考えで進めていくことが重要という背景から、平成26年2月に改正された「都市再生特別措置法」によって、立地適正化計画制度が創設された。

　立地適正化計画は、生活サービス機能の維持等による持続可能な都市経営の実現を図るため、一部の機能だけではなく、住居や医療・福祉・商業・公共交通等のさまざまな都市機能と、都市全域を見渡した括的なマスタープランとして、市町村が作成するものである。この計画は、公共交通なども含めて都市全体の構造を見直そうとするもので、都市計画法に基づく「市町村マスタープラン」の一部として位置づけられている。

　立地適正化計画では、都市に立地適正化計画区域を設定し、その中に居住誘導区域と都市機能誘導区域を定めることで、居住や都市の生活を支える機能を一定の区域に緩やかに誘導し、持続可能な都市構造の実現を目指している。

　令和5年3月31日時点において、立地適正化計画の作成については、675都市が具体的な取組みを行っており、そのうち、504都市が立地適正化計画を作成・公表している。

2.6　品質向上・品質確保

　これまでの「品質向上ならびに品質確保」をテーマにした問題は、限られた財源の下での品質確保、あるいは技能労働者の不足に起因する品質の低下や社会資本の長期供用に向けた品質向上など、社会的な背景や要請といった状況を踏まえたものが多い。また、組織や技術者の社会的信頼を失墜する事象の発生を踏まえた、適切な品質管理をテーマにした問題も出題されている。「品質向上・品質確保」をテーマにした問題に対しては、「ダンピング受注の防止に向けた対応」や、「入札契約方式」を踏まえた解答が必要になることが多い。

　他の出題テーマにおいても取り上げられているキーワードについて、本節では「品質向上・品質確保」に的を絞った形で、解答論文をまとめる際に参考になり得る事項を抜粋して示している。「品質向上・品質確保」をテーマとした解答論文をまとめる際に、参考にしていただきたい。

【品質向上・品質確保に係る現状や背景】
　(1) DB（Design Build）〈設計・施工一括発注方式〉
　(2) 技術提案・交渉方式
　(3) 公共工事等における新技術活用システム
　(4) 公共工事の入札及び契約の適正化の促進に関する法律（入札契約適正化法／入契法）
　(5) 公共工事の品質確保の促進に関する法律（公共工事品確法／品確法）
　(6) 施工パッケージ型積算方式
　(7) 総合評価落札方式
　(8) 段階的選抜方式
　(9) 低入札価格調査制度／最低制限価格制度
　(10) 担い手3法／新・担い手3法
【品質向上・品質確保に係る計画や政策】
　(1) 公共工事の入札契約方式の適用に関するガイドライン

(2) 第5次社会資本整備重点計画

(3) 発注関係事務の運用に関する指針（運用指針）

【品質向上・品質確保に係る現状や背景】

(1) DB（Design Build）〈設計・施工一括発注方式〉

DB（Design Build：デザインビルド）は、一つの企業あるいは事業体が一体的に設計と施工を実施するもののうち、設計の契約と工事の契約を同時に行う方式をいう。DBは、設計・施工一括発注方式とも呼ばれ、発注者が工事目的物の概略の仕様や性能をデザインビルド契約者に提示することにより、契約者が有する技術や施設の特徴を活用しやすい設計を可能にすることによって、新技術の活用を促進するとともにコストの低減を図ろうとするものである。

公共工事においては、従来から設計と施工を別々の主体で実施することによって、設計のチェックや品質確保、コスト管理を行うことを基本としてきた。しかしながら、公共工事に対する国民の信頼低下や、建設産業の国際競争力の低下などの問題が生じたことから、デザインビルドを入札方式の1つとして試行的な取り組みが行われるようになった。さらに、平成17年の「公共工事の品質確保の促進に関する法律」において、企業の技術提案を踏まえた予定価格の作成が可能となったことにより、実施環境が一層整備されることとなった。

「設計・施工一括及び詳細設計付工事発注方式実施マニュアル（案）」では、設計・施工一括発注方式導入のメリットとデメリットを、次のように示している。

【メリット】

(1) 効率的・合理的な設計・施工の実施

　・設計と製作・施工（以下「施工」という）を一元化することにより、施工者のノウハウを反映した現場条件に適した設計、施工者の固有技術を活用した合理的な設計が可能となる。

　・設計と施工を分離して発注した場合に比べて発注業務が軽減されるとともに、設計段階から施工の準備が可能となる。

(2) 工事品質の一層の向上

　・設計時より施工を見据えた品質管理が可能となるとともに施工者の得意とする技術の活用により、よりよい品質が確保される技術の導入が促進される。

・技術と価格の総合的な入札競争により、設計と施工を分離して発注した
場合に比べて、施工者の固有技術を活用した合理的な設計が可能となる。

【デメリット】

(1) 客観性の欠如

・設計と施工を分離して発注した場合と比べて、施工者側に偏った設計と
なりやすく、設計者や発注者のチェック機能が働きにくい。

(2) 受発注者間におけるあいまいな責任の所在

・契約時に受発注者間で明確な責任分担がない場合、工事途中段階で調整
しなければならなくなったり、(発注者のコストに対する負担意識がなく
なり)受注者側に過度な負担が生じることがある。

(3) 発注者責任意識の低下

・発注者側が、設計施工を"丸投げ"してしまうと、本来発注者が負うべ
きコストや工事完成物の品質に関する国民に対する責任が果たせなくな
る。

(2) 技術提案・交渉方式

「技術提案・交渉方式」は、技術提案を募集し、最も優れた提案を行った者
を優先交渉権者とし、その者と価格や施工方法等を交渉し、契約の相手方を決
定する方式である。この方式は、発注者による仕様の確定が困難で、最も優れ
た技術提案によらないと、工事目的の達成が難しい場合に対応するための方式
であり、「発注者が最適な仕様を設定できない工事」または「仕様の前提とな
る条件の確定が困難な工事」への適用が考えられる。

技術提案・交渉方式の適用が考えられる契約方式は、「設計・施工一括発注
方式」または「設計段階から施工者が関与する方式(ECI方式)」の2種類であ
る。技術提案・交渉方式には、設計と施工を一括して契約する「設計・施工
一括タイプ」、別途、契約する設計業務に対して施工者が技術協力を行う「技
術協力・施工タイプ」、施工者が実施設計を行う「設計交渉・施工タイプ」の
3種類の契約タイプがある。

公共工事の品質確保の促進に関する法律(公共工事品確法)第18条には、
「技術提案・交渉方式」について、次のように定めている。

（技術提案の審査及び価格等の交渉による方式）

第十八条　発注者は、当該公共工事の性格等により当該工事の仕様の確定が困難である場合において自らの発注の実績等を踏まえ必要があると認めるときは、技術提案を公募の上、その審査の結果を踏まえて選定した者と工法、価格等の交渉を行うことにより仕様を確定した上で契約することができる。この場合において、発注者は、技術提案の審査及び交渉の結果を踏まえ、予定価格を定めるものとする。

2　発注者は、前項の技術提案の審査に当たり、中立かつ公正な審査が行われるよう、中立の立場で公正な判断をすることができる学識経験者の意見を聴くとともに、当該審査に関する当事者からの苦情を適切に処理することその他の必要な措置を講ずるものとする。

3　発注者は、第一項の技術提案の審査の結果並びに審査及び交渉の過程の概要を公表しなければならない。この場合においては、第十五条第五項ただし書の規定を準用する。

「公共工事の入札契約方式の適用に関するガイドライン」には、「技術提案・交渉方式」の適用に当たっての留意点として、次の事項が挙げられている。

(1) 技術提案・交渉方式は、価格競争のプロセスがない（随意契約の一種と位置付けられている）調達を行うことから、技術提案・交渉方式の適用判断、技術提案の審査・評価、価格等の交渉の結果を踏まえた予定価格等の妥当性の確認に当たり、学識経験者への意見聴取を行う等、中立性・公平性・透明性の確保に留意する。

(2) 競争参加者により提案される目的物の品質・性能や価格等に大きな振れ幅が生じることを防ぐため、発注者が目的物の品質・性能のレベルの目安として、あらかじめ参考額を示す場合には、学識経験者に意見聴取を行う等、恣意的な設定とならないように留意する。

(3) 優先交渉権者との交渉によっては、交渉が不成立となる場合があることにも留意する。

(4) 事業の緊急度に留意しつつも、施工者の知見の設計への反映や、リスクへの対応に当たり、必要な追加調査や協議を行うため、十分な技術協力期間、設計期間の確保に努めることが重要であることに留意する。

(5) 仕様が確定しない段階から技術提案を求めるため、技術提案は、定量的

な事項、要素技術の有無や提案数よりも、主たる事業課題に対する提案能力を中心に、工事の特性に応じて、理解度、実績等による裏付け、不測の事態への対応力等を重視して評価することに留意する。

(6) 発注者に技術提案の審査・評価、価格や施工方法等に関する交渉等を的確に行える体制を整備する必要があることに留意する。

(3) 公共工事等における新技術活用システム

　公共工事等における新技術活用システムは、民間事業者等により開発された有用な新技術を公共工事等において積極的に活用していくためのシステムである。国土交通省では、平成18年8月より、新技術の峻別による有用な新技術の活用促進と技術のスパイラルアップを目的として、事後評価に重点をおいて本格運用している。

　新技術活用システムの中核となるのが、新技術に関する情報収集・提供を図る手段として整備した新技術情報提供システム（NETIS：New Technology Information System）である。NETISに掲載された技術情報を発注者が検索することで、容易に新技術を検討することができ、発注者間でNETISを通じて情報を共有することができる。

(4) 公共工事の入札及び契約の適正化の促進に関する法律（入札契約適正化法／入契法）

　「公共工事の入札及び契約の適正化の促進に関する法律」（入札契約適正化法／入契法）は、国、特殊法人及び地方公共団体等の発注者全体を通じて、入札・契約の適正化の促進により、公共工事に対する国民の信頼の確保と建設業の健全な発達を図ることを目的として、平成12年に制定された法律である（施行は平成13年4月）。この法律では、入札談合情報の公正取引委員会への通報を義務化し、一括下請負を全面的に禁止し、施工体制台帳の提出を義務化するなど、不正行為を規制・防止するための措置を規定している。

　入契法の主な内容は次のとおりである。

1. 入札・契約適正化の基本原則として、①入札及び契約の過程、内容の透明性の確保、②入札及び契約参加者の公正な競争の促進、③公共工事の適正な施工の確保、④不正行為の排除の徹底、の4項目を明示している。

2. 全ての発注者に義務付ける事項として、(1) 毎年度、発注見通し（発注

工事名、入札時期等）を公表しなければならない。(2) 入札・契約の過程
（入札参加者の資格、入札者・入札金額、落札者・落札金額等）及び契約
の内容（契約の相手方、契約金額等）の情報を公表しなければならない。
(3) 一括下請負（丸投げ）を全面的に禁止し、また、受注者は、発注者
に対し施工体制台帳（技術者の配置・下請の状況等）を提出しなければ
ならないものとし、発注者は施工体制の状況を点検しなければならない。
(4) 発注者は、独占禁止法に違反する入札談合（不正事実）があると疑う
に足りる事実があるときには、公正取引委員会に対し通知し、また、一括
下請等（不正行為）があると疑うに足りる事実を認めた場合には、建設業
許可行政庁等に対して通知しなければならない。としている。

3. 各発注者が取り組むべきガイドラインとして国土交通大臣、総務大臣
及び財務大臣は、公共工事の入札及び契約の適正化を図るための指針の案
（「適正化指針案」）を作成し、閣議の決定を求めなければならない。その
主な内容は、①学識経験者等の第三者機関の意見を反映させる方策に関す
ること、②苦情処理の方策に関すること、③入札・契約の方法の改善（一
般競争・指名競争の適切な実施）に関すること、④工事の施工状況の評価
に関すること、⑤その他・不良、不適格業者の排除・ダンピングへの対
応・入札・契約のIT化の推進等、適正化のための必要な措置に関するこ
と、などからなる。また、国は公共工事の発注者が指針に従って講じた措
置の状況について報告を求め、その調査結果を公表するほか、必要に応じ
て改善などの所要の要請を行うことができるものとしている。

公共工事の入札及び契約の適正化に関連して、平成13年には「公共工事の
入札及び契約の適正化の促進に関する法律施行令」と「公共工事の入札及び契
約の適正化を図るための措置に関する指針」がそれぞれ閣議決定されている。
さらに、不正行為のうちいわゆる談合については、平成14年に「入札談合等
関与行為の排除及び防止に関する法律」（官製談合防止法）が制定された（施
行は平成15年1月）。「入札談合等関与行為の排除及び防止に関する法律」では、
発注機関に対して、①公正取引委員会から要求があった場合は必要な調査を行
い、調査の結果、談合等関与行為があったことが明らかになったときは、当該
行為の排除等の改善措置を講ずるなどの義務を課し、②当該行為を行った職員
の賠償責任の有無や賠償額について調査し、当該職員が故意又は重大な過失に
より発注機関に損害を与えたと認められるときは、損害賠償を請求する義務を

課し、③当該行為を行った職員に対して懲戒処分をすることができるかどうか
を調査する義務を課す、など不正行為の再発を防止するための措置について規
定している。なお、「公共工事の入札及び契約の適正化を図るための措置に関
する指針」（適正化指針）は平成26年9月に改正され、適正化指針では、低入
札価格調査制度等の適切な活用の徹底、いわゆる歩切りが「品確法」に違反す
ること、社会保険等未加入業者の排除等発注者が入札契約適正化のために講ず
べき措置について規定した。

　「公共工事の入札及び契約の適正化の促進に関する法律」（入契法）は、建設
業の長時間労働が常態化する中、工期の適正化等による「働き方改革」が急務
であることや、現場の急速な高齢化と若者離れが進んでいる中、限りある人材
の有効活用などを通じた「建設現場の生産性の向上」を促進する必要があるこ
と、さらに災害時においてその地域における復旧・復興を担うなど「地域の守
り手」として活躍する建設業者が今後とも活躍し続けることができるよう事業
環境を確保する必要があること、などを背景として令和元年6月に、次に示す
内容の法改正が行われた。

(1) 建設業の働き方改革の促進

　1) 長時間労働の是正（工期の適正化等）

　　①中央建設業審議会が、工期に関する基準を作成・勧告。また、著しく
　　　短い工期による請負契約の締結を禁止し、違反者には国土交通大臣等
　　　から勧告等を実施

　　②公共工事の発注者に、必要な工期の確保と施工時期の平準化のための
　　　方策を講ずることを努力義務化

　2) 現場の処遇改善

　　①建設業許可の基準を見直し、社会保険への加入を要件化

　　②下請代金のうち、労務費相当分については現金払い

(2) 建設現場の生産性の向上

　1) 限りある人材の有効活用と若者の入職促進

　　①工事現場の技術者に関する規制を合理化

　　　①-1　元請の監理技術者に関し、これを補佐する制度を創設し、技士
　　　　　補がいる場合は複数現場の兼任を容認

　　　①-2　下請の主任技術者に関し、一定未満の工事金額等の要件を満た
　　　　　す場合は設置を不要化

　2) 建設工事の施工の効率化の促進のための環境整備

　　①建設業者が工場製品等の資材の積極活用を通じて生産性を向上できる
　　　よう、資材の欠陥に伴い施工不良が生じた場合、建設業者等への指示
　　　に併せて、国土交通大臣等は、建設資材製造業者に対して改善勧告・
　　　命令できる仕組みを構築

(3) 持続可能な事業環境の確保

　1) 経営業務に関する多様な人材確保等に資するよう、経営業務管理責任
　　者に関する規制を合理化

　2) 合併・事業譲渡等に際し、事前認可の手続により円滑に事業承継でき
　　る仕組みを構築

(5) 公共工事の品質確保の促進に関する法律（公共工事品確法／品確法）

「公共工事の品質確保の促進に関する法律」（公共工事品確法／品確法）は、
公共工事の品質確保が、良質な社会資本の整備を通じて、豊かな国民生活の実
現及びその安全の確保、環境の保全（良好な環境の創出を含む）、自立的で個
性豊かな地域社会の形成等に寄与するものであるとともに、現在及び将来の世
代にわたる国民の利益であることにかんがみ、公共工事の品質確保に関し、基
本理念を定め、国等の責務を明らかにするとともに、公共工事の品質確保の促
進に関する基本的事項を定めることにより、公共工事の品質確保の促進を図り、
もって国民の福祉の向上及び国民経済の健全な発展に寄与することを目的とし
て、平成17年3月に成立、同年4月から施行された法律である。

　この法律は、価格のみの競争では公共工事の品質の低下を引き起こす可能性
があることから、すべての発注者に対し、価格と品質の両面で総合的に優れた
調達を追求していくことを求めている。また、公共工事の品質を確保するうえ
で発注者による技術審査や工事の検査などを行うことは不可欠であるが、発注
者自らが実施できない場合には、必要な能力をもつ外部への委託の活用などに
努めるべきだとしている。

　公共工事品確法では、価格と品質に優れた契約を公共工事の契約の基本に位
置付け、1) 個々の工事において入札に参加しようとする者の技術的能力の審
査を実施しなければならないこと、2) 民間の技術提案の活用に努めること、
3) 民間の技術提案を有効に活用していくための必要な措置（技術提案をより

良いものにするための対話、技術提案の審査に基づく予定価格の作成等）等について規定している。

　なおこの法律は、施行にあたって衆参両院の国土交通委員会で、以下に示す11項からなる附帯決議が採択されている。

　【附帯決議】
　　　　　公共工事の品質確保の促進に関する法律に対する附帯決議
　　　　　　　　　平成17年3月18日　衆議院国土交通委員会（一～九）
　　　　　　　　　平成17年3月29日　参議院国土交通委員会（一～十一）
　政府は、公共工事の品質確保の促進に関する法律の施行に当たっては、次の事項について適切な措置を講ずるべきである。
一　公共工事の入札契約に関し、不良不適格業者の排除の徹底を図ること。
二　公共工事の入札及び契約の過程等に関して学識経験者等の第三者の意見を適切に反映する方策を講じるとともに、当事者の苦情に適切に対応するため、法的整備を含む検討を行うこと。
三　発注者による競争参加資格の設定に当たっては、新規参入企業の競争への参加が阻害されないよう配慮すること。
四　入札に参加しようとする建設業者が適切に評価されるよう、入札参加希望者登録制度における格付け及び経営事項審査制度の適切な運用に努めること。
五　施工体制の適正化を図るため、工程表及び施工体制台帳の発注者に対する提示が徹底されるよう努めること。
六　技術提案制度の運用に当たっては、発注者の自主性が尊重され、工事の内容に応じた適切な判断がなされるよう配慮すること。
七　体制が整っていない地方公共団体においても、技術提案に関する審査及び評価を適切に行うことができるよう配慮すること。
八　技術提案の審査の結果を踏まえて予定価格を定める場合においては、学識経験者の意見も踏まえ、適切に定めること。
九　適正な施工体制の確保、下請代金の適正な支払の確保等の観点から、施工体制台帳の活用、営業所への立入調査等により、施工の範囲や条件が明確な契約が締結され、下請代金の適正な支払が確保されるなど、元請企業と下請企業の関係の適正化に努めること。
十　公共工事の品質確保の一層の促進を図るため、瑕疵担保期間の延長、瑕疵担保責任の履行に係る保証の在り方などについて総合的な観点から検討

を行うこと。
十一　公共工事に係る工事実績、評価等に関する情報の共有化のため、発注
　　者支援データベースの整備に努めるとともに、その適正な運用の確保に十
　　分留意すること。

　なお「公共工事の品質確保の促進に関する法律」（公共工事品確法）は、
1）ダンピング受注や行き過ぎた価格競争、2）現場の担い手不足や若年入職者
の減少、3）発注者のマンパワー不足、4）地域の維持管理体制への懸念、
5）受発注者の負担増大などを背景に、インフラの品質確保とその担い手の中
長期的な育成確保を目的に、平成26年6月に法改正が行われた。さらに令和元
年6月には、1）頻発・激甚化する災害対応の強化、2）長時間労働の是正など
による働き方改革の推進、3）情報通信技術の活用による生産性向上、4）工事
の前段階に当たる調査・設計における品質確保などを背景に、法改正が行われ
ている。平成26年の改正ならびに令和元年の法改正におけるポイントは、それ
ぞれ次のとおりである。

【平成26年6月改正のポイント】
（1）目的と基本理念の追加
目的
　　①現在及び将来の公共工事の品質確保
　　②公共工事の品質確保の担い手の中長期的な育成・確保の促進
基本理念
　　①施工技術の維持向上とそれを有する者の中長期的な育成・確保
　　②適切な点検・診断・維持・修繕等の維持管理の実施
　　③災害対応を含む地域維持の担い手確保へ配慮
　　④ダンピング受注の防止
　　⑤下請契約を含む請負契約の適正化と公共工事に従事する者の賃金、安全
　　　衛生等の労働環境改善
　　⑥技術者能力の資格による評価等による調査設計（点検・診断を含む）の
　　　品質確保　等
（2）発注者責務の明確化
　　①担い手の中長期的な育成・確保のための適正な利潤が確保できるよう、
　　　市場における労務、資材等の取引価格、施工の実態等を的確に反映した

予定価格の適正な設定

②不調、不落の場合等における見積り徴収

③低入札価格調査基準や最低制限価格の設定

④計画的な発注、適切な工期設定、適切な設計変更

⑤発注者間の連携の推進等　等

(3) 多様な入札契約制度の導入・活用

①技術提案交渉方式

②段階的選抜方式（新規参加が不当に阻害されないように配慮しつつ行う）

③地域社会資本の維持管理に資する方式（複数年契約、一括発注、共同受注）

④若手技術者・技能者の育成・確保や機械保有、災害時の体制等を審査・評価

【令和元年6月改正のポイント】

(1) 災害時の緊急対応の充実強化

基本理念：災害対応の担い手の育成・確保、災害復旧工事等の迅速かつ円滑な実施のための体制整備

1) 発注者の責務として以下の内容を規定

①緊急性に応じた随意契約・指名競争入札等適切な入札・契約方法の選択

②建設業者団体等との災害協定の締結、災害時における発注者の連携

③労災補償に必要な保険契約の保険料等の予定価格への反映、災害時の見積り徴収の活用

(2) 働き方改革への対応

基本理念：適正な請負代金・工期による請負契約の締結、公共工事に従事する者の賃金、労働時間その他の労働条件、安全衛生その他の労働環境の適正な整備への配慮

1) 発注者の責務として以下の内容を規定

①休日、準備期間、天候等を考慮した適正な工期の設定

②公共工事の施工時期の平準化に向けた、債務負担行為・繰越明許費の活用による翌年度にわたる工期設定、中長期的な発注見通しの作成・公表等

③設計図書の変更に伴い工期が翌年度にわたる場合の繰越明許費の活用

　等

　2）公共工事等を実施する者の責務として適正な額の請負代金・工期での
　　下請契約の締結を規定

(3) 生産性向上への取組

　基本理念：情報通信技術の活用等を通じた生産性の向上

　1）受注者・発注者の責務として情報通信技術の活用等を通じた生産性の
　　向上を規定

(4) 調査・設計の品質確保

　1）公共工事に関する調査等（測量、地質調査その他の調査（点検及び診
　　断を含む）及び設計）について広く本法律の対象として位置付け

(5) その他

　1）発注体制整備

　　①発注者の責務として発注関係事務を行う職員の育成・確保等の体制整
　　　備を規定

　　②国・都道府県による、発注関係事務に関し助言等を適切に行う能力を
　　　有する者の活用促進等を規定

　2）基本理念に工事に必要な情報（地盤状況）等の適切な把握・活用を規
　　定

　3）国・特殊法人等・地方公共団体等の責務として公共工事の目的物の適
　　切な維持管理を規定

(6) 施工パッケージ型積算方式

「施工パッケージ型積算方式」は、直接工事費について施工単位ごとに機械
経費、労務費、材料費を一つにまとめて施工パッケージ化された標準単価（施
工パッケージ単価）を設定し、それによって積算する方式である。なお、直接
工事費以外の共通仮設費や現場管理費及び一般管理費等の間接費は、従来の積
上積算方式と変わらず率式等を用いて計上する。

　工事の予定価格の算出方法は、従来から機械経費、労務費、材料費を積み上
げる「積上積算方式」を行ってきたが、この方式は受発注者に多くの負担がか
かっていた。そこで国土交通省では、平成16年度より受発注者双方の積算労力
の軽減や単価合意による変更協議の円滑化等を目的とした「ユニットプライス
型積算方式」の試行を進めてきた。しかしながら、この積算方式については

価格の妥当性への懸念や価格の透明性の確保、弾力的な変更等の課題が指摘されてきた。このため、積算の効率化の目的を一層果たすために「ユニットプライス型積算方式」の課題を改良した積算方式として「施工パッケージ型積算方式」が平成24年10月から試行されることになった。

「施工パッケージ型積算方式」により、受注者に対しては、1）直接工事費が公表されるとともに、施工パッケージ単位で総価契約単価合意を実施し合意単価が示されることになるため、元下間の契約の透明性が向上する、2）標準単価及び積算単価への補正方法等を公表することにより、発注者の価格の透明性が向上する、などの効果が期待できる。また、発注者に対しては、1）積算作業の簡素化が図られ業務の負担が軽減される、2）施工パッケージ化により単価の収集・分析を行うことで、価格の設定が簡素化され、標準歩掛調査の負担の軽減が図られる、などの効果が期待できる。

「施工パッケージ型積算方式」における施工パッケージ単価は、総価契約単価合意方式により受発注者間で合意した単価（合意単価）、及び入札時に応札者から提出された工事費内訳書の単価を活用して、複数年の単価傾向や実態調査による実際の施工状況等の変動も踏まえた上で設定する。

（7）総合評価落札方式

「総合評価落札方式」は、技術提案を募集するなどにより、入札者に工事価格及び性能等をもって申込みをさせ、これらを総合的に評価して落札者を決定する方式である。「総合評価落札方式」は、公共工事の特性（工事内容、規模、要求要件等）に応じて、「技術提案評価型」と「施工能力評価型」の2つのタイプに大別される。この方式は、施工者の能力により工事品質に大きな影響が生ずる工事において、品質確保のために、工事価格と性能等を総合的に評価して落札者を選定する際に適用する。

「公共工事の品質確保の促進に関する法律」（公共工事品確法）では、公共工事の品質は「経済性に配慮しつつ価格以外の多様な要素をも考慮し、価格及び品質が総合的に優れた内容の契約がなされることにより、確保されなければならない」とし、公共工事の品質確保のための主要な取り組みとして「総合評価落札方式」の適用を挙げている。

「総合評価落札方式」の適用により、公共工事の施工に必要な技術的能力を有する者が施工することとなり、工事品質の確保や向上が図られ、工事目的物

の性能の向上、長寿命化・維持修繕費の縮減・施工不良の未然防止等による総合的なコストの縮減、交通渋滞対策・環境対策、事業効果の早期発現等が効率的かつ適切に図られることになる。また、技術力競争を行うことが民間企業における技術力向上へのインセンティブとなり、技術と経営に優れた健全な建設業が育成されるほか、価格以外の多様な要素が考慮された競争が行われることで、談合が行われにくい環境が整備されることも期待される。

「公共工事の入札契約方式の適用に関するガイドライン」には、「総合評価落札方式」の適用に当たっての留意点として、次の事項が挙げられている。

(1) 技術提案に関して、審査・評価を行う体制が必要である点に留意する。

(2) 価格競争方式に比して手続期間が長期にわたることを考慮した計画的な発注が必要になることに留意する。

(3) 競争参加者に高度な技術等を含む技術提案を求める場合、最も優れた提案に対応した予定価格とすることができるよう留意する。また、この場合、技術提案の評価に当たり、中立かつ公正な立場から判断できる学識経験者の意見を聴取する必要があることに留意する。

(4) 技術提案を求める場合には、競争参加者の技術提案に係る事務負担に配慮するとともに、工事の性格、地域の実情等を踏まえた適切な評価内容を設定する必要があることに留意する。その際、過度なコスト負担を要する（いわゆるオーバースペック）と判断される技術提案を、優位に評価しないよう留意する。

(5) 落札者の決定に際し、評価の方法や内容を公表する必要があることに留意する。その際、技術提案が提案者の知的財産であることから、提案内容に関する事項が他者に知られたり、提案者の了承を得ることなく提案の一部のみを採用することがないようにするなど、その取扱いに留意する。

(6) 技術提案に対して提案の改善を行う機会を与えた場合、透明性の確保のため、技術提案の改善に係る過程の概要を、契約後速やかに公表する必要があることに留意する。

(7) 技術提案を求める場合は、その履行を確保するための措置や履行できなかった場合の措置について予め契約上の取り決めを行う必要があることに留意する。

(8) 段階的選抜方式

「段階的選抜方式」は、競争に参加しようとする者に対し技術提案を求める方式において、一定の技術水準に達した者を選抜した上で、これらの者の中から提案を求め落札者を決定する方式である。この方式は選定プロセスに関する方式であり、「総合評価落札方式」、「技術提案・交渉方式」と併せて採用することができる。

公共工事の品質確保の促進に関する法律（公共工事品確法）第16条には、「段階的選抜方式」について、次のように定めている。

（段階的選抜方式）

第十六条　発注者は、競争に参加する者に対し技術提案を求める方式による場合において競争に参加する者の数が多数であると見込まれるときその他必要があると認めるときは、必要な施工技術を有する者が新規に競争に参加することが不当に阻害されることのないように配慮しつつ、当該公共工事に係る技術的能力に関する事項を評価すること等により一定の技術水準に達した者を選抜した上で、これらの者の中から落札者を決定することができる。

「公共工事の入札契約方式の適用に関するガイドライン」には、「段階的選抜方式」の適用に当たっての留意点として、次の事項が挙げられている。

(1) 本方式の実施に当たっては、恣意的な選抜が行われることのないよう留意する。

(2) 第一段階の選抜の基準の設定方法によっては、技術提案を求める者が固定化してしまう可能性がある点に留意する。

(9) 低入札価格調査制度／最低制限価格制度

「低入札価格調査制度」は、工事の請負契約における履行の確保を目的に、あらかじめ設定された調査基準価格を下回り、かつ契約内容に適合した履行がなされないおそれがあると認められる低入札があったときに、その価格で適正な工事の施工が可能かどうか、または公正な取引の秩序を乱すことがないかについて調査をしてその者を落札者とするか、しないかを決定する制度をいう。この制度は、適正な履行が可能かどうかを個々に調査するために、望ましい制

度ではあるが、調査手続に時間を要するのが欠点といわれている。

「最低制限価格制度」とは、疎漏工事やダンピング受注等を防止することを目的に、あらかじめ最低制限価格を設定して、この価格を下回る入札を失格とすることができ、予定価格と最低制限価格の範囲内で入札した者のうち、最低価格の者が自動的に落札者となる制度をいう。この制度は、予定価格に比べて著しく低い受注によって粗雑工事等の不適正な工事履行のおそれを比較的簡単に排除できるものであるが、最低制限価格を1円でも下回れば失格となるという矛盾が欠点といわれている。

最低制限価格制度と低入札価格調査制度は、発注機関によって予算決算及び会計法令、あるいは地方自治法及び地方自治法施行令の規定に基づいて実施されている制度である。

(10) 担い手3法／新・担い手3法

平成26年6月に、「公共工事の品質確保の促進に関する法律」（公共工事品確法／品確法）、「建設業法」、及び「公共工事の入札及び契約の適正化の促進に関する法律」（入札契約適正化法／入契法）を一体として改正し、適正な利潤を確保できるよう予定価格を適正に設定することや、ダンピング対策を徹底することなど、建設業の担い手の中長期的な育成・確保のための基本理念や具体的措置が規定された。「担い手3法」は改正されたこれら3つの法律のことをいい、「担い手3法」の施行により予定価格の適正な設定や歩切りの根絶、ダンピング対策の強化などの成果が見られた。

一方、「働き方改革の推進」や「生産性向上への取組」、「災害時の緊急対応の充実強化、持続可能な事業環境の確保」ならびに「調査・設計の品質確保」といった新たな課題に対応して、「新・担い手3法」として令和元年6月に再び品確法と建設業法・入契法が改正された。「新・担い手3法」において規定された、課題ごとの主な内容は次のとおりである。

【1. 働き方改革の推進】

〈公共工事品確法〉

(1) 発注者の責務

①適正な工期設定（休日、準備期間、天候等を考慮）

②施工時期の平準化（債務負担行為や繰越明許費の活用等）

③適切な設計変更（工期が翌年度にわたる場合に繰越明許費の活用）

(2) 受注者（下請含む）の責務

　①適正な請負代金・工期での下請契約締結

〈建設業法・入札契約適正化法〉

(1) 工期の適正化

　①中央建設業審議会が、工期に関する基準を作成・勧告

　②著しく短い工期による請負契約の締結を禁止（違反者には国土交通大
　　臣等から勧告・公表）

　③公共工事の発注者が、必要な工期の確保と施工時期の平準化のための
　　措置を講ずることを努力義務化

(2) 現場の処遇改善

　①社会保険の加入を許可要件化

　②下請代金のうち、労務費相当については現金払い

【2. 生産性向上への取組】

〈公共工事品確法〉

(1) 発注者・受注者の責務

　①情報通信技術の活用等による生産性向上

〈建設業法〉

(1) 技術者に関する規制の合理化

　①監理技術者：補佐する者（技士補）を配置する場合、兼任を容認

　②主任技術者（下請）：一定の要件を満たす場合は配置不要

【3. 災害時の緊急対応の充実強化、持続可能な事業環境の確保】

〈公共工事品確法〉

(1) 発注者の責務

　①緊急性に応じた随意契約・指名競争入札等の適切な入札・契約方式の
　　選択

　②災害協定の締結、発注者間の連携

　③労災補償に必要な保険契約の保険料等の予定価格への反映や、災害時
　　の見積り徴収の活用

〈建設業法〉

(1) 災害時における建設業者団体の責務の追加

　①建設業者と地方公共団体等との連携の努力義務化

(2) 持続可能な事業環境の確保

　　①経営管理責任者に関する規制を合理化

　　②建設業の許可に係る承継に関する規定を整備

【4. 調査・設計の品質確保】

〈公共工事品確法〉

　(1) 調査・設計の品質確保

　　①「公共工事に関する測量、地質調査その他の調査（点検及び診断を含む。）及び設計」を、基本理念及び発注者・受注者の責務の各規定の対象に追加

【品質向上・品質確保に係る計画や政策】

(1) 公共工事の入札契約方式の適用に関するガイドライン

　平成26年6月に「公共工事の品質確保の促進に関する法律」（公共工事品確法）の一部が改正され、第14条において「発注者は、入札及び契約の方法の決定に当たっては、その発注に係る公共工事の性格、地域の実情等に応じ、この節に定める方式その他の多様な方法の中から適切な方法を選択し、又はこれらの組合せによることができる」ことが明記された。「公共工事の入札契約方式の適用に関するガイドライン」は、改正法の基本理念の実現に資するために、発注者による適切な入札契約方式の選択が可能となるよう、多様な入札契約方式を体系的に整理し、その導入・活用を図ることを目的として、国土交通省により平成27年5月に策定された。

　その後、公共工事の性格、地域の実情等に応じた多様な入札契約方式の適用が進められるとともに、実工事への適用により、多様な入札契約方式に関してさらに知見の蓄積が進んできたことを踏まえて、令和4年3月に改正された。

　「公共工事の入札契約方式の適用に関するガイドライン」は、2編構成となっており、本編では、入札契約方式の選定の基本的な考え方、各方式の概要及びその選択の考え方について詳説するとともに、事例編では、入札契約方式ごとの事例と適用の背景、入札契約方式ごとの事例と適用により得られた効果、多様な入札契約方式の活用の事例などについて紹介している。このガイドラインの本編では、以下に示す入札契約方式を選択肢として挙げている。

〈発注者における体制確保を図る方式〉
① 事業促進PPP方式
② CM方式
〈契約方式：事業プロセスの対象範囲に応じた契約方式〉
① 工事の施工のみを発注する方式
② 設計段階から施工者が関与する方式〈ECI方式〉
③ 設計・施工一括発注方式、詳細設計付工事発注方式
④ 維持管理付工事発注方式
〈契約方式：工事の発注単位に応じた発注方式〉
① 包括発注方式、複数年契約方式
〈包括協定（フレームワーク）の有無〉
〈競争参加者の設定方法〉
① 一般競争入札方式
② 指名競争入札方式
③ 随意契約方式
〈落札者の選定方法：落札者の選定方法に応じた方式〉
① 価格競争方式
② 総合評価落札方式
③ 技術提案・交渉方式
〈落札者の選定方法：落札者の選定の手続に関する方式〉
① 段階的選抜方式
〈支払方式〉
① 総価契約方式
② 総価契約単価合意方式
③ コストプラスフィー契約・オープンブック方式

(2) 第5次社会資本整備重点計画

　第5次社会資本整備重点計画の概要は、本章第1節「社会資本整備」に示したとおりである。

　ここでは品質向上に係る事項として、第2章第4節第2項「社会資本整備を支える建設産業の担い手の確保及び育成、生産性向上」の「公共工事の品質確保と担い手確保に向けた発注者による取組の推進」に示されている内容を示す。

【第2章第4節第2項「社会資本整備を支える建設産業の担い手の確保及び
　育成、生産性向上」より】
（公共工事の品質確保と担い手確保に向けた発注者による取組の推進）
　公共工事の品質確保の担い手が中長期的に育成・確保されるためには、適
正な利潤を確保することができる環境整備が重要である。平成26（2014）年
の担い手3法改正も相まって、予定価格の適正な設定や歩切りの廃止が進み、
企業の受注環境にも一定の改善が見られた。引き続き、担い手3法に基づき、
予定価格の適正な設定、ダンピング受注を防止するための低入札価格調査制
度及び最低制限価格制度の適切な活用等を徹底する。
　依然として残る長時間労働等の課題に対応するため、令和元（2019）年に
新・担い手3法改正が成立したところである。これを踏まえ、地方公共団体
等を含めた発注者の実態把握やフォローアップ等を通じて、前述の工期の適
正化や施工時期の平準化等を通じた働き方改革を推進するとともに、発注関
係事務を適切に実施するための体制の整備や発注者間の連携強化等を推進す
る。また、災害時の地域の守り手としての建設産業の役割を踏まえ、発注者
と建設業者団体等による災害協定の締結を通じた連携などを促進するととも
に、災害時においては、随意契約等、緊急性に応じた発注者の適切な契約・
入札方法の選択を促進する。
　これらの実施に当たっては、地方公共団体、特に市区町村の発注する工事
における取組を促進するため、入契法等に基づき、定期的に入札契約の適正
化に関する取組状況の把握を行うとともに、都道府県公契連等との更なる連
携体制の強化を通じて、市区町村に対して直接に改善の働きかけを行うなど、
地方公共団体発注工事における入札契約の適正化の更なる推進を図る。
　加えて、地域における社会資本の維持管理体制の確保の必要性や、発注者
側の技術的支援のニーズ等も踏まえつつ、工事の性格や地域の実情等に応じ
て、多様な入札契約制度の中から適切なものを選択し、又は組み合わせて適
用する取組を促進する。

（3）発注関係事務の運用に関する指針（運用指針）

　「発注関係事務の運用に関する指針」は、公共工事の品質確保の促進に関す
る法律（品確法）第22条の規定に基づき、品確法第3条に定める現在及び将来
の公共工事の品質確保並びにその担い手の中長期的な育成及び確保等の基本理

念にのっとり、公共工事等の発注者を支援するために定めるものである。この運用指針は、各発注者等が、品確法第7条に規定する「発注者等の責務」等を踏まえて、自らの発注体制や地域の実情等に応じて発注関係事務を適切かつ効率的に運用できるよう、発注者共通の指針として、発注関係事務の各段階で取り組むべき事項や多様な入札契約方式の選択・活用について体系的にまとめたものである。

　令和元年6月に改正品確法が公布・施行され、災害時の緊急対応の充実・強化や働き方改革への対応、情報通信技術の活用等による生産性向上を図るための規定が盛り込まれるとともに、「公共工事に関する調査等」が明確に定義されたことを受け、令和2年1月に「発注関係事務の運用に関する指針」が改正された。改正された運用指針では、「必ず実施すべき事項」と「実施に努める事項」を、「工事」と「測量、調査及び設計」ごとに示すとともに、「災害対応」に関する内容が示されている。改正の主なポイントは、次に示すとおりである。

【1.　必ず実施すべき事項（工事）】
　(1)　予定価格の適正な設定
　　　　予定価格の設定に当たっては、市場における労務単価及び資材・機材等の取引価格、工期、施工の実態等を的確に反映した積算を行う。また労務費、機械経費、間接経費を補正するなどにより、週休2日等に取り組む際に必要となる経費を適正に計上する。
　(2)　歩切りの根絶
　　　　歩切りは、公共工事の品質確保の促進に関する法律第7条第1項第1号の規定に違反すること等から、これを行わない。
　(3)　低入札価格調査基準又は最低制限価格の設定・活用の徹底等
　　　　ダンピング受注を防止するため、低入札価格調査制度又は最低制限価格制度の適切な活用を徹底する。予定価格は、原則として事後公表とする。
　(4)　施工時期の平準化
　　　　発注者は積極的に計画的な発注や施工時期の平準化のための取組を実施する。具体的には、中長期的な工事の発注見通しについて、地域ブロック単位等で統合して公表する。また、繰越明許費・債務負担行為の活用や入札公告の前倒しなどの取組により施工時期の平準化に取り組む。
　(5)　適正な工期設定
　　　　工期の設定に当たっては、工事の内容、規模、方法、施工体制、地域の

実情等を踏まえた施工に必要な日数のほか、工事に従事する者の休日、工事の実施に必要な準備・後片付け期間、天候その他のやむを得ない事由により工事の実施が困難であると見込まれる日数等を考慮する。また、週休2日を実施する工事については、その分の日数を適正に考慮する。

(6) 適切な設計変更

　　設計図書に示された施工条件と実際の工事現場の状態が一致しない場合等において、設計図書の変更及びこれに伴って必要となる請負代金の額や工期の変更を適切に行う。その際、工期が翌年度にわたることとなったときは、繰越明許費を活用する。

(7) 発注者間の連携体制の構築

　　地域発注者協議会等を通じて、各発注者の発注関係事務の実施状況等を把握するとともに、各発注者は必要な連携や調整を行い、支援を必要とする市町村等の発注者は、地域発注者協議会等を通じて、国や都道府県の支援を求める。

【2. 実施に努める事項（工事）】

(1) ICTを活用した生産性向上

　　工事に関する情報の集約化・可視化を図るため、BIM／CIMや3次元データを積極的に活用するとともに、さらに情報を発注者と受注者双方の関係者で共有できるよう、情報共有システム等の活用の推進に努める。また、ICTの積極的な活用により、検査書類等の簡素化や作業の効率化に努める。

(2) 入札契約方式の選択・活用

　　工事の発注に当たっては、工事の性格や地域の実情等に応じ、価格競争方式、総合評価落札方式、技術提案・交渉方式等の適切な入札契約方式を選択するよう努める。

(3) 総合評価落札方式の改善

　　豊富な実績を有していない若手技術者や、女性技術者などの登用、民間発注工事や海外での施工経験を有する技術者の活用も考慮して、施工実績の代わりに施工計画を評価するほか、災害時の活動実績を評価するなど、適切な評価項目の設定に努める。さらに、国土交通省が認定した一定水準の技術力等を証する民間資格を総合評価落札方式における評価の対象とするよう努める。

(4) 見積りの活用

　　入札に付しても入札者又は落札者がなかった場合等、標準積算と現場の施工実態の乖離が想定される場合は、見積りを活用することにより予定価格を適切に見直す。

(5) 余裕期間制度の活用

　　労働力や資材・機材等の確保のため、実工期を柔軟に設定できる余裕期間制度の活用といった契約上の工夫を行うよう努める。

(6) 工事中の施工状況の確認

　　下請業者への賃金の支払いや適正な労働時間確保に関し、その実態を把握するよう努める。

(7) 受注者との情報共有、協議の迅速化

　　各発注者は受注者からの協議等について、速やかかつ適切な回答に努める。設計変更の手続の迅速化等を目的として、発注者と受注者双方の関係者が一堂に会し、設計変更の妥当性の審議及び工事の中止等の協議・審議等を行う会議を、必要に応じて開催する。

(8) 完成後一定期間を経過した後における施工状況の確認・評価

　　必要に応じて完成後の一定期間を経過した後において施工状況の確認及び評価を実施する。

【3. 必ず実施すべき事項（測量、調査及び設計）】

(1) 予定価格の適正な設定

　　予定価格の設定に当たっては、市場における技術者単価及び資材・機材等の取引価格、履行の実態等を的確に反映した積算を行う。

(2) 低入札価格調査基準又は最低制限価格の設定・活用の徹底等

　　ダンピング受注を防止するため、低入札価格調査制度又は最低制限価格制度の適切な活用を徹底する。予定価格は、原則として事後公表とする。

(3) 履行期間の平準化

　　発注者は積極的に計画的な発注や施工時期の平準化のための取組を実施する。具体的には、繰越明許費・債務負担行為の活用や入札公告の前倒しなどの取組により施工時期の平準化に取り組む。

(4) 適正な履行期間の設定

　　履行期間の設定に当たっては、業務の内容や、規模、方法、地域の実情等を踏まえた業務の履行に必要な日数のほか、必要に応じて準備期間、照査期間や週休2日を前提とした業務に従事する者の休日、天候その他の

やむを得ない事由により業務の履行が困難であると見込まれる日数や関連する別途発注業務の進捗等を考慮する。

(5) 適切な設計変更

設計図書に示された設計条件と実際の条件が一致しない場合等において、設計図書の変更及びこれに伴って必要となる契約額や履行期間の変更を適切に行う。その際、履行期間が翌年度にわたることとなったときは、繰越明許費を活用する。

(6) 発注者間の連携体制の構築

地域発注者協議会等を通じて、各発注者の発注関係事務の実施状況等を把握するとともに、各発注者は必要な連携や調整を行い、支援を必要とする市町村等の発注者は、地域発注者協議会等を通じて、国や都道府県の支援を求める。

【4. 実施に努める事項（測量、調査及び設計）】

(1) ICTを活用した生産性向上

業務に関する情報の集約化・可視化を図るため、BIM / CIMや3次元データを積極的に活用するとともに、さらに情報を発注者と受注者双方の関係者で共有できるよう、情報共有システム等の活用の推進に努める。また、ICTの積極的な活用により、検査書類等の簡素化や作業の効率化に努める。

(2) 入札契約方式の選択・活用

業務の発注に当たっては、業務の内容や地域の実情等に応じ、プロポーザル方式、総合評価落札方式、価格競争方式、コンペ方式等の適切な入札契約方式を選択するよう努める。

(3) プロポーザル方式・総合評価落札方式の積極的な活用

技術的に高度又は専門的な技術が要求される業務、地域特性を踏まえた検討が必要となる業務においては、プロポーザル方式により技術提案を求める。また、豊富な実績を有していない若手技術者や、女性技術者などの登用、海外での業務経験を有する技術者の活用等も考慮するとともに、業務の内容に応じて国土交通省が認定した一定水準の技術力等を証する民間資格を評価の対象とするよう努める。

(4) 履行状況の確認

履行期間中においては、業務成果の品質が適切に確保されるよう、適正な業務執行を図るため、休日明け日を依頼の期限日にしない等のウイーク

リースタンスの適用や条件明示チェックシートの活用、スケジュール管理表の運用の徹底等により、履行状況の確認を適切に実施するよう努める。

(5) 受注者との情報共有、協議の迅速化

　　設計業務については、設計条件や施工の留意点、関連事業の情報確認及び設計方針の明確化を行い受発注者間で共有するため、発注者と受注者による合同現地踏査の実施に努める。テレビ会議や現地調査の臨場を要する確認等におけるウェアラブルカメラの活用などにより、発注者と受注者双方の省力化の積極的な推進に努め、情報共有が可能となる環境整備を行う。

【5. 災害対応（工事・業務）】

(1) 随意契約等の適切な入札契約方式の活用

　　災害時の入札契約方式の選定にあたっては、工事の緊急度を勘案し、随意契約等を適用する。災害協定の締結状況や施工体制、地理的状況、施工実績等を踏まえ、最適な契約の相手を選定するとともに、書面での契約を行う。災害発生後の緊急対応にあたっては、手続の透明性、公平性の確保に努めつつ、早期かつ確実な施工が可能な者を選定することや、概算数量による発注を行った上で現地状況等を踏まえて契約変更を行うなど、工事の緊急度に応じた対応も可能であることに留意する。

(2) 現地の状況等を踏まえた積算の導入

　　災害発生後は、一時的に需給がひっ迫し、労働力や資材・機材等の調達環境に変化が生じることがある。このため、積算に用いる価格が実際の取引価格と乖離しているおそれがある場合には、積極的に見積り等を徴収し、その妥当性を確認した上で適切に予定価格を設定する。

(3) 建設業者団体・業務に関する各種団体等や他の発注者との連携

　　災害発生時の状況把握や災害応急対策又は災害復旧に関する工事及び業務を迅速かつ円滑に実施するため、あらかじめ、災害時の履行体制を有する建設業者団体や業務に関する各種団体等と災害協定を締結する等の必要な措置を講ずるよう努める。災害協定の締結にあたっては、災害対応に関する工事及び業務の実施や費用負担、訓練の実施等について定める。また、必要に応じて、協定内容の見直しや標準化を進める。災害による被害は社会資本の所管区分とは無関係に面的に生じるため、その被害からの復旧にあたっても地域内における各発注者が必要な調整を図りながら協働で取り組む。

2.7 低炭素社会・環境保全

　建設部門における「低炭素社会・環境保全」のテーマは、気候変動の緩和策としての脱炭素化のみならず、生物多様性の確保や循環型社会の形成、あるいは美しい景観の形成や魅力ある空間の保全・創出など多岐にわたる。これらに関して、建設分野における課題を設定する際には、現状に加えて環境関連の法令等を理解しておく必要がある。なお、本項目に係る出題は、2021年度における『廃棄物に関する問題に対する循環型社会の構築』、ならびに2022年度における『CO$_2$排出量削減及びCO$_2$吸収量増加のための取組』をテーマとしている。

　他の出題テーマにおいても取り上げているキーワードについて、本節では「低炭素社会・環境保全」に的を絞った形で、解答論文をまとめる際に参考になり得る事項を抜粋して示している。「低炭素社会・環境保全」をテーマとした解答論文をまとめる際に、参考にしていただきたい。

【低炭素社会・環境保全に係る現状や背景】
　(1) 2050年カーボンニュートラル
　(2) 30 by 30（サーティ・バイ・サーティ）
　(3) Eco-DRR
　(4) NbS
　(5) 雨水の利用の推進に関する法律
　(6) 環境影響評価法
　(7) グリーンインフラ
　(8) グリーントランスフォーメーション（GX）
　(9) 景観法
　(10) 景観緑三法
　(11) 建設廃棄物／産業廃棄物
　(12) 建設リサイクル法（建設工事に係る資材の再資源化等に関する法律）
　(13) 公共交通機関のバリアフリー化の現状

(14) 高齢者、障害者等の移動等の円滑化の促進に関する法律（バリアフリー法）

(15) 再生可能エネルギー

(16) 自然再生推進法

(17) 生態系ネットワーク（エコロジカルネットワーク）

(18) 生物多様性基本法

(19) 多自然川づくり

(20) 地球温暖化対策の推進に関する法律（地球温暖化対策推進法）

(21) 地球温暖化の現状と将来予測

(22) 都市の低炭素化の促進に関する法律（エコまち法）

(23) ネイチャーポジティブ

(24) ネットゼロ

(25) パリ協定

(26) ヒートアイランド現象

(27) ヒートアイランド対策大綱

(28) ブルーカーボン

(29) ユニバーサルデザイン

(30) ユニバーサルデザイン政策大綱

【低炭素社会・環境保全に係る計画や政策】

(1) エネルギー基本計画

(2) グリーンインフラ推進戦略2023

(3) 建設リサイクル推進計画2020

(4) 国土形成計画（全国計画）

(5) 国土交通グリーンチャレンジ

(6) 国土交通省環境行動計画

(7) 次期生物多様性国家戦略研究会報告書

(8) 生物多様性国家戦略2022-2030

(9) 第5次社会資本整備重点計画

(10) 地球温暖化対策計画

(11) パリ協定に基づく成長戦略としての長期戦略

【低炭素社会・環境保全に係る現状や背景】
(1) 2050年カーボンニュートラル

　カーボンニュートラルは、温室効果ガスの排出量と吸収量を均衡させること、すなわち温室効果ガスの排出を全体として実質ゼロにすることである。「2050年カーボンニュートラル」は、2050年までにカーボンニュートラルを目指すことをいう。

　我が国は、2020年10月に「2050年カーボンニュートラル」を目指すことを宣言するとともに、2021年4月には、2030年度において温室効果ガスを2013年度から46%削減するという新たな削減目標を掲げ、さらに50%の高みに向けて挑戦を続けていくことを表明している。我が国を含め、2021年に120を超える国と地域が2050年までのカーボンニュートラル実現を表明し、気候変動対策の国際交渉、国際会合を行っている。

(2) 30 by 30（サーティ・バイ・サーティ）

　30 by 30（サーティ・バイ・サーティ）は、2030年までに生物多様性の損失を食い止め、回復させる（ネイチャーポジティブ）というゴールに向けて、2030年までに陸と海の30%以上を健全な生態系として効果的に保全しようとする目標である。「ポスト2020生物多様性枠組」案の主要な目標として検討されており、2021年に英国で開催されたG7サミットにおいて、コミュニケの付属文書として合意された「G7　2030年自然協約（G7 2030 Nature Compact）」では、2030年までに生物多様性の損失を食い止め、反転させるという目標達成に向けて、G7各国が自国の少なくとも同じ割合を保全・保護することについて約束している。

　我が国では30 by 30の達成を目指すため、保護地域（国立公園等）の拡充・管理のみならず里地里山や企業有林・企業緑地、社寺林などのように、地域、企業、団体によって生物多様性の保全が図られている土地をOECM（Other Effective area-based Conservation Measures）として国際データベースに登録し、その保全を促進していくとしている。

　なお、我が国の保護地域は2021年8月現在、陸域が20.5%、海域が13.3%となっている。

(3) Eco-DRR

Eco-DRR（Ecosystem-based Disaster Risk Reduction）は、生態系の保全・再生を通じて防災・減災や生物多様性を含めた地域の課題を複合的に解決しようとする考え方である。すなわち、自然災害に対して脆弱な土地の開発や利用を避け災害への暴露を回避するとともに、防災・減災など生態系が有する多様な機能を活かして社会の脆弱性を低減することをいう。

Eco-DRRは防災・減災や生物多様性の保全に寄与するだけではなく、地域に自然と触れ合う場を提供するといった社会的な効果や、エコツーリズムの実施等による経済的な効果、さらには、森林や泥炭湿地などの自然生態系は二酸化炭素の吸収源にもなるため、気候変動緩和策としての効果も期待できる。

(4) NbS

NbS（Nature-based Solutions）は、社会、経済、環境課題に効果的かつ順応的に対処し、人間の幸福及び生物多様性による恩恵を同時にもたらす、自然又は改変された生態系の保護、保全、回復、持続可能な利用、管理のための行動のことである。

NbSは、国際自然保護連合（IUCN）と欧州委員会が定義を発表した比較的新しい概念であり、国連気候変動枠組条約と生物多様性条約でも定着しつつある。NbSのアプローチとして、生態系の保護、持続可能な管理、回復の観点から様々な方法があり、IUCNではそれらを次のように分類している。

NbS アプローチの分類	例
生態系回復アプローチ	・生態系の回復 ・生態工学 ・森林ランドスケープ回復
特定の問題の生態系関連アプローチ	・生態系ベースの気候変動への適応策 ・生態系ベースの気候変動の緩和策 ・気候変動への適応サービス ・生態系を活用した防災
インフラ関連アプローチ	・自然インフラ ・グリーンインフラ
生態系に基づく管理アプローチ	・統合的沿岸管理 ・統合的水資源管理
生態系保護アプローチ	・保護区管理を含む、地域に基づく保全アプローチ

出典：自然を基盤とした解決策（NbS）に関する国際的議論（環境省）

(5) 雨水の利用の推進に関する法律

「雨水の利用の推進に関する法律」（雨水利用推進法）は、近年の気候の変動等に伴い水資源の循環の適正化に取り組むことが課題となっていることを踏まえ、その一環として雨水の利用が果たす役割に鑑み、雨水の利用の推進に関し、国等の責務を明らかにするとともに、基本方針等の策定その他の必要な事項を定めることにより、雨水の利用を推進し、もって水資源の有効な利用を図り、あわせて下水道、河川等への雨水の集中的な流出の抑制に寄与することを目的として、平成26年4月に制定された法律である。

この法律では、雨水の利用を「雨水を一時的に貯留するための施設に貯留された雨水を水洗便所の用、散水の用その他の用途に使用すること（消火のための使用その他災害時における使用に備えて確保することを含む。）」と定義している。ただし、(1) 水道法に規定する水道施設、(2) 土地改良法に規定する土地改良事業又はこれに準ずる事業により整備される農業用用水路、(3) 工業用水道事業法に規定する工業用水道施設、により供給される水の原水として使用することは除くものとしている。

雨水利用推進法では、雨水利用を進めるとともに、下水道や河川に雨水が集中して流入することを防ぐために、国土交通大臣が「雨水の利用の推進に関する基本方針」を定めるとともに、政府は建築物における雨水利用施設の設置に関する目標を閣議決定し、雨水利用施設の設置に対する税制優遇や補助などを行うことを定めている。

(6) 環境影響評価法

「環境影響評価法」は、大規模な公共事業を実施するに当たり、環境影響評価について国等の責務を明らかにし、環境影響評価の手続について定めるとともに、環境影響評価結果を踏まえて事業の許認可をすることにより、その事業に係る環境の保全を確保するために定められた法律である。

環境省では、環境影響評価の迅速化に関する取り組みとして、風力・地熱発電所の設置や火力発電所のリプレースの事業に係る環境影響評価手続について、従来までは3〜4年程度かかるとされる手続期間を、風力・地熱発電所については半減、火力発電所リプレースについては最短1年強まで短縮させることを目指している。また、環境影響評価法における放射性物質に係る対応について、環境基本法第13条の放射線物質の適用除外規定が削除されたことを受けて、

平成25年6月に環境影響評価法が改正され、環境影響評価手続の対象に放射性物質による環境影響を含めることとなった（平成27年6月1日施行）。

(1) 対象事業（第一種事業と第二種事業）

　　環境影響評価法の対象事業は、道路やダム、鉄道、飛行場などの規模が大きく環境に著しく影響を及ぼすおそれがある事業で、国が実施しまたは許認可を行うもので、必ず環境影響評価を行わなくてはならない第一種事業と、第一種事業に準じる規模を有し、環境影響評価を行うかどうかについて個別に判定（スクリーニング）を行う第二種事業とがある。第二種事業の判定は、事業の許認可等を行う行政機関が、都道府県知事に意見を聞いて環境影響評価を行うかどうかについて判定を行う。

　　なお、環境影響評価法で定める第二種事業の規模に係る数値の第一種事業の規模に係る数値に対する比について、政令で定める数値は0.75である。第一種事業と第二種事業の対象事業を次ページの表に示す。

(2) 環境アセスメント図書

　　環境アセスメント図書は、環境アセスメントの手続の中で事業者が作成する図書の総称で、環境アセスメントの手続に応じて、①計画段階環境配慮書（配慮書）、②環境影響評価方法書（方法書）、③環境影響評価準備書（準備書）、④環境影響評価書（評価書）、⑤環境保全措置等の報告書（報告書）、の5つが環境影響評価法で規定されている。

①計画段階環境配慮書（配慮書）

　　計画段階環境配慮書（配慮書）は、事業の位置・規模等の検討段階において、環境保全のために配慮すべき事項についての検討結果を伝えるものである。事業の早期段階における環境配慮を図るため、第一種事業を実施しようとする者は、事業の位置、規模等を選定するに当たり環境の保全のために配慮すべき事項について検討を行い、計画段階環境配慮書を作成し、送付等を行うというものである。配慮書は、平成23年4月の環境影響評価法改正により、新たに義務付けられるようになった。

　　計画段階配慮手続においては、原則として適切な複数案を設定することが基本とされている。複数案の設定の際には、位置・規模に係るものを検討するよう努める必要があるが、重大な環境影響の回避、低減のために配置・構造に係る複数案の検討が重要となる場合もある。また複数案には、現実的である場合に限り、当該事業を実施しない案（ゼロ・オプション）

第一種事業と第二種事業の対象

		第一種事業	第二種事業
道路	高速自動車国道	すべて	—
	首都高速道路等	4 車線以上のもの	—
	一般国道	4 車線以上・10 km 以上	4 車線以上・7.5 km～10 km
	林道	幅員 6.5 m 以上・20 km 以上	幅員 6.5 m 以上・15 km～20 km
河川	ダム、堰	湛水面積 100 ha 以上	湛水面積 75 ha～100 ha
	放水路、湖沼開発	土地改変面積 100 ha 以上	土地改変面積 75 ha～100 ha
鉄道	新幹線鉄道	すべて	—
	鉄道、軌道	長さ 10 km 以上	長さ 7.5 km～10 km
飛行場		滑走路長 2,500 m 以上	滑走路長 1,875 m～2,500 m
発電所	水力発電所	出力 3 万 kW 以上	出力 2.25 万 kW～3 万 kW
	火力発電所	出力 15 万 kW 以上	出力 11.25 万 kW～15 万 kW
	地熱発電所	出力 1 万 kW 以上	出力 7,500 kW～1 万 kW
	原子力発電所	すべて	—
	太陽電池発電所	出力 4 万 kW 以上	出力 3 万 kW～4 万 kW
	風力発電所	出力 5 万 kW 以上	出力 3.75 万 kW～5 万 kW
廃棄物最終処分場		面積 30 ha 以上	面積 25 ha～30 ha
埋立て、干拓		面積 50 ha 超	面積 40 ha～50 ha
土地区画整理事業		面積 100 ha 以上	面積 75 ha～100 ha
新住宅市街地開発事業		面積 100 ha 以上	面積 75 ha～100 ha
工業団地造成事業		面積 100 ha 以上	面積 75 ha～100 ha
新都市基盤整備事業		面積 100 ha 以上	面積 75 ha～100 ha
流通業務団地造成事業		面積 100 ha 以上	面積 75 ha～100 ha
宅地の造成の事業	住宅・都市基盤整備機構	面積 100 ha 以上	面積 75 ha～100 ha
	地域振興整備公団	面積 100 ha 以上	面積 75 ha～100 ha
港湾計画		埋立・掘込み面積の合計　300 ha 以上	
（港湾計画については、港湾環境アセスメントの対象になる）			

を含めるよう努めることとされている。

②環境影響評価方法書（方法書）

　環境影響評価方法書（方法書）は、環境影響評価の方法を決めるに当たり、住民、地方公共団体などの意見を聴くために事業者が作成する文書であり、これから行う環境アセスメントの方法を伝えるものである。方法書には、1）対象事業の目的及び内容、2）対象事業が実施されるべき区域及びその周囲の概況、3）対象事業に係る環境影響評価の項目並びに調査、予測及び評価の手法、などが記載される。なお、具体的にどのような手法で調査・予測・評価を行うかという点については、事業者が既に案を決定している場合に記載される。

　事業者は環境影響評価方法書を作成し、市町村長の意見を踏まえた都道府県知事の意見を勘案して、具体的な方法を定める。この際、環境保全の見地からの意見を有する者は、事業者に対して意見書の提出により意見を述べることができる。なお、このような早い段階で意見を聴取することによって、環境影響評価の内容を絞り込む手続をスコーピングという。

③環境影響評価準備書（準備書）

　環境影響評価準備書（準備書）は、環境影響評価の結果について環境の保全の見地からの意見を聴くための準備として、調査、予測、評価、環境保全対策の検討を実施した結果等を示し、環境の保全に関する事業者自らの考え方を取りまとめた文書であり、環境アセスメントの結果を伝えるものである。準備書には、1）方法書の内容、2）方法書について環境の保全の見地から寄せられた一般の方々からの意見の概要と事業者の見解、3）方法書について環境の保全の見地から述べられた都道府県知事の意見、4）環境影響評価の項目並びに調査・予測・評価の手法、5）環境影響評価の結果（環境の保全のための措置及び検討の経緯など）、などが記載される。

　事業者は準備書を作成して、関係地域を所管する都道府県知事、市町村長に送付する。また、環境保全の見地からの意見を求めるため、準備書を作成したことを公告し、関係する地域内において準備書及びその要約書を1カ月間縦覧するほか、説明会を開催することが義務付けられている。なお、準備書は内容が詳細で量も多いことから、事業者が準備書の内容を説明する説明会を開催する。この際に、環境保全の見地からの意見を有する者は、事業者に対して意見書の提出により意見を述べることができる。

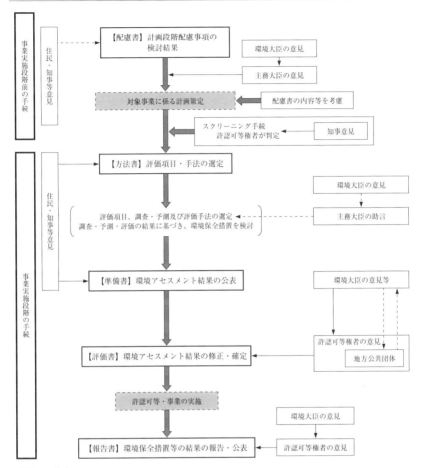

資料：環境省

図の出典：平成 25 年版 環境・循環型社会・生物多様性白書

環境影響評価法の手続の流れ

④環境影響評価書（評価書）

　環境影響評価書（評価書）は、環境影響評価準備書について都道府県知事や一般から述べられた意見等を踏まえ、環境影響評価準備書の記載事項について再検討を加え、必要に応じて見直した上で、準備書に対し述べられた意見と、それらに対する事業者の見解を、準備書の記載事項に追加して記載した文書である。

　事業者は評価書を作成して、事業の許認可等を行う者に送付し、許認可

等を行う行政機関は環境大臣に送付する。環境大臣は環境保全の見地からの意見を述べ、許認可等を行う行政機関は環境大臣の意見を踏まえて事業者に意見を述べる。事業者は意見の内容を検討し、必要に応じて見直した上で、最終的に評価書を確定し、都道府県知事、市町村長、事業の許認可等を行う行政機関に送付するとともに、公告し1カ月間の縦覧を行う。

⑤環境保全措置等の報告書（報告書）

　環境保全措置等の報告書（報告書）は、事業で講じた環境保全措置等の実施状況について伝える文書である。報告書は配慮書とともに、平成23年4月の環境影響評価法改正により、新設されたものである。

　事業者は、工事中に実施した事後調査やそれにより判明した環境状況に応じて講ずる環境保全対策、重要な環境に対して行う効果の不確実な環境保全対策の状況について、工事終了後に図書にまとめ、報告・公表を行う（報告書手続）。事業者は報告書を作成し、評価書の送付を行った者（事業の許認可等を行う者等と環境大臣）に送付するとともに、報告書の公表を行う。報告書の送付を受けた者は、これをもとに意見を提出する。環境大臣は必要に応じて事業の許認可等を行う者等に環境の保全の見地からの意見を述べ、事業の許認可等免許等を行う者等は、環境大臣の意見を踏まえて環境の保全の見地から事業者に意見を述べる。

　なお「計画段階配慮書」及び「環境保全措置等の報告・公表」等の手続は、平成25年4月1日から施行されている。

（7）　グリーンインフラ

　グリーンインフラは、社会資本整備や土地利用等のハード・ソフト両面において、自然環境が有する多様な機能（生物の生息・生育の場の提供、良好な景観形成、気温上昇の抑制等）を活用し、持続可能で魅力ある国土づくりや地域づくりを進める取組のことである。

　平成27年に閣議決定された第二次国土形成計画、第4次社会資本整備重点計画では、「国土の適切な管理」、「安全・安心で持続可能な国土」、「人口減少・高齢化等に対応した持続可能な地域社会の形成」といった課題への対応の一つとして、グリーンインフラの取組を推進することが盛り込まれた。

　そして、有識者からなる「グリーンインフラ懇談会」が開催され、グリーンインフラの推進に向けた議論を本格的に開始するとともに、令和元年には「グ

リーンインフラ推進戦略」が公表された。令和5年9月には、ネイチャーポジ
ティブやカーボンニュートラル、ネットゼロなど、グリーンインフラに関連す
る社会情勢の変化等の背景を踏まえ、グリーンインフラの推進に関する国土交
通省の取組を総合的・体系的に位置づけるものとして「グリーンインフラ推進
戦略」は「グリーンインフラ推進戦略2023」として全面改訂された。

(8) グリーントランスフォーメーション（GX）

　グリーントランスフォーメーション（GX）は、温室効果ガスを発生させる
石油・石炭などの化石燃料中心の経済・社会、産業構造を、太陽光発電や風力
発電などのクリーンエネルギーへ転換する取り組みのことであり、この取り組
みを産業競争力の向上につなげて、経済社会システム全体の変革を目指すもの
である。

(9) 景観法

　「景観法」は、我が国の都市、農山漁村等における良好な景観の形成を促進
するため、景観計画の策定その他の施策を総合的に講ずることにより、美しく
風格のある国土の形成、潤いのある豊かな生活環境の創造及び個性的で活力あ
る地域社会の実現を図り、もって国民生活の向上並びに国民経済及び地域社会
の健全な発展に寄与することを目的として、平成16年6月に制定された法律で
ある。

　景観法自体は直接、都市景観を規制しているものではなく、景観行政団体が
景観に関する計画や条例を作る際の法制度となっている。

　「景観法」で定めている主な内容は、以下のとおりである。

　1）良好な景観の形成に関する基本理念及び国、住民、事業者等の責務

　2）景観行政団体（都道府県、指定都市等又は都道府県知事と協議して景観
　　　行政をつかさどる市町村）による景観計画の策定と住民等による景観計画
　　　の提案

　3）景観計画区域における行為の規制

　4）景観重要建造物の指定ならびに管理

　5）景観重要公共施設の景観計画に即した整備

　6）景観計画区域内の農業振興地域における景観農業振興地域整備計画

　7）景観地区制度創設による都市計画との調整

8）景観協定の締結ならびに景観整備機構等の指定

　景観に関する法制度として従来は、都市計画法に基づく美観地区、風致地区及び伝統的建造物群保存地区といった地域地区や地区計画制度、古都における歴史的風土の保存に関する特別措置法等による個別の制度はあったが、「景観」そのものを正面から捉えた制度はなかった。さらに、地方公共団体による景観条例が進む中で、条例を支える法律の根拠が明確ではなかった。このような背景の下で景観法は、良好な景観の形成に関する基本理念及び国等の責務を定めるとともに、景観計画の策定、景観計画区域、景観地区等における良好な景観の形成のための規制、景観整備機構による支援等所要の措置を講ずる我が国で初めての景観についての総合的な法律として定められたものである。

　「景観法」が対象としている範囲は、都市だけではなく農地や自然公園なども対象としており、景観構成要素としては、建築物はもとより公共施設、樹木などを包括的に盛り込んでいる。また、主体については行政、住民、NPO、景観協議会、景観整備機構などと、多様な主体について位置付けているということが特徴といえる。また、国土交通省だけではなく、農林水産省、環境省と一部共管であるのも本法律の特徴である。

（10）景観緑三法

　「景観緑三法」は、「景観法」、「景観法の施行に伴う関係法律の整備等に関する法律」、「都市緑地保全法等の一部を改正する法律」の3つの法律を総称したもので、いずれも平成16年6月に制定された。「景観緑三法」は、景観法の整備と合わせて一体的な効果を発揮することを目的としており、景観法の制定を中心とした関連法律の整備の要素が強い。

　「景観法の施行に伴う関係法律の整備等に関する法律」は、景観法の施行に伴い都市計画法、屋外広告物法その他の関係法律の整備等を行うものである。また「都市緑地保全法等の一部を改正する法律」は、都市における緑地の保全及び緑化並びに都市公園の整備を一層推進し、良好な都市環境の形成を図るため、緑地保全地域における緑地の保全のための規制及び緑化地域における緑化率規制の導入、立体都市公園制度の創設等所要の措置を講じたものである。

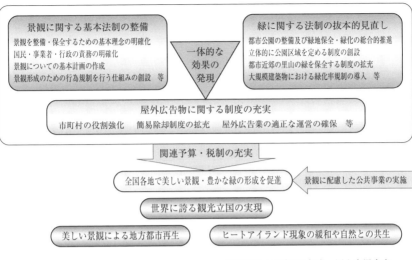

図の出典：平成 19 年度　国土交通白書

美しい景観と豊かな緑を総合的に実現するための「景観緑三法」の整備

(11) 建設廃棄物／産業廃棄物

　廃棄物には市町村が処理をする一般廃棄物（産業廃棄物以外の廃棄物をいい、一般廃棄物はさらに「ごみ」と「し尿」に分類される）と排出事業者が処理をする産業廃棄物（事業活動に伴って生じた廃棄物のうち、燃えがら、汚泥、廃油、廃酸、廃アルカリ、廃プラスチックなど20種類の廃棄物をいう）がある。産業廃棄物の排出量の状況を見ると、平成2年度以降から4億トン前後で大きな変化はなく、2020年度の産業廃棄物の排出量は、およそ3.74億トンとなっている（データ出典：令和5年版　環境・循環型社会・生物多様性白書）。

　一方、建設廃棄物は建設工事に伴い発生する廃棄物のことで、産業廃棄物であるコンクリート塊やアスファルト・コンクリート塊などのがれき類、建設発生木材、建設汚泥、廃プラスチック、ガラス・陶磁器くず、金属くず、などのことである。なお、これらの建設廃棄物のうちコンクリート塊、アスファルト・コンクリート塊、ならびに建設発生木材は建設リサイクル法（建設工事に係る資材の再資源化等に関する法律）に基づく特定建設資材廃棄物とされている。国土交通白書2022では「建設廃棄物は、全産業廃棄物排出量の約2割を占め、その発生抑制、再利用、再生利用は重要な課題である。平成30年度の

建設廃棄物の排出量は全国で7,440万トン、最終処分量は212万トンまで減少し、再資源化・縮減率も97.2%に向上するなど、維持・安定期に入ってきたと考えられるが、今後も社会資本の維持管理・更新時代の到来への対応など、更なる建設リサイクルの推進を図る必要がある。」としている。

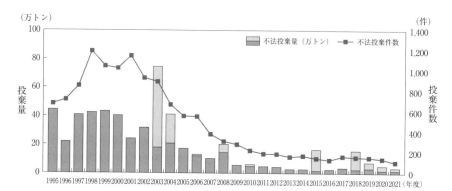

注1：都道府県及び政令市が把握した産業廃棄物の不法投棄事案のうち、1件あたりの投棄量が10 t 以上の
　　　事案（ただし、特別管理産業廃棄物を含む事案は全事案）を集計対象とした。
　2：上記棒グラフ薄いアミ部分については、次のとおり
　　　2003 年度：大規模事案として報告された岐阜市事案（56.7 万トン）
　　　2004 年度：大規模事案として報告された沼津市事案（20.4 万トン）
　　　2006 年度：1998 年度に判明していた千葉市事案（1.1 万トン）
　　　2008 年度：2006 年度に判明していた桑名市多度町事案（5.8 万トン）
　　　2010 年度：2009 年度に判明していた滋賀県日野町事案（1.4 万トン）
　　　2015 年度：大規模事案として報告された滋賀県甲賀市事案、山口県宇部市事案及び岩手県久慈市事案
　　　　　　　　（14.7 万トン）
　　　2018 年度：大規模事案として報告された奈良県天理市事案、2016 年度に判明していた横須賀市事案、
　　　　　　　　2017 年度に判明していた千葉県芝山町事案（2 件）（13.1 万トン）
　　　2019 年度：2014 年度に判明していた山口県山口市事案、2016 年度に判明していた倉敷市事案（4.2 万トン）
　　　2020 年度：大規模事案として報告された青森県五所川原市事案、栃木県鹿沼市事案、京都府八幡市事
　　　　　　　　案、水戸市事案（3.2 万トン）
　　　2021 年度：大規模事案として報告された福島県飯舘村事案、兵庫県加古川市事案（2.0 万トン）
　3：硫酸ピッチ事案及びフェロシルト事案は本調査の対象から除外している。
　　　なお、フェロシルトは埋立用資材として、2001 年 8 月から約 72 万 t が販売・使用されたが、その後、
　　　製造・販売業者が有害な廃液を混入させていたことがわかり、不法投棄事案であったことが判明した。
　　　既に、不法投棄が確認された 1 府 3 県の 45 か所において、撤去・最終処分が完了している。
　資料：環境省
　　　　　　　　　　　　　　図の出典：令和 5 年版　環境・循環型社会・生物多様性白書

産業廃棄物の不法投棄件数及び投棄量の推移（新規判明事案）

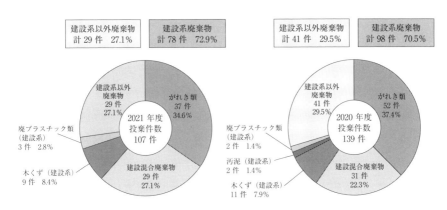

注：参考として 2020 年度の実績も掲載している。
資料：環境省

図の出典：令和 5 年版　環境・循環型社会・生物多様性白書

不法投棄された産業廃棄物の種類（2021年度）

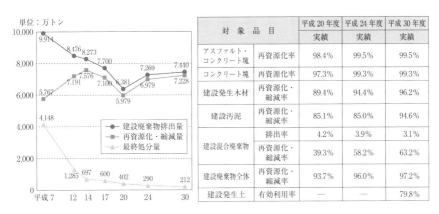

対　象　品　目		平成 20 年度 実績	平成 24 年度 実績	平成 30 年度 実績
アスファルト・コンクリート塊	再資源化率	98.4%	99.5%	99.5%
コンクリート塊	再資源化率	97.3%	99.3%	99.3%
建設発生木材	再資源化・縮減率	89.4%	94.4%	96.2%
建設汚泥	再資源化・縮減率	85.1%	85.0%	94.6%
建設混合廃棄物	排出率	4.2%	3.9%	3.1%
	再資源化・縮減率	39.3%	58.2%	63.2%
建設廃棄物全体	再資源化・縮減率	93.7%	96.0%	97.2%
建設発生土	有効利用率	—	—	79.8%

図の出典：国土交通白書 2022

建設廃棄物の排出量、再資源化・縮減量及び最終処分量の経年変化と品目別再資源化率

（12）建設リサイクル法（建設工事に係る資材の再資源化等に関する 法律）

建設リサイクル法（建設工事に係る資材の再資源化等に関する法律）は、特定の建設資材（①コンクリート、②コンクリート及び鉄からなる建設資材、③木材、④アスファルト・コンクリート）について、その分別解体等及び再資源化等を促進するための措置を講ずるとともに、解体工事業者について登録制度を実施すること等により、再生資源の十分な利用及び廃棄物の減量等を通じて、資源の有効な利用の確保及び廃棄物の適正な処理を図るために定められた法律である。

この法律は当時、建設廃棄物が産業廃棄物全体の20％、最終処分量の40％を占め、さらに不法投棄量の90％を占めていたこと、また最終処分場の残存容量が逼迫していたこと、建設廃棄物のリサイクルの取り組みが遅れていたこと、などの背景により平成12年に制定されたものである。

建設リサイクル法では、特定建設資材（コンクリート、アスファルト・コンクリート、木材）を用いた建築物等に係る解体工事、またはその施工に特定建設資材を使用する新築工事等であって一定規模以上の建築物その他の工作物に関する対象建設工事について、その受注者等に対して分別解体等を義務付けるとともに、その分別解体等に伴って生じた特定建設資材廃棄物について再資源化を義務付けてリサイクルを推進することとしている。なお、分別解体等及び再資源化等の実施義務の対象となる建設工事の規模に関する基準については、1）建築物の解体工事では床面積80 m^{2}以上、2）建築物の新築又は増築の工事では床面積500 m^{2}以上、3）建築物の修繕・模様替え等の工事では請負代金が1億円以上、4）建築物以外の工作物の解体工事又は新築工事等では請負代金が500万円以上と定められている。

また、対象建設工事の実施に当たっては、工事着手の7日前までに発注者から都道府県知事に対して分別解体等の計画等を届け出ることを義務付けるとともに、請負契約の締結に当たっては、解体工事に要する費用や再資源化等に要する費用を明記することを義務付けている。さらに、適正な解体工事の実施を確保する観点から解体工事業者の都道府県知事への登録が制度化された。この他に、建設廃棄物のリサイクルを促進するため、主務大臣が基本方針を定めることが規定されている。

(13) 公共交通機関のバリアフリー化の現状

「高齢者、障害者等の移動等の円滑化の促進に関する法律」(バリアフリー法) に基づいて、公共交通機関のバリアフリー化が進められている。令和2年3月末現在における旅客施設ならびに車両等のバリアフリー化の現状は、次の表のとおりとなっている。

○旅客施設 (1日あたりの平均的な利用者数が3,000人以上のもの)

「段差の解消」がされている旅客施設の割合	総施設数	移動等円滑化基準 (段差の解消) に適合している旅客施設数	総施設数に対する割合	目標値令和2年度末
	令和2年度末	令和2年度末	令和2年度末	
鉄軌道駅	3,251	3,090	95.0%	100.0%
バスターミナル	36	34	94.4%	100.0%
旅客船ターミナル	8	8	100.0%	100.0%
航空旅客ターミナル	16	16	100.0%	100.0%

1) 「段差の解消」については、バリアフリー法に基づく公共交通移動等円滑化基準第4条 (移動経路の幅、傾斜路、エレベーター、エスカレーター等が対象) への適合を持って算定。

○車両等

「移動等円滑化基準に適合している車両等」の割合	車両等の総数	移動等円滑化基準に適合している車両等の数	車両等の総数に対する割合	目標値令和2年度末
	令和2年度末	令和2年度末	令和2年度末	
鉄軌道車両	52,645	40,027	76.0%	約70%
ノンステップバス (適用除外認定車両を除く)	46,226	29,489	63.8%	約70%
リフト付きバス (適用除外認定車両)	11,688	674	5.8%	約25%
貸切バス	―	1,975	―	約2,100台
福祉タクシー	―	41,464	―	約44,000台
旅客船	668	356	53.3%	約50%
航空機	641	639	99.7%	約100%

1) 「移動等円滑化基準に適合している車両等」は、各車両等に関する公共交通移動等円滑化基準への適合をもって算定。

資料) 国土交通省

図の出典：国土交通白書2022

公共交通機関のバリアフリー化の現状

（14）高齢者、障害者等の移動等の円滑化の促進に関する法律（バリアフリー法）

「高齢者、障害者等の移動等の円滑化の促進に関する法律」（バリアフリー法）は、高齢者、障がい者等の自立した日常生活及び社会生活を確保するために、公共交通機関の旅客施設及び車両等、道路、路外駐車場、公園施設並びに建築物の構造及び設備を改善するための措置、一定の地区における旅客施設、建築物等及びこれらの間の経路を構成する道路、駅前広場、通路その他の施設の一体的な整備を推進するための措置その他の措置を講ずることにより、高齢者、障がい者等の移動上及び施設の利用上の利便性及び安全性の向上の促進を図り、もって公共の福祉の増進に資することを目的として平成18年6月に公布された法律である。

バリアフリー法は、高齢者、障害者等の円滑な移動及び建築物等の施設の円滑な利用の確保に関する施策を総合的に推進するため、主務大臣による基本方針並びに旅客施設、建築物等の構造及び設備の基準の策定のほか、市町村が定める重点整備地区において、高齢者、障がい者等の計画段階からの参加を得て、旅客施設、建築物等及びこれらの間の経路の一体的な整備を推進するための措置等を定めたものである。

バリアフリー法では、新たにあらゆる人々が利用しやすい生活環境等をデザインするという「ユニバーサルデザイン」の考え方を踏まえた規定が盛り込まれているが、真に「あらゆる人のため」のものを初めからデザインすることは、現実的には困難なために、①様々な者の参画を得て意見交換をしながら、②粘り強く継続的に、③さらには、広くその必要性への理解を得ながら、「バリアフリー」の取組みを積み重ねるという考えをとっている。このような考え方によって具体的には、(1) さまざまな段階での住民・当事者参加、(2) スパイラルアップ（継続的・段階的な改善）、(3) 心のバリアフリーの促進、などの規定が盛り込まれている。

バリアフリー法の概要は、次のとおりである。

1. 基本方針等の策定

主務大臣は、高齢者、障害者等の移動又は施設の利用に係る身体の負担を軽減することにより、その移動上又は施設の利用上の利便性及び安全性を向上すること（以下「移動等円滑化」という。）の促進のため、基本方針及び施設等の構造等に関する基準を定めるものとする。

2. 移動等円滑化のために施設設置管理者が講ずべき措置

　旅客施設及び車両等、道路、路外駐車場、公園施設並びに建築物について、新設又は改良時の1の基準への適合義務、既存のこれらのものについての基準適合の努力義務について定める。また、主務大臣が定める誘導的な基準に適合する建築物について所管行政庁の認定を受けることができることとする（容積率の特例の適用）。

3. 重点整備地区における移動等円滑化に係る事業の重点的かつ一体的な実施

　ア　基本構想の作成

　　市町村は、旅客施設、官公庁施設、福祉施設その他の高齢者、障害者等が生活上利用すると認められる施設を含む地区（重点整備地区）について、移動等円滑化に係る事業の重点的かつ一体的な推進に関する基本構想を作成することができることとする。

　イ　基本構想の作成に際しての住民等の参加の促進等に係る措置

　　市町村が基本構想を策定する際には、住民等の意見を反映させるために必要な措置を講じるとともに、関係する施設設置管理者及び高齢者、障害者等その他の市町村が必要と認める者で構成する協議会における協議を経ることができることとし、併せて、住民等による基本構想の作成提案制度を設ける。

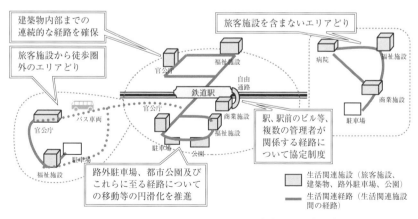

図の出典：国土交通省ホームページ

重点整備地区における移動等の円滑化のイメージ

ウ 移動等円滑化のための特定事業の実施

イの施設設置管理者は、当該基本構想に即して移動等円滑化のための特定事業の実施計画を作成し、これに基づき、特定事業を実施するものとする。また、旅客施設及び車両等に係る特定事業で主務大臣等の認定を受けたものに対する地方公共団体の助成に係る地方債の特例を設ける。

4. 移動等円滑化経路協定

基本構想に位置付けられた重点整備地区内の土地の所有者等は、当該地区における移動等円滑化のための経路の整備又は管理に関する協定を締結し、市町村長の認可を受けることができることとする（協定の承継効の適用）。

ユニバーサルデザインの考え方を踏まえたバリアフリー法により、施設等（旅客施設、車両等、道路、路外駐車場、都市公園、建築物等）の新設等の際の「移動等円滑化基準」への適合義務、既存の施設等に対する適合努力義務を定めるとともに、「移動等円滑化の促進に関する基本方針」において、平成32年度末までの整備目標を定め、バリアフリー化の推進が図られている。

なお、平成30年5月にバリアフリー法の一部が改正され、1）公共交通事業者等によるハード対策及びソフト対策の一体的な取組を推進するための計画制度の創設、2）バリアフリーのまちづくりに向けた地域における取組を強化するための移動等円滑化促進方針制度の創設、3）更なる利用しやすさ確保に向けた取組の充実を図るための一般貸切旅客自動車運送事業者等をバリアフリー法の適用、建築物等を含む幅広いバリアフリー情報の提供、障害者等の参画の下での施策内容の評価等を行う会議の創設等の措置が講じられることになった。

また、令和2年5月に、東京2020大会のレガシーとしての共生社会の実現に向け、ハード対策に加え、移動等円滑化にかかる「心のバリアフリー」の観点からの施策の充実などソフト対策を強化する「高齢者、障害者等の移動等の円滑化の促進に関する法律の一部を改正する法律」が成立した。これにより、①公共交通事業者等に対するソフト基準遵守義務の創設、②優先席、車椅子使用者用駐車施設等の適正な利用の推進、③学校教育等と連携した移動等円滑化に係る「心のバリアフリー」の推進、④公立小中学校のバリアフリー基準への適合義務化等の措置を講じることとなった。

（15）再生可能エネルギー

　「エネルギー供給事業者による非化石エネルギー源の利用及び化石エネルギー原料の有効な利用の促進に関する法律」（エネルギー供給構造高度化法）では、「再生可能エネルギー源」について、「太陽光、風力その他非化石エネルギー源のうち、エネルギー源として永続的に利用することができると認められるものとして政令で定めるもの」と定義しており、法令においては、太陽光・風力・水力・地熱・太陽熱・大気中の熱その他の自然界に存する熱・バイオマスが挙げられている。再生可能エネルギーは、資源が枯渇せず繰り返し使え、発電時や熱利用時に地球温暖化の原因となる二酸化炭素をほとんど排出しない優れたエネルギーである。

　我が国におけるエネルギーの供給のうち、石油や石炭、天然ガスなどの化石燃料がその8割以上を占めており、そのほとんどを海外に依存している。一方、近年、新興国の経済発展などを背景として、世界的にエネルギーの需要が増大しており、また、化石燃料の市場価格が乱高下するなど、エネルギー市場が不安定化している。加えて、化石燃料の利用に伴って発生する温室効果ガスを削減することが重要な課題となっている。このような状況の中、エネルギーを安定的かつ適切に供給するためには、資源の枯渇のおそれが少なく、環境への負荷が少ない太陽光やバイオマスといった再生可能エネルギーの導入を一層進めることが必要となっている。また、再生可能エネルギーの導入拡大により、環境関連産業の育成や雇用の創出といった経済対策としての効果も期待される。

（16）自然再生推進法

　「自然再生推進法」は、自然再生についての基本理念を定め、及び実施者等の責務を明らかにするとともに、自然再生基本方針の策定その他の自然再生を推進するために必要な事項を定めることにより、自然再生に関する施策を総合的に推進し、もって生物の多様性の確保を通じて自然と共生する社会の実現を図り、あわせて地球環境の保全に寄与することを目的として、平成14年12月に制定された法律である。

　「自然再生推進法」では、自然再生を「過去に損なわれた生態系その他の自然環境を取り戻すことを目的として、関係行政機関、関係地方公共団体、地域住民、特定非営利活動法人（NPO）、自然環境に関し専門的知識を有する者等の地域の多様な主体が参加して、河川、湿原、干潟、藻場、里山、里地、森林

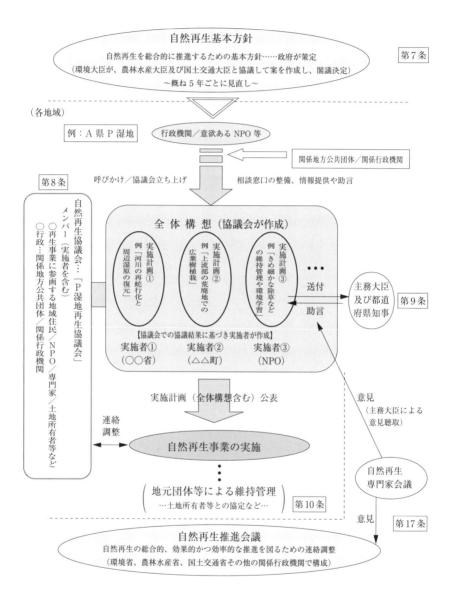

図の出典：環境省ホームページ

自然再生推進法の仕組み

その他の自然環境を保全し、再生し、若しくは創出し、又はその状態を維持管理すること」と定義し、過去に損なわれた生態系その他の自然環境を取り戻すために、自然再生を総合的に推進して生物多様性の確保を通じて自然と共生する社会の実現を図ろうとしている。自然再生推進法では、自然再生事業を、NPOや専門家を始めとする地域の多様な主体の参画と創意により、地域主導のボトムアップ型で進める新たな事業として位置付け、その基本理念、具体的手順等を明らかにしている。

　自然再生基本方針は、自然再生推進法に基づいて自然再生に関する施策を総合的に推進するための方針として定められるもので、環境大臣が、農林水産大臣及び国土交通大臣と協議して案を作成し、閣議の決定を求めるものであり、おおむね5年ごとに見直しを行うこととされている。令和元年12月に自然再生基本方針が見直されており（第3回見直し）、その見直しのポイントは、以下のとおりである。

　(1)　情勢等の変化に伴う記載の強化
　　　○人口減少等の自然環境取り巻く状況の変化の反映
　　　○希少種の保全及び外来種対策にかかる情報の反映
　　　○生態系の防災・減災機能の発揮の推進にかかる情報の反映
　　　○生態系ネットワーク形成の推進にかかる情報の反映
　　　○グリーンインフラの推進にかかる情報の反映　　等
　(2)　関連する法律成立・改正に伴う記載の強化
　　　○「気候変動適応法」成立に伴う情報の反映
　　　○「種の保存法」改正に伴う情報の反映
　(3)　第五次環境基本計画の考え方の反映
　　　○「地域循環共生圏」構築に向けた取組に関する記載内容を拡充
　　　○「持続可能な開発目標」（SDGs）に関する記載内容を拡充
　(4)　自然再生基本方針の構成の変更
　　　○自然再生の推進に関する重要事項を一か所にまとめて整理　　等

（17）生態系ネットワーク（エコロジカルネットワーク）

　生態系ネットワーク（エコロジカルネットワーク）は、保全すべき自然環境やすぐれた自然条件を有している地域を核として、生息・生育空間のつながりや適切な配置を考慮した上で、これらを有機的につないだネットワークのこと

である。ネットワークの形成によって生物の移動経路が確保されることから、野生生物の生息・生育空間の確保のほか、人と自然とのふれあいの場の提供、地球温暖化への適応策等多面的な機能が発揮されることが期待される。

　エコロジカルネットワークの形成にあたっては、核となる地域（コアエリア）、外部との相互影響を軽減するための緩衝地域（バッファーゾーン）、生物が分散や移動して個体群が交流し、種や遺伝的な多様性を増すため、これらの生息地をつなげる回廊（コリドー）を、適切に配置し保全することが大切と考えられている。

　なお、『次期生物多様性国家戦略研究会報告書』（令和3年7月）では、自然共生社会構築の基盤としての生態系の健全性の回復において、生態系ネットワークの効果的な構築に関し、次の10年間の取組として「生態系ネットワークの構築に際しては、連続したネットワークが残されている脊梁山脈や河川沿いを軸としつつ、保護地域とOECMの連携した効果的なシステム等により、奥山から都市・海域まで、様々な種に応じたネットワークを構築することが求められる。他方、鳥獣による農林水産業被害の防止や、侵略的外来種の侵入・拡散の防止と防除の促進の観点も必要である。さらに、今後影響が深刻化すると考えられる気候変動への適応の観点を踏まえることが必要である。」と述べている。

（18）生物多様性基本法

　「生物多様性基本法」は、「生物多様性条約」の国内実施に関する包括的な法律として2008年6月に公布、施行されたもので「環境基本法」の下位法として位置付けられる基本法である。「生物多様性基本法」は、環境基本法の基本理念に則り、生物の多様性の保全及び持続可能な利用に関する施策を総合的かつ計画的に推進することにより、豊かな生物の多様性を保全し、その恵沢を将来にわたって享受できる自然と共生する社会の実現を実現し、あわせて地球環境の保全に寄与することを目的としている。

　「生物多様性基本法」では、生物多様性の保全及び持続可能な利用についての基本原則を示すとともに、これまで「生物多様性条約」に定められた締約国の義務に則り閣議決定等により三次にわたり策定されてきた「生物多様性国家戦略」が、法律に基づく戦略として位置付けられた。同時に、「生物多様性地域戦略」として地方公共団体に対しても戦略策定に向けての努力規定が置かれている。

前　文

生物多様性が人類の生存基盤のみならず文化の多様性を支えており、国内外における生物多様性が危機的な状況にあること、我が国の経済社会が世界と密接につながっていることなどを踏まえた、本基本法制定の必要性を記述

目　的

生物多様性の保全及び持続可能な利用に関する施策を総合的かつ計画的に推進することにより、豊かな生物多様性を保全し、その恵沢を将来にわたって享受できる自然と共生する社会を実現し、地球環境の保全に寄与すること

基本原則

生物多様性の保全と持続可能な利用をバランスよく推進

①保全：野生生物の種の保全等が図られるとともに、多様な自然環境を地域の自然的社会的条件に応じ保全
②利用：生物多様性に及ぼす影響が回避され又は最小となるよう、国土及び自然資源を持続可能な方法で利用

保全や利用に際しての考え方
③予防的な順応的取組方法
④長期的な観点
⑤温暖化対策との連携

年 次 報 告

白書の作成

生物多様性戦略

国の戦略：「生物多様性国家戦略」策定の義務規定
地方の戦略：地方公共団体が単独又は共同で策定する地方版戦略を努力義務規定

基 本 的 施 策

保全に重点を置いた施策
①地域の生物多様性の保全
②野生生物の種の多様性の保全等
③外来生物等による被害の防止

持続可能な利用に重点を置いた施策
④国土及び自然資源の適切な利用等の推進
⑤遺伝子など生物資源の適正な利用の推進
⑥生物多様性に配慮した事業活動の促進

共通する施策
⑦地球温暖化の防止等に資する施策の推進
⑧多様な主体の連携・協働、民意の反映及び自発的な活動の促進
⑨基礎的な調査等の推進
⑩試験研究の充実など科学技術の振興
⑪教育、人材育成など国民の理解の増進
⑫事業計画の立案段階等での環境影響評価の推進
⑬国際的な連携の確保及び国際協力の推進

生物多様性の保全にかかる法律の施行状況の検討

この法律の目的を達成するため、生物多様性の保全に係る法律の施行状況について検討を加え、その結果に基づいて必要な措置を講ずる。

資料：環境省

図の出典：平成 21 年版　環境・循環型社会・生物多様性白書

生物多様性基本法の概要

この法律では基本的施策として、次の13の項目を挙げている。

①地域の生物の多様性の保全

②野生生物の種の多様性の保全等

③外来生物等による被害の防止

④国土及び自然資源の適切な利用等の推進

⑤生物資源の適正な利用の推進

⑥生物の多様性に配慮した事業活動の促進

⑦地球温暖化の防止等に資する施策の推進

⑧多様な主体の連携及び協働並びに自発的な活動の促進等

⑨調査等の推進

⑩科学技術の振興

⑪国民の理解の増進

⑫事業計画の立案の段階等での生物の多様性に係る環境影響評価の推進

⑬国際的な連携の確保及び国際協力の推進

(19) 多自然川づくり

多自然川づくりとは、河川全体の自然の営みを視野に入れ、地域の暮らしや歴史・文化との調和にも配慮し、河川が本来有している生物の生息・生育・繁殖環境及び多様な河川景観を保全・創出するために、河川管理を行うことをいう。

多自然川づくりは、すべての川づくりの基本であり、すべての一級河川、二級河川及び準用河川における調査、計画、設計、施工、維持管理等の河川管理におけるすべての行為を対象としている。多自然川づくりの新たな展開を図るために、平成18年10月に策定された「多自然川づくり基本指針」では、実施の基本ならびに留意すべき事項として、次の内容を挙げている。

（実施の基本）

(1) 川づくりにあたっては、単に自然のものや自然に近いものを多く寄せ集めるのではなく、可能な限り自然の特性やメカニズムを活用すること。

(2) 関係者間で次に示す留意すべき事項を確認すること。

(3) 川づくり全体の水準の向上のため、以下の方向性で取り組むこと。

　　ア　河川全体の自然の営みを視野に入れた川づくりとすること。

　　イ　生物の生息・生育・繁殖環境を保全・創出することはもちろんのこと、

地域の暮らしや歴史・文化と結びついた川づくりとすること。

　ウ　調査、計画、設計、施工、維持管理等の河川管理全般を視野に入れた川づくりとすること。

（留意すべき事項）

　その川の川らしさを自然環境、景観、歴史・文化等の観点から把握し、その川らしさができる限り保全・創出されるよう努め、事前・事後調査及び順応的管理を十分に実施すること。

　また、課題の残る川づくりを解消するために、配慮しなければならない共通の留意点を以下に示す。

(1) 平面計画については、その河川が本来有している多様性に富んだ自然環境を保全・創出することを基本として定め、過度の整正又はショートカットを避けること。

(2) 縦断計画については、その河川が本来有している多様性に富んだ自然環境を保全・創出することを基本として定め、掘削等による河床材料や縦断形の変化や床止め等の横断工作物の採用は極力避けること。

(3) 横断計画については、河川が有している自然の復元力を活用するため、標準横断形による上下流一律の画一的形状での整備は避け、川幅をできるだけ広く確保するよう努めること。

(4) 護岸については、水理特性、背後地の地形・地質、土地利用などを十分踏まえた上で、必要最小限の設置区間とし、生物の生息・生育・繁殖環境と多様な河川景観の保全・創出に配慮した適切な工法とすること。

(5) 本川と支川又は水路との合流部分については、水面や河床の連続性を確保するよう努めること。落差工を設置せざるを得ない場合には、水生生物の自由な移動を確保するための工夫を行うこと。

(6) 河川管理用通路の設置については、山付き部や河畔林が連続する区間等の良好な自然環境を保全するとともに、川との横断方向の連続性が保全されるよう、平面計画に柔軟性を持たせる等の工夫を行うこと。

(7) 堰・水門・樋門等の人工構造物の設置については、地域の歴史・文化、周辺景観との調和に配慮した配置・設計を行うこと。

(8) 瀬と淵、ワンド、河畔林等の現存する良好な環境資源をできるだけ保全すること。

河川整備においては「多自然川づくり基本指針」に基づいて、治水上の安全

性を確保しつつ、生物の生息・生育・繁殖環境及び多様な河川景観の保全・復元が進められている。

（20）地球温暖化対策の推進に関する法律（地球温暖化対策推進法）

「地球温暖化対策の推進に関する法律（地球温暖化対策推進法）」は、地球温暖化が地球全体の環境に深刻な影響を及ぼすものであり、気候変動に関する国際連合枠組条約及び気候変動に関する国際連合枠組条約第三回締約国会議の経過を踏まえ、気候系に対して危険な人為的干渉を及ぼすこととならない水準において大気中の温室効果ガスの濃度を安定化させ地球温暖化を防止することが人類共通の課題であり、すべての者が自主的かつ積極的にこの課題に取り組むことが重要であることにかんがみ、地球温暖化対策に関し、国、地方公共団体、事業者及び国民の責務を明らかにするとともに、地球温暖化対策に関する基本方針を定めること等により、地球温暖化対策の推進を図り、もって現在及び将来の国民の健康で文化的な生活の確保に寄与するとともに人類の福祉に貢献することを目的として、平成10年10月に公布された法律である。

この法律は、地球温暖化防止京都会議（COP3）で採択された「京都議定書」を受けて、国、地方公共団体、事業者、国民が一体となって地球温暖化対策に取組むための枠組みを定めたものであり、二酸化炭素、メタン、一酸化二窒素、ハイドロフルオロカーボン、パーフルオロカーボン、六ふっ化硫黄の、6種類の温室効果ガスの排出を抑制するなどにより、地球温暖化を防止することを目指して制定された。制定された当初は、政府における基本方針の策定、地方自治体における実行計画の策定などが主な制度の内容であったが、京都議定書の締結やCOP16におけるカンクン合意などを背景にした地球温暖化対策本部の設置、温室効果ガス排出量算定・報告・公表制度の制定、2050年カーボンニュートラルの位置づけなど、これまで8回の改正を経て現在に至っている。

【平成10年成立】
　平成9年、京都で開催された気候変動枠組条約第3回締約国会議（COP3）での京都議定書の採択を受け、我が国の地球温暖化対策の第一歩として、国、地方公共団体、事業者、国民が一体となって地球温暖化対策に取り組むための枠組みを定めました。
【平成14年改正】

平成14年、我が国は京都議定書を締結しました。これを受け、京都議定書の的確かつ円滑な実施を確保するため、京都議定書目標達成計画の策定、計画の実施の推進に必要な体制の整備等を定めました。

【平成17年改正】

平成17年、京都議定書が発効されたことを受け、また、温室効果ガスの排出量が基準年度に比べて大幅に増加している状況も踏まえ、温室効果ガス算定・報告・公表制度の創設等について定めました。

【平成18年改正】

京都議定書に定める第一約束期間を前に、諸外国の動向も踏まえ、政府及び国内の法人が京都メカニズムを活用する際の基盤となる口座簿の整備等、京都メカニズムクレジットの活用に関する事項について定めました。

【平成20年改正】

京都議定書の6%削減目標の達成を確実にするために、事業者の排出抑制等に関する指針の策定、地方公共団体実行計画の策定事項の追加、植林事業から生ずる認証された排出削減量に係る国際的な決定により求められる措置の義務付け等について定めました。

【平成25年改正】

京都議定書目標達成計画に代わる地球温暖化対策計画の策定や、温室効果ガスの種類に3ふっ化窒素（NF_3）を追加することなどを定めました。

【平成28年改正】

地球温暖化対策の記載事項として、国民運動の強化と、国際協力を通じた温暖化対策の推進を追加しました。

【令和3年改正】

2020年秋に宣言された2050年カーボンニュートラルを基本理念として法に位置づけるとともに、その実現に向けて地域の再エネを活用した脱炭素化の取組や、企業の排出量情報のデジタル化・オープンデータ化を推進する仕組み等を定めました。

【令和4年改正】

我が国における脱炭素社会の実現に向けた対策の強化を図るため、温室効果ガスの排出の量の削減等を行う事業活動に対し資金供給等を行うことを目的とする株式会社脱炭素化支援機構に関し、その設立、機関、業務の範囲等を定めるとともに、国が地方公共団体への財政上の措置に努める旨を規定しました。

出典：環境省ホームページ

地球温暖化対策推進法の成立・改正の経緯

（21）地球温暖化の現状と将来予測

　IPCC（気候変動に関する政府間パネル）は、人為起源による気候変化や影響、適応及び緩和方策に関し、科学的・技術的・社会経済的な見地から包括的な評価を行うことを目的として1988年に世界気象機関（WMO）と国連環境計画（UNEP）により設立された組織である。

　IPCCは、2021年8月に第6次評価報告書（AR6）の第I作業部会報告書（WG1）を公表した。自然科学的根拠に関する同報告書では、気候変動の原因について、「人間の影響が大気、海洋及び陸域を温暖化させてきたことは疑う余地がない」と、初めて明記された。また、世界を46の地域に分けて分析が行われ、東アジアを含む多くの地域で極端な高温や大雨の頻度が増加したこと、多くの極端現象には人為的な影響があったこと、地球温暖化の進行に伴い今後も極端な高温や大雨等が起こるリスクが増加すること、報告書で考慮したすべてのシナリオにおいて、世界平均気温は少なくとも今世紀半ばまでは上昇を続けることなどが記載されている。

　2022年2月には第6次評価報告書の第II作業部会報告書（WG2）が公表された。影響・適応・脆弱性に関する同報告書では、「人為起源の気候変動は、極端現象の頻度と強度の増加を伴い、自然と人間に対して、広範囲にわたる悪影響と、それに関連した損失と損害を、自然の気候変動の範囲を超えて引き起こしている。」と記載され、人間が引き起こしている気候変動の影響について言及

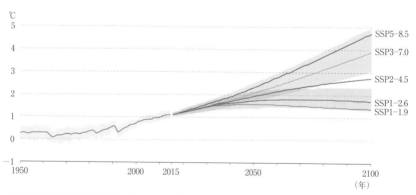

資料：気候変動に関する政府間パネル（IPCC）「第6次評価報告書第I作業部会報告書政策決定者向け要約」より環境省作成

図の出典：令和4年版　環境・循環型社会・生物多様性白書

1850年から1900年を基準とした世界平均気温の変化

がされた。その他、気温上昇が一時的に1.5℃を超える場合は、超えない場合と比較して、多くの人間と自然のシステムがより深刻なリスクに直面すること、地球温暖化の進行に伴い、損失と損害が増加し、さらに多くの人間と自然のシステムが適応の限界に達するであろうことなどが記載されている。

　同年4月には第6次評価報告書の第Ⅲ作業部会報告書（WG3）が公表された。気候変動の緩和策に関する情報をまとめた同報告書では、「COP26より前に発表された国が決定する貢献（NDCs）の実施に関連する2030年の世界全体の温室効果ガス排出量では、21世紀中に温暖化が1.5℃を超える可能性が高い見込みである」ことや、「オーバーシュートしない又は限られたオーバーシュートを伴って温暖化を1.5℃に抑える経路や2℃に抑える経路では、世界の温室効果ガスの排出量は、2020年から遅くとも2025年以前にピークに達すると予測される」ことなどが記載されている。

　また、2023年3月に公表された統合報告書では、人間活動が主に温室効果ガスの排出を通して地球温暖化を引き起こしてきたことは疑う余地がないことや、継続的な温室効果ガスの排出は更なる地球温暖化をもたらし、短期のうちに1.5℃に達するとの厳しい見通しが示された。

（22）　都市の低炭素化の促進に関する法律（エコまち法）

　「都市の低炭素化の促進に関する法律（エコまち法）」は、社会経済活動等の活動に伴って発生する二酸化炭素の相当部分が都市において発生しているものであることに鑑み、都市の低炭素化の促進に関する基本的な方針の策定について定めるとともに、市町村による低炭素まちづくり計画の作成及びこれに基づく特別の措置等を講ずることにより、地球温暖化対策の推進に関する法律と相まって都市の低炭素化の促進を図り、もって都市の健全な発展に寄与することを目的として、平成24年9月に公布された法律である。この法律は、国土交通省、環境省、経済産業省の共管としている。

　「エコまち法」は、東日本大震災を契機とするエネルギー需給の変化や国民のエネルギー・地球温暖化に関する意識の高揚等を踏まえ、市街化区域等における民間投資の促進を通じて、都市・交通の低炭素化・エネルギー利用の合理化などの成功事例を蓄積し、その普及を図るとともに、住宅市場・地域経済の活性化を図ることが重要になっていることを背景に制定されたものである。

　「エコまち法」の主な内容は、次に示すとおりである。

1. 国の責務等
2. 都市の低炭素化の促進に関する基本方針の策定

　国土交通大臣、環境大臣及び経済産業大臣は、都市の低炭素化の促進に関する基本的な方針を定めなければならないこととする。

3. 低炭素建築物新築等計画の認定

　市街化区域等内において、低炭素化のための建築物の新築等をしようとする者が作成する低炭素建築物新築等計画を所管行政庁が認定する制度を創設し、所要の支援措置を講ずることとする。

4. 低炭素まちづくり計画の作成および低炭素まちづくり計画に係る特例の創設

(23) ネイチャーポジティブ

　ネイチャーポジティブは、自然生態系の損失を食い止め、回復させていくことを意味する言葉である。ネイチャーポジティブは提唱されて日が浅く、明確な定義は決まっていないものの、2023年3月に閣議決定された「生物多様性国家戦略2023-2030」では、生物多様性分野において新たに目指すべき目標として「2030年ネイチャーポジティブ」を掲げ、その実現のためのロードマップを策定している。「生物多様性国家戦略2023-2030」では、ネイチャーポジティブについて次のように述べている。

> 　ネイチャーポジティブは、2022年末時点で用語に関する厳密な定義は定まっていないが、「自然を回復軌道に乗せるため、生物多様性の損失を止め、反転させる」という基本認識は一致しており、「G7　2030年自然協約」や、昆明・モントリオール生物多様性枠組においてその考え方が掲げられるなど、生物多様性における重要な考えとなっている。
>
> 　このネイチャーポジティブに対応する日本語は「自然再興」を用いることとした。ここで用いる「再興」は、生物多様性の損失を止め、反転させるという意味であるが、それを可能とする、自然資本を守り持続可能に活用する社会へと変革していくためには、今一度「自然」の価値を的確に認識して、共生と循環に基づく自然の理に則った行動を選択するよう、個人と社会の価値観と行動を「再考」していくことを同時に進めることも重要である。

(24) ネットゼロ

ネットゼロ（net zero）とは、温室効果ガスの排出量を、全体として差し引きゼロの状態にするという考え方である。つまり、温室効果ガスの排出量を削減するだけではなく、森林による吸収量や除去量を考慮して計算上、正味（ネット）でゼロになることを目指す取り組みである。

なお、ネットゼロに類似した用語としてカーボンニュートラルがあるが、カーボンニュートラルは温室効果ガスの排出量と吸収量を均衡させることを意味し、温室効果ガスの排出量と吸収量の「実質的な」なゼロを目指す取り組みを言う。これらは、言葉のニュアンスがやや異なるものの、環境省の資料ではカーボンニュートラルとネットゼロは同義として扱っている。

(25) パリ協定

パリ協定は、2015年（平成27年）12月に、フランス・パリで開催された第21回気候変動枠組条約締約国会議（COP21）で採択された、気候変動抑制に関する多国間の国際的な協定である。パリ協定は、1997年に採択された京都議定書に代わる温室効果ガス削減のための国際的枠組みとして、2020年以降の地球温暖化対策を定めている。

パリ協定では、国際条約として初めて「世界的な平均気温上昇を産業革命以前に比べて2℃より十分低く保つとともに、1.5℃に抑える努力を追求すること」や「今世紀後半の温室効果ガスの人為的な排出と吸収の均衡」を掲げたほか、いわゆる先進国と途上国という固定された二分論を超えたすべての国の参加、5年ごとに貢献を提出・更新する仕組み、適応計画プロセスや行動の実施等を規定している。

(26) ヒートアイランド現象

ヒートアイランド現象は、都市独特の局地的気候で、都市部の気温が郊外に比べて異常に高くなる現象をいう。等温線を描くと都市部が島状に高くなるので、ヒートアイランドと呼ばれている。

ヒートアイランド現象は、空調機器からの人工排熱の増加、緑地・水面の減少、地表面の人工化等が主な原因と言われている。過去100年で、地球全体の平均気温が約0.8℃上昇している一方、日本の大都市では、100年当たり約2〜3℃の割合で上昇しており、地球温暖化の傾向に都市化の影響が加わり、気温

の上昇は顕著に現れている。都市内外の気温差は 1 年を通じてあるが、とくに風のない夜間は差が大きく、また夏よりも冬のほうが気温差が大きいという傾向があり、その差は 5 ℃以上になることもあるといわれている。また、大都市では夏期に局地的な雷雲が発生し、突発的な激しい雨が降って道路が浸水したりすることがあるが、これもヒートアイランド現象が原因になっていると考えられている。

　国土交通省では「ヒートアイランド対策大綱」に基づき、空調システムや自動車から排出される人工排熱の低減、公共空間等の緑化や水の活用による地表面被覆の改善、「風の道」に配慮した都市づくり、ヒートアイランド現象に関する観測・監視及び調査等の取組みが進められている。

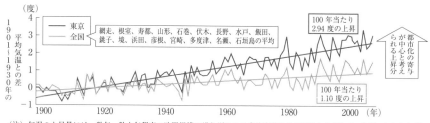

(注) 気温の上昇量には、数年〜数十年程度の時間規模で繰り返される自然変動による影響も含まれているが、おおむね東京と日本全体（全国 17 地点）の上昇率の差が、東京における、「都市化の寄与が中心と考えられる上昇分」である。ただし、日本全体（全国 17 地点）も都市化の影響を多少は受けており、厳密にはこの影響を考慮しなければならない。
資料) 国土交通省気象庁

図の出典：平成 19 年度　国土交通白書

東京の気温の長期変化（1898 〜 2007 年）

(27) ヒートアイランド対策大綱

　ヒートアイランド対策大綱は、今後、ヒートアイランド対策を一層適切に推進するためには、対策に関する各種の施策を相互に連携させ、体系立てて実施していく必要があるという認識のもと、ヒートアイランド対策に関する国、地方公共団体、事業者、住民等の取組を適切に推進するため、基本方針を示すとともに、実施すべき具体的な対策を体系的に取りまとめたものである。

　ヒートアイランド対策大綱は、平成 16 年 3 月に策定されたが、従来の取組を効果的に推進するとともに、短期的に効果の現れやすい暑熱環境による人への影響の軽減について取り組むことも課題になったことから、平成 25 年 5 月に改定された。平成 25 年の改定では、ヒートアイランド現象の対策の推進として

従来からの取組である、①人工排熱の低減、②地表面被覆の改善、③都市形態の改善、④ライフスタイルの改善、の4つの柱に加えて、⑤人の健康への影響等を軽減する適応策の推進、を新たに追加している。

　追加された「適応策」としては、1）地方公共団体の、緑のカーテンの取組みの情報収集及び提供、2）気象データから暑さ指数の算出、予報値の提供、3）適応策取組み普及のため、効果的な実施方法の明確化、などを挙げている。

（28）ブルーカーボン

　ブルーカーボンは、藻場や干潟などの海洋生態系の生物を通じて吸収・固定される二酸化炭素由来の炭素のことをいう。2009年10月に国連環境計画（UNEP）の報告書において、藻場・浅場等の海洋生態系に取り込まれた（captured）炭素が「ブルーカーボン」と命名され、吸収源対策の新しい選択肢として提示された。ブルーカーボンを隔離・貯留する海洋生態系として、海草藻場、海藻藻場、湿地・干潟、マングローブ林が挙げられ、これらは「ブルーカーボン生態系」と呼ばれている。

　昨今、SDGsやESG投資に世界の関心が高まる中、ブルーカーボンの環境価値についても企業等からの注目が集まっている。

（29）ユニバーサルデザイン

　ユニバーサルデザインは、障がい者だけでなく健常者にも使用でき、子供や高齢者、障がい者、一時的にケガをした人、妊娠している女性、外国人等、能力あるいは障がいのレベルにかかわらず、すべての人々に利用できるように建物や商品、環境を計画、設計、整備することであり、かつ美的感覚にも耐えられるデザインをいう。ユニバーサルデザインの領域は製品、施設、都市などの目に見えるものから、サービスやシステムなどの目に見えないものまで多岐にわたる。

　ユニバーサルデザインは、1980年代に自身も身体に障がいをもつ米国ノースカロライナ州立大学のロナルド・メイスが提唱したものであり、それまでのバリアフリーの概念に代わって、「できるだけ多くの人が利用可能であるように製品、建物、空間をデザインすること」をユニバーサルデザインとして定義した。ロナルド・メイスが唱えたユニバーサルデザインは、次の7原則で構成される。1）誰にでも公平に利用できる、2）使う上で柔軟性に富む、3）簡単で

直感的に利用できる、4）必要な情報が簡単に理解できる、5）単純なミスが危険につながらない、6）身体的な負担が少ない、7）接近して使える寸法や空間になっている。

バリアフリーは、もともとあったバリア（障壁）に対処するというものであるが、ユニバーサルデザインは、障がいの有無や年齢、性別、国籍、人種等にかかわらず誰にでも気持ちよく使えるように最初からバリアが取り除かれている都市や生活環境を計画する考え方である。

国土交通省では「どこでも、だれでも、自由に、使いやすく」というユニバーサルデザインの考え方を踏まえた「高齢者、障害者等の移動等の円滑化の促進に関する法律（バリアフリー法）」に基づき、旅客施設等（旅客施設、車両等、道路、路外駐車場、都市公園、建築物等）の新設等の際の「移動等円滑化基準」への適合義務、既存の旅客施設等に対する適合努力義務を定めている。また、「バリアフリー法」に基づき、令和3年度から7年度までを目標期間としたバリアフリー整備目標を策定し、地方部を含めたバリアフリー化、聴覚障害及び知的・精神発達障害に係るバリアフリーや心のバリアフリーの推進等をはじめハード・ソフト両面での一層のバリアフリー化に取り組んでいる。

（30）ユニバーサルデザイン政策大綱

「ユニバーサルデザイン政策大綱」は、「どこでも、だれでも、自由に、使いやすく」をテーマに、公共交通や公共施設、さらには街全体をカバーし高齢者のほか障がいの有無、国籍の違いに関わりなく、ハードとソフトの両面からバリアフリー化を進めるため平成17年7月に国土交通省が策定した基本政策である。

ユニバーサルデザイン政策大綱では、次に示す5つのユニバーサルデザイン政策大綱の基本的な考え方と、10の具体的な施策を提示している。

【ユニバーサルデザイン政策大綱の基本的な考え方】

(1) 利用者の目線に立った参加型社会の構築

(2) バリアフリー施策の総合化

(3) だれもが安全で円滑に利用できる公共交通

(4) だれもが安全で暮らしやすいまちづくり

(5) 技術や手法等を踏まえた多様な活動への対応

【具体的施策】

(1) ユニバーサルデザインの考え方を踏まえた多様な関係者の参画の仕組みの構築

(2) ユニバーサルデザインの考え方を踏まえた評価・情報共有の仕組みの創設（ユニバーサルデザイン・アセスメント）

(3) 一体的・総合的なバリアフリー施策の推進

(4) ユニバーサルデザインの考え方を踏まえた基準・ガイドラインの策定

(5) ソフト面での施策の充実（「心のバリアフリー」社会の実現等）

(6) だれもが安全で円滑に利用できる公共交通の実現

(7) だれもが安全で暮らしやすいまちづくり

(8) 様々な人・活動に応じた柔軟な対応

(9) IT等の新技術の活用

(10) 先導的取組の総合的展開（リーディング・プロジェクト、リーディング・エリア）

【低炭素社会・環境保全に係る計画や政策】

(1) エネルギー基本計画

エネルギー基本計画は、2002年6月に制定されたエネルギー政策基本法に基づき、政府が策定する計画であり「安全性」、「安定供給」、「経済効率性の向上」、「環境への適合」というエネルギー政策の基本方針に則り、エネルギー政策の基本的な方向性を示すものである。

令和3年10月に閣議決定された第6次エネルギー基本計画は、脱炭素化に向けた世界的な潮流、国際的なエネルギー安全保障における緊張感の高まりなどの2018年の第5次エネルギー基本計画策定時からの、エネルギーをめぐる情勢変化や日本のエネルギー需給構造が抱える様々な課題を踏まえて策定された。

第6次エネルギー基本計画では、エネルギー政策を進める上では、安全性（Safety）を前提とした上で、エネルギーの安定供給（Energy Security）を第一とし、経済効率性の向上（Economic Efficiency）による低コストでのエネルギー供給を実現し、同時に、環境への適合（Environment）を図る『S＋3E』の視点が重要とした上で、次の2つを重要なテーマとしている。

①2020年10月に表明された「2050年カーボンニュートラル」や2021年4月に表明された新たな温室効果ガス排出削減目標の実現に向けたエネルギー

政策の道筋を示すこと

②気候変動対策を進めながら、日本のエネルギー需給構造が抱える課題の克服に向け、安全性の確保を大前提に安定供給の確保やエネルギーコストの低減に向けた取組を示すこと

(2) グリーンインフラ推進戦略2023

グリーンインフラが必要とされる社会的・経済的背景、グリーンインフラの特徴や位置づけ、グリーンインフラの活用を推進すべき場面、グリーンインフラを推進するための方策などについて「グリーンインフラ懇談会」によって議論が重ねられ、令和元年7月に「グリーンインフラ推進戦略」がとりまとめられた。

「グリーンインフラ推進戦略」の策定から4年が経過し、グリーンインフラの概念が定着して本格的な実装フェーズへの移行が求められるとともに、ネイチャーポジティブやカーボンニュートラル等の世界的潮流を踏まえ、令和5年9月に前戦略を全面改訂し、新たな「グリーンインフラ推進戦略2023」が策定された。

「グリーンインフラ推進戦略2023」では、新たにグリーンインフラの目指す姿（「自然と共生する社会」）や、取組に当たっての視点を示すとともに、官と民が両輪となって、あらゆる分野・場面でグリーンインフラを普及・ビルトインすることを目指し、国土交通省の取組を総合的・体系的に位置づけている。国土交通省では、今後、「グリーンインフラ官民連携プラットフォーム」や経済団体と連携した国民運動を展開していくとしている。

ここでは第1章「グリーンインフラを取り巻く背景と課題」第2節「社会資本整備やまちづくり等におけるグリーンインフラへの期待」と第4章「グリーンインフラで目指す姿「自然と共生する社会」の実現に向けた取組」の第1節第（2）項『「インフラ」の視点から』の内容、ならびに第4章第2節『「自然と共生する社会」の実現に向けた具体の取組』に示されている項目を示す。

【第1章第2節「社会資本整備やまちづくり等におけるグリーンインフラへの期待」より】

(1) 自然災害の激甚化、頻発化への対応

　　○　近年、短時間強雨の発生頻度が増え、大規模な風水害の発生及び土砂

災害の発生件数の増加など、水災害等が激甚化・頻発化しており、今後地球温暖化による気候変動の進行により、さらなる被害の増大も懸念されている。自然災害に見舞われた被災地域におけるより良い復興（ビルド・バック・ベター）を図ることは、持続可能で活力ある国土づくりを図る上での喫緊の課題であり、グリーンインフラの活用も期待される。

○　また、河川整備等の事前防災対策を加速化させることに加え、流域全体のあらゆる関係者が協働し、水災害対策を行う「流域治水」を推進している。その実効性を高める枠組として、2021年4月、流域治水関連法が成立した。流域治水の推進にあたっては、自然環境が有する多様な機能を活かすグリーンインフラの考えを取り入れ、災害リスクの低減に寄与する生態系の機能を積極的に保全又は再生することにより、生態系ネットワークの形成に貢献することが期待されている。

(2) インフラの老朽化を踏まえた維持管理への対応

○　建設後50年以上経過する施設の割合が加速度的に上昇するなどインフラの老朽化が進行する中、インフラの計画的な維持管理・更新や地域のニーズ等に応じた集約・再編の取組が推進されている。このようなインフラの更新や集約・再編時をチャンスと捉え、予防保全型インフラメンテナンスへの転換や新技術の活用などの取組と並行し、グリーンインフラの活用を促進することも重要である。

○　また、グリーンインフラは市民の愛着が得られやすいという特徴がある。市民が参加してグリーンを創出することにより、地域のグリーンに愛着を持ち、コミュニティの形成や維持管理が促進されることも期待される。

(3) 魅力とゆとりある都市・生活空間へのニーズの高まり

○　グローバル社会における国際的な都市間競争が激しくなる中、クリエイティブ人材を呼び込むためには、都市が備えるべき機能や要素としてグリーンが極めて重要な要素となっており、都市空間でのグリーンの導入が一層求められている。

○　また、新型コロナウイルス感染症拡大を契機に、人々の求める生活スタイルが変化し、ゆとりある空間や自然環境へのニーズの高まりも見られており、人と自然の適切な距離を確保しつつ、自然を活用して多様な社会課題の解決を図るグリーンインフラの取組が求められている。

(4) 人口減少社会での土地利用の変化への対応

○　人口減少・少子高齢化の進展に伴い、水源涵養や土砂崩壊の防止など

国土管理上重要な機能を果たしてきた森林や農地等が土地を管理する担い手の減少等により管理放棄地となることや、開発圧力の低下の進行による低未利用地等の増加が想定される。

○　このような中で、グリーンインフラの取組は解決策の一つとして期待される。人口減少社会の状況は、我が国が世界に先駆けて自然資本を活用した社会へと転換していくチャンスでもあり、空間的余裕を活用した自然再生を含め、自然災害に対してレジリエントな地域をつくることが可能と言える。第三次国土形成計画（令和5年7月28日閣議決定）においても、「グリーン国土の創造」が重点テーマとして掲げられており、自然資本の保全・拡大を図る観点からの環境と共生した国土利用・管理と一体不可分であるとされている。

【第4章第1節「取組に当たっての基本的考え方」より】
(2)「インフラ」の視点から

○　グリーンインフラは、社会資本整備やまちづくり等に自然を取り入れる取組だが、単に自然を増やすだけではなく、それによって、自然の有する多様な機能を活用して、社会資本やまちづくりとしての機能の強化や質の向上、さらには、人々のWell-beingの向上等を図るものである。

○　地域にある自然の状況やその地域が抱えている課題等によって、地域ごとに、「グリーン」の価値も、「インフラ」の価値も異なるものである。このため、グリーンインフラに取り組むに当たっては、人々のWell-beingの向上等を図るために、どのようなグリーンインフラのあり方が望ましいのかを踏まえた取組を進めることが必要である。例えば、自然の少ない都市部では、自然や生物多様性を純増させていく取組が重要になってくる一方、自然の豊かな地方では、自然を増やす取組よりは、むしろ地域にある自然を活用して地域活性化等につなげるための社会資本などが重要になってくる。

○　また、グリーンインフラは「インフラ」であることから、その取組に当たっては、既存の社会資本等とも連携して、生態系ネットワークや歩行者ネットワーク、水循環システムなどを含める形で、システムやネットワークとして戦略的に整備することが必要である。加えて、その地域の課題解決に対して、既存の社会資本財等によってニーズがどれだけ充

たされていて、自然資本によってどの程度サービスを提供しなければならないのかといった視点も必要である。

○ さらに、低未利用地をグリーンインフラとして活用する場合、自然資本の量的拡大のみならず、質的向上も図るべく、第六次国土利用計画（全国計画）で示された広域的な生態系ネットワークの形成を図るなど、戦略的に取り組んでいくことが必要である。また、国土の管理構想による最適な国土利用・管理の取組において、グリーンインフラの考え方を取り入れることも重要である。

○ 前戦略から取り組んでいる各種法定計画への位置づけも重要である。「社会資本整備重点計画」（社会資本整備重点計画法（平成15年法律第20号）に基づき国が社会資本整備事業の重点目標等を定める計画）、「地域気候変動適応計画」（気候変動適応法（平成30年法律第50号）に基づき地方公共団体が作成する計画）や「緑の基本計画」（都市緑地法（昭和48年法律第72号）に基づき市町村が作成する緑地の保全及び緑化の推進に関する基本計画）など、いわゆる上位計画の策定・改定時に、グリーンインフラを位置づけていく取組を引き続き横断的・戦略的に進めていく必要がある。

【第4章第2節『「自然と共生する社会」の実現に向けた具体の取組』より】
《「自然に支えられ、安全・安心に暮らせる社会」の実現に向けた取組》
○ 自然の機能を活用した温室効果ガスの吸収源対策や、流域治水の推進や雨水貯留・浸透施設の整備など自然の機能を活用した防災機能の向上等の取組を推進する。
《「自然の中で、健康・快適に暮らし、クリエイティブに楽しく活動できる社会」の実現に向けた取組》
○ 快適な都市空間・生活空間の形成、健康にクリエイティブに楽しく暮らせる空間づくり、水環境の構築等の取組を推進する。
《「自然を通じて、安らぎとつながりが生まれ、子どもたちが健やかに育つ社会」の実現に向けた取組》
○ 地域における自然や生態系の保全・再生、グリーンインフラコミュニティの醸成、子どもたちの活動や教育の場としての自然や生態系の創出・活用等の取組を推進する。

《「自然を活かした地域活性化により、豊かさや賑わいのある社会」に向けた取組》

○　自然を活かして人材や投資を呼び込むビジネスに繋がる取組、グリーンインフラに関する人材育成や人々の行動変容等に関する取組等を推進する。

《「グリーンインフラのビルトイン」に関する横断的・基盤的取組》

○　グリーンインフラ官民連携プラットフォーム等の産学官金の多様な主体の取組の一層の促進、グリーンインフラの効果の把握・見える化や、投資家や金融機関等の投資に繋がる実用的な評価手法の構築、様々な資金調達手法の検討、技術開発・活用等の横断的・基盤的な取組を進め、社会資本整備やまちづくりの主体となる自治体や民間事業者をはじめ、あらゆる関係主体によるグリーンインフラの取組を促進する。

○　特に、Nature－related Financial Disclosure 等の世界的な潮流も踏まえ、グリーンインフラの実用的な評価手法や、民間投資による良質な都市緑地の確保に向けた評価に関する取組について、早急な検討を進める。

(3) 建設リサイクル推進計画2020

　国土交通省は、これまで建設リサイクルや建設副産物の適正処理を推進するため、建設リサイクル推進計画を定期的に策定してきている。

　「建設リサイクル推進計画2020　～「質」を重視するリサイクルへ～」は、中長期的に取り組むべき建設副産物のリサイクルや適正処理等を推進するため、国土交通省における建設リサイクルの推進に向けた基本的考え方、目標、具体的施策を内容として、令和2年9月に最大10年間を見通した計画として策定された。

　「建設リサイクル推進計画2020」の計画ポイントとして、次の3点が挙げられている。

　(1) 維持・安定期に入ってきた建設副産物のリサイクルについて、今後は「質」の向上が重要な視点

　(2) 建設副産物の再資源化率等に関する2024年度達成基準値を設定し、建設リサイクルを推進

　(3) これまで本省と地方で分かれていた計画を統廃合

　「建設リサイクル推進計画2020」では、「建設リサイクル推進計画2014」の

レビュー結果を明示するとともに、取り組むべき施策を次の3つの課題で整理し、それぞれの実施主体を明確化している。

(1) 建設副産物の高い再資源化率の維持等、循環型社会形成へのさらなる貢献

　1) 再生資材の利用促進

　2) 優良な再資源化施設への搬出

　3) 建設混合廃棄物等の再資源化のための取り組み

　4) 建設発生土の有効利用及び適正な取扱の促進

(2) 社会資本の維持管理・更新時代到来への配慮

　1) 再生資材の利用促進（再掲）

　3) 建設混合廃棄物等の再資源化のための取り組み（再掲）

　5) 社会情勢の変化を踏まえた排出抑制に向けた取り組み

　6) 再生クラッシャランの利用状況・物流等の把握

　7) 激甚化する災害への対応

(3) 建設リサイクル分野における生産性向上に資する対応等

　8) 建設副産物のモニタリングの強化

　9) 建設発生土の適正処理促進のためのトレーサビリティシステム等の活用

　10) 広報の強化

　11) 新技術活用促進

(4) 国土形成計画（全国計画）

国土形成計画（全国計画）の概要は、本章第1節「社会資本整備」に示したとおりである。

ここでは第三次国土形成計画における、低炭素社会・環境保全に係る事項のうち、第1部「新たな国土の将来ビジョン」第3章「国土の刷新に向けた重点テーマ」第3節「グリーン国土の創造」の第1項「30 by 30による健全な生態系の保全・再生」、第2項「カーボンニュートラルの実現を図る地域づくり」の（地域のくらし、まちづくり、交通、インフラ等におけるグリーン化）と（緩和策、適応策、生態系保全を統合した地域づくりの推進）、第3項「グリーンインフラによる複合的な地域課題の解決」、ならびに第2部「分野別施策の基本的方向」第7章「環境保全及び景観形成に関する基本的な施策」第1節「生物

多様性の確保及び自然環境の保全・再生・活用」の第1項「30 by 30目標等を踏まえた自然環境の保全・再生・活用」の内容を示す。

【第1部第3章第3節「グリーン国土の創造」より】

1．30 by 30による健全な生態系の保全・再生

　ネイチャーポジティブに向けて、30 by 30目標の実現を図る。このため、国立公園等の保護地域の更なる拡張及び管理の強化を推進する。また、里地・里山・里海、企業緑地等の保全の強化を図るため、保護地域以外で生物多様性保全に資する地域（OECM）の設定・管理を促進する。さらに、CO_2吸収源対策にもつながるブルーカーボン生態系の保全・再生・創出を推進する。

（広域的な生態系ネットワークの形成促進）

　これらの自然資本の量的な保全・拡大の取組を有機的に結びつけ、生態系サービスの向上にもつながる広域的な生態系ネットワークの形成を促進する。

　特に、自然資本の保全・拡大と持続的な活用を推進するため、地域生活圏等の取組とも連携しつつ、広域的な生態系ネットワークの構築・維持に向けて、分野横断的に多様な主体が連携して、一体的に取り組むことが重要である。

　また、多様な機能を有する都市緑地の量・質の確保を通じたまちづくりGXの推進を図るとともに、人口減少による開発圧力の低下を好機と捉え、地域レベルで増加する低未利用土地やコンパクトなまちづくりにより生み出される余剰空間を緑地として活用しつつ、広域的な生態系ネットワークとして、森・里・まち・川・海のつながりを確保し、広域レベルで自然資本の量的拡大・質的向上を図ることが肝要である。

　このため、デジタル技術も活用しながら、広域的な生態系ネットワークの現状や生態系サービスの向上効果の見える化を図るとともに、30 by 30目標とも整合のとれた効果的な取組方策を推進する。

2．カーボンニュートラルの実現を図る地域づくり

（地域のくらし、まちづくり、交通、インフラ等におけるグリーン化）

　「国土交通グリーンチャレンジ」の実現に向け、ZEH・ZEBの普及促進など住宅・建築物の省エネ化、木造建築物の普及拡大、まちづくりのグリーン化、自動車の電動化、船舶・航空・鉄道の脱炭素化、交通GX、物流GX等の取組を推進する。

　これにより、例えば、2030年以降に新築される住宅・建築物について
ZEH・ZEB基準の水準の省エネ性能の確保、2035年までに乗用車新車販売で
電動車100％、アンモニア燃料船を2028年までのできるだけ早期に商業運航
実現、水素燃料船を2030年以降に商業運航実現、2030年時点の本邦航空会
社による燃料使用量の10％をSAFに置き換え等の目標の実現を図る。
（緩和策、適応策、生態系保全を統合した地域づくりの推進）

　一部の再エネ事業において、太陽光パネルの安全面、防災面、景観や環境
への影響、将来の廃棄等に対する懸念が顕在化し、地域社会との共生が課題
となっている中、地球温暖化対策推進法に基づき、地域の合意形成を図り、
地域の環境保全や地域経済・社会の発展に資する地域共生型の再エネ導入を
促進する。加えて、再エネの地産地消を推進する。

　また、自然環境が有する多様な機能を活用するグリーンインフラやEco−
DRRの取組を推進する。

　ハイブリッドダムの全国への展開を通じて、気候変動の適応策である治水
機能の強化、緩和策である水力発電の促進の両立に加え、ダムが立地する地
域の振興も図る。また、砂防堰堤において小水力発電の支援を行い、再エネ
ポテンシャルの有効活用を図る。加えて、既存ダムの発電効率を最大限高め
る取組を推進することで、水力の発電量増加を目指す。

３．グリーンインフラによる複合的な地域課題の解決

　自然を活用した解決策（NbS）の発想に即し、グリーンインフラの推進等
により、CO_2吸収源対策、防災・減災、自然豊かな生活空間の確保など、自
然環境の多面的な機能を活用した複合的な地域課題解決を図る取組を推進す
る。具体的には、多様な機能を有する都市緑地の量・質の確保を通じたまち
づくりGXの推進、ブルーカーボン生態系の保全・再生・創出、農地の多面
的機能の適切な維持・発揮など、グリーンインフラの充実に向けた官民連携
による取組を推進する。

　樹林帯の形成による急傾斜地崩壊対策や森林保全による斜面崩壊防止、湿
原による洪水緩和など、Eco−DRRを推進する。

　自然資本の保全・拡大、持続可能な活用に資する取組への民間資金の活用
を図るためのグリーンボンド等のグリーンファイナンスの活用を促進する。

【第2部第7章第1節「生物多様性の確保及び自然環境の保全・再生・活用」より】

1．30 by 30目標等を踏まえた自然環境の保全・再生・活用

（30 by 30目標の達成に向けた取組の推進）

　健全な生態系を確保するためには、生態系を面的に保全し、効果的に管理し、それらをつなげることが必要である。特に30 by 30目標の達成のために、国立公園等の保護地域の拡張と管理の質の向上及びOECMの設定・管理を推進する。

　また、それらの健全な生態系を活かして、気候変動や自然災害等の多様な社会課題の解決につなげる自然を活用した解決策（NbS）の取組を推進する。

（森・里・まち・川・海の連環による広域的な生態系ネットワークの形成）

　人口減少による開発圧力の低下を好機と捉え国土利用の質を高める観点から、国土全体にわたって自然環境の質を向上させていくためには、広域的な生態系ネットワークの基軸である森・里・まち・川・海のつながりを確保することが重要である。

　このため、流域全体の生態系管理の視点に立ち、様々なスケールで森・里・まち・川・海を連続した空間として保全及び再生していく取組を関係府省や地方公共団体等の連携により進めるとともに、これらの恵みを享受する国民全体が、自然からの恩恵を意識し自然を支える契機とすべく、「つなげよう、支えよう森里川海プロジェクト」など、自然の恵みの持続可能な利用を国民のライフスタイルや経済活動に組み込む普及啓発活動を推進する。

　広域的な生態系ネットワークの形成に当たっては、自然環境保全地域、国立公園等の保護地域に加え、OECMの設定を進めることにより、保全区域を適切に配置する。特に、開発等により消失や汚染の危機にある湖沼、湿原等の湿地の保全及び再生を図り、里地・里山など身近な自然環境も含めた生態系ネットワークの形成を推進する。

　また、都市においては、水と緑によるうるおいあるまちづくり及び生物多様性の確保に資するまちづくりに向け、緑の基本計画等を通じた枢要な緑地の保全推進やそのグリーンインフラやEco-DRRとしての機能増進、低未利用地の緑化等の取組を地方公共団体への支援を含め推進し、広域の見地から計画的に生態系ネットワークの形成を図る。

（グリーンインフラの取組の推進）

　本格的な人口減少社会において、豊かさを実感でき、持続可能で魅力ある

国土づくり、地域づくりを進めていくために、社会資本整備や土地利用において、自然環境が有する多様な機能（生物の生息・生育の場の提供、CO_2の吸収・排出削減、ヒートアイランド現象の緩和、健康でゆとりある生活空間の形成、良好な景観形成等）を積極的に活用するグリーンインフラの取組を推進する。このため、産学官の多様な主体が参加する「グリーンインフラ官民連携プラットフォーム」におけるグリーンインフラの社会的な普及、グリーンインフラ技術に関する調査研究、資金調達手法等の検討等の活動の拡大を通じて、分野横断・官民連携によるグリーンインフラの社会実装を推進する。また、グリーンインフラの計画・整備・維持管理等に関する技術開発を推進するとともに、地域モデル実証等を行い、地域への導入を推進する。さらに、グリーンインフラ技術の社会実装の拡大を通じて、グリーンボンド等の民間資金調達手法の活用により、グリーンファイナンス、ESG投資の拡大を図る。特に、民間資金を活用した緑地の保全・創出を推進するに当たっては、事業者の自発的な取組を客観的に評価できる仕組みの導入や取組を促すインセンティブ付け等について推進する。また、多自然川づくり、緑の防潮堤及び延焼防止等の機能を有する公園緑地の整備、2027年国際園芸博覧会におけるグリーンインフラを実装した持続可能なまちづくりのモデル等の国内外への発信など、様々な分野において、グリーンインフラの取組を推進する。

（自然的土地利用への転換に向けた条件整備）

　これまでに人為的な管理がなされた土地は、放棄されれば森林、草地等の健全な生態系に戻らず荒廃し、災害リスクの増大、生態系等に影響を与える一部の鳥獣の増加、外来種の分布拡大のみならず、不法投棄の誘因等も懸念される。このような土地を自然的土地利用へ転換するには、適切な初期投資等を行うことが必要であり、具体的な方策の確立に向けた考え方や手法について検討する。

(5) 国土交通グリーンチャレンジ

脱炭素社会、気候変動適応社会、自然共生社会、循環型社会を広く包含するものとしてグリーン社会を捉え、その実現に向けて、国土交通省としても積極的に貢献していく必要がある。「国土交通グリーンチャレンジ」は、2050年カーボンニュートラルや気候危機への対応など、グリーン社会の実現に向けて

2030年度までの10年間に重点的に取り組む分野横断・官民連携のプロジェクト、政策パッケージをとりまとめたものである。

「国土交通グリーンチャレンジ」では、グリーン社会の実現に向けて、分野横断・官民連携の視点から重点的に取り組むべき次の6つのプロジェクトを掲げている。

(1) 省エネ・再エネ拡大等につながるスマートで強靱なくらしとまちづくり

(2) グリーンインフラを活用した自然共生地域づくり

(3) 自動車の電動化に対応した交通・物流・インフラシステムの構築

(4) デジタルとグリーンによる持続可能な交通・物流サービスの展開

(5) 港湾・海事分野におけるカーボンニュートラルの実現、グリーン化の推進

(6) インフラのライフサイクル全体でのカーボンニュートラル、循環型社会の実現

ここでは第2章「国土交通グリーンチャレンジにおいて分野横断・官民連携により取り組む重点プロジェクト」に挙げられている第1節から第6節までの6つのプロジェクトについて、それぞれ「課題と対応の方向性」と「主な施策（項目のみ）」の内容を示す。

【第2章第1節「省エネ・再エネ拡大等につながるスマートで強靱なくらしとまちづくり」より】

【課題と対応の方向性】

　カーボンニュートラルの実現に向けて、地域における省エネの徹底、再エネの最大限の導入は不可欠の課題である。

　家庭・業務等の民生部門からのCO_2排出量は我が国全体の約3割を占める。その削減に向けては、住宅・建築物分野における省エネ基準適合のより一層の推進が求められる。また、長期的にはストック平均のエネルギー消費量をZEH・ZEB相当とすることを目指すとともに、当面2030年までに新築住宅・建築物の平均でZEH・ZEBの実現を目指すこととされている。

　このため、住生活基本計画（令和3年3月19日閣議決定）において目標として掲げられた「脱炭素社会に向けた住宅循環システムの構築と良質な住宅ストックの形成」の実現を目指すとともに、更なる規制の強化を含めた新築・既存の住宅・建築物の省エネ対策の強化を行うことが必要である。その際には、所有者・利用者等に対する省エネ性能等に関する情報提供や誘導措

置、中小工務店等の省エネ住宅の生産体制の整備・強化を図ることが必要である。また、長く住み続ける、住み継いでいくことができるよう、住宅の長寿命化を推進し、良好なストックを形成していく必要がある。

　再生産が可能であり、炭素を貯蔵する木材の積極的な利用を図ることは、化石燃料の使用量を抑制しCO_2排出抑制に資することから、住宅・建築物分野において、木材利用を促進する必要がある。低層住宅においては約8割が木造である一方、非住宅・中高層建築物においては木造の割合が1割未満であり、CLT（直交集成板）等の新たな部材を活用した工法等や中高層住宅等の新たな分野における木造技術の普及とこれらを担う設計者の育成が課題である。

　地域の再エネ導入の拡大は地域脱炭素化を実現する鍵であり、改正地球温暖化対策推進法（令和3年5月成立）において、再エネ促進区域（ポジティブゾーニング）の仕組みが導入されるなど、地域主体となった再エネ導入の拡大に向けた取組の加速化が期待されるところとなっている。こうした地域における取組とも連携しつつ、地域における再エネの最大限の導入に向けて、国土交通分野のインフラ等を活用した太陽光発電、バイオマス発電や小水力発電等の再エネの導入・利用の拡大に取り組むことが求められる。

　地域における省エネ、再エネ拡大に向けて、地方公共団体が中心となって市民や民間事業者等が連携して取り組むゼロカーボンシティの実現、そのための都市部の街区単位や離島等における脱炭素先行地域のモデル形成支援や横展開の推進、気候変動に伴う災害の激甚化・頻発化に対応した災害時のエネルギー確保の観点等から、面的な空間での複合的な取組を推進する必要がある。

　都市・地域空間で緩和策・適応策に配慮したすまい方や土地利用のあり方など、都市構造の変革に官民連携により総合的に取り組む必要がある。その際には、生活の質の向上を図る観点も含め、コンパクト・プラス・ネットワークの実現に向けた地方公共団体の立地適正化計画・地域公共交通計画に基づく取組等を通じ、都市構造の集約化や、まちづくりと連携した公共交通の利便性向上、コンパクトでウォーカブルな都市空間の形成、賑わいのある道路空間の創出や自転車利用の促進につながる都市・道路空間の再編を図るとともに、環境に配慮した優良な民間都市開発事業に対する支援等を通じて都市の再生を図る。また、スマートシティの社会実装化や、デジタル技術の活用等を通じて都市アセットの機能・価値を高め、その最大限の利活用を図る必要がある。

　併せて、災害ハザードエリアを考慮した居住エリアや社会福祉施設、交通・物流関連施設等の適切な立地誘導等の取組により、将来的な気候変動の影響等による持続性に対するリスクを低減し、安心・安全で長く住み続けられるまちづくりを推進する必要がある。

　加えて、ESG投資等の民間資金を呼び込むため、不動産分野におけるTCFD対応の推進や、グリーンボンドやソーシャルインパクトボンド等を通じたグリーンファイナンスの活用を促進することが求められる。

【主な施策】

（住宅・建築物の更なる省エネ対策の強化）

（インフラ等を活用した地域再エネの導入・利用の拡大）

（脱炭素と気候変動適応策に配慮したまちづくりへの転換）

【第2章第2節「グリーンインフラを活用した自然共生地域づくり」より】

【課題と対応の方向性】

　CO_2吸収源ともなる都市緑化等の推進、気候変動に伴う災害の激甚化・頻発化に対応した雨水貯留・浸透機能の強化、コロナ禍の経験を経た健康でゆとりある生活空間のニーズの高まり、SDGsに沿った環境と経済の好循環に資するまちづくり、生物多様性の保全・持続的な活用や生態系サービスの向上、観光等による地域振興の推進など、多面的な地域課題の解決を図る観点から、自然環境の多様な機能を活用したグリーンインフラの社会実装を分野横断・官民連携により推進することが求められる。このため、令和2年3月に産学官の多様な主体の参画により設立された「グリーンインフラ官民連携プラットフォーム」の活動拡大を通じて、地域での具体的な社会実装の取組を促進する必要がある。

　気候危機とも言える状況に対応した気候変動適応策として、防災・減災、国土強靱化の取組の強化は不可欠の課題である。特に、水災害の激甚化・頻発化の状況を踏まえ、これまでの河川管理者等の取組に加え、流域に関わる関係者が主体的に取り組む社会を構築する必要があり、集水域から氾濫域にわたる流域全体で、国、都道府県、市町村、企業、住民等のあらゆる関係者で水災害対策を推進する「流域治水」への転換を図る必要がある。このため、あらゆる関係者が協働して流域治水を計画的に推進する体制を構築するために「流域治水協議会」を設置するなど流域全体でハード・ソフト一体の事前

防災対策に取り組むとともに、令和3年4月に成立した「流域治水関連法」に基づき、水防災に対応したまちづくりとの連携や、流域における雨水貯留対策の強化等を推進することが必要である。その一環として、流域における雨水貯留・浸透機能の確保・向上を図る観点から、グリーンインフラの活用を推進することが求められる。

生物多様性の保全・持続可能な利用、生態系サービスの向上も含めた自然共生社会の形成に向けて、生態系ネットワークの保全・再生・活用、健全な水循環の確保を図る必要がある。

グリーンインフラの社会実装に向けて、ESG投資の呼び込みなど、グリーンボンドやソーシャルインパクトボンド等を通じたグリーンファイナンスの活用を促進する必要がある。

【主な施策】

（流域治水におけるグリーンインフラの活用推進等）

（生態系ネットワークの保全・再生・活用、健全な水循環の確保、CO_2吸収源の拡大）

（ヒートアイランド対策）

（グリーンファイナンスを通じた地域価値の向上）

（グリーンインフラ官民連携プラットフォームの活動拡大等を通じた社会実装の推進）

【第2章第3節「自動車の電動化に対応した交通・物流・インフラシステムの構築」より】

【課題と対応の方向性】

運輸部門におけるCO_2排出量の大半（約86％）を占める自動車からの排出量は我が国全体の約16％を占めている一方、電動車を含む次世代自動車の新車販売台数は、全体の約4割にとどまっており、カーボンニュートラルの実現に向けてはガソリン車・ディーゼル車から電動車への転換を加速することが不可欠の課題である。

また、グリーン成長戦略において、「2035年までに、乗用車新車販売で電動車100％を実現できるよう、包括的な措置を講じる。商用車については、8トン以下の小型の車について、2030年までに、新車販売で電動車20～30％、2040年までに、新車販売で、電動車と合成燃料等の脱炭素燃料の利用に適した車両で合わせて100％を目指し、車両の導入やインフラ整備の促進等の

包括的な措置を講じる。8トン超の大型の車については、貨物・旅客事業等の商用用途に適する電動車の開発・利用促進に向けた技術実証を進めつつ、2020年代に5,000台の先行導入を目指すとともに、水素や合成燃料等の価格低減に向けた技術開発・普及の取組の進捗も踏まえ、2030年までに、2040年の電動車の普及目標を設定する。」と示されている。こうした中で、電動車の普及促進に向け、燃費規制の活用や、安価な再エネ等の安定供給を含め、費用の低減や利便性の向上を図る必要がある。

　自動車単体対策のみならず、自動車の電動化に対応し、グリーン成長戦略に描かれている2050年のモビリティ社会の変革を見据え、電動車と地域の様々な社会システムが有機的に連携・融合していくことが重要である。こうした観点も含め、自動走行・デジタル技術の電動車への実装等の新技術活用や、低速走行、ダウンサイジング（車両の小型化、運行経路や頻度の見直し等）等の新たなサービス等の地域交通の多様なニーズとも組み合わせ、CO_2排出削減と移動の活性化の同時実現を図る新たなモビリティ社会の構築につながる交通・物流・インフラシステムの観点からの対策の強化が必要である。また、電気自動車等の蓄電池としての機能、災害時における移動式電源としての機能を活かした多面的な使い方の工夫を通じて普及を図ることも求められる。

【主な施策】
（次世代自動車の普及促進、自動車の燃費性能の向上）
（電動車等を活用した交通・物流サービスの推進）
（自動車の電動化に対応した都市・道路インフラの社会実装の推進）
（電動車を活用した災害時等の電力供給機能の強化）

【第2章第4節「デジタルとグリーンによる持続可能な交通・物流サービスの展開」より】
【課題と対応の方向性】
　運輸部門におけるCO_2排出量は我が国全体の約2割を占める。その削減に向けては、自動車単体対策のみならず、アボイド（渋滞対策等の不必要な交通の削減）、シフト（公共交通の利用促進やモーダルシフト等のCO_2排出原単位の小さい輸送手段への転換）、インプルーブ（AI・IoT、ビッグデータ等のデジタル技術等の技術革新、新技術を活用した新たなサービスの創出）の

複合的な対策の強化が必要である。

　道路交通流の円滑化に向け、ICT技術の活用や料金制度などソフト対策、渋滞対策に資するハード対策の両面からの取組を強化する必要がある。

　公共交通分野においては、新型コロナウイルス感染症等の影響により、公共交通機関を取り巻く状況が一層厳しくなっていることも踏まえ、地域の生活・経済活動を支える移動手段としてエッセンシャルサービスを提供する公共交通における脱炭素化と更なる利用促進を図る必要がある。

　このため、改正地域公共交通活性化再生法（令和2年11月施行）に基づく地域公共交通計画における環境負荷軽減への配慮を促進するとともに、まちづくりと連携しつつ、LRT・BRTや電気自動車・燃料電池自動車を始めとするCO_2排出の少ない輸送システムの導入を推進する。また、MaaSの社会実装やビッグデータの活用、コンパクト・プラス・ネットワークの推進、交通結節機能の向上を通じたシームレスな移動サービスの提供等により、公共交通サービスの利便性向上を図り、公共交通を選択する行動変容を促す環境整備を推進する必要がある。併せて、交通における自動車への依存の程度を低減することを明記した自転車活用推進法に基づき、通勤目的の自転車分担率の向上など、自転車利用を促進する必要がある。

　国内貨物輸送の約8割をトラック輸送が占めており、トラック（営業用・自家用計）からのCO_2排出量は我が国全体の約7%を占めていることも踏まえ、輸送の効率化やCO_2排出原単位の小さい輸送手段への転換が課題となっている。

　このため、物流分野において、担い手不足や効率化・生産性向上と脱炭素化の両立を目指し、関係事業者の連携によるAI・IoT等を活用した物流DXの推進を通じたサプライチェーン全体の輸送効率化・省エネ化の実現、自動運転技術等を活用した効率的な物流ネットワークの強化や、物流MaaSの観点からのデジタル技術の活用等を通じた関係事業者間の連携による物流システムの高度化を含めたトラック輸送の効率化、海運や鉄道へのモーダルシフトの更なる推進等のグリーン物流の取組を通じた新しいモビリティサービスの構築を図る必要がある。

　船舶、航空、鉄道の分野においては、運輸部門におけるCO_2排出量のそれぞれ約5%、約5%、約4%を占めており、その更なる削減に向けて、化石燃料からカーボンフリーな代替燃料への転換を加速するなど、省エネ・省CO_2に資する次世代のグリーン輸送機関の開発・導入促進を図る必要がある。

　災害時においてエッセンシャルサービスとしての交通・物流サービスが長

期にわたり途絶することのないよう、気候変動リスクに対応した交通・物流システムの強靱化を図る必要がある。

【主な施策】

（ソフト・ハード両面からの道路交通流対策）

（公共交通、自転車の利用促進）

（グリーン物流の推進）

（船舶・鉄道・航空の次世代グリーン輸送機関の普及）

（気候変動リスクに対応した交通・物流システムの強靱化）

【第2章第5節「港湾・海事分野におけるカーボンニュートラルの実現、グリーン化の推進」より】

【課題と対応の方向性】

　我が国のCO_2排出量の約6割を占める発電、鉄鋼、化学工業等の多くの産業が立地する港湾・臨海部において、事業者間の連携により、多様な用途で多くの水素・燃料アンモニア等の需要を創出し、併せて供給拡大を図るとともに、脱炭素化に配慮した港湾機能の高度化等を通じて脱炭素化を推進する必要がある。

　輸出入貨物の99.6％が経由する港湾における水素・燃料アンモニア等の大量かつ安定・安価な輸入を可能とする環境整備や、水素・燃料アンモニア等を確保するための国際サプライチェーンの構築を図る必要がある。これにより、港湾を拠点として、臨海部、さらにはその後背地の都市部等へと面的に広がる水素等の次世代エネルギー利活用社会の実現につなげていくことが期待される。

　船舶分野において、低・脱炭素化技術の開発・実用化の推進、ガス燃料船等の生産基盤の確立及び関連する国際基準の整備の主導等により、2025年までにゼロエミッション船の実証事業を開始し、従来の目標である2028年よりも前倒しでゼロエミッション船の商業運航を世界に先駆けて実現し、2030年には更なる普及を図るとともに、2050年には船舶分野における水素・燃料アンモニア等の代替燃料への転換を目指すなど、厳しい競争環境下にある我が国造船・海運業の国際競争力の強化と海上輸送のカーボンニュートラルに向けて戦略的に取り組む必要がある。

　これらにより、グリーン成長戦略に位置づけられている、水素・燃料アン

モニア、カーボンリサイクルの産業分野とも連携して、水素社会の実現を始め、次世代エネルギーの利活用拡大に貢献していく必要がある。

　海洋国家である我が国において、再エネ拡大の鍵となる洋上風力発電の導入促進を図る必要がある。洋上風力発電は、大量導入やコスト低減が可能であるとともに、事業規模は数千億円、部品数が数万点と多く、経済波及効果が期待されており、官民が一体になりまとめた洋上風力産業ビジョン（第1次）（令和2年12月15日）における目標達成を目指し、案件形成の加速化や、発電設備の建設・維持管理の基地となる港湾整備を計画的に進めていく必要がある。将来的に市場拡大が見込まれるアジアへの展開を見据え、浮体式洋上風力発電の安全評価手法の確立にも取り組む必要がある。

　港湾・海事分野での気候変動リスクへの対応、生態系保全・活用、循環型社会の形成に貢献する取組を強化する必要がある。

【主な施策】

（カーボンニュートラルポート（CNP）形成の推進）

（船舶の脱炭素化の推進）

（洋上風力発電の導入促進）

（気候リスクへの対応、生態系保全・活用、循環型社会の形成）

【第2章第6節「インフラのライフサイクル全体でのカーボンニュートラル、循環型社会の実現」より】

【課題と対応の方向性】

　一旦整備されると長期間にわたって供用されるインフラ分野において、供用・管理段階でのインフラサービスにおける省エネ化のみならず、ライフサイクル全体の観点から、関係省庁とも連携したCO_2排出の状況把握にも努めつつ、計画・設計、建設施工、更新・解体等の各段階において、省CO_2に資する材料活用や環境負荷低減に係る研究開発等も含め、脱炭素化に向けた取組を強化する必要がある。

　省CO_2に資する材料として、例えばCO_2吸収型コンクリートの実用化が図られているが、コストが高く（既製品の約3倍の100円／kg）、コンクリートの中の鉄骨が錆びやすいため、用途が限定されるなどの課題があり、性能向上に向けた技術開発や低コスト化の動向を踏まえつつ、建設業や建設素材製造業と連携して、活用促進に向けた検討を進める必要がある。

　建設施工分野におけるCO_2排出量は、産業部門の約1.4％（我が国全体の

約0.5％）を占めている。その削減に向けては、ICT施工による建設現場の作業時間の短縮を進めていく必要があるが、直轄の建設現場での実施率は約8割に達している一方、地方公共団体における実施率は約3割にとどまっており、ICT施工の更なる普及が必要である。さらに、カーボンニュートラルの実現に向けては、建設機械について、化石燃料を使用するディーゼルエンジンからの転換を図る必要がある。

　我が国の社会経済活動を支える基盤として蓄積されてきた膨大なインフラストックの老朽化が加速する中、今後増大する維持管理・更新における戦略的なインフラ長寿命化や省エネ・再エネ設備の導入を図ることにより、ライフサイクル全体での省CO_2化を推進する必要がある。

　建設廃棄物のリサイクルについては、多様な関連事業者の参画・連携による建設副産物の再資源化やモニタリング等のシステムの高度化等の成果により、建設廃棄物全体の再資源化・縮減率が約97％まで向上している。今後、インフラの維持管理・更新時代の到来を踏まえ、循環型社会の形成への更なる貢献に向けて、「建設リサイクル推進計画2020〜「質」を重視するリサイクルへ〜」（令和2年9月）に基づき、質を重視しつつ施策の着実な推進を図る必要がある。

【主な施策】
（持続性を考慮した計画策定、インフラ長寿命化による省CO_2の推進）
（省CO_2に資する材料等の活用促進及び技術開発等）
（建設施工分野における省エネ化・技術革新）
（インフラサービスにおける省エネ化の推進）
（質を重視する建設リサイクルの推進）

(6) 国土交通省環境行動計画

　国土交通省の環境行動計画は、環境基本法に基づく「環境基本計画」を踏まえ、国土交通省の環境配慮方針として、国土交通省が取り組む環境関連施策を体系的にとりまとめた計画である。

　近年の気候変動による自然災害の激甚化・頻発化などにかんがみ、地球温暖化対策は喫緊の課題となっている。また、2050年カーボンニュートラルは、今や世界の潮流となっており、我が国としても、2050年カーボンニュートラル、そして、2030年度46％削減という新たな目標を国際公約として掲げた。こう

した国内外における環境政策を巡る情勢を踏まえ、令和3年12月に国土交通省環境行動計画が全面的に改定された。

　新たな国土交通省環境行動計画においては、「国土交通グリーンチャレンジ」を重点プロジェクトとして位置づけるとともに、国土交通省における環境関連施策の充実・強化を図り、2050年までを見据えつつ2030年度までを計画期間として、計画的・効果的な実施を推進することとしている。なお、国土交通省環境行動計画と別に定めていた「国土交通省気候変動適応計画」は、国土交通省環境行動計画に統合されている。

　ここでは第1章「環境政策を巡る情勢と課題」第1節「グリーン社会の実現に向けた取組の加速化」第1項「2050年カーボンニュートラル・脱炭素社会の実現に向けた動向等」の「国土交通分野に関連するCO_2排出の状況と対策強化の必要性」、第2項「気候危機に対応した気候変動適応策の強化に向けた動向等」の「国土交通分野に係る気候変動適応策の強化」、第3項「生物多様性国家戦略等の自然共生社会の形成に向けた動向等」の「国土交通分野に係る自然共生社会の形成に向けた対策の強化」、ならびに第4項「循環型社会の形成に向けた動向等」の「国土交通分野に係る循環型社会の形成に向けた対策の強化」の内容を示す。

　【第1章第1節第1項「2050年カーボンニュートラル・脱炭素社会の実現に向けた動向等」の「(国土交通分野に関連するCO_2排出の状況と対策強化の必要性)」より】

　○我が国のCO_2排出の約5割を占める民生・運輸部門等の部門別排出割合

　　脱炭素社会の実現に向けて、我が国全体の目標設定やその実現に向けた対策の強化が進められており、地域のくらしや経済を支える幅広い分野を所管する国土交通省としても、その役割と責任を果たしていく必要がある。

　　国土交通行政においては、特に、民生（家庭・業務）、運輸部門等における脱炭素化に重点的に取り組む必要がある。

　　部門別のCO_2の排出状況（2019年度実績）については、民生部門においては、直接排出でみると、家庭部門で5％、業務部門で6％、民生部門合計で11％、間接排出でみると、家庭部門で14％、業務部門で17％、民生部門合計で32％となっている。

　　また、運輸部門においては、直接排出でみると18％、間接排出でみると19％となっている。その内訳は、自動車全体で運輸部門の86％（うち旅客

自動車49％、貨物自動車37％）、航空5％、内航海運5％、鉄道4％となっている。

　これまでの26％削減目標に向けた排出削減の取組状況（2019年度実績）をみると、全体では、対2013年度比で16％削減、部門別では、家庭部門で23％、業務部門で19％、民生部門全体で21％、また、運輸部門で8％となっている。

　こうした削減の現状を踏まえつつ、民生・運輸部門における脱炭素化を推進するとともに、エネルギー転換部門に関わる再エネの導入、吸収源対策にも貢献していく必要がある。また、産業部門にも関わるインフラの建設段階や管理施設から排出されるCO_2の削減に向けた取組を推進するとともに、脱炭素に資する都市・地域構造の形成や、水素社会の実現等にも貢献していく必要がある。

　これら国土交通省に関わる幅広い分野において、新たに設定された野心的な2030年度削減目標の達成に向け、対策の一層の充実・強化が求められる。
○国土交通グリーンチャレンジの着実な実行の必要性
　国土交通分野に関わるCO_2を始めとする温室効果ガスの排出削減に向けては、上記のとおり、地球温暖化対策計画等において、各部門における新たな排出削減目標や省エネの更なる徹底等を図ることが求められている。

　特に、国土・都市・地域空間とそこで展開される様々な社会経済活動を支える国土交通分野に係るインフラや、住宅・建築物、自動車等の輸送機関等の膨大なストックについて、2050年カーボンニュートラルを実現するための基盤となるよう、各般の施策に脱炭素化の観点を取り込み、長期的な視点を持って、革新的技術開発やその社会実装、さらには国民や企業の意識・行動の変容を促進する環境整備を含め、社会システムのイノベーションを図っていく必要がある。

　このため、脱炭素社会の実現に向け、国土交通グリーンチャレンジを着実に実行に移すべく、国土交通省グリーン社会実現推進本部等を通じて、省を挙げて取り組んで行くとともに、施策の充実・強化を図っていく必要がある。

【第1章第1節第2項「気候危機に対応した気候変動適応策の強化に向けた動向等」の「（国土交通分野に係る気候変動適応策の強化）」より】
　気候変動が及ぼす社会経済等への様々な影響の深刻化にかんがみ、地球温暖化緩和策のみならず、気候変動適応策も車の両輪として一体的に取り組む

ことが重要である。気候変動適応策の強化に向けては、国土交通省に関連する分野として、自然災害、水資源・水環境、国民生活・都市生活等の分野や、科学的知見の充実及び活用に関する基盤的施策について、取組を強化する必要がある。また、今後の気候変動影響評価に関する最新の科学的知見を踏まえつつ、各分野における重大性や緊急性等に関する評価を勘案し、気候変動への適応の観点を各般の施策に反映し、国民や企業等の意識・行動変容にもつなげていけるよう取り組んでいく必要がある。

　特に、自然災害分野については、気候変動の影響による自然災害の激甚化・頻発化への対応として、国土交通省においては、2020年7月に「総力戦で挑む防災・減災プロジェクト」をとりまとめ、2021年6月には更に充実・強化を図ってきたところである。気候変動適応策としても、特に、2021年4月に成立した流域治水関連法等による流域治水の推進や、気候変動の影響による降雨量の増加等を考慮した治水計画の見直し等の取組について、関係省庁とも連携しつつ強力に実施していくなど、以下の重点プロジェクトを中心に、その着実な推進を図っていく必要がある。

（「総力戦で挑む防災・減災プロジェクト」における重点プロジェクト）
　①あらゆる関係者により流域全体で行う「流域治水」への転換
　②気候変動の影響を反映した治水計画等への見直し
　③防災・減災のためのすまい方や土地利用の推進
　④災害発生時における人流・物流コントロール
　⑤交通・物流の機能確保のための事前対策
　⑥安全・安心な避難のための事前の備え
　⑦インフラ老朽化対策や地域防災力の強化
　⑧新技術の活用による防災・減災の高度化・迅速化
　⑨わかりやすい情報発信の推進
　⑩行政・事業者・国民の活動や取組への防災・減災視点の定着

　水資源・水環境分野においては、水循環基本法に基づく「水循環基本計画」（2020年6月閣議決定）に基づき、流域マネジメントによる水循環イノベーション、健全な水循環への取組を通じた安全・安心な社会の実現、次世代への健全な水循環による豊かな社会の継承といった方針に即した健全な水循環への取組を強化していく必要がある。

　また、気候変動の影響により、渇水の深刻化が予測され、水道、農業、工業等の多くの分野に影響を与える可能性があることを踏まえ、渇水リスクの評価を踏まえた対応策を強化していく必要がある。

　国民生活・都市生活分野を始め、全体に共通する施策として、自然環境が有する多様な機能を活用したグリーンインフラの官民連携による社会実装を推進していくことが求められる。

　こうした気候変動適応策の強化に向けては、その基盤的施策として、科学的知見の充実及びその活用を図ることが重要であり、大気及び海洋等の気候変動や線状降水帯等による集中豪雨や台風等に対する観測・監視体制の充実・強化、最新の数値シミュレーション技術等の予測技術の向上等を図る必要がある。

【第1章第1節第3項「生物多様性国家戦略等の自然共生社会の形成に向けた動向等」の「(国土交通分野に係る自然共生社会の形成に向けた対策の強化)」より】

　生物多様性の保全と持続可能な利用の推進に向けて国際的な関心が高まっている「自然を活用した解決策」(NbS) の考え方を取り入れた取組や今後検討が進められるOECMの対策を進めるに当たっては、国土交通分野においては、特に、自然環境が有する多様な機能を活用したグリーンインフラの社会実装を官民連携・分野横断により一層推進する必要がある。

　また、水循環基本法や雨水の利用の推進に関する法律等に基づく健全な水循環の維持又は回復の取組、海の保全・再生等による自然環境の保全・再生・創出に係る取組の推進など、自然共生社会の実現に資する施策に引き続き取り組む必要がある。

【第1章第1節第4項「循環型社会の形成に向けた動向等」の「(国土交通分野に係る循環型社会の形成に向けた対策の強化)」より】

○下水汚泥及び建設廃棄物の排出事業に係る対策の強化

　循環型社会の形成に向けては、我が国の産業廃棄物排出量の約4割を占める下水汚泥及び建設廃棄物の排出事業を所管する国土交通省として、下水汚泥のエネルギー・資源化、建設リサイクル法の厳密な運用、リサイクルポート施策の推進など、循環資源利用の推進・強化に引き続き取り組む必要がある。

○「建設リサイクル推進計画2020」の着実な推進

　特に、建設リサイクルの分野については、建設廃棄物のリサイクル率について、1990年代は約60％程度だったものが、2018年度は約97％となっており、1990年代から2000年代のリサイクル発展・成長期から、維持・安定期に入ってきたところであり、2021年9月に策定した「建設リサイクル推進計画2020」を踏まえ、リサイクルの「質」の向上の視点から、より付加価値の高い再生材へのリサイクルを促進するなど、リサイクルされた材料の利用方法に目を向けるなどの取組を着実に推進していく必要がある。

(7)　次期生物多様性国家戦略研究会報告書

　環境省は、2020年1月に「次期生物多様性国家戦略研究会」を設置し、次期生物多様性国家戦略の策定に向けて、生物多様性に関する今後10年間の主要な課題や対応の方向性について議論してきた。「次期生物多様性国家戦略研究会報告書」は、審議会での次期生物多様性国家戦略の検討のための資料として、目指すべき2050年の自然共生社会の姿と2030年までに取り組むべき施策について2021年7月30日に取りまとめられた提言である。

　この報告書の第1章では、次期戦略が長期的に目指す方向性を具体的に提示するため、生物多様性条約の戦略計画に掲げられた2050年「自然との共生」ビジョンに向けて、我が国において目指すべき自然共生社会像について概観している。また第2章では、こうした社会像をイメージしつつ、2030年までの次の10年間、すなわち次期戦略の計画期間において、既存の自然環境保全の取組に加えて特に取り組むべきと考えられるものを、3つのポイントに整理して提示している。そして第3章では、次期戦略の実施に多くの主体の参画を促すための改善すべき戦略の構造や新たな仕組みを提案している。

　ここでは第2章「次期戦略において既存の取組に加えて取り組むべき3つのポイント」の第2節「人口減少社会・気候変動等に対応する自然を活用した社会的課題解決」における「ポイント」と「現状と課題」、「次の10年間の方向性」ならびに「次の10年間の取組（項目のみ）」の内容を示す。

【第2章第2節「人口減少社会・気候変動等に対応する自然を活用した社会的課題解決」より】

■ポイント

・社会的課題の解決に、NbSを積極的に活用することは、社会・経済・暮らしの基盤として自然をとらえ直すことであり、損失の直接要因の緩和にもつながる。

・人口減少や気候変動に伴う課題、さらには人獣共通感染症対策に対しても、NbSは貢献し得る。

・再生可能エネルギーの推進と生物多様性の保全は一般にトレードオフが生じ得る。脱炭素に向けて取組が強化される中で、生物多様性に不可逆的な影響を及ぼさないよう適切な立地選択や配慮が必要であり、そのための基準やガイドライン、マップ等が求められる。

①現状と課題：人口減少と担い手不足、顕在化する気候変動等

　我が国の人口減少や産業構造の変化は、生物多様性の損失をもたらす開発圧の低減に寄与する一方で、マイナスの側面も存在する。長年にわたる人による働きかけにより形成・維持されてきた里地里山では、保護管理の担い手不足を引き起こし、このことにより、そこに生息・生育する野生生物の生息・生育環境の消失という我が国の生物多様性の第二の危機（人の働きかけの減少による危機）の要因となっている。さらには、近年、個体数の増加と生息域の拡大が進む野生鳥獣との軋轢の拡大など、産業や生活に悪影響を及ぼす側面もある。担い手不足への対応や、自然を活用した地域の活性化、従前の管理に代わる新たな管理の在り方の構築は、次の10年間の大きな課題であると考えられる。

　気候変動については、全国的な平均気温の上昇、大雨日数の増加が観測されており、海域においては、日本沿岸域でも海水温の上昇や海洋酸性化の進行など、気候変動による影響は年々色濃くなっている。さらに、気候変動による生態系の規模の縮小や質の低下などの影響が顕在化している。そのような中、2020年10月に菅総理の所信演説において2050年までのカーボンニュートラル宣言がなされ、脱炭素に向けた動きが加速する一方で、再生可能エネルギー施設の拡充と自然環境保全・生物多様性の確保の間にはトレードオフも指摘されており、脱炭素時代の生物多様性保全のあり方が問われている。

　さらに、新型コロナウイルス感染症の感染拡大を受け、ワンヘルスをキーワードとして人の健康と地球環境の健全性を一体的に捉えて取り組むべきと

の認識や、テレワークやワーケーションに代表される働き方の変化、低密度な地方への移住のニーズの高まりなどが生じており、働き方や住まい方も含めた人と自然の関係の再構築が課題となっている。

②次の10年間の方向性：自然を活用した社会的課題の解決

　これらの人口減少や気候変動等は、社会経済や国土のあり方と深く関連することから解決に時間を要する長期的な課題であり、さらに、次の10年間は、我が国の社会構造を決定する10年との指摘もある中で、次期戦略は、中長期的な視野に立って社会経済や国土のあり方そのものの改善を図る糸口としなければならない。

　まず、従前の自然環境分野の範囲を超えた取組、そして、生物多様性や生態系サービス、自然資本を社会的課題の解決に積極的に活用していくNbSの取組が求められる。さらに、課題に個別に対応するのではなく俯瞰して統合的に解決していく方策が求められる。例えば、人口減少により生じた空間的余裕を、気候変動により激甚化・頻発化する自然災害への対応のために積極的に活用し、さらにそうした空間を生態系保全の観点も含めて計画的に配置していくことができれば、地域の防災力が増すだけではなく、過去に失われてきた生息地の攪乱環境や生態系のつながりの確保を図ることができ、さらには気候変動緩和にも貢献できる。また、国立・国定公園等の従前からの保護地域について、生物多様性の保全と持続可能な観光利用を図るだけではなく、心身の健康増進、ワーケーション等の新たな働き方や暮らし方の実現、青少年教育や孤独・孤立化対策、防災・減災など様々な機能を同時に発揮できるよう保全管理ができれば、自然環境保全への理解促進、投資や担い手の確保にも貢献する。そうした空間の確保は、防災・減災、生物多様性の確保だけではなく地域の魅力の向上にもつながる。このように自然の摂理や恵みを人間の安全な住まい方・豊かな暮らし方に反映していく考え方を社会に広げ、社会のありかたを再設計していくことが求められる。その際、NbSは、豊かさ、人の健康、幸福等の様々なメリットをもたらし得ることを認識することが重要である。また、NbSの取組を実際に導入していくためには、その効果の程度や限界を把握し、有効な計画・実施方法を検討するための定量的な評価を進める必要がある。なお、本報告書の参考資料として、研究会での議論を踏まえNbSの例示を示した「社会的課題の解決に向けた自然を活用した解決策（NbS）等の例」を添付している。

③次の10年間の取組

ⅰ）人口減少や気候変動を踏まえた土地利用の変化を見据えた取組の実装

（流域治水・Eco-DRR）

（生物多様性の保全と持続可能な利用の観点からのゾーニング）

ⅱ）地域づくりに対する生物多様性からの貢献

（NbSの浸透と保護と利用の好循環構築）

（都市と農山漁村のつながりの強化）

（都市部での取組の強化）

（伝統知・地域知の継承、コミュニティの再興、我が国の伝統的な自然観の評価・発信）

ⅲ）自然資本の持続可能な利用の強化

（地域の自然資源を最大限活用）

（再生可能エネルギーの推進にあたっての地域の自然生態系、生物多様性への配慮）

(8) 生物多様性国家戦略2022-2030

生物多様性国家戦略は、生物多様性条約第6条及び生物多様性基本法第11条の規定に基づき、生物多様性の保全と持続可能な利用に関する政府の基本的な計画である。我が国は、平成7年に最初の生物多様性国家戦略を策定し、これまで4回の見直しが行われてきた。

「生物多様性国家戦略2023-2030」は、令和4年12月に生物多様性条約第15回締約国会議（COP15）において採択された「昆明・モントリオール生物多様性枠組」の達成に向けて必要な事項、世界と我が国のつながりの中での課題、国内での課題を踏まえ、我が国において取り組むべき事項を掲げるものとして、令和5年3月31日に閣議決定された計画である。

「生物多様性国家戦略2023-2030」は、「2030年ネイチャーポジティブ」を達成するための5つの基本戦略を掲げ、生物多様性損失と気候危機の2つの危機への統合的対応や、2030年までに陸と海の30％以上を保全する「30 by 30目標」の達成等を通じた健全な生態系の確保や自然の恵みの維持回復、自然資本を守り活かす社会経済活動の推進等を進めるものとしている。

【5つの基本戦略と行動計画】

①　生態系の健全性の回復

　　1-1　陸域及び海域の30％以上を保護地域及びOECMにより保全すると

ともに、それら地域の管理の有効性を強化する

1-2　土地利用及び海域利用による生物多様性への負荷を軽減することで生態系の劣化を防ぐとともに、既に劣化した生態系の30％以上の再生を進め、生態系ネットワーク形成に資する施策を実施する

1-3　汚染の削減（生物多様性への影響を減らすことを目的として排出の管理を行い、環境容量を考慮した適正な水準とする）や、侵略的外来種による負の影響の防止・削減（侵略的外来種の定着率を50％削減等）に資する施策を実施する

1-4　気候変動による生物多様性に対する負の影響を最小化する

1-5　希少野生動植物の法令に基づく保護を実施するとともに、野生生物の生息・生育状況を改善するための取組を進める

1-6　遺伝的多様性の保全等を考慮した施策を実施する

② 自然を活用した社会課題の解決

2-1　生態系が有する機能の可視化や、一層の活用を推進する

2-2　森・里・川・海のつながりや地域の伝統文化の存続に配慮しつつ自然を活かした地域づくりを推進する

2-3　気候変動緩和・適応にも貢献する自然再生を推進するとともに、吸収源対策・温室効果ガス排出削減の観点から現状以上の生態系の保全と活用を進める

2-4　再生可能エネルギー導入における生物多様性への配慮を推進する

2-5　野生鳥獣との軋轢緩和に向けた取組を強化する

③ ネイチャーポジティブ経済の実現

3-1　企業による生物多様性への依存度・影響の定量的評価、現状分析、科学に基づく目標設定、情報開示を促すとともに、金融機関・投資家による投融資を推進する基盤を整備し、投融資の観点から生物多様性を保全・回復する活動を推進する

3-2　生物多様性保全に貢献する技術・サービスに対する支援を進める

3-3　遺伝資源の利用に伴うABSを実施する

3-4　みどりの食料システム戦略に掲げる化学農薬使用量（リスク換算）の低減や化学肥料使用量の低減、有機農業の推進などを含め、持続可能な環境保全型の農林水産業を拡大させる

④ 生活・消費活動における生物多様性の価値の認識と行動（一人一人の行

動変容）

4-1　学校等における生物多様性に関する環境教育を推進する

4-2　日常的に自然とふれあう機会を提供することで、自然の恩恵や自然と人との関わりなど様々な知識の習得や関心の醸成、人としての豊かな成長を図るとともに、人と動物の適切な関係についての考え方を普及させる

4-3　国民に積極的かつ自主的な行動変容を促す

4-4　食料ロスの半減及びその他の物質の廃棄を減少させることを含め、生物多様性に配慮した消費行動を促すため、生物多様性に配慮した選択肢を周知啓発するとともに、選択の機会を増加させ、インセンティブを提示する

4-5　伝統文化や地域知・伝統知も活用しつつ地域における自然環境を保全・再生する活動を促進する

⑤　生物多様性に係る取組を支える基盤整備と国際連携の推進

5-1　生物多様性と社会経済の統合や自然資本の国民勘定への統合を含めた関連分野における学術研究を推進するとともに、強固な体制に基づく長期的な基礎調査・モニタリング等を実施する

5-2　効果的かつ効率的な生物多様性保全の推進、適正な政策立案や意思決定、活動への市民参加の促進を図るため、データの発信や活用に係る人材の育成やツールの提供を行う

5-3　生物多様性地域戦略を含め、多様な主体の参画の下で統合的な取組を進めるための計画策定支援を強化する

5-4　生物多様性に有害なインセンティブの特定・見直しの検討を含め、資源動員の強化に向けた取組を行う

5-5　我が国の知見を活かした国際協力を進める

(9) 第5次社会資本整備重点計画

第5次社会資本整備重点計画の概要は、本章第1節「社会資本整備」に示したとおりである。

ここでは低炭素社会・環境保全に係る事項として、第1章「社会資本整備を取り巻く社会経済情勢」第3節「新たな潮流」の「（グリーン社会の実現に向けた動き、ライフスタイルや価値観の多様化）」、ならびに第3章「計画期間に

おける重点目標、事業の概要」の第2節「個別の重点目標及び事業の概要について」の第6項「重点目標6：インフラ分野の脱炭素化・インフラ空間の多面的な利活用による生活の質の向上」と〈政策パッケージ〉の「【6-1：グリーン社会の実現】」と「【6-2：人を中心に据えたインフラ空間の見直し】」の内容を示す。

【第1章第3節「新たな潮流」の「（グリーン社会の実現に向けた動き、ライフスタイルや価値観の多様化」より】

気候変動の社会経済活動への影響が生じている中、平成27（2015）年のパリ協定をはじめ、温室効果ガスの排出削減に向けた国際的な機運が急速に拡大している。我が国においても、2050年カーボンニュートラル、脱炭素社会の実現を目指し、積極的に温暖化対策を行うことが、産業構造や経済社会の変革をもたらし、大きな経済成長につながるという発想の転換により、経済と環境の好循環をつくり出していくことが求められている。

また、地球温暖化緩和策のみならず、自然災害の激甚化・頻発化などの気候危機に対する気候変動適応策の推進を図ることが求められている。自然環境との共生に対するニーズが高まっており、日常の空間における自然環境との調和がますます重要になっている。

加えて、我が国の廃棄物の総量は減少傾向にあるものの、海洋ごみの問題に国際的な関心が集まるなど、循環型社会の形成は引き続き重要な課題である。

質の高い生活に対するニーズが拡大している。内閣府の「国民生活に関する世論調査」によると、「心の豊かさ」を重視する人の割合は年々高まっており、平成元（1989）年度には49％であったところ、令和元（2019）年度には62％にのぼっている。また、同調査では、日頃の生活の中で充実感を感じる時として、「家族団らんの時」や「友人や知人と会合、雑談している時」が上位にのぼっており、身近な人との交流へのニーズも高い。加えて、モノの所有よりも体験に価値を見いだす、「コト消費」の需要も拡大している。

【第3章第2節第6項「重点目標6：インフラ分野の脱炭素化・インフラ空間の多面的な利活用による生活の質の向上」より】

〈目指すべき姿〉

　インフラ分野の脱炭素化等によりグリーン社会の実現を目指すとともに、インフラの機能・空間を多面的・複合的に利活用することにより、インフラのストック効果を最大化し、国民の生活の質を向上させる。

〈現状と課題〉

　2050年カーボンニュートラルの実現に向けて、地球温暖化緩和策が急務となる中、防災・減災対策等の気候変動適応策に加えて、我が国のCO_2排出量の約5割を占める運輸・民生（家庭、業務その他）部門における一層の排出削減が必要である。住宅・建築物やインフラの省エネ化に加え、自動車の電動化に対応したインフラの環境整備を行う必要がある。また、ライフサイクル全体の観点から、省CO_2に資する材料等の活用促進など、インフラの計画・設計、建設施工、更新・解体等の各段階において脱炭素化に向けた取組を推進する必要がある。さらに、化石燃料から再生可能エネルギーへの転換を最大限促進するため、住宅・建築物、道路、空港、港湾、下水道等のインフラを活用した太陽光発電、洋上風力、バイオマス等の再生可能エネルギーや水素・アンモニア等の次世代エネルギーの利活用拡大など、革新的な技術開発や社会実装、そのためのESG投資など民間資金の活用も含め、地方公共団体や民間事業者等とも連携して更に取り組むことが必要である。

　自然災害の激甚化・頻発化などの気候危機や、新型コロナウイルス感染症拡大などに直面する中、雨水の貯留・浸透や生態系を活用した防災・減災（Eco-DRR）、生態系ネットワークに配慮した自然環境の保全、「新しい生活様式」に対応した健康でゆとりあるまちづくり、SDGsに沿った環境に優しい地域づくり、生物多様性の保全と持続可能な利用、観光等による地域振興等を実現するために、自然環境が有する多様な機能を活用するグリーンインフラを国、地方公共団体、民間事業者、NPO、研究機関等の連携により分野横断的に推進することが重要である。先進的なグリーンインフラの事例を全国に展開するなど、グリーンインフラの社会実装を加速するための取組が必要である。加えて、気候変動対策と防災の統合的推進により、地域の特性等に応じた土地利用のコントロールを含む気候変動への適応を踏まえた復旧・復興（「適応復興」）を進める必要がある。

　また、水循環・生態系分野においては、都市部への人口集中や気候変動等

により、渇水、生態系への影響等の問題が顕著となっており、健全な水循環の維持、回復及び藻場・干潟等のブルーカーボン生態系の造成・保全・再生に向けた取組が必要である。また、感染症対策を含めた公衆衛生の観点からも、汚水処理体制の確保が必要である。

さらに、他者とのつながりや交流に対するニーズに加え、感染症予防のための空間的余裕の確保の必要性、デジタル化の急速な進展や感染症がもたらすニューノーマルによる社会の変化を踏まえ、ゆとりとにぎわいのあるインフラ空間の整備や利活用の促進、自転車通勤等のさらなる普及を見据えた利用環境の整備が必要である。

加えて、観光ニーズが多様化するとともに、非日常的な体験に価値を見出す消費観が広がる中、インフラツーリズム（インフラを観光資源として位置付け、観光を通じた地域振興に資するインフラ活用の取組）を推進するための環境整備が必要である。

【第3章第2節第6項〈政策パッケージ〉における「【6-1：グリーン社会の実現】」、「【6-2：人を中心に据えたインフラ空間の見直し】」より】

【6-1：グリーン社会の実現】

社会資本整備分野における脱炭素化を加速するとともに、気候危機に対する気候変動適応策の推進、「新しい生活様式」に対応したゆとりある豊かな暮らし方や防災力の向上及び生物多様性の確保等に資するグリーンインフラの推進、健全な水循環の維持等のための汚水処理施設整備の促進、藻場・干潟等の生態系の造成・保全・再生、木造建築物の普及促進など、2050年カーボンニュートラルを含むグリーン社会の実現に向けた取組を推進する。また、今後策定・改定されるグリーン社会に関連する政府の計画等も踏まえ、グリーン社会の実現に向けた取組をさらに進めていく。

【6-2：人を中心に据えたインフラ空間の見直し】

「新しい生活様式」に対応したゆとりある豊かな暮らしの実現を図るため、賑わいをはじめとした多様なニーズに応える道路空間の構築や魅力ある水辺空間の創出、「みなと」を核とした魅力ある地域づくりを推進する。また、インフラツーリズムの推進等により地域振興や交流の創出に繋げる。

（10）地球温暖化対策計画

　地球温暖化対策計画は、地球温暖化対策推進法に基づく政府の総合計画である。現行の地球温暖化対策計画は、2021年10月22日に閣議決定されたもので、2016年5月13日に閣議決定された前回の計画を5年ぶりに改訂している。

　我が国は2021年4月に、2030年度において温室効果ガス46％削減（2013年度比）を目指すこと、さらに50％の高みに向けて挑戦を続けることを表明した。改訂された地球温暖化対策計画は、この新たな削減目標も踏まえて策定されたもので、二酸化炭素以外も含む温室効果ガスのすべてを網羅し、新たな2030年度目標の裏付けとなる対策・施策を記載して新目標実現への道筋を描いている。

　ここでは第1章「地球温暖化対策の推進に関する基本的方向」第1節「我が国の地球温暖化対策の目指す方向」の第1項「2050年カーボンニュートラル実現に向けた中長期の戦略的取組」ならびに第2節「地球温暖化対策の基本的考え方」の第1項「環境・経済・社会の統合的向上」の内容を示す。

【第1章第1節第1項「2050年カーボンニュートラル実現に向けた中長期の戦略的取組」より】

　パリ協定は、世界の平均気温の上昇を2℃より十分下回るものに抑えること、1.5℃に抑える努力を継続すること等を目的とし、この目的を達成するよう、世界の排出のピークをできる限り早くするものとし、人為的な温室効果ガスの排出と吸収源による除去の均衡を今世紀後半に達成するために、最新の科学に従って早期の削減を目指すとされている。

　IPCC 1.5℃特別報告書に記載されているように、1.5℃と2℃上昇との間には生じる影響に有意な違いがあることを認識し、世界の平均気温の上昇を工業化以前の水準よりも1.5℃に抑えるための努力を追求することが世界的に急務である。

　我が国は、もはや地球温暖化対策は経済成長の制約ではなく、積極的に地球温暖化対策を行うことで、産業構造や経済社会の変革をもたらし大きな成長につなげるという考えの下、2050年までに温室効果ガスの排出を全体としてゼロにする、すなわち、「2050年カーボンニュートラル」の実現を目指す。第204回国会で成立した地球温暖化対策の推進に関する法律の一部を改正する法律（令和3年法律第54号。以下同法による改正後の地球温暖化対策の推進に関する法律を「改正地球温暖化対策推進法」という。）では、2050年カーボンニュートラルを基本理念として法定化した。これにより、中期目標の達

成にとどまらず、脱炭素社会の実現に向け、政策の継続性・予見性を高め、脱炭素に向けた取組・投資やイノベーションを加速させる。

　さらに、2050年目標と整合的で野心的な目標として、2030年度に温室効果ガスを2013年度から46％削減することを目指し、さらに、50％の高みに向けて挑戦を続けていく。経済と環境の好循環を生み出し、2030年度の野心的な目標に向けて力強く成長していくため、徹底した省エネルギーや再生可能エネルギーの最大限の導入、公共部門や地域の脱炭素化など、あらゆる分野で、でき得る限りの取組を進める。食料・農林水産業においては、「みどりの食料システム戦略」（令和3年5月12日農林水産省決定）に基づき、イノベーションにより生産力向上と持続性の両立の実現を目指す。また、「国土交通グリーンチャレンジ」（令和3年7月6日国土交通省決定）に基づき、国土・都市・地域空間における分野横断的な脱炭素化等の取組を着実に実行する。さらに、脱炭素に必要な循環経済（サーキュラーエコノミー）への戦略的な移行や自然を活用した解決策（NbS）の取組を進め、新産業や雇用を創出する。

　我が国は、2030年、そして2050年に向けた挑戦を、絶え間なく続けていく。2050年カーボンニュートラルと2030年度46％削減目標の実現は、決して容易なものではなく、全ての社会経済活動において脱炭素を主要課題の一つとして位置付け、持続可能で強靱な社会経済システムへの転換を進めることが不可欠である。目標実現のために、脱炭素を軸として成長に資する政策を推進していく。

【第1章第2節第1項「環境・経済・社会の統合的向上」より】
　地球温暖化対策の推進に当たっては、我が国の経済活性化、雇用創出、地域が抱える問題の解決、そしてSDGsの達成にもつながるよう、地域資源、技術革新、創意工夫をいかし、AI、IoT等のデジタル技術も活用しながら、環境・経済・社会の統合的な向上に資するような施策の推進を図る。
　具体的には、経済の発展や質の高い国民生活の実現、地域の活性化、自然との共生を図りながら温室効果ガスの排出削減等を推進すべく、徹底した省エネルギーの推進、再生可能エネルギーの最大限の導入、技術開発の一層の加速化や社会実装、ライフスタイル・ワークスタイルの変革、3R（廃棄物等の発生抑制・循環資源の再使用・再生利用）＋Renewable（バイオマス化・

再生材利用等）をはじめとするサーキュラーエコノミーや自然生態系による
炭素吸収・蓄積という生態系サービスの長期的な発揮を含む自然共生社会へ
の移行、脱炭素に向けた攻めの業態転換及びそれに伴う失業なき労働移動の
支援等を大胆に実行する。「労働力の公正な移行」はパリ協定において必要
不可欠と規定されており、働きがいのある人間らしい雇用や労働生産性の向
上とともに実現していくことが重要である。また、我が国には地域に根差し
た企業が多数存在していることから、労働力に加え、地域経済、地場企業の
移行を一体的に検討する必要がある。

　環境・経済・社会の統合的向上という方向性を国民、国、地方公共団体、
事業者等の全ての主体で共有し、協力してこの具体化に向け実際に行動して
いくことが非常に重要である。

（11）パリ協定に基づく成長戦略としての長期戦略

　気候変動問題という喫緊の課題に対して、世界全体で今世紀後半の温室効果
ガスの排出と吸収の均衡に向けた取組が加速する中で、パリ協定においては、
温室効果ガスの低排出型の発展のための長期的な戦略を策定、通報することが
招請されている。

　「パリ協定に基づく成長戦略としての長期戦略」は、パリ協定に基づく温室
効果ガスの低排出型の発展のための長期的な戦略として、2019年6月に閣議決
定され、国連に提出されている。そして2021年10月には、新たな長期戦略と
して2050年カーボンニュートラルに向けた基本的な考え方等を示す「パリ協定
に基づく成長戦略としての長期戦略」が閣議決定され、国連に提出された。

　ここでは第2章「各部門の長期的なビジョンとそれに向けた対策・施策の方
向性」第1節「排出削減対策・施策」第3項「運輸」の「（1）現状認識　②デ
ジタルとグリーンによる持続可能な交通・物流サービスの展開」ならびに、第
4項「地域・くらし」の「（3）ビジョンに向けた対策・施策の方向性　③カー
ボンニュートラルな地域づくり　（b）都市部地域のカーボンニュートラルな
まちづくり」の内容を示す。

【第2章第1節第3項「運輸」の「(1) 現状認識」より】
②デジタルとグリーンによる持続可能な交通・物流サービスの展開

　運輸部門における二酸化炭素排出量は我が国の二酸化炭素排出量全体の約2割を占める。その削減に向けては、自動車単体対策のみならず、アボイド（渋滞対策等の不必要な交通の削減）、シフト（公共交通の利用促進やモーダルシフト等の二酸化炭素排出原単位の小さい輸送手段への転換）、インプルーブ（AI・IoT、ビッグデータ等のデジタル技術等の技術革新、新技術を活用した新たなサービスの創出）の複合的な対策の強化が必要である。道路交通流の円滑化に向け、ICT技術の活用や料金制度などソフト対策、渋滞対策に資するハード対策の両面からの取組を強化する必要がある。

　公共交通分野においては、新型コロナウイルス感染症等の影響により、公共交通機関を取り巻く状況が一層厳しくなっていることも踏まえ、地域の生活・経済活動を支える移動手段としてエッセンシャルサービスを提供する公共交通における脱炭素化と更なる利用促進を図る必要がある。改正地域公共交通活性化再生法（令和2年11月施行）に基づく地域公共交通計画における環境負荷軽減への配慮を促進するとともに、まちづくりと連携しつつ、LRT（Light Rail Transit）・BRT（Bus Rail Transit）やEV・FCVをはじめとする二酸化炭素排出の少ない輸送システムの導入を推進し、また、MaaS（Mobility as a Service）の社会実装やビッグデータの活用、コンパクト・プラス・ネットワークの推進、交通結節機能の向上を通じたシームレスな移動サービスの提供等により、公共交通サービスの利便性向上を図り、公共交通を選択する行動変容を促す環境整備を推進する必要がある。あわせて、交通における自動車への依存の程度を低減することを明記した自転車活用推進法（平成28年法律第113号）に基づき、通勤目的の自転車分担率の向上など、自転車利用を促進する必要がある。

　国内貨物輸送の約8割をトラック輸送が占めており、トラック（営業用・自家用計）からの二酸化炭素排出量は我が国の二酸化炭素排出量全体の約7%を占めていることも踏まえ、輸送の効率化や二酸化炭素排出原単位の小さい輸送手段への転換が課題となっている。

　船舶、航空、鉄道の分野においては、運輸部門における二酸化炭素排出量のそれぞれ約5%、約5%、約4%を占めており、その更なる削減に向けて、化石燃料からカーボンフリーな代替燃料への転換を加速するなど、省エネルギー・省CO_2に資する次世代のグリーン輸送機関の開発・導入促進を図る必要がある。

【第2章第1節第4項「地域・くらし」の「(3) ビジョンに向けた対策・施策の方向性」より】

③カーボンニュートラルな地域づくり

(b) 都市部地域のカーボンニュートラルなまちづくり

　都市においては、人口減少・少子高齢化、インフラの老朽化などの課題に対処するために、交通などのインフラを含むまちづくりを見直す必要性が高まっている。その中で、脱炭素化の視点を盛り込んで課題解決を目指すことが重要である。都市・地域空間で緩和策・適応策に配慮した住まい方や土地利用の在り方など、都市構造の変革に官民連携により総合的に取り組む。

　都市のコンパクト化や歩行者利便増進道路（ほこみち）と滞在快適性等向上区域の併用等による「居心地が良く歩きたくなる」空間の形成の推進、都市・地域総合交通戦略に基づく施策・事業の推進を図るとともに、都市内のエリア単位の脱炭素化について、エネルギーの面的利用、温室効果ガスの吸収源となる都市公園の整備や緑地の保全・創出、デジタル技術の活用、環境に配慮した優良な民間都市開発事業への支援等による都市再生等、民間資金の活用等を含めた包括的な取組及びスマートシティの社会実装を強力に推進する。また、都市公園への再生可能エネルギーの導入を推進する。さらに、ヒートアイランド対策を実施することにより、熱環境改善を通じた都市の二酸化炭素排出削減を推進する。

　都市のコンパクト化や公共交通の利用促進の取組等と併せて、徒歩や自転車で安全で快適に移動でき、魅力ある空間・環境の整備を推進することで、徒歩や自転車の移動の割合を増加させ、移動に伴う二酸化炭素排出を削減する。また、自転車の利用促進を図るため、安全確保施策と連携しつつ、地方公共団体における自転車活用推進計画の策定に対する支援、自転車通行空間ネットワークの整備、駐輪場の整備、シェアサイクル普及促進など、自転車の利用環境の創出に向けた取組を推進し、二酸化炭素排出抑制に資する。

　上下水道や廃棄物処理施設も含めた公共施設、交通インフラ、エネルギーインフラなどの既存のインフラにおいて、広域化・集約化、長寿命化、防災機能の向上と合わせ、省エネルギー化・地域のエネルギーセンター化を推進することにより二酸化炭素排出削減に資する。建設施工分野において、短期的には、燃費性能の優れた建設機械の普及を図ることにより、二酸化炭素削減を目指す。長期的には、カーボンニュートラルの実現に向け、軽油を燃料とした動力源を抜本的に見直した革新的建設機械（電気、水素、バイオマス

等）の認定制度を創設し、導入・普及を促進する。また地方公共団体の工事を施工している中小建設業へのICT施工の普及など、i-Constructionの推進等により、技能労働者の減少等への対応に資する施工と維持管理の更なる効率化や省人化・省力化を進める。さらに、一旦整備されると長期間にわたって供用されるインフラ分野において、供用・管理段階でのインフラサービスにおける省エネルギー化のみならず、ライフサイクル全体の観点から、二酸化炭素排出の状況把握にも努めつつ、計画・設計、建設施工、更新・解体等の各段階において、省CO_2に資する材料活用等も含め、脱炭素化に向けた取組を強化する。

　複数の施設・建物における電気・熱等の融通や、都市のコンパクト化、下水処理場における地域バイオマス受入れ等は、土地利用施策、都市施策、地域整備施策等との連携が不可欠である。これらの関連施策と気候変動対策との連携を進める。

2.8　インフラの海外展開

　新興国を中心とした世界のインフラ需要は膨大であり、急速な都市化と経済成長を背景に今後の更なる拡大が見込まれている。人口減少・少子高齢化の進行により国内市場の縮小が懸念される我が国において、世界の旺盛なインフラ需要を取り込み、我が国企業の受注機会の拡大を図ることは、我が国の持続的な経済成長を実現する上で、大変重要な戦略である。そのため、政府全体で「質の高いインフラシステム」の海外展開に取り組んできている。「インフラの海外展開」をテーマにした問題に対しては、インフラシステムの海外展開を取り巻く環境の変化を踏まえるとともに、我が国のインフラシステム海外展開の現状を踏まえた解答が必要になる。

　他の出題テーマにおいても取り上げているキーワードについて、本節では「インフラの海外展開」に的を絞った形で、解答論文をまとめる際に参考になり得る事項を抜粋して示している。「インフラの海外展開」をテーマとした解答論文をまとめる際に、参考にしていただきたい。

【インフラの海外展開に係る現状や背景】
　(1)　インフラ需要の将来予測
　(2)　建設企業の海外受注実績
【インフラの海外展開に係る計画や政策】
　(1)　インフラシステム海外展開戦略2025
　(2)　海外社会資本事業への我が国事業者の参入の促進に関する法律（海外インフラ展開法）
　(3)　国土交通省インフラシステム海外展開行動計画（令和5年版）
　(4)　第5次社会資本整備重点計画

【インフラの海外展開に係る現状や背景】

(1) インフラ需要の将来予測

2007年（平成19年）から2017年の10年間の世界のインフラ需要を分野別に見ると、道路が全体の約3割から約4割を占めており、これに鉄道、航空、港湾を合わせると、全体の約4割から約5割となる。

世界のインフラ需要は、年1〜3%の増加率で堅調に推移して、2040年（令和22年）には4.6兆USドルへ拡大していくものと予測されている。エリア別に

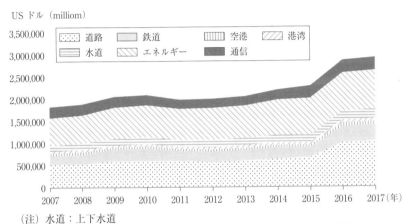

（注）水道：上下水道

資料）Global Infrastructure Hub "Infrastructure Outlook" より国土交通省作成

図の出典：国土交通白書 2020

世界のインフラ需要（分野別）の推移

インフラ需要の2040年における将来予測

2040 年

	占有率（%）	増加率（2007 年度比、%）
中国	31.3	232.7
アジア（日本含む）	23.5	138.0
北中南米	21.3	150.2
欧州	15.0	64.6
アフリカ	6.8	330.6
オセアニア	2.1	145.5

資料）（一社）建設経済研究所「建設経済レポート No.71」、Global Infrastructure Hub "Infrastructure Outlook" より国土交通省作成

図の出典：国土交通白書 2020

インフラ需要を見ると、2040年にアジアが世界全体のインフラ需要の半分以上を占め、アジアのうち約6割は中国のインフラ需要であると予測されている。2007年と2040年のインフラ需要の比較を見れば、需要量としては中国が31.3％と最も大きく、次にアジア（日本を含む）が23.5％となっているが、インフラ需要の増加率で見れば、アフリカで330.6％、中国で232.7％と、今後大きく伸びると予測されている。

（2）建設企業の海外受注実績

　我が国の建設業は開発途上国において、社会資本整備に貢献するとともに、技術及び経営ノウハウの移転を実施し、現地の建設業の水準向上にも貢献している。

　建設企業の海外活動の歴史は、戦後の賠償工事をきっかけにして、1970年代にはオイルマネーによる建設ラッシュを迎えた中東を主な市場として受注を拡大し、1980年代には我が国ODAの拡大とともに東南アジアで受注を広げ、1980年後半からは開発案件を中心にアメリカへと主な市場を展開してきた。

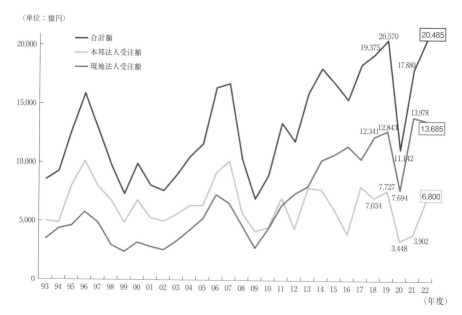

図の出典：海外建設受注実績レポート（一般社団法人海外建設協会）

海外建設受注の推移（1993年度〜2022年度）

1990年代に入ると我が国製造業の生産拠点の海外進出とともにアジアの市場が拡大し、1996年には1兆6千億円近い受注を記録したが、1997年のアジア通貨危機以降受注は低下し、1兆円をやや下回る規模の受注で推移しつつあった。2000年代にはアジアを基盤としつつ、北米や中東を中心に拡大していたが、2008年から2009年のリーマンショック・ドバイショックの影響等により落ち込んだ。その後、2010年代には、アジアや北米を中心に受注を伸ばし、1.5兆円を超える受注水準となり、2019年度には2兆円を超えた。

2022年度海外建設受注は、1,851件、2兆485億円となり、前年度に比し、件数は15件減少したが、金額は2,605億円増加した。

【インフラの海外展開に係る計画や政策】
(1) インフラシステム海外展開戦略2025

新興国を中心とした世界のインフラ需要は膨大であり、急速な都市化と経済成長に伴い、引き続き海外市場の拡大が見込まれる一方、国内市場は少子高齢化の進展等による縮小が懸念されることから、我が国企業の海外展開は一層重要となっている。

我が国政府は、インフラシステム輸出による経済成長の実現のため、2013年に「インフラシステム輸出戦略」を策定して以降、毎年改訂を重ねながら、各種政策を推進してきた。しかし、世界的な新型コロナウイルスの感染拡大への対応を機に、改めて、各国の医療・保健体制の充実への関心が高まり、この分野での国際協力の重要性が認識されたのみならず、今後、世界全体で社会の変革やデジタル化、脱炭素化が加速するものと見られ、感染防止と経済、環境を両立する形で、従来とは異なる新たなインフラニーズに柔軟に応えていく必要がある。また、インフラを提供する側の課題や相手国・地域のビジネス・投資環境を含めた様々な課題も浮き彫りになっている。

「インフラシステム海外展開戦略2025」は、2021年以降のインフラ海外展開の方向性を示すため、従来のインフラシステム輸出戦略を抜本的に見直し、インフラ市場をめぐる急速な環境変化を踏まえ、5年間を見据えた新たな目標を掲げた戦略を策定したものである。

「インフラシステム海外展開戦略2025」では、インフラシステム海外展開の目的として、(1) カーボンニュートラル、デジタル変革への対応を通じた、産

業競争力の向上による経済成長の実現、(2) 展開国の社会課題解決・SDGs達成への貢献、(3)「自由で開かれたインド太平洋（FOIP）」の実現、の3本の柱立てとした上で、2025年に34兆円のインフラシステムの受注を目指すこととしており、その要旨は以下のとおりである。

(1) カーボンニュートラル、デジタル変革への対応等を通じた、産業競争力の向上による経済成長の実現

カーボンニュートラルに向けて世界でビジネスチャンスが拡大する中、気候変動対策を行うことが産業構造や経済社会の変革をもたらし、大きな成長につながるという発想の転換の下、我が国の新たな成長戦略としてグリーンイノベーションを推進する。また、本格的にデータ活用社会が到来し、インフラ分野においてもデータやデジタル技術を活用したモノやサービスの高度化や高付加価値化が差別化の重要な要素になっていることを踏まえ、インフラの稼働から得られるデータを活用し、ハードの設計、設置、運転の高度化や新たなサービスの提供に取り組むなど我が国企業のサイバーフィジカル企業への転換を推進する。

(2) 展開国の社会課題解決・SDGs達成への貢献

SDGsの考え方が世界的に普及する中、インフラについても、その価値は、単純なモノの性能だけではなく、現地の生活者のQoLを向上させることにあるとの認識が広まっていることを踏まえ、ODAのみならず、ODA以外のビジネス展開支援においても、展開国の社会課題やSDGsを意識して、また、社会面、環境面での配慮がなされた我が国のインフラシステムの強みを活かしつつ、展開先のニーズや資力に合致したプロジェクトを現地パートナーと協創するとともに、現地の人材育成等も含めたインフラ開発に継続的に関与し、得られるベネフィットを現地と共有する事業モデルを推進する。

(3) 質の高いインフラの海外展開の推進を通じた、「自由で開かれたインド太平洋」の実現等の外交課題への対応

我が国が推進する質の高いインフラ整備は、特に平和と安定、連結性の向上等の取組を通じて、我が国政府が2016年に提唱したFOIPが目指す我が国を含む地域の繁栄の礎となる国際環境の構築に貢献できる。同時に、展開地域の経済的繁栄を目指したインフラの整備に取り組んでいくことは、我が国企業にとっても競争力を発揮しやすい環境づくりにつながる。このため、官民が連携して質の高いインフラ構築に係る案件形成を目指す。

一方、2021年6月には、「インフラシステム海外展開戦略2025」策定後の環境変化を踏まえて、「ポストコロナを見据えた新戦略の着実な推進に向けた取組方針」を決定し、その中で分野別アクションプランの策定や行動KPIの多層化に加え、具体的施策が追補された。また、2022年6月には、環境変化を踏まえた重点戦略として、①ポストコロナを見据えたより良い回復の着実な実現、②脱炭素社会に向けたトランジションの加速、③「自由で開かれたインド太平洋」（FOIP）を踏まえたパートナーシップの推進の3本柱を掲げるとともに、加えて、新たなニーズに対応した展開手法の多様化として、④コアとなる技術・価値の確保、⑤売り切りから継続的関与への多様化の促進、⑥質高インフラに向けた官民連携の推進の3本柱が掲げられ、具体的施策の追補が行われた。さらに2023年6月には、環境変化を踏まえた重点戦略として、2022年の追補版の重点戦略としていた「①ポストコロナを見据えたより良い回復の着実な実現」を「①DX等新たな時代の変革への対応の強化」に変更するとともに、具体的施策の追補が行われた。

(2) 海外社会資本事業への我が国事業者の参入の促進に関する法律（海外インフラ展開法）

少子高齢化が進む我が国の成長戦略として、新興国を中心とした世界の旺盛なインフラ需要を取り込むためには、民間事業者の海外展開を促進することが必要となっている。他方、インフラ開発・整備は相手国政府の影響力が強いことや、インフラ整備等に関する専門的な技術やノウハウは独立行政法人等の公的機関が保有していること等により、民間事業者のみでは十分に対応できない場合がある。

海外インフラ展開法は、これらのことを背景として、海外社会資本事業への我が国事業者の参入の促進を図るため、国土交通大臣による基本方針の策定について定めるとともに、独立行政法人鉄道建設・運輸施設整備支援機構その他の法人に海外社会資本事業への我が国事業者の円滑な参入に資する調査その他の業務を行わせる等の措置を講ずることにより、我が国経済の持続的な成長に寄与することを目的として、平成30年3月に閣議決定された法律である。

この法律において「海外社会資本事業」とは、鉄道施設、水資源の開発又は利用のための施設、都市における土地の合理的かつ健全な利用及び都市機能の増進に寄与する住宅その他の建築物及びその敷地、下水道、空港、道路、港湾

その他国土交通省令で定める施設の整備、運営又は維持管理に関する事業であって、海外において行われるものをいうと定めている。

（3）国土交通省インフラシステム海外展開行動計画（令和5年版）

　新興国を中心とした世界のインフラ需要は膨大であり、急速な都市化と経済成長を背景に今後の更なる拡大が見込まれている。人口減少・少子高齢化の進行により国内市場の縮小が懸念される我が国において、世界の旺盛なインフラ需要を取り込み、我が国企業の受注機会の拡大を図ることは、我が国の持続的な経済成長を実現する上で、大変重要な戦略である。

　国土交通省においては、「インフラシステム輸出戦略」（2020年からは「インフラシステム海外展開戦略2025」）を具体化するため、2016年以降、毎年、「国土交通省インフラシステム海外展開行動計画」を策定し、関係省庁と連携しつつ、インフラシステム海外展開を促進するための各種取組を進めてきた。

　2023年6月の「国土交通省インフラシステム海外展開行動計画（令和5年版）」は、2023年6月に決定された新戦略（インフラシステム海外展開戦略2025）の追補の内容及び直近の情勢変化を踏まえ、政府の新戦略を遂行していくための国土交通省としての指針と具体策について必要な見直しを行ったものである。

　「行動計画」の主な構成と内容は以下のとおりである。

- ・第1章では、新戦略の追補におけるインフラシステム海外展開の取組を進める上での重点戦略を踏まえ、インフラシステム海外展開を取り巻く情勢と課題を整理している。
- ・第2章では、第1章の基本的な考え方に基づき、取り組む主な施策を記載している。特に、新戦略の追補における重点戦略を実現するために取り組む施策については詳細に記載している。
- ・第3章では、分野別に国内外の市場動向、我が国の強みと課題、競合国の動向、今後の海外展開の方向性等を整理し、今後の取組を記載している。
- ・また、末尾に参考として、我が国企業による受注を目指す国土交通分野の主要プロジェクトについて記載している。

　ここでは、第1章第3節「インフラシステム海外展開を取り巻く情勢と課題」ならびに、第2章「今後取り組むべき主な施策」の第1節「重点分野」として挙げている項目、および第3節「インフラシステム海外展開を推進するための主な施策」として挙げている項目を示す。

【第1章第3節「インフラシステム海外展開を取り巻く情勢と課題」より】
①デジタル技術による社会経済構造の変革

IoT、AI、ビッグデータ等の技術革新に特徴づけられる「第四次産業革命」は、あらゆるセクターや業界において急速に進展しており、2022年までに、世界のGDPの60％以上がデジタル化され、また、今後10年間、経済によって生み出される新しい価値の70％が、デジタル対応のプラットフォームをベースにするものになるという予測も出されている。

第四次産業革命は、都市や交通の有り様にも変革をもたらしつつあり、例えば自動車分野では、CASE（Connected（コネクテッド）、Autonomous（自動運転）、Shared & Services（カーシェアリングとサービス）、Electric（電気自動車））と呼ばれる新たな領域で技術革新が進み、百年に一度といわれる大きな変化が起こっている。また、世界的に都市部への人口集中が進む中、AI、IoT等の新技術により都市の抱える課題の解決を目指すスマートシティに大きな関心と期待が寄せられてきている。

我が国では、「成長と分配の好循環」と「コロナ後の新しい社会の開拓」をコンセプトとした新しい資本主義を実現するためのビジョンとその具体化の方策である「新しい資本主義のグランドデザイン及び実行計画」を2022年6月に閣議決定し、DXやスタートアップ等への重点投資を官民連携の下で推進することとしており、インフラシステム海外展開についても当該分野での取組を強化する必要がある。

本格的なデジタル社会を迎え、インフラ分野においても、ビッグデータやデジタル技術を活用したモノやサービスの高度化や高付加価値が差別化の重要な要素になっている。これまで取り組んできた鉄道、空港、港湾や道路、都市開発等の国土交通分野の今後のインフラシステムの海外展開においては、我が国の優れたデジタル技術やノウハウを組み込んだ提案を行っていくことが、競合国との差別化を図る上でも、デジタル時代における相手国の社会経済の発展を支援する観点からも重要である。

さらに、コロナ禍後の新常態における生活様式や価値観等の変化を踏まえ、デジタル技術を活用した従来とは異なる新たなインフラシステムのニーズに能動的に対応していくことが求められる。
②カーボンニュートラル実現に向けた国際的な動き

我が国は、2020年10月に「2050年までに温室効果ガス（GHG）排出をゼロにする、すなわち2050年カーボンニュートラル、脱炭素化社会の実現を

目指す」との方針を打ち出しており、これを受け、同年12月に「2050年カーボンニュートラルに伴うグリーン成長戦略」が策定され、さらに、新戦略においても、「カーボンニュートラルへの対応を通じた産業競争力の向上による経済成長の実現」が、インフラシステム海外展開の目的の一つに位置付けられている。

　また、2022年11月にエジプトのシャルム・エル・シェイクで開催されたCOP27においては、締約国の気候変動対策の強化を求める「シャルム・エル・シェイク実施計画」が採択され、我が国が議長国を務めた2023年5月のG7広島サミットにおいては、2050年GHG排出ネット・ゼロという共通のゴールを目指すことの重要性についてG7各国や各地域連合（アフリカ連合、太平洋諸島フォーラム等）の議長国等と認識を共有したところである。個別の運輸部門についても、G7広島サミットの成果文書において、国際航空の2050年CO_2排出ネットゼロを目指す国際民間航空機関（ICAO）の目標達成に向けた取組加速へのコミットメント、2050年までに国際海運からのGHG排出をゼロとする目標の達成に向けた取組強化へのコミットメントがそれぞれ確認されたほか、道路部門における2050年GHGネット・ゼロ排出へのコミットメントが確認された。

　これらを実現するため、我が国は、再生可能エネルギーや原子力等の既存技術を最大限活用するとともに、水素、アンモニアなどの新たな技術の実現・普及、いわゆる「エネルギー・トランジション」に官民挙げて取り組むこととしている。

　また、気候変動の影響等により、近年、世界的に自然災害が頻発化・激甚化する傾向が見られ、強靱かつ持続可能なインフラシステムへのニーズが高まっている。世界各地には、地震・津波、風水害、干ばつ等の自然災害のリスクが存在するが、1998年から2017年までの20年間における世界全体の自然災害による経済損失額は2兆9,080億ドルであり、これらは1978年から1997年までの20年間の1兆3,130億ドルと比較すると約2倍となっている。過去20年間（1998年〜2017年）では、全災害のうち水関連災害（洪水＋暴風雨）が約71%（5,000件）と最も多く発生しており、死者数においては約66%（40万人）、被害額においても約63%（180兆円）と全災害のうちそれぞれ最大を占めている。特に、南・東南アジアでは死者数も多く、気候変動による激甚化や頻発化も懸念されているところである。

　このような中、我が国は、2023年3月に国連本部で開催された国連水会議2023において、水防災の知見を生かして水分野の強靱化に向けた議論を主導

するなど、水分野における国際的議論を主導する立場にあることから、2022年4月の第4回アジア・太平洋水サミットで発表され、国連水会議2023で再確認された「熊本水イニシアティブ」に基づき、ダム、下水道、農業用施設等を最大限活用した「流域治水」を通じて被害を軽減する適応策と、緩和策を両立できる「質の高いインフラ」整備を推進する必要がある。

③経済安全保障の重要性の高まり

我が国は、自由で開かれた経済を原則として、民間主体による自由な経済活動を促進することで経済発展を遂げてきた。しかしながら、近年、ロシアのウクライナ侵略、台湾情勢の緊迫化など国際情勢が複雑化し、地政学的な緊張が高まる中、インフラ整備においても、経済安全保障の観点から取組を推進する必要がある。

我が国は、2016年に「自由で開かれたインド太平洋」（FOIP）のビジョンを提唱し、その実現に向けて取り組んできた。2023年3月には、「自由で開かれたインド太平洋（FOIP）のための新たなプラン」を発表し、1）平和の原則と繁栄のルール、2）インド太平洋流の課題対処、3）多層的な連結性、4）「海」から「空」へ拡がる安全保障・安全利用の取組を柱にFOIP協力を拡充することとしている。

このうち、3）多層的な連結性の追求に向けた具体的取組として、我が国は、インド洋と太平洋にまたがる連結性の確保、すなわち、ハード・ソフト両面での地域内の連結性を高め、インド太平洋地域にアクセスする選択肢を提供することで自律的な形で地域が共に経済発展できる基盤を構築していくこととしている。中でも、インド太平洋地域における「物理的連結性」の確保にあたり、質の高いインフラ整備は重要である。我が国は、同地域における質の高いインフラについて、「開放性」「透明性」「経済性」「債務持続可能性」といった要素を重視しているが、2019年のG20大阪サミットでは、上記の要素が盛り込まれた「質の高いインフラ投資に関するG20原則」が、新興ドナー国も含める形で承認されたところであり、我が国が提唱する質の高いインフラのコンセプトは国際的な広がりを見せてきている。

2023年5月に日米豪印首脳会合（QUAD）が我が国で開催され、その共同声明において、インド太平洋地域の生産性及び繁栄を促進するために不可欠なインフラに関する協力を深化させる観点から、今後5年間で同地域において500億米ドル以上のインフラ支援及び投資を行うことを目指すこととした前年のQUADでのコミットメントを実現するため、持続可能で気候変動に強靱なインフラ投資へのアクセスを引き続き支援することが確認された。

　また、G7 の枠組みにおいても、G7 共通のコミットメントである「グロー
バル・インフラ投資パートナーシップ（PGII：Partnership for Global Infra-
structure and Investment）」に関するサイドイベントが 2023 年 5 月の G7 広
島サミットに際して開催され、G7 が多様な主体と連携しながら、パートナー
国のインフラへの投資において民間資金の動員に取り組むことが表明された。

　こうした動きも踏まえ、今後ともインド太平洋地域における質の高いイン
フラ整備の推進に向け、我が国の強みを生かし、案件を具体化していく必要
がある。

④国際的な競争環境の変化

　国土交通分野のインフラシステムに携わる我が国企業の多くは、一定規模
の安定した需要が国内市場に存在したことから、主に国内市場を前提とした
供給力を備え、国内を主な市場として事業を展開してきた。例えば、我が国
のスーパーゼネコン 4 社の売上に占める海外事業の売上の割合は 1 〜 2 割程度
であり、欧州の上位ゼネコンのそれを大きく下回る。また、我が国企業の受
注案件の多くは、円借款など政府開発援助（ODA）関連であったが ODA 案
件の形成は難しくなってきていると言われている。

　また、近年、欧米やアジアの競合国の企業は案件獲得への取組を強化して
おり、ASEAN 等の新興国も含めた各国の企業も受注実績を積み上げる中で
技術力を急速に向上させているなど、国際的な競争環境は益々厳しくなって
いる。

　このため、今後、我が国企業が海外において案件を獲得するためには、以
下のような競争環境の変化を認識し、対策を講じていく必要がある。

（競合国企業との価格競争力の差）

　鉄道車両メーカーの売上を比較してみると、我が国最大の車両メーカーが
約 7,400 億円規模であるのに対し、世界最大の中国中車は約 26,400 億円、ま
た、2021 年 1 月にはアルストム（仏）がボンバルディア（独）の鉄道事業を
買収し、売上高が約 23,400 億円となるなど、その規模の差は大きくなってい
る。このような規模の差は価格競争力の差を生じさせる要因にもなっている
と考えられ、我が国企業は厳しい競争状況にある。

　このため、今後は、いたずらに量（受注額や件数）を追うのではなく質を
追求することが重要との考え方に立ち、我が国企業に競争力のある技術を特
定し、我が国の強みを「質の高いインフラシステム」として明確にした上で、
「川上」段階からトップセールス等の政府間対話等を通じて相手国政府に情報
発信・折衝を積極的に行うほか、我が国企業に相対的に優位性のある技術が

適用される案件をODAのSTEP（本邦技術活用条件）案件とするなどして対応していく必要がある。

　一方、我が国企業が、相手国の実情やニーズを必ずしも踏まえることなく、国内で成熟させた技術を前提とした提案を行ったために競合国との価格の比較等により相手国に採用されないケースが生じていることから、相手国のニーズに的確に対応し、質を維持した上でコストを削減してカスタマイズ、スペックダウンするためのコンサルタントの提案力を強化する取組や、我が国の規格や技術基準の国際標準化により我が国企業の事業参入を容易にすること等にも併せて取り組む必要がある。

　今度とも、我が国の強みをさらに検証して入札条件に反映させることによる我が国企業の受注円滑化の取組、「質の高いインフラ投資に関するG20原則」に従いつつ価格を引き下げる取組、我が国企業による現地での製造拠点整備や現地ローカル企業とのより一層の連携によるサプライチェーンの確保などにより、価格競争力を強化していくことが課題となっている。

（我が国企業の技術的優位性の相対的低下）

　欧米やアジアの競合国に加え、ASEAN等の新興国の企業の技術力の急速な向上により、我が国企業の技術の優位性の相対的低下が指摘されている。

　地震や台風等の災害の多発、山がちで狭あいな国土における人口と都市の稠密な社会の形成といった環境の中で、我が国企業は、独自の技術や知見・ノウハウを積み上げ、安全で環境等に配慮した質の高いインフラシステムを構築してきた。これを支える技術力は、我が国では必要であるが、自然環境と社会条件の異なる相手国には必ずしも必要とは限らず、経済性が優先されるケースも多い。また、競合国と技術力の差が無くなってきている分野もある。このため、我が国の技術の優位性を絶えず検証し、競争力ある技術を特定することにより、案件形成前の「川上」段階での相手国へのアピールを通じた我が国技術を活用した案件の形成や、新技術の活用による我が国企業が優位性を持つ技術分野の拡大を目指した取組が行われてきた。

　これらの取組は、我が国のインフラシステム整備の工法やスペック等の技術力の優位性を根拠とするものであったが、競合国や新興国の技術の向上を踏まえると、今後の優位性は、1）インフラシステムの施工管理、O&M等に係る知見・ノウハウ、2）一つのインフラシステムから周辺分野に多面的に事業を展開する我が国に特徴的な知見・ノウハウ（例：産業立地型港湾開発、駅ナカ・沿線開発、TOD（公共交通指向型都市開発））等に求める必要があり、これらに関連した技術移転、人材育成等を活かした案件形成を進める必

要がある。

　なお、海外進出に当たっては、相手国の実情やニーズが多様であるため、国内で成熟させた技術・ノウハウがそのまま相手国に受け入れられるとは限らないことから、相手国のニーズや競合国等の実態を踏まえ、カスタマイズ、スペックダウンするほか、課題解決に必要な新技術、新材料、新工法の開発や改良を行い、技術的優位性の確保に努める必要がある。

（業界の海外事業の経験不足）

　これまで、国土交通分野のインフラシステムに携わる我が国企業の多くは、一定規模の安定した需要のある国内市場を前提に供給力を備え、国内市場を主として事業を展開してきた。

　しかし、少子高齢化社会の到来に伴い人口が減少し、国内市場の縮小が懸念されている中、これまでの安定した国内需要を前提に持続的に成長を続けていくことが困難になってきている。このため、近年、拡大が見込まれる海外市場の獲得を目指す企業が増加しているが、上記の価格競争力、技術的優位性の低下に加え、

・投資判断を行う本社の意思決定に時間を要し、競合国の企業のスピード感ある対応と差がある

・国内で成熟させた技術・ノウハウがそのまま相手国に受け入れられると認識し、現地の実情やニーズに合った価格・品質に合わせた柔軟な対応に踏み切れない

・現地政府、企業などとの折衝や入札書類などをコンサル企業などに依存しがちである

・現地でのネットワーキング、コミュニケーション活動が不足し、現地政府や企業との連携が出来ていない

などの課題が指摘されている。

　また、海外展開にあたっては、それに従事する人材に語学力はもちろん、海外案件特有のリスクや相手国の情勢・法制度、商習慣等、国内市場と異なる海外展開業務に特有の知見を備えることが求められるが、我が国企業の多くは、人材を国内市場に多く従事させてきたため、海外展開に従事できる人材が必ずしも十分には確保できていない。こうした課題は、「海外社会資本事業への我が国事業者の参入の促進に関する法律（平成三十年法律第四十号。以下「海外インフラ展開法」）」に基づき、公的信用力及び固有の技術・ノウハウを活用して我が国企業の海外展開をサポートすることが期待されている独立行政法人等（鉄道建設・運輸施設整備支援機構、都市再生機構等）にも

共通しており、2022年度に海外インフラ展開法を対象として実施した国土交通省政策レビューにおいては、専門的な人材の育成・確保に向けた検討を含め、独立行政法人等が海外業務を実施するための体制整備を計画的に推進することの必要性が指摘された。

　さらに、世界的に他企業の追随を許さない技術を有する中堅・中小企業、スタートアップ企業の中には、海外業務に携わった経験が少ない、海外展開のノウハウや頼るべき現地パートナーがない等により、海外への進出に躊躇したり、進出した後に困難に直面したりしているものがある。

　政府においては、インフラシステム海外展開に従事する我が国の人材を養成するため、政策研究大学院大学が実施する「海外インフラ展開人材養成プログラム」への支援等を進めてきた。また、我が国企業の海外展開を容易にするための環境整備として、株式会社海外交通・都市開発事業支援機構（JOIN）の支援によるリスク軽減、我が国企業と現地企業とのビジネスマッチングの支援、新たな市場に独自のネットワークを有する外国のパートナー企業と補完関係を構築して進出する第三国市場連携等を進めてきた。

　引き続き、これまで国内案件に人材資源を割いてきた企業や独立行政法人等が、今後拡大が見込まれる海外事業に取り組もうとする場合に、海外事業に充てる人材不足がボトルネックとならないよう、我が国のインフラシステム海外展開に従事する人材の確保に向けた取組を推進していく必要がある。その際、人口減少・少子高齢化等に伴い、海外展開に従事する人材を国内のみで確保することが今後困難となる可能性もあるため、外国人材の採用・育成に向けた取組についても検討する必要がある。また、企業側においても、各企業が海外展開で通用する人材を確保するため国内事業と海外事業との間で人材の流動化を図ることに加え、海外案件に対応できるよう、現地企業の買収等の現地化等を通じて我が国企業の企業構造を改善していく必要がある。

【第2章第1節「新戦略の追補を踏まえ強化する取組」として挙げている項目】

(1) 新戦略の追補を踏まえ強化する取組

① O&Mの参画推進による継続的関与の強化

　1）案件発掘調査の実施

　2）ODA＋PPP型の案件形成

　3）PPPプラットフォーム等の政府間枠組みの活用

  4）インフラメンテナンスの海外展開

  5）公的金融機関によるリスクマネー等の供給

② 「技術と意欲のある企業」の案件形成・支援

  1）JOINによる支援の推進

  2）現地でのプロモーションやマッチングの実施

③ 国際標準化の推進と戦略的活用

  1）国際標準の獲得、国際基準化の推進

  2）相手国での標準採用の働きかけ

  3）デファクトスタンダード化の取組

  4）第三国との連携

  5）自由なデータ流通に係る国際ルール・規範の策定

  6）標準・基準を取り扱う専門人材の育成、国際機関への人材登用

④ デジタル・脱炭素技術の活用

  1）スマートシティ・交通ソフトインフラ

  2）エネルギートランジション

  3）JOINによるデジタル・エネルギー分野の重点支援

  4）気候変動適応に資するインフラの海外展開

【第2章第3節「インフラシステム海外展開を推進するための主な施策」として挙げている項目】

① 「川上」からの継続的関与の強化

  1）国土計画・マスタープラン等の上位計画からの関与

  2）トップセールス等

  3）招請、セミナー、ビジネスマッチング等

  4）ソフトインフラ（法律、計画・制度、技術基準）策定支援や行政官育成の支援

  5）「川上」段階において相手国及び我が国企業の意見を聴取する枠組みの構築

  6）独立行政法人等の活用

  7）JOINを活用した事業参入環境の整備

  8）技術を含めた評価を行う発注方式や「良き発注者」の考え方の浸透等

  9）国際的な政策議論への参画

　10）カントリーリスクへの対応
②　PPP案件への対応力の強化
　1）PPPの事業性等に関する相手国政府との理解の共有
　2）我が国企業が参入可能なPPP案件形成を促進するための二国間枠組みの活用
　3）ODA等の公的資金を活用したPPP案件の形成
　4）我が国企業が参画可能なファイナンススキームの構築
　5）インフラの管理運営を行う独立行政法人等の積極的活用
　6）JOINを活用した海外PPP案件への我が国民間企業の参入促進
　7）PPP案件への経験不足を補完する取組
③　我が国の強みを活かした案件形成
　1）「質の高いインフラシステム」のコンセプトの情報発信
　2）デジタル・気候変動（カーボンニュートラル・防災インフラ）・FOIPに資する案件形成
　3）相手国のニーズ等に合わせてカスタマイズする柔軟な提案力の強化
　4）CORE JAPANの取組の推進（我が国企業が比較優位を持つ技術の検証と特定）
　5）運営・維持管理（O&M）への参画
　6）独立行政法人等による我が国企業の補完
　7）分野間連携による一体的推進
　8）「川下」までを見据えた案件形成
　9）海外における復旧・復興への貢献
④　我が国コンサルタントによる調査等の支援
　1）コンサルタントの調査等に対する第三者による技術的助言への支援
　2）調査の早期段階における我が国企業間の知見の共有
　3）コンサルタントの業務実施環境の整備
⑤　我が国企業の競争力の強化
　1）現地ローカル企業との協業
　2）海外での設計・製造拠点の設置と現地職員の活用
　3）第三国市場に進出する際の補完的連携
　4）M&Aによる海外企業の取得
　5）公的ファイナンスの活用
　6）国際標準化等に係る戦略的取組の推進
　7）スタートアップ企業、中堅・中小企業、地方企業等の海外展開支援

8）コスト競争力強化等のための技術開発の推進（i-Construction）
⑥　我が国企業の海外展開に係る人材の確保と環境の整備
  1）国内外の人材の流動化
  2）我が国企業の人材採用・育成への支援（海外で活躍する若手技術者等の育成）
  3）インフラメンテナンスの海外展開支援
  4）官民一体となった我が国企業の海外展開の環境整備
⑦　案件受注後の継続的なフォローアップ
  1）トラブル発生時のトップクレーム等の速やかな実施
  2）海外建設・安全対策ホットラインを活用した課題解決の迅速化
  3）JOINによる継続的なサポートの実施
  4）政変・騒乱等発生時における海外展開企業の支援

（4）第5次社会資本整備重点計画

　第5次社会資本整備重点計画の概要は、本章第1節「社会資本整備」に示したとおりである。

　ここではインフラの海外展開に係る事項として、第3章第2節「個別の重点目標及び事業の概要について」の第4項「重点目標4：経済の好循環を支える基盤整備」に示されている「目指すべき姿」と「現状と課題」の一部、そして「政策パッケージ」の『4-4：我が国の「質の高いインフラシステム」の戦略的な海外展開』を示す。

【第3章第2節第4項「重点目標4：経済の好循環を支える基盤整備」より】
〈目指すべき姿〉
　持続的な経済成長の実現やリスクに強い社会経済構造の構築に向け、我が国の競争力強化等に資する社会資本の重点整備やインフラ輸出により、経済の好循環を作り上げるとともに、ポストコロナ時代において地域経済を支える観光の活性化に向けた基盤整備を行い、地域経済を再生させる。
〈現状と課題〉
　……略……
　さらに、拡大が見込まれる海外のインフラ市場の獲得は、我が国経済の持続的成長のみならず、インフラ関連企業における技術やノウハウ継承という

観点からも重要性を増している。競合国のみならず、新興国企業との競争が
激化する中、気候変動への対応やSDGsの考え方の普及、国際情勢の複雑化
等も踏まえつつ、デジタル化等の新たなニーズを取り込みながらインフラ海
外展開の取組を推進することが必要である。

【第3章第2節第4項「重点目標4：経済の好循環を支える基盤整備」の「政
　策パッケージ4-4：我が国の「質の高いインフラシステム」の戦略的な海
　外展開」より】
「インフラシステム海外展開戦略2025」に基づき、我が国の経済成長や展
開国の社会課題解決への貢献を図るため、ハード・ソフト一体となった防災
インフラの海外展開等による気候変動への対応、MaaS等の交通ソフトイン
フラや自動運転等による公共交通の円滑化・利便性の向上やASEANにおけ
る「SmartJAMP」によるスマートシティ案件の形成等を通じたデジタル変
革への対応、「自由で開かれたインド太平洋」（FOIP）の実現に資するプロ
ジェクトの推進等「質の高いインフラシステム」の海外展開を戦略的に推進
する。
重点施策（インフラシステム海外展開の取組）
「インフラシステム海外展開戦略2025」の着実な推進のため、以下の施策を
　実施
　　・「川上」からの継続的関与の強化
　　・PPP案件への対応力の強化
　　・我が国の強みを活かした案件形成
　　・我が国コンサルタントによる調査等の質の向上
　　・我が国企業の競争力の強化
　　・我が国企業の海外展開に係る人材の確保と環境の整備
　　・受注後の継続的なフォローアップ
　　・新型コロナウイルス感染拡大を踏まえた対応

おわりに

　2023年3月末現在の技術士登録者数は、およそ9万9千名となっていますが、この数はAPECエンジニアやIPEA国際エンジニアなどの国際的な技術者相互承認制度を考慮した場合に、米国のPEや英国のCEといった海外の資格者数と比べて必ずしも十分とは言えません。一方、技術士は、総合技術監理部門も加えて21の技術部門がありますが、建設部門の技術士はこのうち約45％の登録比率になっています。これは、建設業法や建設コンサルタント登録規定などによって、建設部門の技術士が専任技術者や監理技術者の許可要件あるいは登録要件として積極的に活用されてきたことや、公共事業の競争入札に参加しようとする建設業者の経営事項の審査において、技術士に高い評価が与えられてきたことなどが大きな理由の1つになっています。

　一方、建設分野に係る技術者は、公共事業をはじめとした社会資本の整備という重要な任務を担っている中で、経済性や安全性、環境面など高度化、多様化するニーズにいかに応えていくかが求められるようになり、総合的な技術力がますます必要になっています。また、東日本大震災や熊本地震など大規模地震の復興をはじめ、たび重なる水害や土砂災害などの自然災害に対するさらなる対応や、老朽化する社会資本の維持管理・更新など、建設技術者が担うべき役割は、ますます大きなものとなっています。このような状況の中で、科学技術に関する高等の専門的応用能力が求められる「技術士」資格は、まさに建設系の技術者ならばぜひとも取得すべき資格であると言えます。そして、技術士試験合格後も建設部門の技術士から総合技術監理部門の技術士へと、さらなる目標に向けた志を持って努力をしていくことは、結果として建設系技術者全体の質の向上に繋がり、ひいては技術士資格の信頼性の向上にも繋がっていくものと確信しています。

　本書が建設部門の技術士を受験する際に、部門全体の基本的な事項についてしっかりとした知識を得るための一助となり、その結果、一人でも多くの建設部門技術士が誕生することになれば望外の幸せです。そして本書の読者が、信頼できる技術と広い視野を持った技術者として、そして何よりも社会資本整備

という国づくりを担う技術者として、国民から厚い信頼を得られるような技術士になって幅広く活躍されることを願っています。なお、本書は受験参考書としての性格ゆえ、あえて国土交通白書や環境白書ならびに法令等に書かれている文の一部や掲載されている図・表、そして国土交通行政に係る計画や政策の文章を原文のままの形で掲載しているところがあるということをお断りしておきます。

　本書の出版にあたり、日刊工業新聞社の鈴木徹氏に多大な支援を賜りました。ここに記して感謝いたします。

2024年1月

杉内　正弘

《著者紹介》

杉内　正弘（すぎうち　まさひろ）

技術士（総合技術監理部門、建設部門）

1978年3月武蔵工業大学工学部土木工学科卒業

現在、(株)協和コンサルタンツ勤務

　日本技術士会青年技術士懇談会副代表幹事、研究開発規制調査委員会委員、JABEE審査員などを歴任

　日本技術士会会員、土木学会会員

資格：技術士（総合技術監理部門、建設部門）、大気関係第一種公害防止
　　　管理者、一級土木施工管理技士、一級舗装施工管理技術者、測量士、
　　　コンクリート技士など

著書：『技術士第一次試験「建設部門」受験必修キーワード700』、『年度版
　　　技術士第一次試験「建設部門」専門科目　受験必修過去問題集〈解
　　　答と解説〉』、『建設系技術者のための技術士受験必修ガイダンス』
　　　（日刊工業新聞社）、以下共著『技術士第一次試験合格ライン突破ガ
　　　イド』、『技術士第二次試験合格ライン突破ガイド』、『建設系技術者
　　　のための技術士第二次試験「総合技術監理部門」受験必修ガイド』、
　　　『技術士第二次試験「口頭試験」受験必修ガイド』、『建設技術者・
　　　機械技術者〈実務〉必携便利帳』ほか（日刊工業新聞社）、『事例に
　　　学ぶトレードオフを勝ち抜くための総合技術監理のテクニック』ほ
　　　か（地人書館）、『技術士試験建設部門　傾向と対策』ほか（鹿島出
　　　版会）

2024 年度版　技術士第二次試験「建設部門」
〈必須科目〉論文対策キーワード　　　　　　　　NDC 507.3

2024 年 1 月 30 日　初版 1 刷発行

$\left(\begin{array}{l}\text{定価は、カバーに}\\\text{表示してあります}\end{array}\right)$

　ⓒ 著　者　杉　内　正　弘
　　発 行 者　井　水　治　博
　　発 行 所　日 刊 工 業 新 聞 社
　　　　　　　東京都中央区日本橋小網町 14-1
　　　　　　　（郵便番号 103-8548）
　　　　　電話　書籍編集部　03-5644-7490
　　　　　　　　販売・管理部　03-5644-7403
　　　　　　　　FAX　03-5644-7400
　　　　　　　振替口座　00190-2-186076
　　　　　URL　https://pub.nikkan.co.jp/
　　　　　e-mail　info_shuppan@nikkan.tech
　　　　　印刷・製本　新日本印刷株式会社
　　　　　組　版　メディアクロス

落丁・乱丁本はお取り替えいたします。　　　　2024 Printed in Japan

ISBN 978-4-526-08317-4 C3052